PARAMAHANSA YOGANANDA

Die Reise der Seele nach innen

Paramahansa Yogananda
(5. Januar 1893–7. März 1952)

PARAMAHANSA YOGANANDA

DIE REISE DER SEELE NACH INNEN

Über die Ganzheit des Seins, die Freiheit des Menschen und die Harmonie der Welt

O. W. BARTH

Dieses Buch enthält eine Auswahl aus der Sammlung von Paramahansa Yoganandas Vorträgen, die als englische Originalausgabe unter dem Titel «Man's Eternal Quest» von der *Self-Realization Fellowship* in Los Angeles, Kalifornien, herausgegeben wurden.

ISBN 0-87612-233-0 (Ln.)
ISBN 0-87612-232-2 (Pbck.)

Übersetzung aus dem Englischen: *Self-Realization Fellowship*

Autorisiert durch
International Publications Council
Self-Realization Fellowship

Erste deutschsprachige Ausgabe: 1997
(Scherz Verlag, Bern und München, für den Otto Wilhelm Barth Verlag)

Unserer geliebten Präsidentin
SRI DAYA MATA
gewidmet,
die mit treuer Hingabe die Worte ihres Gurus
für die Nachwelt aufgezeichnet
und so die befreiende Weisheit und Gottesliebe
Paramahansa Yoganandas
für uns und alle Zeiten festgehalten hat.

Inhaltsverzeichnis

Das geistige Erbe Paramahansa Yoganandas

Heute, ein Jahrhundert nach seiner Geburt, wird Paramahansa Yogananda als eine der überragendsten geistigen Persönlichkeiten unserer Zeit anerkannt; und der Einfluß seines Lebens und Werkes weitet sich immer mehr aus. Viele der religiösen und philosophischen Begriffe und Methoden, die er vor Jahrzehnten einführte, finden heute ihren Niederschlag in der Erziehung und Psychologie, in der Geschäftswelt, Medizin und anderen Bereichen und tragen in bedeutendem Maße dazu bei, von einer höheren geistigen Warte aus eine umfassendere, humanere Sicht vom menschlichen Leben zu vermitteln.

Die Tatsache, daß Paramahansa Yoganandas Lehre auf vielen Sachgebieten interpretiert und kreativ angewandt wird, unter anderem von den Vertretern verschiedener philosophischer und metaphysischer Bewegungen, beweist einerseits die weitläufige praktische Anwendbarkeit des von ihm Gelehrten; andererseits wird dadurch auch verständlich, daß Mittel und Wege gefunden werden müssen, um zu verhindern, daß dieses geistige Erbe im Laufe der Zeit verwässert, als Stückwerk aus dem Zusammenhang genommen oder entstellt wird.

Da sich immer mehr Informations-Quellen auftun, die über Paramahansa Yogananda berichten, fragen sich manche Leser, woran sie erkennen können, ob eine Veröffentlichung sein Leben und seine Lehre richtig darstellt. Als Antwort auf diese Fragen möchten wir erklären, daß Sri Yogananda die *Self-Realization Fellowship* zu dem Zweck gründete, seine Lehre in ihrer Ganzheit zu verbreiten und deren Reinheit für künftige Generationen zu sichern. Er wählte und schulte persönlich solche aus seinem engen Jüngerkreis, die zur Redaktion der *Self-Realization Fellowship* gehören, und gab ihnen genaue Richtlinien für die Zusammenstellung und Veröffentlichung seiner Vorträge, Schriften und der *Self-Realization*-Lehrbriefe. Für die Mitglieder der SRF-Redaktion sind diese Richtlinien heilig, denn sie sorgen dafür, daß die universelle Botschaft dieses geliebten Weltlehrers in ihrer ursprünglichen Kraft und Echtheit erhalten bleibt.

Der Name *«Self-Realization Fellowship»* und das SRF-Emblem (siehe oben) stammen von Sri Yogananda selbst, denn auf diese Weise wollte er die von ihm gegründete Organisation kennzeichnen, die sein weltweites geistiges und humanitäres Werk weiterführt. Sie erscheinen auf allen Büchern, Kassetten, Video-Kassetten, Filmen und anderen Veröffentlichungen der *Self-Realization Fellowship* und geben dem Leser die Gewißheit, daß das Werk von der Organisation stammt, die Paramahansa Yogananda gründete und die seine echte Lehre enthält – so wie er sie zu veröffentlichen beabsichtigte.

SELF-REALIZATION FELLOWSHIP

Vorwort

(Von der Präsidentin und dem geistigen Oberhaupt
der Self-Realization Fellowship *und*
Yogoda Satsanga Society
of India)

Als ich Paramahansa Yogananda zum ersten Mal erblickte, sprach er vor einer großen, begeisterten Zuhörerschaft in Salt Lake City. Das war im Jahre 1931. Ich stand im Hintergrund des überfüllten Vortragssaales und war völlig fasziniert; ich war mir meiner Umgebung überhaupt nicht mehr bewußt und nahm nur noch den Redner und seine Worte wahr. Seine Weisheit und göttliche Liebe überfluteten mein ganzes Wesen und erfüllten mein Herz und meine Seele. Alles, was ich noch denken konnte, war: «Dieser Mann liebt Gott so, wie ich es immer ersehnt habe. Er *kennt* Gott. Ihm will ich folgen.» Und das tat ich auch von jenem Augenblick an.

Da ich während der ersten Zeit, die ich mit Paramahansaji verbringen durfte, die verwandelnde Kraft seiner Worte in meinem eigenen Leben erkannte, fühlte ich den starken Drang in mir, alles, was er sagte, für die Nachwelt festzuhalten. Es wurde mein heiliges und freudiges Vorrecht, während der vielen Jahre, die ich mit Paramahansa Yogananda zusammen war, seine Ansprachen, Vorlesungen und viele zwanglose Gespräche und persönliche Ratschläge aufzuzeichnen – wahrlich eine Fundgrube außergewöhnlicher Weisheit und Gottesliebe! Wenn Gurudeva sprach, schlug sich der innere Drang seiner Inspiration oft in der Geschwindigkeit seiner Rede nieder; er konnte minutenlang ohne jede Pause sprechen, und das oft eine ganze Stunde. Während seine Zuhörer wie gebannt dasaßen, flog mein Stift über das Papier! Und während ich seine Worte in Kurzschrift aufzeichnete, schien eine höhere Kraft mitzuwirken, welche die Stimme des Gurus augenblicklich in Kurzschriftzeichen zu Papier brachte. Die Übertragung dieser stenographischen Niederschriften ist eine segensreiche Aufgabe, die mich noch heute beschäftigt hält. Wenn ich mit der Übertragung meiner Aufzeichnungen beginne, sind diese auch nach dieser langen Zeit – einige sind über vierzig Jahre alt! – immer noch so lebendig in meinem Geist, als hätte ich sie erst gestern niedergeschrieben. Innerlich höre ich sogar noch genau, wie Gurudeva jeden Satz betonte.

Der Meister bereitete sich fast nie auf seine Ansprachen vor; wenn er überhaupt Vorbereitungen traf, bestanden diese aus ein paar kurzen hingekritzelten Notizen. Sehr oft, wenn er im Auto zum Tempel gefahren wurde, fragte er beiläufig jemanden von uns: «Was ist heute mein Thema?» Dann konzentrierte er sich kurz darauf und hielt nachher seine Ansprache aus dem Stegreif, indem er aus dem inneren Reservoir göttlicher Inspiration schöpfte.

Die Themen für Gurudevas Predigten in den Tempeln waren immer festgelegt und wurden im voraus angekündigt. Wenn er jedoch zu sprechen begann, gingen seine Gedanken manchmal in eine ganz andere Richtung. Ohne auf das «Thema des Sonntags» Rücksicht zu nehmen, sprach der Meister über die Wahrheiten, die gerade in seinem Bewußtsein vorherrschten, und aus der Fülle seiner geistigen Erlebnisse und intuitiven Wahrnehmung floß dann ein Strom unvergleichlicher Weisheit hervor. Fast immer kamen am Ende eines solchen Gottesdienstes einige Besucher nach vorn, um dem Guru zu danken, weil er ihnen bei der Lösung eines Problems geholfen hatte oder weil er eine philosophische Frage für sie geklärt hatte, an der ihnen besonders viel gelegen war.

Zuweilen wurde das Bewußtsein des Gurus während einer Ansprache so sehr entrückt, daß er die Zuhörer vorübergehend vergaß und unmittelbar mit Gott sprach; er floß dann von göttlicher Freude und Liebe über. In solch erhabenen Bewußtseinszuständen, wenn sein Geist eins mit dem Göttlichen Bewußtsein wurde und er die Wahrheit aus eigener Anschauung erlebte, beschrieb er das, was er sah. Manchmal erschien ihm Gott als die Göttliche Mutter oder in einer anderen Gestalt; oder einer unserer großen Gurus, oder ein anderer Heiliger, erschien ihm in einer Vision. Bei solchen Gelegenheiten spürten auch die Zuhörer deutlich den besonderen Segen, der ihnen allen zuteil wurde.

Während einer Erscheinung des heiligen Franziskus, den Gurudeva sehr liebte, wurde der Meister einmal dazu inspiriert, das wunderschöne Gedicht «Gott! Gott! Gott!» zu verfassen.

Die *Bhagavad-Gita* schildert einen erleuchteten Meister mit folgenden Worten: «In solchen, welche die Unwissenheit durch Weisheit überwunden haben, erstrahlt das Selbst wie eine Sonne.» (VI, 16) Man hätte von Paramahansa Yoganandas geistiger Ausstrahlung überwältigt werden können, doch seine menschliche Wärme, Natürlichkeit und stille Bescheidenheit bewirkten, daß sich alle in seiner Gegenwart sofort wohlfühlten. Jeder seiner Zuhörer hatte den Eindruck, daß Gurudevas Worte unmittelbar an ihn gerichtet waren. Nicht die geringste seiner liebenswerten Eigenschaften war sein ausgeprägter Sinn für Humor. Durch irgendeine treffende Formulierung und Geste oder durch seine Mimik konnte er im richtigen Augenblick ein spontanes, herzliches Lachen hervorrufen; ein wichtiger Punkt wurde dann plötzlich klar, oder seine Zuhörer konnten sich entspannen, nachdem sie sich lange und intensiv auf ein besonders schwieriges Thema konzentriert hatten.

Auf den Seiten eines Buches kann man der einzigartigen, universellen Persönlichkeit Paramahansa Yoganandas kaum gerecht werden. Dennoch hege ich die bescheidene Hoffnung, daß ich mit dieser kurzen Einführung eine gewisse Vorstellung von seinem Wesen gegeben habe, welche die Freude an den hier wiedergegebenen Vorträgen und das Verständnis dafür vertiefen wird.

Was für eine Freude es für mich bedeutet, meinen Gurudeva in göttlicher Vereinigung gesehen zu haben, die tiefen Wahrheiten und Herzensergießungen seiner Seele hören und für die Nachwelt aufzeichnen zu dürfen und sie nun mit allen zu teilen! Mögen die unvergleichlichen Worte des Meisters die Tore unerschütterlichen Glaubens an Gott noch weiter öffnen und tiefere Liebe zu dem Einen erwecken, der unser Vater, unsere Mutter und unser Ewiger Freund ist!

DAYA MATA

Los Angeles, Kalifornien
Mai 1975

Einführung

Je mehr ihr euch auf die innere Welt konzentriert, um so weniger Schwierigkeiten werdet ihr äußerlich haben... Noch seid ihr begrenzt; aber wenn es euch durch tägliche Meditation gelingt, euer Bewußtsein von der endlichen Welt in die Unendlichkeit auszudehnen, seid ihr frei.
Paramahansa Yogananda

Dieses Buch mit Vorträgen von Paramahansa Yogananda ist für solche Menschen bestimmt, die schon Enttäuschung, Unzufriedenheit, Entmutigung und Kummer erlebt haben und deren geistige Sehnsucht unerfüllt geblieben ist. Es ist für solche bestimmt, welche die Rätsel des Lebens zu verstehen suchen, die eine unbestimmte Hoffnung im Herzen hegen, daß Gott wirklich ist, und für diejenigen, die Gott bereits suchen. Möge es jedem Leser ein göttliches Licht auf dem Weg bedeuten und ihm neuen Lebensmut, Inspiration und innere Führung geben. In Gott findet jeder das, was er sucht.

Die Reise nach innen ist ein Buch über Gott, über die Rolle, die Gott im Leben des Menschen spielt – in dessen Hoffnungen, Willensäußerungen, Bestrebungen und Leistungen. Das Leben selbst, der Mensch und seine Erfolge – sie alle sind nur Manifestationen des einen, allgegenwärtigen Schöpfers und so untrennbar mit Ihm verbunden wie die Welle mit dem Meer. Paramahansaji erklärt, warum und wie der Mensch von Gott geschaffen wurde, inwiefern er unwiderruflich ein Teil Gottes ist und was das für jeden einzelnen persönlich bedeutet. Die Quintessenz des Yoga besteht in der Erkenntnis, daß Mensch und Schöpfer eins sind. Wenn der Mensch versteht, daß er unweigerlich auf Gott angewiesen ist, und zwar in allen Bereichen seines Lebens, ist seine Religion nicht mehr so jenseitsgerichtet; dann wird die Erkenntnis Gottes zur Grundlage einer wissenschaftlichen und praktischen Lebenseinstellung.

Als ein Diener Gottes und als Autorität in der seit alters bestehenden göttlichen Wissenschaft des Yoga hat Paramahansa Yogananda von geistig hochstehenden Zeitgenossen größte Anerkennung erfahren, und ebenfalls von den Lesern seiner Werke in aller Welt – von den literarisch Gebildeten, dem allgemeinen Publikum und seinen Jüngern. Daß er auch von der Höchsten Autorität voll und ganz anerkannt wurde, ist hinreichend durch die offenkundigen Gnadenbeweise belegt worden, die er in seinem vorbildlichen Leben von Gott empfangen durfte – ebenfalls durch die wunderbaren und tief inspirierenden Antworten, die Gott ihm in Visionen und im Zustand göttlicher Vereinigung geschenkt hat. Nachfolgender Kommentar aus der *Review of Religions,* herausgegeben von der Columbia University Press, ist bezeichnend für den Beifall, den Paramahansa Yoganandas früheres Werk *Autobiographie eines Yogi* erhalten hat: «Bisher gibt es weder im Englischen noch in einer anderen europäischen Sprache ein Werk über Yoga, das diesem Buch an die Seite gestellt werden könnte.» Der *San Francisco Chronicle* schrieb: «Yogananda stellt den Yoga auf überzeugende Art und Weise dar, und ‹die da kamen, um zu spotten, bleiben vielleicht, um zu beten›.» Aus der *Schleswig-Holsteinischen Tagespost*: «Man möchte dieser bedeutenden Biographie die Kraft zusprechen, eine geistige Revolution auszulösen.» Über Paramahansa Yoganandas Person sagte Swami Sivananda, der Gründer der *Divine Life Society* in Rishikesh (Indien): «Paramahansa Yogananda ist ein seltenes Kleinod von unschätzbarem Wert, das in der Welt seinesgleichen sucht, ein idealer Vertreter der alten Weisen und Seher, die den Ruhm Indiens ausmachen.» Der verehrte geistige Führer von Millionen Hindus in Südindien – Seine Heiligkeit, Shankaracharya von Kanchipuram – schrieb über Paramahansaji: «Yoganandas Anwesenheit in dieser Welt glich einem hellen Licht, das mitten in der Finsternis leuchtet. Eine solch große Seele kommt nur selten auf die Erde, nämlich dann, wenn die Menschheit ihrer dringend bedarf. Wir sind Yogananda dankbar dafür, daß er die Hindu-Philosophie auf solch wunderbare Weise in Amerika und anderen westlichen Ländern verbreitet hat.»

Paramahansa Yogananda wurde am 5. Januar 1893 in Indien geboren. Er hatte eine bemerkenswerte Kindheit, die schon früh seine göttliche Bestimmung erkennen ließ. Seine Mutter wußte darum und unterstützte seine hohen geistigen Bestrebungen. Als er erst elf Jahre alt war, verlor er seine Mutter, die er mehr als alles andere auf der Welt liebte; und dieser Verlust bestärkte ihn in dem Entschluß, Gott zu finden und vom Schöpfer selbst die Antworten zu erhalten, nach denen sich jedes menschliche Herz sehnt. Er wurde ein Schüler des großen *Jnanavatars* (Verkörperung der Weisheit) Swami Sri Yukteswar Giri. Sri Yukteswar war einer aus der Reihe der erhabenen Gurus, mit denen Yoganandaji seit seiner Geburt verbunden war. Sri Yoganandas Eltern waren Jünger Lahiri Mahasayas, des Gurus von Sri Yukteswar. Kurz nachdem Yogananda geboren worden war, trug seine Mutter ihn auf ihren Armen zu Lahiri Mahasaya, der das Kind segnete und diese Prophezeiung aussprach: «Kleine Mutter, dein Sohn wird ein Yogi und geistiger Führer werden und vielen Seelen den Weg zum Reich Gottes weisen.» Lahiri Mahasaya war ein Jünger Mahavatar Babajis, des unsterblichen Meisters, der die uralte Wissenschaft des *Kriya-Yoga* in diesem Zeitalter wiederbelebt hat. Der *Kriya-Yoga* ist von Krishna in der *Bhagavad-Gita* und von Patanjali in den *Yoga-Sutras* gepriesen worden; er ist sowohl eine transzendente Meditationstechnik als auch eine Lebenskunst, die zur Vereinigung der Seele mit Gott führt. Mahavatar Babaji weihte seinen Jünger Lahiri Mahasaya in die heilige *Kriya*-Technik ein; und dieser gab sie Sri Yukteswar weiter, der sie Paramahansa Yogananda lehrte.

Als im Jahre 1920 die Zeit gekommen war, da Paramahansa Yogananda seine Weltmission beginnen und die befreiende Botschaft des Yoga verbreiten sollte, wies ihn Mahavatar Babaji auf die göttliche Verantwortung hin, die er nun übernehmen müsse: «Du bist es, den ich auserwählt habe, die Botschaft des *Kriya-Yoga* im Abendland und in der Neuen Welt zu verbreiten. Vor langer Zeit begegnete ich deinem Guru Yukteswar auf einem *Kumbha-Mela* und sagte ihm, daß ich dich zu ihm senden werde, damit du seine Schulung empfängst. *Kriya-Yoga*, die wissenschaftliche Technik der Gottverwirklichung, wird sich schließlich über die ganze Erde verbreiten und den Menschen dazu verhelfen, persönlich mit dem transzendenten Gott, ihrem Ewigen Vater, in Verbindung zu treten. Auf diese Weise wird der *Kriya* dazu beitragen, die Völker einander näherzubringen.»

Paramahansa Yogananda begann seine Mission in Amerika

1920 als indischer Delegierter auf dem Internationalen Kongreß der Freireligiösen Bewegung in Boston. Mehr als ein Jahrzehnt reiste er kreuz und quer durch ganz Amerika und sprach fast täglich in allen größeren Städten vor überfüllten Sälen. Am 28. Januar 1925 berichtete die *Los Angeles Times:* «Das Philharmonische Auditorium bietet ein außergewöhnliches Schauspiel: ...Tausende müssen eine Stunde vor dem angekündigten Vortrag weggeschickt werden, weil der dreitausend Sitze fassende Saal überfüllt ist. Swami Yogananda ist die Sensation. Ein Hindu, der die Vereinigten Staaten durchreist, um den Menschen Gott nahezubringen... und über das Wesentliche der christlichen Lehre zu predigen.» Für die Menschen des Westens war es eine überraschende Entdeckung zu erfahren, daß der Yoga – von Sri Yogananda mit großer Beredsamkeit und Klarheit dargelegt – eine universale Wissenschaft sei und deshalb tatsächlich den «Kern» aller wahren Religionen bilde.

1925 gründete Paramahansa Yogananda das internationale Mutterzentrum der *Self-Realization Fellowship*, einer Gemeinschaft, die er 1917 in Indien unter dem Namen *Yogoda Satsanga Society* ins Leben gerufen hatte.

Ende der dreißiger Jahre schränkte Paramahansaji seine umfassende Vortragstätigkeit, die ihn durch das ganze Land führte, immer mehr ein. «Ich bin nicht an großen Menschenmengen interessiert», sagte er, «sondern an Seelen, die Gott aufrichtig suchen.» Von da an richtete er seine Aufmerksamkeit mehr auf die Unterweisung aufrichtiger Schüler und hielt seine Vorträge meist in den eigenen Tempeln der *Self-Realization Fellowship* und im internationalen Mutterzentrum. Die in diesem Buch gebotene Auswahl enthält vor allem Ansprachen aus dieser Zeit.

Paramahansa Yogananda hatte des öfteren vorausgesagt: «Ich möchte nicht im Bett sterben, sondern mitten in der Arbeit, während ich von Gott und Indien spreche.» Am 7. März 1952 erfüllte sich seine Prophezeiung. Auf einem Bankett, das zu Ehren des indischen Botschafters B.R. Sen veranstaltet wurde, war Paramahansaji einer der Gastredner. Er hielt eine zu Herzen gehende Ansprache, die er mit diesen Worten aus seinem Gedicht «Mein Indien» beschloß: «Wo der Ganges, die Wälder, die

Höhlen des Himalaja und die Menschen von Gott träumen, dort ward ich geweiht; mein Körper hat jenen Boden berührt.» Dann richtete er den Blick nach oben und ging in den *Mahasamadhi* ein (den endgültigen und bewußten Austritt eines fortgeschrittenen Yogis aus seinem Körper). Er starb, wie er gelebt hatte, indem er die Menschen anspornte, Gott zu suchen.

Die Ansprachen des Gurus aus den ersten Jahren seiner Tätigkeit sind nur vereinzelt aufgezeichnet worden. Doch als 1931 Sri Daya Mata zu einer Jüngerin Paramahansa Yoganandas wurde, übernahm sie die heilige Aufgabe, alle Ansprachen und Vorlesungen ihres Gurus für kommende Generationen genau mitzuschreiben. Dieser Band enthält nur eine Auswahl. Gemäß Paramahansa Yoganandas Anweisungen wurden viele dieser Aufzeichnungen – vor allem solche, die persönliche Unterweisungen und Grundsätze sowie Meditationstechniken für die Schüler der *Self-Realization Fellowship* enthielten – zusammen mit anderen seiner Schriften in die Reihe der *Lehrbriefe* der *Self-Realization Fellowship* aufgenommen; andere Vorträge erscheinen regelmäßig im *Self-Realization Magazine.*

Da die meisten in diesem Buch enthaltenen Vorträge vor Zuhörern gehalten wurden, die mit der Lehre der Selbst-Verwirklichung vertraut waren, dürften es viele heutige Leser begrüßen, wenn einige der Fachausdrücke und philosophischen Begriffe erläutert werden. Zu diesem Zweck haben wir viele Fußnoten angebracht und auch ein Glossar erstellt, das einige Sanskritwörter und philosophische Ausdrücke erklärt und über bestimmte Ereignisse, Personen und Orte informiert, die mit dem Leben und Werk Paramahansa Yoganandas zusammenhängen. Es sei noch erwähnt, daß die Zitate aus der *Bhagavad-Gita* in diesem Buch Paramahansa Yoganandas eigene Übersetzungen sind.

Paramahansa Yogananda könnte wie Jesus gesagt haben: «Ihr sollt nicht wähnen, daß ich gekommen bin, das Gesetz oder die Propheten aufzulösen; ich bin nicht gekommen, aufzulösen, sondern zu erfüllen.» *(Matthäus* 5,17) Paramahansaji ehrte alle Religionen und ihre Gründer und achtete alle aufrichtigen Gottsucher. Zu seiner weltweiten Mission gehört es auch, «darzulegen, daß zwischen dem ursprünglichen, von Jesus Christus gelehrten Christentum und dem ursprünglichen, von Bhagavan Krishna gelehrten Yoga im wesentlichen Übereinstimmung herrscht.» (Vgl. *Ziele und Ideale*, S. 303) Weit davon entfernt, der Welt ein trennendes Dogma zu verkünden, wies Paramahansaji darauf hin, daß das Üben von Yoga eine innere Ausrichtung auf Gott bewirkt, und eben das bildet ja die allgemeine Grundlage aller Religionen. Die Abstraktionen einer theoretischen Religion verblassen vor dem tatsächlichen Gotteserleben. Die Wahrheit kann keinem Sucher von einem anderen klipp und klar bewiesen werden; doch wenn der Suchende Yoga übt, findet er durch eigenes Erleben den Beweis für die Wahrheit.

Gott existiert; und jeder Mensch, der Ihn aufrichtig sucht, wird Ihn finden. Der Mensch verdankt sein Leben, seine Kraft, seine Fähigkeit zu denken, zu fühlen und zu handeln nur Gott, der ihm diese Kräfte verleiht. Deshalb betonte Paramahansaji, daß die Erkenntnis Gottes nicht nur ein Vorrecht und eine göttliche Pflicht ist, sondern eine praktische Notwendigkeit. Warum sollte sich der Mensch mit seiner Unzulänglichkeit abquälen, wenn er die Quelle aller Kraft und Erfüllung anzapfen kann?

Die in diesem Buch ausgedrückten Weisheiten sind nicht mit dem akademischen Wissen eines Gelehrten zu vergleichen; es handelt sich vielmehr um das empirische Zeugnis einer dynamischen geistigen Persönlichkeit, deren Leben von innerer Freude und äußerem Erfolg geprägt war – eines Weltlehrers, der lebte, was er lehrte, eines *Premavatars,* dessen einziger Wunsch es war, die Weisheit und Liebe Gottes mit allen zu teilen.

Self-Realization Fellowship

Los Angeles, Kalifornien
Mai 1975

Die Allgemeingültigkeit des Yoga

Tempel der Self-Realization Fellowship
Hollywood/Kalifornien, 21. Mai 1944

Yoga umfaßt alle wissenschaftlichen Methoden, die zur Vereinigung von Seele und GEIST führen. Wir sind von Gott herabgestiegen und müssen wieder zu Ihm aufsteigen. Scheinbar sind wir von unserem Vater getrennt worden und müssen uns wieder bewußt mit Ihm vereinigen. Yoga lehrt uns, die Täuschung, daß wir von Gott getrennt sind, zu überwinden und unsere Einheit mit dem GEIST zu erkennen. Der Dichter Milton schrieb über die menschliche Seele und wie sie ihr verlorenes Paradies wiedergewinnen kann. Yoga verfolgt genau dasselbe Ziel, nämlich das verlorene Paradies des Seelenbewußtseins wiederzugewinnen und zu erkennen, daß wir eins mit dem GEIST sind und es immer waren.

Die meisten Weltreligionen beruhen mehr oder weniger auf dem, was die Menschen *glauben.* Doch die wahre Grundlage einer Religion sollte aus einer Wissenschaft bestehen, die alle Wahrheitssucher anwenden können, um zu ihrem gemeinsamen Vater, Gott, zu gelangen. Yoga ist eine solche Wissenschaft. Die *Religion als Wissenschaft* zu betreiben, ist unbedingt erforderlich. Verschiedene dogmatische «Ismen» haben die Menschen unter sich gespalten, obgleich Jesus sprach: «Wenn ein Reich mit sich selbst uneins wird, kann es nicht bestehen.»[1] Einigkeit unter den verschiedenen Religionen kann aber nur dann zustande kommen, wenn die Anhänger dieser Religionen Gott tatsächlich im Innern erleben. Dann erst wird es eine wahre Brüderlichkeit der Menschen unter dem gemeinsamen einen Vater geben.

Alle großen Weltreligionen verkünden, daß es notwendig ist, Gott zu suchen, daß alle Menschen Brüder sind; und sie alle haben ihre Sittengesetze wie z.B. die Zehn Gebote. Woher kommen

[1] *Markus* 3, 25.

dann aber die Meinungsverschiedenheiten? Vom Fanatismus des menschlichen Geistes. Nicht indem wir uns auf bestimmte Dogmen konzentrieren, können wir Gott finden, sondern nur indem wir die Seele tatsächlich erkennen. Erst wenn die Menschen die universelle Wahrheit, die den verschiedenen Religionen zugrunde liegt, erkannt haben, wird es keine Meinungsverschiedenheiten wegen irgendwelcher Dogmen mehr geben. Für mich gibt es weder Juden noch Christen noch Hindus; alle sind meine Brüder. Ich bete Gott in allen Tempeln an, denn jeder ist zu Ehren meines Vaters errichtet worden.

Wir sollten zur Einheit der Welt mit einer Idee beitragen, wie sie die *Self-Realization Fellowship* eingeführt hat: mit einer «Kirche aller Religionen». Damit ist kein Eklektizismus gemeint, sondern Achtung vor allen Religionen, die einen bestimmten Weg zu Gott verfolgen. Solche Tempel, die dem einen Gott aller Religionen geweiht sind, sollten überall errichtet werden. Und ich prophezeie, daß dies kommen wird. Morgen- und Abendland müssen ein für allemal die einengenden Grenzen, die zwischen ihren Gotteshäusern bestehen, beseitigen. Wer durch das Üben von Yoga Selbst-Verwirklichung erlangt hat, wird auch wissen, daß alle Menschen Kinder des einen Vaters sind.

Ein Blinder kann keinem Blinden den Weg weisen

Diese Einheit des Geistes finden wir bei allen großen Menschen, die Gott verwirklicht haben. Wer selbst blind ist, kann nicht andere Blinde führen. Nur ein Meister[2], der Gott kennt, ist berechtigt, andere über Ihn zu belehren. Um zur vollen Erkenntnis seiner eigenen Göttlichkeit zu gelangen, muß man einen

[2] Einer, der Meister seiner selbst – seines Geistes, seiner Gefühle, seiner Sinne und Leidenschaften ist. Seine Handlungen werden nicht von selbstsüchtigen Beweggründen verdunkelt und stehen im Einklang mit dem Willen Gottes. Er weiß sich eins mit Gott – nicht nur in seiner Vorstellung, sondern als tatsächliches Erleben der göttlichen Allgegenwart.

solchen Meister oder Guru[3] haben. Wer einem wahren Guru folgt und ihm treu bleibt, wird ihm schließlich wesensgleich; denn der Guru ist in der Lage, den Jünger auf dieselbe Ebene der Verwirklichung zu heben, auf der er selber steht. Als ich meinem Meister, Sri Yukteswarji[4], begegnete, nahm ich mir fest vor, seinem Beispiel zu folgen: nur noch Gott im Herzen zu tragen und Ihn anderen nahezubringen.

Die Hindu-Meister haben seit je gelehrt, daß man in das geistige Auge schauen solle, um zu wahrer Erkenntnis zu gelangen. Bei tiefer Konzentration ziehen selbst solche, die keine Yogis sind, gewöhnlich die Augenbrauen zusammen, so daß sich in der Mitte der Stirn eine Falte bildet. An dieser Stelle befindet sich das Zentrum des sphärischen geistigen Auges – der seelischen Intuition. Dies ist die wahre «Kristallkugel», in die der Yogi blickt, um die Geheimnisse des Universums zu ergründen. Wer sich tief genug konzentriert, kann das «dritte» Auge durchdringen und Gott schauen. Das Üben des Yoga hilft dem Sucher, das «einfältige» Auge des intuitiven Bewußtseins zu öffnen.[5]

Intuition, d.h. unmittelbares Wissen, ist von keinen Sinnes-

[3] Geistiger Lehrer. Die *Guru-Gita (17-19)* beschreibt den Guru vortrefflich als den «Vertreiber der Dunkelheit» (aus den Silben *Gu* = Dunkelheit und *ru* = das, was vertreibt). Rechtmäßig wird der Titel *Guru* nur solch erhabenen Seelen verliehen, die durch ihre eigene Selbst-Verwirklichung und Einheit mit Gott befugt sind, andere aus dem Dunkel der Unwissenheit in das ewige Licht der Wahrheit zu führen.

[4] In seiner *Autobiographie eines Yogi* beschreibt Paramahansa Yogananda die Erlebnisse mit seinem göttlichen Guru, den er einen *Jnanavatar*, «Inkarnation der Weisheit», nannte. Die Nachsilbe *ji* (Aussprache: dschi), die dem Namen oder Titel angehängt wird, bezeugt besondere Hochachtung.

[5] Während tiefer Meditation wird das einfältige oder geistige Auge als ein leuchtender Stern sichtbar, der inmitten eines lichten blauen Kreises erscheint, welcher wiederum von einem strahlenden goldenen Schein umgeben ist. Das allwissende Auge wird in den heiligen Schriften verschieden bezeichnet: als drittes Auge, Stern aus dem Morgenland, inneres Auge, vom Himmel herabsteigende Taube, Auge Shivas und Auge der Intuition. «Wenn dein Auge einfältig ist, so wird dein ganzer Leib licht sein.» *(Matthäus 6, 22)*

wahrnehmungen abhängig. Darum nennt man die Intuition oft den «sechsten Sinn». Jeder besitzt diesen sechsten Sinn, aber die meisten Menschen entwickeln ihn nicht. Und doch wird sich fast jeder an irgendeinen Fall erinnern, wo seine Intuition wirksam wurde und sich ein bestimmtes «Vorgefühl» bestätigte, das ihm nicht durch die Sinne vermittelt wurde.

Es ist wichtig, Intuition, das heißt das unmittelbar der Seele entspringende Wissen, zu entwickeln, denn nur wer im Bewußtsein Gottes lebt, besitzt wahre Selbstsicherheit. Er weiß es, und er weiß, daß er es weiß! Wir müssen uns der Gegenwart Gottes genauso sicher sein wie unserer Sinneswahrnehmungen, wie z. B. des Geschmacks einer Apfelsine. Erst nachdem mein Guru mir gezeigt hatte, wie man Gott erleben kann, und als ich Seine Gegenwart täglich fühlen konnte, übernahm ich die geistige Aufgabe, zu anderen über Ihn zu sprechen.

Im Abendland gibt es viele prächtige Gotteshäuser, aber nur wenige Menschen, die imstande sind, die Gläubigen zu Gott zu führen. Im Morgenland hat man seit je mehr Wert auf erleuchtete Meister gelegt, aber oft können diese von geistigen Suchern nicht erreicht werden, weil sie sich in abgelegene Gegenden zurückgezogen haben. Was wir brauchen, sind geistige Zentren, wo die Menschen mit Gott in Berührung kommen können, sowie Lehrer, die den Menschen zeigen können, wie man sich Ihm nähert. Wie aber kann ein Lehrer anderen den Weg zu Gott zeigen, wenn er Gott noch nicht gefunden hat? Mein Meister, Sri Yukteswar, prägte mir immer wieder ein, daß man den Himmlischen Vater zuerst selber kennen müsse, bevor man andere über Ihn belehrt. Wie dankbar ich ihm für seine Schulung bin! Er selbst stand wahrhaftig mit Gott in Verbindung.

Gott muß zuerst im eigenen Körpertempel wahrgenommen werden. Und um dies zu erreichen, muß man sich täglich darin üben, seine Gedanken zu beherrschen und Gott die Blumen seiner Hingabe zu schenken. Wer Gott im eigenen Innern findet, wird Ihn auch in jeder Kirche und jedem Tempel erleben können.

Yoga verwandelt Theologie in praktische Erfahrung

Yoga verhilft dem Menschen dazu, die allen Religionen zugrundeliegende Wahrheit zu erkennen. Jede Religion lehrt die Zehn Gebote, wenn auch jeweils in einem etwas anderen Wortlaut. Die beiden höchsten Gebote sind jedoch die von Jesus betonten: «Du sollst lieben Gott, deinen Herrn, von ganzem Herzen, von ganzer Seele und von ganzem Gemüte.» Und: «Du sollst deinen Nächsten lieben wie dich selbst.»[6]

Gott «von ganzem Gemüte» zu lieben, bedeutet, seine Aufmerksamkeit von den Sinnen abzuziehen und sie Gott zuzuwenden, d.h., Gott während der Meditation seine ganze Aufmerksamkeit zu schenken. Jeder Gottsucher muß lernen, sich zu konzentrieren. Wenn man während des Betens an andere Dinge denkt, so ist das kein echtes Gebet, das Gottes Aufmerksamkeit erwecken kann. Die Yoga-Wissenschaft lehrt, daß derjenige, der Gott finden will, Ihn zuerst «von ganzem Gemüte» suchen muß, d.h., daß er lernen muß, sich voll und ganz zu konzentrieren.

Einige Leute meinen, daß es den Hindus leichter falle, Yoga zu üben, und daß Yoga sich nicht für die Menschen des Westens eigne. Das stimmt jedoch nicht. Viele Abendländer sind heute besser in der Lage, Yoga zu üben als der durchschnittliche Hindu, weil die Fortschritte auf dem Gebiet der Wissenschaften ihnen zu mehr Freizeit verholfen haben. Indien müßte mehr von den fortschrittlichen materiellen Methoden des Abendlands übernehmen, um seinen Menschen ein freies und leichteres Leben zu ermöglichen. Und das Abendland müßte von Indien die praktischen metaphysischen Yogamethoden lernen, die jeden Menschen zu Gott führen können. Yoga ist keine Sekte, sondern eine universelle Wissenschaft, die uns dazu verhilft, Gott zu finden.

[6] *Matthäus* 22, 37; 39. Die Lehre Krishnas in der Bhagavad-Gita hebt auf ähnliche Weise diese beiden Gebote hervor: «Richte deinen Geist auf Mich [den Herrn], bete Mich an, neige dich mit unablässiger Hingabe vor Mir. Hast du dich so mit Mir, deinem Höchsten Ziel, vereint, wirst du Mein eigen sein.» (IX, 34) und: «Der beste Yogi ist der, welcher für andere ebenso fühlt wie für sich selbst, sei es in Freud oder Leid.» (VI, 32)

Yoga eignet sich für alle Menschen, ganz gleich, ob sie im Morgen- oder Abendland leben. Niemand würde sagen, daß sich das Telefon nicht für den Orient eigne, nur weil es im Abendland erfunden wurde. Ähnlich kommen auch die im Morgenland entwickelten Yogamethoden nicht ausschließlich den Orientalen zugute, sondern der ganzen Menschheit.

Jeder muß einmal seinen irdischen Körper verlassen, ganz gleich, ob er in Indien oder Amerika geboren wurde. Ist es darum nicht besser, wenn wir lernen, in Gott «täglich zu sterben» wie der Apostel Paulus?[7] Durch Yoga lernt man die richtige Methode. Der Mensch lebt wie ein Gefangener in seinem Körper; und wenn seine Lebenszeit abgelaufen ist, wird er unsanft hinausgeworfen. Wer also seinen Körper liebt, der liebt sein eigenes Gefängnis. Wir sind seit langem daran gewöhnt, in unserem Körper zu leben, und haben daher vergessen, was wahre Freiheit ist. Die Tatsache, daß man ein Abendländer ist, darf keine Entschuldigung dafür sein, daß man nicht seine Freiheit sucht. Für jeden Menschen ist es wichtig, daß er sich seiner Seele bewußt wird und sein unsterbliches Wesen erkennt. Yoga zeigt ihm den Weg.

Die Seele muß wieder zu Gott aufsteigen

Ehe es die Schöpfung gab, existierte nur das Kosmische Bewußtsein: der GEIST – das Absolute, die ewig bestehende, ewig bewußte, ewig neue Glückseligkeit jenseits aller Formen und Manifestationen. Als dann die Schöpfung ins Leben gerufen wurde, «stieg» das Kosmische Bewußtsein in das irdische Universum «herab», wo es sich als Christusbewußtsein[8] offenbarte: als die allgegenwärtige reine Widerspiegelung der göttlichen Intelligenz und des göttlichen Bewußtseins, das der ganzen Schöp-

[7] *1. Korinther* 15, 31.

[8] In den heiligen Schriften der Hindus wird das Christusbewußtsein als *Kutastha Chaitanya* bezeichnet – als das universelle Bewußtsein oder die allgegenwärtige Intelligenz.

fung unsichtbar innewohnt. Wenn das Christusbewußtsein in den menschlichen Körper hinabsteigt, wird es zur Seele oder zum Überbewußtsein: zur individualisierten, im Körper eingeschlossenen, ewig bestehenden, ewig bewußten, ewig neuen Glückseligkeit Gottes. Wenn sich die Seele mit dem Körper identifiziert, wird sie zum Ich, zum sterblichen Bewußtsein. Der Yoga lehrt, daß die Seele die Bewußtseinsleiter, die zum GEIST führt, wieder emporsteigen muß.[9]

Das Geheimnis des Glücks liegt im Bewußtsein der göttlichen Gegenwart

Man kann sich ruhig seines Lebens freuen; das Geheimnis des Glücks liegt darin, sein Herz an nichts zu hängen. Freut euch am Duft der Blumen, aber seid euch bewußt, daß Gott euch aus ihnen entgegenschaut. Ich bediene mich der Sinne nur, damit alles, was ich durch sie wahrnehme, mich an Gott erinnert. «Meine Augen

[9] Der Yoga lehrt, daß die Wohnung der Seele – des menschlichen Lebens und göttlichen Bewußtseins – in den verborgenen geistigen Zentren des Gehirns liegt: im *Sahasrara,* dem tausendblättrigen Lotos im oberen Teil des Großhirns – dem Sitz des kosmischen Bewußtseins; im *Kutastha,* der Stelle zwischen den Augenbrauen – dem Sitz des Christusbewußtseins; und dem Zentrum des verlängerten Marks (das durch Polarität mit dem *Kutastha* verbunden ist) – dem Sitz des Überbewußtseins. Leben und Bewußtsein fließen von diesen höchsten geistigen Bewußtseinszentren die Wirbelsäule hinab in den Körper (in das Körperbewußtsein), und zwar durch fünf astrale Rückenmarkszentren (siehe *Chakras* im Glossar); dann verzweigen sie sich nach außen hin in die lebenswichtigen physischen Organe, die Sinne und Glieder.
Wenn die menschliche Seele die glückselige Erkenntnis ihrer Einheit mit Gott wiedergewinnen will, muß sie dieselbe Strecke in umgekehrter Richtung zurücklegen. Sie muß also auf diesem heiligen Weg emporsteigen, der durch die Wirbelsäule in die höheren zerebralen Zentren göttlicher Wahrnehmung, ihre eigentliche Heimat, führt. Das geschieht durch Üben der vom Guru vermittelten wissenschaftlichen Yoga-Meditationstechniken, so wie sie in den Lehrbriefen der *Self-Realization Fellowship* (siehe Glossar) enthalten sind.

wurden erschaffen, überall Deine Schönheit zu schauen. Meine Ohren wurden erschaffen, Deine allgegenwärtige Stimme zu hören.» Das ist Yoga – Vereinigung mit Gott! Es ist nicht nötig, in die Wälder zu fliehen, um Ihn zu finden. Ganz gleich, wo wir uns befinden, unsere weltlichen Gewohnheiten halten uns überall gefangen, bis wir uns von ihnen befreit haben. Der Yogi lernt, Gott im eigenen Herzen zu finden. Wo er auch hingehen mag, er lebt stets im seligen Bewußtsein der göttlichen Gegenwart.

Der Mensch aber ist nicht nur ins irdische Sinnesbewußtsein hinabgestiegen, er hat sich außerdem noch abnorme Gewohnheiten angeeignet wie Habgier, Zorn, Eifersucht usw. Diese muß er zuallererst ablegen, wenn er Gott finden will. Der Morgen- wie der Abendländer muß sich von der Knechtschaft der Sinne frei machen. Um nur ein Beispiel zu nennen: Wenn jemand sich aufregt, weil er seinen Morgenkaffee nicht erhalten hat und sich deshalb einbildet, daß er Kopfschmerzen bekommt, ist er ein Sklave seiner Gewohnheiten. Der fortgeschrittene Yogi ist frei.

Jeder kann auf der Stelle zu einem Yogi werden, ganz gleich, wo er sich befindet. Aber wir sind geneigt, alles, was nicht im Bereich unserer eigenen Lebensgewohnheiten liegt, als seltsam und schwierig anzusehen. Wir ziehen nicht in Betracht, wie unsere Gewohnheiten auf andere wirken.

Yogaübungen führen zur Freiheit. Einige Yogis übertreiben die Idee der Entsagung. Sie lehren, daß man in der Lage sein müsse, ohne jedes Unbehagen auf einem Nagelbrett zu liegen, oder sich anderen Arten von *Tapasya,* körperlicher Disziplin, zu unterwerfen. Es stimmt, daß jemand, der auf einem Nagelbrett liegen und dabei an Gott denken kann, große Geisteskraft besitzt; aber solche Kunststücke sind nicht notwendig. Man kann ebensogut auf einem bequemen Stuhl sitzen und über Gott meditieren.

Patanjali[10] behauptet, daß jede Körperstellung, in der die Wirbelsäule aufrecht gehalten wird, gut für die Meditation, die Konzentration des Yogis auf Gott, sei. Körperliche Verrenkungen oder Übungen, die außerordentliche körperliche Wider-

[10] Der hervorragendste Interpret des Yoga. Patanjalis Lebenszeit ist unbekannt, wenn auch viele Gelehrte das 2. Jahrhundert v. Chr. angeben.

standsfähigkeit und Geschmeidigkeit voraussetzen, wie sie im *Hatha-Yoga* empfohlen werden, sind nicht erforderlich. Unser Ziel ist Gott. In der *Bhagavad-Gita* heißt es: «Wer sich in Mich versenkt, wessen Seele ganz in Mich versunken ist, den betrachte ich von allen Arten (von Yogis) als den ausgeglichensten.»[11]

Es gibt Hindu-Yogis, die sich völlig immun gegen außergewöhnliche Hitze und Kälte oder gegen Moskitos und andere Insekten machen können. Solche Fähigkeiten aber werden von einem Yogi nicht verlangt, doch sie sind eine natürliche Errungenschaft der großen Meister. Versucht, störende Umstände zu beseitigen oder sie notfalls zu ertragen, ohne euch innerlich aus der Ruhe bringen zu lassen. So wäre es z. B. töricht, sich schmutzig zu machen, wenn man sauber bleiben kann. Man kann genauso an einer Einsiedlerhütte hängen wie an einem prächtigen Palast.

Wer geistige Fortschritte machen will, muß vor allem Bereitwilligkeit haben. Jesus sprach: «Die Ernte ist groß, aber wenige sind der Arbeiter.»[12] Weltliche Menschen trachten nach den Gaben Gottes; der Weise aber sucht den Geber selbst.

Ein Yogi zu sein, bedeutet: zu meditieren. Wenn der Yogi morgens aufwacht, denkt er nicht zuerst ans Frühstücken, sondern speist seine Seele mit dem Nektar Gottes. Nach einer tiefen Meditation fühlt er sich inspiriert und kann all seine täglichen Pflichten heiteren Sinnes erfüllen.

Gott hat diese Erde absichtlich so geschaffen, wie sie ist; Seinem Plan zufolge ist es dem Menschen vorbehalten, eine bessere Welt aufzubauen. Der Abendländer ist pausenlos tätig, seinen materiellen Komfort zu erhöhen, und neigt dabei zu Übertreibungen. Und der Morgenländer neigt dazu, nach der anderen Seite zu übertreiben und stets mit dem, was er hat, zufrieden zu sein. Irgendwie haben beide Einstellungen – das Vorwärtsdrängen des Abendländers und die gemächliche Ruhe des Morgenländers – etwas für sich. Wir sollten versuchen, den richtigen Ausgleich zwischen beiden zu finden.

[11] VI, 47.

[12] *Matthäus* 9, 37.

Die Meditation kennzeichnet den Yogi

Wer Gott finden will, muß jeden Morgen meditieren und auch freie Augenblicke am Tag der Meditation widmen. Wichtig ist es außerdem, einmal in der Woche sechs Stunden zu meditieren. Das ist keine unvernünftige Forderung. Es gibt Leute, die ohne weiteres zehn Stunden am Tag Klavier üben. Wer ein geistiger Meister werden will, muß sich bemühen, Gott mehr Zeit zu schenken. Er muß Ihn davon überzeugen, daß er Ihn mehr als alles andere liebt. Wenn ihr in der Meditation Fortschritte gemacht habt und tief ins Überbewußtsein tauchen könnt, genügen fünf Stunden Schlaf. Der restliche Teil der Nacht sollte in Meditation verbracht werden. Man kann die Nacht, den frühen Morgen und die Feiertage dazu benutzen, über Gott zu meditieren. Auf diese Weise kann auch der geschäftige Abendländer zu einem Yogi werden. Werdet also zu westlichen Yogis! Dazu braucht ihr keinen Turban oder langes Haar zu tragen wie ich.

Wir brauchen die Kirchen als «Bienenstöcke», aber wir müssen diese Bienenstöcke auch mit dem «Honig» unserer eigenen Selbst-Verwirklichung füllen.[13] Gott ist natürlich überall gegenwärtig, auch in den Kirchen. Aber Er wird sich nicht jedem Kirchgänger offenbaren. In die Kirche zu gehen, ist gut, aber tägliche Meditation ist besser. Tut beides, denn der Kirchgang wird euch sicherlich inspirieren; und die Meditation wird euch noch mehr erheben. Wenn das Herz des Gläubigen Feuer fängt und er ein Gebet nach dem anderen zu Gott emporflammen läßt, wird Er sich ihm ergeben. Diese ständige Hingabe ist nötig, wenn man Gott finden will. Wer also ein Yogi werden und sich dennoch in der jetzigen Welt behaupten will, muß regelmäßig zu Hause meditieren, Selbstdisziplin üben und alle Pflichten in dem Gedanken erfüllen, daß er Gott damit dient.

Mein größter Wunsch ist, jede Seele zu einem Tempel Gottes zu machen und Sein Lächeln auf allen Gesichtern widergespiegelt zu sehen. Die wichtigste Errungenschaft unseres Lebens ist es, in

[13] Sich selbst als die Seele erkennen und wissen, daß die Seele eins mit Gott ist.

der eigenen Seele einen Tempel Gottes zu errichten. Und das ist leicht getan. Zu diesem Zweck wurde die *Self-Realization Fellowship* in der westlichen Welt gegründet.

Jeder, der Gott in den Tempel seiner Seele einläßt, ist ein Yogi. Er kann, wie ich, sagen, daß Yoga für die Menschen des Ostens, Westens, Nordens und Südens bestimmt ist – damit sie den Nebenstraßen der Theologie folgen, bis diese in die breite Hauptstraße des Yoga einmünden. Der richtige Weg führt zum Palast göttlicher Glückseligkeit. Und wer dorthin gelangt, «soll nicht mehr hinausgehen.»[14]

[14] *Offenbarung* 3, 12.

Das unendliche Wesen Gottes

Internationales Mutterzentrum der Self-Realization Fellowship
in Los Angeles/Kalifornien, 28. Januar 1937

In den heiligen Schriften der Hindus heißt es, daß der Mensch Gott mit seinem Geist oder Intellekt nicht begreifen kann. So machtvoll diese auch sein mögen, ihr Fassungsvermögen ist zu begrenzt, als daß sie Ihn aufnehmen könnten. Der menschliche Geist ist also nicht fähig, sich eine wahre Vorstellung von Gott zu machen. Die Frage «Wer erschuf Gott?» entsteht nur deshalb, weil der menschliche Geist jenes Etwas, das ohne Anfang und Ende ist, nicht begreifen kann.

Wenn ihr die Sonne anschaut, die Millionen Kilometer von uns entfernt ist, so erscheint dieser riesige Himmelskörper sehr viel kleiner als die Erde. Dennoch beträgt der Durchmesser der Erde nur etwa 12.700 km, während der Durchmesser der Sonne über hundertmal größer ist. Könnte man die Erde neben die Sonne setzen, so gliche unser Planet einem winzigen Punkt. Nehmen wir einmal an, die riesige Sonnenkugel dehne sich immer mehr aus, werde immer größer, bis der weite, blaue Himmelsraum ganz von ihrer Masse verdeckt wird. Diese Masse wäre dennoch nichts als ein winziger Teil – ein Pünktchen des weiten Raumes, der sich durch zahllose Galaxien und in die Unendlichkeit erstreckt. Auch wenn sich die Sonne endlos weiter in den Raum ausdehnte, könnte sie niemals an die Unendlichkeit heranreichen. Die kosmische Täuschung, die uns alle Dinge als endlich vorspiegelt, hindert den Geist daran, solche Dimensionen zu erfassen. Wo liegen ihre Grenzen? Woher kommt diese unendliche Leere? Diese ursprungslose Unermeßlichkeit ist Gott. Er, der in Seiner Allgegenwart allen Raum erfüllt, ist in den fernsten Sternen, Er ist in euch und in mir; und Er ist sich jeden Augenblick aller Orte bewußt, die ein Teil Seines Selbst sind.

Gott ist nicht gleichbedeutend mit Verstandeskraft; Er hat sie erschaffen und steht über ihr. Sonst könnten wir Ihn ja mit unserem Verstand erfassen. Am genauesten können wir Ihn als göttliches Bewußtsein, göttliche Freude, göttliche Gegenwart bezeichnen – aber nicht als Denken.

Wenngleich unser Geist nicht fähig ist, die Allgegenwart zu erfassen, so kann er Gott dennoch *fühlen.* Seine Gegenwart zu fühlen und sie zu ermessen, sind zwei verschiedene Erfahrungen. Die Welle kann die Größe des Ozeans nicht ermessen, aber es gibt einen Berührungspunkt zwischen beiden. Wo also das Unendliche in das Endliche übergeht, berühren sich beide, und zwar im Überbewußtsein. Dieses Bewußtsein ist fähig, Gott wahrzunehmen. Wenn wir unsere gewöhnliche Geisteskraft derart erweitern, daß sie mit dem überbewußten Geist in Berührung kommt, können wir Seine Gegenwart fühlen.

Wir sind aus der Unendlichkeit herabgestiegen

Wir sind aus der Unendlichkeit in die Endlichkeit herabgestiegen. Yoga besteht darin, die Aufmerksamkeit von äußeren Zerstreuungen zurückzuziehen und sie nach innen, auf den Quell der Wahrheit, zu richten. Nur auf diese Weise können wir erkennen, wie Gott Sein Bewußtsein verdichtet und aus sich Selbst heraus die mannigfaltigen Geschöpfe erschaffen hat und auch die Universen, die jene bevölkern. Der menschliche Körper ist das Erstaunlichste, was Gott geschaffen hat. Eine ursprüngliche Zelle – die Verschmelzung von Samen und Eizelle – teilt sich, und durch ständige Wiederholung dieses Teilungsprozesses bildet sie Billionen von Zellen und baut den Körpertempel auf, der unser göttliches Seelenbewußtsein aufnimmt.

Ihr könnt euch nicht vorstellen, wieviel Energie in einem einzigen Gramm Fleisch eingeschlossen ist. Wenn man diese Energie freiließe, würden zahllose Elektronen in den weiten Raum hinausgeschleudert werden.[1] Und die Kraft und die

[1] Die furchterregende Kraft der freigelassenen Atomenergie wurde einige Jahre nach dieser Rede zum ersten Mal unter strenger Überwachung

Ausmaße des im Körper eingeschlossenen Bewußtseins übersteigen jede menschliche Vorstellungskraft. Wenn wir auch äußerlich aus Fleisch bestehen, so fließen dennoch hinter den grobstofflichen Zellen elektrische Ströme – die Lebensströme. Und hinter diesen feinen Energieströmen liegen unsere Gedanken und Wahrnehmungen.

Die Kraft der Gedanken ist unerschöpflich. Seit Beginn der Welt sind unvorstellbar viele Gedanken durch den Äther gewirbelt. Man kann sie unmöglich alle zählen, doch gewinnt ihr eine kleine Vorstellung davon, wenn ihr euch überlegt, wie viele Gedanken und Gefühle ihr bereits in eurem eigenen Leben zum Ausdruck bringt – Millionen davon! Versucht einmal, euch an alle Gedanken zu erinnern, die ihr in einem Jahr oder nur an einem einzigen Tag gehabt habt. Und stellt euch dann die Summe sämtlicher Gedanken aller Menschen vor – auch jener, die schon lange vor unserer Zeitrechnung gelebt haben. Gott kennt sie alle!

Unser Geist kann nicht eimal die flüchtigen Naturerscheinungen erfassen. Wie viele Elektronen wirbeln im elektrischen Strom, der hier in der Kapelle durch die Glühbirnen fließt? Billionen von ihnen kreisen umeinander und bilden das Licht, das ihr erblickt. Diese verschwindend kleinen Teilchen bewegen sich so schnell, als ob wir in wenigen Sekunden von hier nach New York oder in einen anderen Teil der Welt reisen würden. Das ist durch wissenschaftliche Experimente bewiesen worden.

Wenn ihr einmal versucht, die Zahl der Protonen und Elektronen zu errechnen, die sich zu unserer Erde verdichtet haben, kommt euer Verstand an eine Grenze, über die er nicht hinausgelangt. Was dem suchenden Geist enthüllt wird, scheint in die Unendlichkeit zu gehen; doch gibt es einen Punkt, an dem die Gedanken zu transzendent werden, als daß man ihnen noch folgen könnte. Aus jener Sphäre, in die der Verstand nicht eindringen kann, läßt Gott Sein vollkommenes Licht strömen, die intelligente Kosmische Schwingung, welche die endliche Schöpfung aufbaut.

vorgeführt, und zwar, als man am 16. Juli 1945 in Alamogordo/New Mexico die erste Atombombe explodieren ließ.

Nur die Intuition kann Gottes Wesen erfassen

Wenn wir unseren Verstand richtig gebrauchen, verstehen wir, warum Gott jenseits der Gedanken und des Intellektes ist und warum wir Sein wahres Wesen nur durch die seelische Kraft der Intuition fühlen können. Wir müssen Sein Bewußtsein mit Hilfe des Überbewußtseins zu erfassen versuchen, welches der Kern unseres Denkens und unserer Intelligenz ist. Sein unendliches Wesen wird dem Menschen durch das intuitive Überbewußtsein der Seele offenbart. Die Freude, die wir in der Meditation fühlen, gibt uns eine Vorstellung von der ewigen Freude, die sich über die ganze Schöpfung ergießt. Und das Licht, das wir in der Meditation sehen, ist das Astrallicht[2], aus dem unsere sichtbare Schöpfung entstanden ist. Wer dieses Licht erblickt, fühlt sich eins mit allen Dingen.

Der durchschnittliche Mensch lebt zwar in der Welt, ist sich aber ihres eigentlichen Wesens und Zweckes kaum bewußt. Ein Leben von solch begrenzter Wahrnehmungskraft gleicht mehr oder weniger dem Dasein der Tiere. Wir hatten hier auf dem Mount Washington einmal eine Ziege, die unweigerlich von meiner Stimme angezogen wurde. Eines Tages, als ich gerade in dieser Kapelle eine Ansprache hielt, spazierte die Ziege herein und trottete durch den Mittelgang direkt auf mich zu. Ich weiß, daß sie nichts von dem verstand, was ich sagte; sie hörte einfach meine Stimme gern. Ihr aber kommt nicht zu diesen Vorträgen, um nur Worte zu hören, sondern um die dahinter liegende Gegenwart Gottes zu fühlen. Wenn ihr euer Bewußtsein auf Sein Bewußtsein einstellt und euch von diesem Strom der Glückseligkeit tragen laßt, werdet ihr euch eins mit Ihm fühlen. All mein Wissen verdanke ich nur der Tatsache, daß ich mich innerlich auf Gottes Bewußtsein eingestellt habe. Dasselbe könnt auch ihr tun.

[2] Alles, was auf der materiellen Ebene existiert, hat ein Gegenstück aus astralem Licht – einem Licht, das feiner ist als die elektromagnetische Energie in den Atomen. In den heiligen Schriften der Hindus nennt man diese Energie *Prana,* was Paramahansa Yogananda mit «Biotronen» übersetzte.

Wer sich geistig höherentwickelt und seine Verbundenheit mit allen Lebewesen fühlt, wird in immer größerem Maße bereit sein, das Leid anderer zu teilen. Jesus war sogar gewillt, für andere zu leiden, indem er ihre Schmerzen auf sich nahm. Auch wir müssen alles tun, was in unseren Kräften steht, um denen zu helfen, die Kälte und Krankheit erdulden müssen. Es ist ein Alptraum für sie, und alle Schmerzen, die wir ihnen abnehmen, nehmen wir auch Gott ab. Er sieht es nicht gern, wenn Seine Kinder in Not sind, denn Er leidet mit ihnen.

Momentan genießen viele von euch die Schönheit und den Frieden, der euch hier umgibt, aber denkt einmal, wie es heute den Leuten von Louisville zumute ist. Tausende sind dort wegen der Überschwemmungen in Not. Vor langer Zeit einmal dachte ich, wie herrlich es doch in Amerika ist, wo es all die Katastrophen, von denen so viele andere Länder heimgesucht werden, nicht gibt; da zeigte mir Gott die Überschwemmungen, die wir jetzt haben. Die Gedanken- und Gefühlsschwingungen[3] Tausender von Menschen, die während der Kämpfe in Spanien getötet werden, haben atmosphärische Veränderungen verursacht und sind für diese Überschwemmungen und andere Katastrophen in der Welt verantwortlich. Der Krieg löst üble Schwingungen aus, wirft die ganze Natur aus ihrem harmonischen Gleichgewicht und verursacht auf diese Weise «Naturkatastrophen».

[3] Die Kraft der Gedanken, ob sie nun zum Guten oder Bösen gebraucht wird, hat ihren Ursprung in der Gedanken-Substanz des Universums. Wenn Gott eine Schöpfung entstehen läßt, so projiziert Er sie zuerst als Gedanken-Schablone, welche die feinste aller schöpferischen Schwingungen ist; und diese wiederum verdichtet sich zu astralem Licht und schließlich zu gröberen atomischen Strukturen. Wenn Gott Seine ursprünglichen Gedanken zurückzieht, löst sich die Schöpfung auf. Die Gedanken des Menschen sind ein mikrokosmischer Abglanz der Gedanken Gottes und können deshalb, auch wenn sie noch nicht sehr entwickelt sind, seine Gesundheit, sein Glück, seinen Erfolg und – wenn sie durch ähnliche Gedanken anderer Menschen verstärkt werden – die Welt, in der er lebt, beeinflussen. Die Gedankenschablonen, die Gott Seiner Schöpfung einprägte, werden somit durch die Gedanken der Menschen harmonisch oder disharmonisch beeinflußt. (Siehe *Karma* im Glossar.)

Gott hat dem Menschen Freiheit geschenkt, und der Mensch hat sie mißbraucht; darin liegt die Ursache aller Leiden. Der Mißbrauch des uns von Gott verliehenen freien Willens hat furchtbare Auswirkungen. Mir wäre es lieber, daß jemand mich warnt, wenn er mich falsch handeln sieht, als daß er mich ruhig gewähren läßt und ich mir erst Jahre später des Schadens bewußt werde, den ich angerichtet habe.

Satan erschuf die Unwissenheit

Das Leid ist also nicht Gottes Werk, sondern ein Werk der satanischen Kraft der *Maya* – der Täuschung. Diese Kraft erzeugt alle Unwissenheit, welche die Menschen blind gegen die Folgen ihrer Taten macht – die sie falsch handeln läßt und ihnen dadurch Leid bringt. Alle, die jetzt in Spanien kämpfen – sowohl die Streitkräfte der Regierung als auch deren Gegner –, glauben, daß sie im Recht seien. Es gibt nur eine Möglichkeit, Irrtümer zu vermeiden: Man muß genug Unterscheidungskraft entwickeln, um zu wissen, was falsch ist, und sich dann entschließen, es nicht zu tun. Wenn beide im Unrecht sind und sich bekämpfen, so wird das Unrecht dadurch nicht in Recht verwandelt. Der wahre Feind des Menschen ist die Unwissenheit. Sie gilt es auf Erden auszurotten.

Heute stehen uns alle nur erdenklichen Mittel zur Verfügung, mit denen wir ein Zeitalter des Wohlstands herbeiführen könnten. Nur die Selbstsucht des Menschen vereitelt dies. Sehr viel unnötiges Leid wird durch den kurzsichtigen Egoismus des Menschen verursacht. Gelder, die man dazu verwenden könnte, bedürftige Menschen zu ernähren und zu kleiden, werden für Vernichtungszwecke ausgegeben. Diese Selbstsucht ist die Wurzel allen Übels in der Welt, und sie entspringt der Unwissenheit. Jeder glaubt, daß er richtig handle. Wer jedoch nur seine eigenen Interessen verfolgt, setzt das karmische Gesetz[4] von Ursache

[4] Karma ist das Gesetz von Wirkung und Gegenwirkung. Alles, was der Mensch durch seine Handlungen sät, wird er auf entsprechende Weise in diesem oder einem künftigen Leben ernten. (Siehe Glossar)

und Wirkung in Bewegung, das unweigerlich sein eigenes und das Glück anderer zerstört.

Je mehr ich sehe, welche Tragödien sich in dieser Welt abspielen und wie sie durch menschliche Unwissenheit verursacht werden, um so mehr verstehe ich, daß das Glück auch dann nicht von Bestand wäre, wenn alle Straßen mit Gold gepflastert wären. Wahres Glück findet man dadurch, daß man andere glücklich macht, daß man auf seine eigenen Interessen verzichtet, um anderen Freude zu bereiten. Wenn jeder nach diesem Grundsatz handelte, wären alle Menschen glücklich und gut versorgt. Das ist es, was Jesus mit den Worten meinte: «Alles nun, was ihr wollt, das euch die Leute tun sollen, das tut ihr ihnen auch.»[5]

Was wir brauchen, ist ein Bündnis zwischen allen Religionen und Nationen. Doch eine solche Einheit ist nur dann möglich, wenn jeder einzelne so meditiert, daß er unmittelbar mit Gott in Verbindung treten kann. In dieser Gottverbundenheit liegt die Lösung. Wer Gott gefunden hat, sieht keinen Unterschied mehr zwischen sich und den anderen. Erst wenn alle Menschen – und nicht nur einige wenige – diese Einsicht gewinnen, wird es wahre Freiheit auf Erden geben. Auch hier in Amerika herrscht noch keine absolute Freiheit; es gibt noch viel Leid. Jeder von uns ist dafür verantwortlich, seinem Land und allen Menschen Frieden und Glück zu bringen. Man sollte sich nicht nur um das Wohl des eigenen Landes und der eigenen Familie kümmern, sondern um das aller Länder – der ganzen Menschheit. Der Durchschnittsmensch denkt nur an seine eigenen Interessen, seine engere Umgebung, aber der Gottsucher fühlt sich in der ganzen Welt zu Hause. Denkt nicht, daß der Beitrag, den ihr durch euer vergeistigtes Bewußtsein leistet, gering sei. Was ihr beitragt, kann sehr viel für andere bedeuten.

Wer Gott erkennen will, muß Ihm gleich werden. Trotz all unserer Fehler, trotz unserer Gottvergessenheit und großen Gleichgültigkeit Ihm gegenüber schenkt Er uns dennoch liebevoll das Leben und alles, was wir in dieser Welt zum Leben brauchen.

[5] *Matthäus* 7, 12.

Nichts ist größer als Gott; Gleichgültigkeit Ihm gegenüber ist die größte aller Sünden.

Wer nicht freiwillig auf alles, was er besitzt, verzichten kann, um Ihn zu finden, wird Ihn nicht erkennen. Wer Gott finden will, muß bereit sein, um Seinetwillen alles andere aufzugeben. Diese Wahrheit versuchte Jesus seinen Jüngern verständlich zu machen, als er sie in Gethsemane bat, mit ihm zu wachen und zu beten. Als sie dann aber einschliefen, bemerkte er traurig: «Der Geist ist willig, aber das Fleisch ist schwach.»[6]

Der Mensch gleicht einer Marionette. Er tanzt an den Fäden der Gewohnheiten und Gefühlsregungen, der Leidenschaften und Sinnengenüsse. Diese halten seine Seele gefangen. Wer nicht willig oder fähig ist, sich selbst aus diesen Banden zu befreien, um Gott zu erkennen, wird Ihn nicht finden. Ich selbst halte mich immer frei von allen Bindungen. Manchmal esse ich und manchmal nicht; manchmal schlafe ich und manchmal nicht. Ich habe auf alle körperlichen Bedürfnisse verzichtet, um mir selbst zu beweisen, daß ich diese Dinge nicht brauche. Gott ißt und schläft nicht; Er ist weder durch die Sinne noch durch Gewohnheiten gebunden. Das ist es, was Ihn zu Gott macht, und wir sind Ihm zum Bilde geschaffen. Wir müssen fähig sein, alles aufzugeben, um Ihn zu erkennen: «Doch trachtet nach dem Reich Gottes, so wird euch das alles zufallen.»[7] Trotz aller Prüfungen, die ich Seinetwegen durchmachen mußte, hat mir Gott am Ende doch alles gegeben, was ich mir wünschte oder was ich auf Erden brauchte. Und ich habe Ihm alles zurückgegeben, denn Er hat mir etwas weit Größeres geschenkt: Seine göttliche Freude, die Tag und Nacht anhält. Durch diese Freude werden all meine Herzenswünsche erfüllt.

[6] *Matthäus* 26, 41.

[7] *Lukas* 12, 31.

Meditation lüftet den Schleier der Unwissenheit

In der *Bhagavad-Gita*, die von dem großen Weisen Vyasa aufgezeichnet wurde, erklärt der Herr Krishna, daß man von der Täuschung geblendet durchs Leben stolpere, solange die einem innewohnende Weisheit von Unwissenheit verdunkelt wird. «Unter dem Einfluß von *Tamas* [der Unwissenheit] stehen alle Handlungen, die man begeht, wenn man der Täuschung erliegt, die eigenen Fähigkeiten falsch einschätzt und die Folgen nicht bedenkt; dadurch verliert man an Wohlstand und Einfluß und schadet seinem Nächsten.»[8] Sobald sich der Nebel der Unwissenheit in der Meditation auflöst, seht ihr den richtigen Weg vor euch. Dann habt ihr keine Sorgen mehr und findet bleibende Erfüllung. «Wahrlich, auf Erden gibt es nichts Reinigenderes als Weisheit. Wer Erfolg im Yoga [in der Meditation] hat, wird diese Wahrheit schließlich im eigenen Herzen erfassen.»[9]

All diese Wahrheiten sind wirklich für mich. Die Wahrheit ist Wirklichkeit. Selbst-Verwirklichung kann einem nicht durch Bücher vermittelt werden; man kann sie nur durch eigene Erfahrung erwerben. Die Religionen sollten nicht nur Dogmen lehren, sondern Erkenntnis der Wahrheit und ein echtes Erleben Gottes. Was Jesus Christus verwirklicht hat, müssen auch wir erleben. Er stellte nicht die Verehrung seiner Persönlichkeit in den Mittelpunkt seiner Lehre, sondern wollte, daß wir dieselbe Einheit mit Gott erleben wie er. Das können wir aber nur, wenn wir meditieren und Gottes Gesetze befolgen. Es genügt nicht, Jesus anzubeten, weil er Jesus ist. Strebt den allumfassenden Idealen seiner Lehre nach und versucht, ihm gleich zu werden.

Wir leben nur kurze Zeit in diesem Körper auf dieser Erde, um durch unsere Erfahrungen zu lernen und uns höherzuentwickeln. In welcher Richtung bewegen wir uns jetzt? Denkt einmal daran, wie viele Seiten des göttlichen Traumdramas der Schöpfung bereits umgeblättert worden sind! Als ich Salt Lake City besuchte, sah ich in einer Vision ein großes Meer vor mir, an dessen

[8] XVIII, 25.

[9] IV, 38.

Strand Mammute entlangwanderten. Später erfuhr ich, daß das Skelett eines dieser ausgestorbenen Mammute kürzlich hier gefunden worden war.

Gott hat uns Menschen die Kraft verliehen, alle Gewohnheiten und Begrenzungen abzuwerfen und unser Bewußtsein über die ganze Schöpfung auszubreiten – nicht nur bis ins Innerste aller Lebewesen zu dringen, sondern darüber hinaus auch in die Sphären jenseits der Sterne. Die uns angeborene Unermeßlichkeit umfaßt noch weit größere Räume. Ungeheure Möglichkeiten liegen in uns verborgen. Wir sind unendlich! Ich lebe in dieser Sphäre der Unendlichkeit und bin mir meines Körpers nur hin und wieder bewußt.

Noch seid ihr begrenzt; aber wenn es euch durch tägliche Meditation gelingt, euer Bewußtsein von der endlichen Welt in die Unendlichkeit auszudehnen, seid ihr frei. Es ist euch nicht bestimmt, Gefangene dieses Körpers zu bleiben. Ihr seid Gottes Kinder und müßt euch dieses göttlichen Geburtsrechts würdig erweisen.

Schenkt Gott den ersten Platz in eurem Herzen

Dort, wo eure Gedanken sind, verbringt ihr die meiste Zeit. Was aber, wenn Gott euch nicht die Fähigkeit zum Spielen, Lesen und Arbeiten gegeben hätte? Dann könntet ihr überhaupt nichts tun. Deshalb sollte Er in eurem Leben zuerst kommen. Gott kennt euer Herz; räumt Ihm den ersten Platz darin ein.

Man kann Gott nur durch Liebe gewinnen. Meditiert über Ihn und betet dann aus tiefstem Herzen: «Herr, ich kann ohne Dich nicht leben, Du bist die Kraft hinter meinem Bewußtsein. Dich liebe ich. Offenbare Dich mir.» Wenn ihr auf Schlaf verzichtet, um über Ihn zu meditieren, wenn ihr eure selbstsüchtigen Wünsche aufgebt und wenn ihr weint, weil Er in euren Brüdern leidet, dann kommt Er zu euch. Wenn ihr Seinetwegen echte Opfer bringt, könnt ihr Ihn im Netz eurer Liebe fangen. Auf keine andere Weise könnt ihr Ihn gewinnen.

Erkenntnis bereitet der Liebe den Weg. Ihr könnt nicht etwas lieben, was ihr nicht kennt. Das Wissen um Gott muß also der Liebe zu Ihm vorangehen. Und dieses Wissen gewinnt man durch das Üben von *Kriya-Yoga*[10] – jener Technik, die Lahiri Mahasaya uns schenkte. Wenn ihr Gott kennt, werdet ihr Ihn auch lieben, und wenn ihr Ihn liebt, werdet ihr euch Ihm ganz anheimgeben.

Ruht nicht eher, als bis eure Hingabe an Gott vollkommen geworden ist und ihr ständig im Bewußtsein Seiner Gegenwart lebt. Laßt euch nicht vom Schlaf überwältigen, wenn ihr meditieren solltet. Gott muß euch mehr bedeuten als alles andere! Seine Liebe ist die größte Liebe, die es gibt. Solange ihr aber anderen Dingen den Vorrang gebt, wird Er warten. Doch euer Zögern könnte zu lange dauern, und euer Leiden könnte zu groß werden. Verliert keine Zeit! Ihr müßt euch aufrichtigen Gewissens sagen können, daß ihr euch bemüht habt, mit Ihm in Verbindung zu treten. Gönnt euch keine Ruhe und laßt nicht nach, bis ihr Ihn mit eigenen Augen sehen oder im eigenen Herzen fühlen könnt. Das Leben besteht aus Geburt, Spiel, Ehe, Kindererziehung, Alter – und dann ist es zu Ende. Das kann man aber nicht Leben nennen. Ich habe festgestellt, daß das Leben viel inhaltsreicher und herrlicher sein kann. Wenn ihr Gott erkannt habt, gibt es keine Sorgen mehr für euch. Alle, die ihr je geliebt und durch den Tod verloren habt, sind im ewigen Leben wieder bei euch. Ihr wißt dann gar nicht mehr, wen ihr euer «eigen» nennen sollt, denn alle gehören zu euch.

Gottes Schönheit ist unermeßlich. Es ist gut, wenn man sich an den lieblichen Blumen freut, doch viel besser ist es, wenn man hinter ihrer Reinheit und Schönheit das Antlitz Gottes erkennt. Sich an der Musik selbst zu erfreuen, läßt sich nicht mit dem Erlebnis vergleichen, wenn man Gottes schöpferische Stimme

[10] *Kriya-Yoga* bedeutet Vereinigung *(Yoga)* mit dem Unendlichen durch eine bestimmte Handlung oder einen bestimmten Ritus *(Kriya)*. Genauer gesagt, ist es eine Meditationstechnik, durch die man Vereinigung mit Gott erreichen kann. Lahiri Mahasaya, der Guru von Paramahansa Yoganandas Guru, spielte in diesem Zeitalter eine wichtige Rolle bei der Wiederbelebung der uralten Wissenschaft des *Kriya-Yoga* (s. Glossar und *Autobiographie eines Yogi,* Kapitel 26).

darin wahrnimmt. Obgleich Gott in der äußeren Schönheit Seiner Schöpfung gegenwärtig ist, sollte man versuchen, sein eigenes ewiges Selbst jenseits aller vergänglichen Formen zu erkennen. Ihr alle wißt, wie sehr ich die Gartenanlagen hier in den *Ashrams*[11] von Mount Washington und Encinitas liebe. Ich kann mich an ihrer Schönheit nie sattsehen. Doch vor kurzem vermittelte mir Gott ein aufrüttelndes Erlebnis. In meiner inneren Schau sah ich einige Leute dort sitzen und miteinander sprechen. Einer von ihnen schlug vor, was getan werden sollte, doch ein anderer sagte: «Nein, Paramahansaji hat gesagt, daß wir das nicht dürfen.» Plötzlich wußte ich, daß dies eine Vision aus einer zukünftigen Zeit war, wenn ich nicht mehr in diesem Körper sein werde. Einen Augenblick lang erschütterte mich das, doch dann gewann ich mein normales Bewußtsein wieder.

Es lohnt sich nicht, sein Herz an irgend etwas in dieser Welt zu hängen. In Gottes kosmischem Drama gibt es ein ständiges Werden und Vergehen. Vor meinem inneren Auge sehe ich zerstörte Flughäfen und das Meer voller Toter und viele andere Dinge, die noch kommen werden. Innerlich sehe ich eine Welt, in der ich nicht mehr bin. Diese Freiheit schenkt Gott schließlich jeder Seele.

Ein großer Heiliger sagte einmal: «Es ist mir gleich, wo ich bin, o Herr, nur strafe mich nie damit, daß ich Dich vergesse.» Es gibt keine schlimmere Strafe. Jesus sprach: «Es ist dir besser, daß du als ein Krüppel zum Leben eingehest.»[12] Die Verbindung mit Gott läßt alles Leid von einem abfallen.

[11] Ein *Ashram* ist eine geistige Einsiedelei, oft auch ein Kloster. Das Ashram-Zentrum von Mt. Washington ist das internationale Mutterzentrum der *Self-Realization Fellowship (Yogoda Satsanga Society of India)* und befindet sich auf dem Mt. Washington in Los Angeles. Das Ashram-Zentrum von Encinitas/Kalifornien ist eine Zweigstelle der *Self-Realization Fellowship*.

[12] *Markus* 9, 43 – d.h., daß alle Wünsche und Gewohnheiten, die den Menschen daran hindern, an Gott zu denken, von ihm abgetrennt worden sind.

Erwacht aus dem Alptraum des Leidens

Im Traum seht ihr euch vielleicht – von Feinden verfolgt – eine Straße entlangrennen. Plötzlich werdet ihr erschossen und denkt: «Oh, wie schrecklich! Jetzt muß ich sterben! Wie tragisch, daß ich diese Welt verlassen muß!» Dann seht ihr euch als Leiche. Ein Beerdigungsinstitut sorgt für eure Einäscherung, und eure Freunde sind trauernd versammelt, wenn eure Asche beigesetzt wird. Plötzlich aber wacht ihr auf und merkt, daß es nur ein Traum war – daß ihr noch lebt! Ganz ähnlich ist es im Tode.

Gott zeigte mir in einer Vision, daß alle, die im spanischen Bürgerkrieg sterben, nur einen schrecklichen Traum vom Tode durchmachen. Sobald sich ihr Bewußtsein vom Körper löst, erwachen sie wie aus einem Alptraum und sind froh, davon befreit zu sein. All unsere Erlebnisse in dieser Welt sind nichts als Traumbilder. Der Mensch selbst hat den Alptraum des Krieges erzeugt. Doch sobald die Kriegsopfer aus ihren Körpern herausgeschleudert werden, erkennen sie, daß dies nur ein schrecklicher Traum gewesen ist, aus dem sie jetzt erwachen. Sie merken, daß sie gar nicht tot sind. Das ist eine große metaphysische Wahrheit.

Wenn ihr wißt, daß ihr träumt, dann leidet ihr nicht mehr unter den schrecklichen Traumerlebnissen. Doch wenn ihr euch mit dem Traum identifiziert und jemand euch in diesem Traum auf den Kopf schlägt und tötet, erscheint euch dieser Traumtod wie ein wirkliches, schreckliches Erlebnis – bis ihr aufwacht und seht, daß es gar nicht wahr ist. Genauso ist es nach dem Tode. Wenn ihr den Körper erst einmal verlassen habt, merkt ihr, daß ihr gar nicht tot seid – daß ihr aus einem Alptraum erwacht. Der Tod ist also nicht das Ende. Er ist die Befreiung des Bewußtseins, das sich in einem physischen Traumkörper eingekerkert glaubte. Diese Loslösung schenkt uns ein Gefühl großer Freiheit. Wir sollen den Tod jedoch nie suchen. Vielmehr sollen wir unser Bewußtsein durch Meditation und Gottverbundenheit so vorbereiten, daß wir den Tod, wenn er schließlich zu uns kommt, als einen Traum ansehen – und nichts anderes. Ich sehe Leben und Tod jederzeit als einen Traum. Deshalb schenke ich diesem Körper wenig Aufmerksamkeit.

Wer sich mit Gott vereint, erkennt das Leben als einen Traum

Lebt im Bewußtsein des GEISTES, in jener innigen Verbundenheit mit Gott, in der ihr wißt, daß das Leben nichts als ein Traum ist. Das ist nicht schwer, wenn man sich Mühe gibt. Wenn Schmerzen kommen, dann ist es nicht mehr so leicht, euer Bewußtsein vom Körper zu lösen. Seid deshalb weise und macht jetzt die nötigen Anstrengungen, während ihr noch gesund und kräftig seid.

Materielle Wünsche lassen die Sehnsucht nach dem Unendlichen in uns ersterben. Fast jeden Tag wird mir gesagt, daß ich dieses oder jenes brauchte. Mir erscheint dies lächerlich, denn ich weiß, daß Tausende das, was ich angeblich «brauche», nicht haben. Wenn sie es nicht brauchen, warum dann ich? Das einzige, was ihr wirklich braucht, ist Gott. Alles andere ist unwichtig. Hängt euer Herz nicht an Besitztümer, an Musik, Bücher, besondere Speisen oder andere Sinnenfreuden. In Gott habt ihr das ewige Leben. Erkennt diese große Wahrheit, sonst werden euch die weltlichen Geschäfte ganz in Anspruch nehmen, und ihr bleibt auch im Sterben noch an sie gebunden. Wenn ihr eins mit Ihm seid, braucht ihr nicht mehr in diese Traumwelt zurückzukehren, dann könnt ihr kommen und gehen, wann ihr wollt,[13] und Gott auf Erden dienen, um Seinen Kindern zu helfen.

[13] Die Lehre von der Wiedergeburt liefert die einzige einleuchtende Erklärung für die scheinbar ungerechte Ungleichheit unter den Menschen, die ja alle Gottes geliebte Kinder sind. Die Seele, die ewig vollkommen ist, wird durch das Gesetz der Evolution gezwungen, sich wiederholt in immer höheren Lebensformen zu inkarnieren. Dabei wird sie in ihrer Weiterentwicklung durch unrichtige Handlungen und Wünsche zurückgehalten oder durch geistige Bemühungen gefördert, bis sie Selbst-Verwirklichung und Vereinigung mit Gott erreicht hat. Dann hat die Seele die vom Herrn geschaffene Täuschung überwunden und ist für immer frei. «Solche Menschen, die ihre Gedanken in DAS (den GEIST) versenken, deren Seele mit dem GEIST vereint ist, die sich voller Hingabe nur noch dem GEIST anheimgeben, deren Wesen durch das

Wenn ihr in der Freude Gottes lebt, werdet ihr keinen Tod mehr kennen. Diesen Zustand erreicht ihr jedoch nicht durch mechanisches Beten. Ihr müßt völlig im Gebet aufgehen und überzeugt sein, daß Gott euch hört. Wenn ihr innig und hingebungsvoll zu Gott betet, wird Er jederzeit zu euch kommen.

Gegengift der Weisheit von der giftigen Täuschung gereinigt wurde – sie erreichen den Zustand, da sie nicht mehr zurückkehren» (*Bhagavad-Gita* V, 17). In der Bibel heißt es ähnlich: «Wer überwindet, den will ich machen zum Pfeiler in dem Tempel meines Gottes, und er soll nicht mehr hinausgehen» (*Offenbarung* 3, 12). Wenn eine Seele, nachdem sie Befreiung erlangt hat, zur Erde zurückkehrt, so verkörpert sie sich aus freiem Willen als ein Meister, um anderen zu ihrer Befreiung zu verhelfen. Eine solch freiwillige Rückkehr wird *Vyutthana* genannt, das heißt Umkehr zum irdischen Leben, nachdem einen die *Maya* nicht mehr blenden kann. Solch göttliche Inkarnationen sind in allen Zeitaltern selten.

Erkennt die Unwirklichkeit der Materie

Etwa 1926

In den heiligen Schriften der Hindus wird darauf hingewiesen, daß der Glaube an die Nicht-Existenz der Materie und die Allheit des GEISTES nicht auf dogmatischen, unlogischen, unverständlichen oder unerklärlichen Theorien beruhen solle, sondern auf den Ergebnissen innerer wissenschaftlicher Forschung und auf genauen Erkenntnissen.

Die meisten Menschen identifizieren sich mit ihrem Körper, der von der Nahrung erhalten wird, und erkennen nicht, daß die wichtigste Quelle für die Erhaltung des Körpers *Prana* (die Lebensenergie[1]) ist. Weder Nahrung noch irgendein anderes äußeres Hilfsmittel kann einen menschlichen Körper wiederbeleben, wenn der kosmische Strom aus ihm gewichen ist.

Das *Prana* ist das Bindeglied zwischen dem stofflichen Körper des Menschen und seinem unstofflichen Geist. Schon in alten Zeiten entdeckten die hinduistischen Weisen das *Prana* und entwickelten die Wissenschaft des *Pranayama*[2] – der Herrschaft über die Lebenskraft.

Jesus, der vierzig Tage lang in der Wüste fastete, erklärte: «Der

[1] «Biotronen», feinere Energien als die Atomenergie, die das Leben in allen Dingen des Universums aufrechterhalten. Es gibt zwei Arten von *Prana:* die kosmische Energie, die allgegenwärtige Quelle des Lebens und der Gesundheit, die alle lebenden Dinge durchströmt und umgibt, und das besondere *Prana,* das jeden menschlichen Körper durchdringt.

[2] Durch *Pranayama* ist der Eingeweihte fähig, die Lebensenergie in den sensorischen und motorischen Nerven unter seine Herrschaft zu bringen und dadurch seinen Geist während der Meditation vom Körperbewußtsein zu lösen. Er ist außerdem in der Lage, sich diese Lebensenergie zunutze zu machen, um seinen Körper willentlich zu heilen oder zu kräftigen.

Mensch lebt nicht vom Brot allein, sondern von einem jeglichen Wort, das durch den Mund Gottes geht.»[3]

Das «Wort» ist die kosmische Schwingung, und der «Mund Gottes» das verlängerte Mark im Hinterkopf, das ins Rückenmark übergeht. Es ist die wichtigste Stelle des ganzen Körpers – das göttliche Tor (der «Mund Gottes»), durch welches das «Wort» (*OM*[4]), das heißt, die den Menschen erhaltende kosmische Schwingungskraft, in den Körper eingeht.

Wer noch nie gefastet hat, weiß nicht, daß der Mensch, wie Christus, fähig ist, vierzig Tage lang nur vom Wort Gottes zu leben.

Während der ersten Stadien eines wöchentlichen Fastens ist man noch hungrig. Doch mit jedem Tag nimmt das Hungergefühl ab, und statt dessen stellt sich ein Gefühl großer Freiheit ein. Warum? Wenn man dem Körper grobe Nahrung verweigert, ist er gezwungen, sich auf die unstoffliche Nahrung, das heißt den Lebensstrom, einzustellen.

Die Willenskraft des Menschen ist eine große Energiequelle. Durch Willenskraft und Willigkeit kann man sofort Kraft aus dem unendlichen Speicher des Innern ziehen. Wer seine tägliche Arbeit nur widerwillig leistet, wird sich immer kraftlos fühlen. Doch wer selbst die schwierigsten Aufgaben mit größter Willigkeit erfüllt, wird körperlich und geistig vom kosmischen Strom erhalten.

Wenn man sich in der metaphysischen Methode übt, von Willenskraft zu leben und bewußt aus dem unversieglichen Quell der Lebenskraft zu schöpfen, kann man sich über viele Begrenzungen des Körpers erheben.

Die hinduistischen Weisen und Yogis behaupten, daß die Materie nichts als materialisierter Geiststoff sei. Einige haben

[3] *Matthäus* 4, 4.

[4] Die grobstoffliche Materie geht aus der intelligenten kosmischen Schwingung Gottes hervor und wird durch sie erhalten; diese ist die feinstoffliche Substanz des Universums. Die wichtigsten Eigenschaften dieser Schwingung sind Licht und Laut. *OM* ist der Laut der von Gott ausgehenden schöpferischen Schwingung, die in den christlichen Schriften Amen, Heiliger Geist oder das Wort genannt wird. (Siehe *OM* im Glossar.)

diese Wahrheit sogar bewiesen, indem sie – wie Jesus – ihren Körper und andere materielle Gegenstände materialisierten und entmaterialisierten.

Die chemischen Elemente der Materie sind elektronische Schwingungen

Den neuesten Entdeckungen der Wissenschaft zufolge besteht die Materie aus Schwingungskräften. Die chemischen Elemente, das heißt die Grundstoffe, aus denen das ganze Universum – von den Steinen und Sternen bis zum Menschen – aufgebaut ist, sind nichts anderes als verschiedene Arten elektromagnetischer Schwingungen. Das Eis z. B. ist kalt, hat Gewicht und eine bestimmte Form, es ist sichtbar. Schmelzen wir das Eis, so wird es zu Wasser. Und setzen wir das Wasser dem elektrischen Strom aus, wird es zu unsichtbarem Wasserstoff und Sauerstoff, die, wenn man sie weiter zerlegt, elektromagnetische Schwingungen sind. Man kann daher vom wissenschaftlichen Standpunkt aus behaupten, daß das Eis nicht existiere, obwohl unsere Sinne (Auge, Tastsinn usw.) es wahrnehmen können. Grundsätzlich aber besteht es aus unsichtbaren Elektronen oder Energieformen.

Mit anderen Worten: das, was sich auflösen und unsichtbar machen läßt, kann nicht als etwas wirklich Existierendes bezeichnet werden. In diesem Sinne kann die Materie als nichtexistent betrachtet werden, und doch hat sie eine relative Existenz. Die Materie existiert im Verhältnis zum Geist – als eine Erscheinungsform unsichtbarer elektronischer Kräfte, die unveränderlich und unsterblich sind, also wirklich existieren.

Sowohl Wasser als auch Eis sind Manifestationen unsichtbarer gasförmiger Stoffe und haben nur eine scheinbare, vorübergehende Existenz. Ähnlich sind auch der menschliche Geist und die Materie nichts als vergängliche Manifestationen des göttlichen Bewußtseins, denen nur eine scheinbare Existenz zukommt; in Wirklichkeit existiert nichts als der Kosmische GEIST.

Ebenso wie die Geburt eines Kindes von den Eltern abhängt, so hängt auch die Existenz der Materie vom Geist ab. Die Materie wird vom Göttlichen Geist ins Leben gerufen und vom menschlichen Geist wahrgenommen. Für sich betrachtet, hat sie keine Wirklichkeit – kein selbständiges Dasein.

Die blinden, das heißt nicht intelligenzbegabten, elektronischen Kräfte des Universums sind dennoch im schöpferischen und teleologischen Sinne wirksam, denn sie tragen die Schwingungen der universellen, sich selbst bewußten Lebenskraft *(Prana)* in sich, die wiederum dem Willen Gottes entsprungen ist.

«Und Gott sprach: Es werde Licht! Und es ward Licht.»[5] Das bedeutet: der projizierte Gedanke und Wille Gottes wurde zu Licht oder Schwingungskraft, zu fließenden Lebensströmen und Elektronen, die immer stärker vibrierten und so zu verschiedenen feinstofflichen oder unsichtbaren Naturkräften wurden. Aus diesen wiederum bildeten sich die chemischen Elemente der Materie – die Bestandteile des Universums.

Für das menschliche Bewußtsein ist die Materie sowohl wahrnehmbar als auch wirklich. Und doch ist der Mensch durch theoretische Forschungen, Gebrauch seiner Logik und Laborversuche (z.B. die Umwandlung eines sichtbaren Eisstückes in unsichtbare Kräfte) zu dem Schluß gekommen, daß hinter allen vergänglichen und illusorischen Formen der Erscheinungswelt eine beständige, unwandelbare schöpferische Kraft liegen muß.

Man kann diese Wahrheit so verstehen, daß das Meer existiert, obgleich seine Wellen kein ständiges Dasein haben, sondern nur eine vorübergehende Erscheinungsform der einen großen Substanz sind. Die Wellen können nicht ohne das Meer bestehen, aber das Meer besteht sowohl mit als auch ohne Wellen.

Diese Gedanken können zwar mit dem Verstand erfaßt, aber nicht richtig *erfahren* werden, ehe man nicht die Methode beherrscht, Materie in Lebenskraft und Lebenskraft in kosmisches Bewußtsein[6] zu verwandeln – wie Christus und andere erleuchtete Meister es konnten. Für diese Erleuchteten hat die Materie *an sich* keine Existenz, denn sie erkennen hinter den vibrierenden Wellen der Schöpfung das unwandelbare Meer des GEISTES.

[5] *1. Mose* 1, 3.

[6] Die Wesenheit des GEISTES.

Das Universum ist ein Traum Gottes

In den Systemen der indischen Philosophie *(Vedanta*[7] *und Yoga)* wird das Universum als ein Traum Gottes bezeichnet. Materie und Geist – der Kosmos mit seinen Sternen und Planeten, die grobstofflichen Wellen an der Oberfläche und die dahinterliegenden feinstofflichen Strömungen der materiellen Schöpfung, die menschlichen Kräfte des Gefühls, Willens und Bewußtseins und die Gegensätze von Leben und Tod, Tag und Nacht, Gesundheit und Krankheit, Erfolg und Mißerfolg – sind nur im Sinne des Relativitätsgesetzes wirklich, dem dieser Traum Gottes unterworfen ist.

Alle Gegensätzlichkeiten, die aufgrund des Gesetzes der Relativität wahrgenommen werden, sind für den Träumenden wirklich, das heißt für den sterblichen Menschen, der seine kleine Rolle im großen kosmischen Traumdrama spielt. Um der *Maya* (der Täuschung oder dem Gesetz der Relativität) zu entrinnen, muß man aus dem Traum erwachen und ewig in Gott wach bleiben. Wir können den gesetzmäßigen Traum nicht durch Einbildung oder durch Ableugnen seiner Existenz auflösen oder indem wir nur das «Leben» akzeptieren und den «Tod» ablehnen – nur die Gesundheit anerkennen und die Krankheit ignorieren. Die gegensätzlichen Zustände gehören immer zusammen – so wie die beiden Seiten eines Gewebes. Alle Zweiheit ist ihrer Herkunft und ihrem Wesen nach eins. Der Wahrheitssucher versucht nicht, sie in seinem Geist auseinanderzuhalten, sondern sich aufgrund seiner Weisheit über sie zu erheben.

Wer seinen Körper als unterschiedlich von seinem Geist betrachtet, wer nur die positiven, glücklichen und angenehmen Erscheinungen des Universums – das seinem ganzen Wesen nach

[7] Wörtlich «Ende der Veden». *Vedanta* ist die im letzten Teil der Veden enthaltene Philosophie. Diese Philosophie lehrt, daß Gott die einzige Wirklichkeit und die Schöpfung im Grunde eine Illusion sei. Daher bestehe die Pflicht des Menschen darin, die Illusion durch Verwirklichung Gottes zunichte zu machen.

zwiespältig ist – als «wirklich» anerkennt, der liegt noch im tiefen Schlaf der illusorischen Traumwelt gefangen.

Ebenso wie man seine Träume vorübergehend für wirklich hält, aber beim Aufwachen ihre Unwirklichkeit erkennt, so ist es auch möglich, aus dem Traum der scheinbar wirklichen Materie zu erwachen und im unwandelbaren Reich des GEISTES zu leben.

Nur der Übermensch, der gelernt hat, sein Bewußtsein ins Unendliche zu erweitern, kann die Schöpfung als einen Traum Gottes erkennen; er allein kann aufgrund wahrer Erkenntnis behaupten, daß die Materie nicht existiert. Durch disziplinarische Methoden – wissenschaftliche Yoga-Techniken oder andere Wege, die zu geistiger Vervollkommnung führen, sei es der Weg der Liebe, der Weisheit, des selbstlosen Dienens oder der Enthaltsamkeit – kann der Gottsucher alle Zweiheit auflösen und die Ewige Einheit erkennen. «Wer frei von Täuschung ist und Mich als den Höchsten GEIST erkennt, erlangt Allwissenheit. Er betet Mich mit seinem ganzen Wesen an.»[8]

[8] *Bhagavad-Gita* XV, 19.

Das größte Abenteuer des Menschen

Internationales Mutterzentrum der Self-Realization Fellowship
Los Angeles/Kalifornien, 29. Februar 1940

Das Leben selbst ist das größte Abenteuer, das man sich vorstellen kann. Wenn auch das Leben mancher Menschen wenig interessant und aufregend ist, weist das Leben anderer viele außergewöhnliche Erfahrungen auf. So habe ich von einem Mann gehört, der 32mal versucht hat, Selbstmord zu begehen; und jedesmal kam etwas dazwischen, was ihn daran hinderte. Stellt euch einmal vor, wie es wäre, wenn ihr über das Leben aller Menschen, die es auf Erden gibt, genau Bescheid wüßtet – ebenso über alle diejenigen, die nicht mehr unter uns sind, und über jene, die später noch geboren werden! Gott besitzt ein solches Wissen. Jesus sprach: «Kauft man nicht zwei Sperlinge um einen Pfennig? Dennoch fällt deren keiner auf die Erde ohne euren Vater (ohne Wissen eures Vaters).»[1] Gott erinnert sich an sämtliche Inkarnationen aller Menschen und an all ihre Erlebnisse. Es ist wahrlich schwer, sich einen solchen Bewußtseinszustand vorzustellen, in dem man sich aller Dinge, die je geschehen sind, erinnert. Und dennoch besteht das größte Abenteuer dieses Universums darin, das Wesen des GEISTES zu ergründen. Ich will euch eine bildhafte Vorstellung davon geben, so wie sie in diesem Augenblick vor meinem geistigen Auge[2] erscheint.

Wahrheiten sind mehr als Einbildung; sie sind wirklich. Ihr Ursprung jedoch ist ein Gedanke im Geist Gottes. So sind z. B. all die verschiedenen Formen der aus Atomen zusammengesetzten

[1] *Matthäus* 10, 29.

[2] Der teleskopische Blick der Intuition. Dem tief Meditierenden wird das geistige Auge in der Mitte der Stirn sichtbar. Große Yogis, die ununterbrochen im Zustand des Gottesbewußtseins leben, können es jederzeit schauen, ob sie meditieren oder ihren täglichen Pflichten nachgehen.

Materie nichts anderes als materialisierte Gedanken Gottes; sie können wieder in Gedanken zurückverwandelt und die Gedanken wieder zu Gegenständen materialisiert werden. Auch der Mensch hat die Fähigkeit, sich Vorstellungen zu machen, nur ist seine Einbildungskraft nicht sehr machtvoll. Wäre seine Vorstellungskraft stark genug, könnte er stoffliche Gegenstände auf Erden erschaffen.[3] Er trägt dieselbe schöpferische Kraft in sich, mit der Gott die Schöpfung – im selben Augenblick, als Er sie erdachte – materialisierte. Doch ist es dem Menschen so gut wie unmöglich geworden, seine Gedanken zu materialisieren, weil er die ihm von Gott verliehene freie Kraft – die göttliche Kraft der Gedanken – nicht genutzt hat.

Wenn wir versuchen, uns eine Vorstellung vom Bewußtsein Gottes zu machen, dann fragen wir uns, wie Er sich an alle Dinge erinnern kann, denn wir beurteilen alles aufgrund unserer eigenen geistigen Fähigkeiten. Wir verstehen nur das, was im Bereich unserer eigenen Erfahrung liegt. Wer ein schwaches Gedächtnis hat, nimmt oft an, daß das Gedächtnis anderer auch nicht besser sei. Doch gibt es Menschen mit außergewöhnlicher Gedächtniskraft, die ein ganzes Buch ebensoleicht auswendig lernen wie ihr ein paar Zeilen. Wer vergeßlich ist, kann nur schwer verstehen, daß andere ein untrügliches Erinnerungsvermögen haben.

Ein Juwelier erinnert sich an alle Sorten von Edelsteinen, ein Buchhalter an die Zahlen in seinen Büchern; und so erinnert sich auch Gott an alles, was Er in diesem Universum geschaffen hat. Da Er Allmacht besitzt, kann Er sich jederzeit an alles erinnern, was je geschehen ist. Gott benötigt kein begrenztes physisches Gehirn, um sich an Vergangenes zu erinnern. Seinem allwissenden Bewußtsein sind keine Grenzen gesetzt.

[3] Jesus sprach von dieser göttlichen Fähigkeit in solchen Menschen, die Gottes Gegenwart in sich selbst erkannt haben: «Glaubet mir, daß ich im Vater und der Vater in mir ist... Ich sage euch: Wer an mich glaubt, der wird die Werke auch tun, die ich tue, und wird größere als diese tun.» *(Johannes* 14, 11-12)

Ursprung und Kraft des Gedächtnisses

Das Gedächtnis ist eine erstaunliche Fähigkeit. Jedes menschliche Gedächtnis hat seinen Ursprung im gewaltigen Gedächtnis Gottes. Ihr könnt mir z. B. nicht den Inhalt sämtlicher Filme wiedergeben, die ihr in diesem Leben gesehen habt; doch wenn ich euch einen dieser Filme wieder zeigte, würdet ihr euch gleich daran erinnern. Das in euch schlummernde göttliche Gedächtnis erkennt frühere Erlebnisse immer wieder. Sobald ihr die erste Szene seht, fällt euch die ganze Geschichte wieder ein, und ihr sagt: «Ach ja, ich habe diesen Film schon gesehen, und ich weiß noch, wie er endet.»

Wie kommt es, daß wir uns in allen Einzelheiten an einen Film erinnern können, den wir vor Jahren gesehen haben? Weil alle Erlebnisse im Gehirn aufgespeichert sind. Sobald ihr die Nadel der Aufmerksamkeit auf eine bestimmte «Schallplatte» vergangener Erlebnisse setzt, beginnt das Gedächtnis das früher Erlebte abzuspielen. Wenn ich euch fragte, wo ihr letzten Donnerstag, als ihr hier wart, gesessen habt, würdet ihr euch daran erinnern, und auch andere Dinge würden euch wieder einfallen. Und wenn ich fragte: «Worüber habe ich gesprochen?», würdet ihr euch auch wieder meine Worte ins Gedächtnis rufen können.

Die in uns liegende Kraft des Gedächtnisses kommt von Gott und ist vollkommen. Sie vergißt nichts. Das gewöhnliche menschliche Gedächtnis kann sich nicht gleichzeitig an alle Erlebnisse erinnern, doch das dahinterliegende göttliche Bewußtsein speichert alles gleichzeitig und dauerhaft auf. Ein gutes oder schlechtes Gedächtnis ist daher eine Sache der Überzeugung. Wenn ihr überzeugt seid, daß ihr ein schlechtes Gedächtnis habt, dann ist es auch so. Es ist jedoch nicht leicht, von dieser Überzeugung zur gegenteiligen zu wechseln. Große Anstrengungen sind nötig, bis ihr glauben könnt, daß euer Gedächtnis in Wirklichkeit eine Offenbarung des allumfassenden Gedächtnisses Gottes ist.

Auch das größte menschliche Gedächtnis ist dem unbegrenzten Bewußtsein Gottes, in dem die Abenteuer aller Menschen und anderer Lebewesen aufgespeichert sind, nur «entliehen».

Die Schöpfung – ein Abenteuer für Gott und den Menschen

Die Geschichte der göttlichen Schöpfung ist wunderbar – wie Er alle Wesen auf dieser Erde ins Leben gerufen hat, und wie Er hinter den Kulissen arbeitet, um uns wieder zu sich, unserem wahren Dasein, zurückzuführen. Es ist so gut wie unmöglich, in menschlicher Sprache das kosmische Abenteuer der göttlichen Schöpfung wiederzugeben, das in so vielen feinen Verzweigungen mit den individuellen Abenteuern zahlloser menschlicher Leben verknüpft ist.

Wir wissen, daß der Mensch durchschnittlich sechzig Jahre alt wird, das Krokodil sechzig bis hundert Jahre. Der Mammutbaum lebt etwa zweitausend Jahre, der Hund nur etwa 14 und das Pferd höchstens 36 Jahre. Hieraus wird ersichtlich, daß irgend jemand diese verschiedenen Lebensspannen festgesetzt hat. Dennoch hören wir von großen Yogis, die Hunderte von Jahren gelebt haben.[4] Ich weiß mit Sicherheit, daß Mahavatar Babaji[5] schon seit Jahrhunderten lebt und noch immer einen jugendlichen Körper hat. Es heißt, daß Trailanga Swami[6] über dreihundert Jahre alt geworden ist. Die Wahrheit ist faszinierender als alle Märchen.

[4] «Große Heilige, die aus dem kosmischen Traum der *Maya* erwacht sind und erkannt haben, daß diese Welt nichts als ein Gedanke Gottes ist, können mit ihrem Körper tun, was sie wollen, denn für sie ist er nur eine leicht zu handhabende Masse verdichteter oder erstarrter Energie. Obgleich auch die Physiker heutzutage wissen, daß die Materie nichts als erstarrte Energie ist, können sie sich dennoch nicht mit den erleuchteten Meistern messen, die... bereits von der Theorie zur Praxis geschritten sind.» *Autobiographie eines Yogi*, Kapitel 31.

[5] *Mahavatar* = große oder göttliche Inkarnation; *Babaji* = verehrter Vater. Es handelt sich um den Guru Lahiri Mahasayas, der wiederum der Guru von Swami Sri Yukteswar, dem Guru Paramahansa Yoganandas, ist. Babajis übernatürliches Leben und seine Wunderkräfte werden in der *Autobiographie eines Yogi* beschrieben.

[6] Abgesehen von seinem erstaunlichen Alter ist Trailanga Swami auch für seine vielen Wundertaten bekannt geworden. Er wog 300 Pfund, obgleich er nur selten aß. Oft meditierte er tagelang auf dem Wasser des Ganges oder auch unter den Wellen des Flusses verborgen. Häufig sah man ihn am

Es ist vorstellbar, daß der menschliche Körper unter günstigen Bedingungen (wenn nichts von seiner Lebensessenz[7] vergeudet wird, wenn er die richtige Nahrung erhält und mit den richtigen Gedanken gespeist wird), auf unbestimmte Zeit fortbestehen kann. Doch der Körper ist gewaltigen Belastungen ausgesetzt. Das Herz einer Maus, die in eine Falle gerät, schlägt zweimal so schnell wie sonst. Und wenn ihr eure Rechnungen nicht bezahlen könnt, tut euer Herz dasselbe! So fordert die Sorge ihren Tribut. Aber es gibt auch andere Arten von Belastungen. Der Polizeikommisar von Chicago soll anhand von Meßinstrumenten bewiesen haben, daß die Einwohner zehn Jahre länger leben könnten, wenn sie nicht dem Großstadtlärm ausgesetzt wären.

Dennoch leben wir in einer wunderbaren Welt. Wer nur lebt, um zu essen, zu trinken, sich zu amüsieren und zu schlafen, hat keine Vorstellung von den Wundern, die sich im menschlichen Leben abspielen.

Das Abenteuer beginnt schon mit dem Kampf, den die Seele ausfechten muß, ehe sie in einen Mutterschoß eingeht. Es gibt Millionen von Seelen in der Astralwelt[8], die sich um eine Rückkehr zur Erde bemühen, das heißt, die versuchen, im Augenblick der Empfängnis in die sich vereinigende Samen- und

Manikarnika-Ghat, wo er regungslos auf den glühend heißen Steinplatten saß. Daß er die Naturgesetze gewöhnlich mißachtete, erinnerte alle, die ihn sahen, ständig daran, daß die Vereinigung mit Gott das höchste Gesetz ist.

[7] Die Lebensessenz, d.h. Sexualflüssigkeit, enthält eine hohe Konzentration von *Prana*. Wenn sie nicht vergeudet wird, kann man sich die darin verborgene Kraft zur Erlangung körperlicher Gesundheit, geistiger Frische, schöpferischer Fähigkeit und seelischer Entfaltung nutzbar machen.

[8] «In meines Vaters Hause sind viele Wohnungen.» (*Johannes* 14, 2) Die höheren und niedrigeren Astralsphären, die aus feinstofflichem Licht und den Energien der Biotronen bestehen, sind der Himmel (oder die Hölle), wohin die Seelen nach dem Tod des physischen Körpers gelangen. Die Länge des Aufenthalts dort ist karmisch vorherbestimmt. Solange die Seele noch unerfüllte irdische Wünsche oder irdisches *Karma* hat (die Ergebnisse früherer Handlungen, die noch nicht gesühnt sind), muß sie sich auf Erden wiederverkörpern, um ihren Aufstieg zu Gott auf dem Wege der Evolution fortzusetzen.

Eizellen einzugehen. Ob ihr Heilige oder Sünder seid, solange ihr noch keine endgültige Befreiung erlangt habt, seid ihr von dem starken Wunsch beseelt, auf Erden wiedergeboren zu werden. Im Augenblick der Empfängnis gibt es ein Aufblitzen im Äther, und eine Seele geht in die sich vereinigende Samen- und Eizelle ein. Ihr habt darum kämpfen müssen, in einen Mutterschoß zu gelangen. Nicht nur ihr, sondern viele andere haben sich beeilt, Einlaß zu finden, und die Sieger wart ihr und ich. Es war kein leichter Sieg!

Bewußtsein vor der Geburt

Nachdem ihr in den Mutterschoß eingegangen seid, fragt ihr euch: «Was habe ich nur getan? Lange Zeit bin ich frei vom begrenzten irdischen Körper gewesen, habe mich in einem gewichtlosen Lichtkörper fortbewegt, und jetzt bin ich wieder in einem menschlichen Körper eingeschlossen.» Doch dann gewöhnt ihr euch während der neun Monate im Mutterleib an die neuen Umstände. Es ist eine wahre Strafe, denn es bedeutet, neun Monate lang in einem Kerker zu leben, in dem ihr durch einen anderen atmet, durch einen anderen essen müßt und an den Blutkreislauf eines anderen angeschlossen seid. Ihr seid vollkommen abhängig. Eure Seele fleht zu Gott: «Laß mich aus diesem Gefängnis heraus! Ich kann nicht sehen! Ich kann nicht hören! Ich bin gefesselt.»

Wenn es irgendeine Hölle oder ein Fegefeuer gibt, dann sind es diese neun Monate im Körper der Mutter; hilflos verbringt man sie im Dunkeln, angewurzelt wie ein Baum, mit nur zeitweiligen Erinnerungen an die Vergangenheit und schlafartigen Dämmerzuständen. Wenn die Erinnerungen an das vergangene Leben erwachen, beginnt man im Mutterleib zu strampeln. Ich habe mein Bewußtsein in diesen Zustand vor der Geburt hineinversetzt und weiß, wovon ich rede.[9] Das Schlafen und Wachsein des

[9] Einem weit fortgeschrittenen Yogi ist es durch seine innere Vereinigung mit dem allgegenwärtigen Gott möglich, die Erlebnisse aller Wesen mitfühlend wahrzunehmen.

Embryos im Mutterleib hängt nicht vom Schlaf- und Wachzustand der Mutter ab. Der Wille des Kindes, sich zu bewegen, kommt von den Erinnerungen an seine Vergangenheit. Deshalb bewegt es sich ruhelos im Körper der Mutter, bis es müde wird und einschläft. Dann wacht es wieder für einige Zeit auf und regt sich von neuem. Es hat Hunger, und dieser Hunger wird durch das Blut der Mutter gestillt.

Der Embryo hört leise die Schwingungen, die vom Herzschlag und Blutkreislauf der Mutter ausgehen. Durch diese Laute wird er sich seines Körpers bewußt und will sich frei machen. Das erste Abenteuer der Seele besteht daher in dem Widerstreit zwischen zwei Vorstellungen: dem Wunsch, in einem menschlichen Körper auf die Erde zurückzukehren, und dem Wunsch, die Freiheit des körperlosen Zustands zu fühlen.

Die Umhüllung der Seele beginnt mit einer fischartigen Gestalt, die einen winzigen Schwanz hat. Diese wächst zu einer tierischen Gestalt heran, die zusammengerollt im Mutterschoß liegt. Dann tauchen gelegentlich Erinnerungen an das vergangene Leben auf, und der Embryo bewegt sich. Während er im Körper der Mutter zu einer menschlichen Gestalt heranwächst, wird der Kampf immer größer. Die Seele ruft: «Laß mich raus!» Und wenn dieser Wille sehr stark geworden ist, wird das Kind geboren. Frühgeburten sind Seelen, die großen Eigensinn besitzen. Sie wollen nicht neun Monate lang im Körper der Mutter warten und kommen deshalb früher.

Der Lebensatem

Das kleine Kind kommt schreiend zur Welt. Der Grund hierfür ist, wie die Heiligen sagen, daß sich die Seele an frühere Inkarnationen erinnert und ihr der Gedanke, auf die Erde zurückzukehren und wieder denselben Lebenskampf durchzumachen, unbehaglich ist. Diese Erinnerung sei auch der Grund dafür, daß das Baby seine Hände meist in einer bittenden Geste hält, ehe es geboren wird. Es betet zu Gott: «Laß mich bitte nicht wieder in einem Körper geboren werden.»

Der physiologische Grund für das Schreien des Säuglings ist, daß die Lunge geöffnet werden muß, damit die Atmung in Gang kommt. Mit seinem ersten Schrei versucht das Baby die Lunge anzuregen, um den Lebensatem einströmen zu lassen. Wenn das Baby geboren wird, fließt der Atem ein, und die Seele, die bisher im Halbschlaf dahingedämmert hat, wird ein lebendiges, unabhängiges Wesen. «Und Gott blies ihm den Odem des Lebens in seine Nase. Und so ward der Mensch ein lebendiges Wesen.»[10] Viele nehmen fälschlicherweise an, daß die Seele im Augenblick der Geburt in den Körper eintrete; wenn sie jedoch nicht schon in ihm wäre, hätte sich der Körper nicht aus den ursprünglichen winzigen Zellen entwickeln können. Falls die Seele den Embryo vor der Geburt verläßt, wird das Kind tot geboren.

Der menschliche Körper setzt sich aus 16 grundlegenden stofflichen Elementen zusammen, die aus 19 feinstofflichen Elementen[11] hervorgegangen sind und von ihnen in Tätigkeit gehalten werden. Diese wiederum lassen sich in reines Bewußtsein verdichten. «Der Mensch ward ein lebendiges Wesen» bezieht sich auf die Tatsache, daß der normale, aus chemischen Stoffen bestehende physische Körper («der Erdenkloß») Sauerstoff einatmen muß, um auf der Erde leben zu können; so war es von Gott bestimmt, als Er ihm zuerst den «lebendigen Odem in seine Nase blies».

Wenn das Baby geboren ist, blinzelt es ins Licht, hört Laute, riecht und schmeckt und atmet. Es stellt fest, daß die Umstände normal scheinen und daß es wieder einen physischen Körper hat. Sein Widerwille gegen das Geborenwerden endet mit dem ersten Atemzug, mit dem es wieder unter die Gewalt der *Maya* gerät (der kosmischen Täuschung, daß unser «Dasein» vom Körper und Atem abhängt). Es fühlt sich wieder von der irdischen Welt angezogen.

[10] *1. Mose 2, 7.*

[11] Die Essenz des Astralkörpers, der im physischen Körper des Menschen enthalten ist, aktiviert diesen und belebt ihn. Die 19 Elemente sind: Intelligenz, Ichbewußtsein, Gefühl, Verstand (Sinnesbewußtsein), die Kräfte hinter den fünf Sinnen und den fünf Werkzeugen des Handelns und die fünf *Pranas* oder Lebenskräfte.

Mit der Zeit bemüht sich das Baby, Herrschaft über seinen Körper zu gewinnen. Oft können wir beobachten, wie es immer wieder Hände und Füße in die Luft streckt in dem Versuch, sie zu koordinieren. All diese Bewegungen werden vom Unterbewußtsein regiert, und zwar durch die Erinnerung der Seele an die Vergangenheit. Diese Kraft der Erinnerung ist immer lebendig. Ihr fürchtet euch instinktiv vor dem Tode, weil ihr euch daran erinnert, ihn schon viele Male erlebt zu haben. Ebenso fürchtet ihr euch vor Schmerzen, weil ihr schon oft gelitten habt.

Während das Baby zum kleinen Kind heranwächst, wird es vom Willen der Mutter und des Vaters gelenkt, ebenfalls vom Willen der anderen Verwandten. Jeder möchte gern etwas anderes aus ihm machen, und seine unartigen Freunde noch etwas ganz anderes!

Das Kind hat aufgrund dieser gegensätzlichen Einflüsse allerhand Kämpfe zu bestehen. Es ist ein beklagenswertes Leben; deshalb ist es gut, euren Kindern etwas Freiheit zu lassen. Wenn die jungen Menschen jedoch zu viel Freiheit erhalten, mögen sie sich später darüber beklagen und sagen: «Ich wünschte, man hätte mir schon viel früher gesagt, dies nicht zu tun, dann wäre ich heute ein anderer Mensch.» Denkt einmal an all die seelischen und geistigen Kämpfe, die man durchmachen muß, ehe man zu einem jungen Menschen herangewachsen ist. In diesem Lebensabschnitt ist das Sinnenleben stärker ausgeprägt, und der junge Mensch hat viel mit sich zu kämpfen. Der Kampf mit den Sinnen bedeutet eine schwere Prüfung. Aus diesem Abenteuer der Jugend siegreich hervorzugehen und schließlich echte Freude am Leben zu finden, ist ein großes Erlebnis.

Der Mensch soll sich selbst ein Freund sein

Es ist wunderbar, am Leben zu sein, doch überall lauern tödliche Gefahren auf uns. Ein Abenteuer mit wilden Tieren in Südafrika ist nichts im Vergleich mit dem Abenteuer des Lebens. Es ist fesselnder als alle dramatischen Ereignisse der Geschichte. Der Mensch ist intelligent genug, um sich gegen Tiere zu schützen.

Doch er weiß nicht, wie er sich gegen seine eigenen schlechten Gewohnheiten und Neigungen schützen soll. Der größte Feind des Menschen ist sein eigenes Ich. Mehr als alle persönlichen oder politischen Feinde, mehr als Bakterien, Bomben oder andere Gefahren sollte der Mensch sich selbst fürchten, wenn er im Unrecht ist. Wer in Unkenntnis seiner göttlichen Natur lebt und sich von schlechten Gewohnheiten regieren läßt, macht sich zum eigenen Feind. Am erfolgreichsten in diesem Abenteuer des Lebens ist derjenige, der sich selbst ein Freund ist. Krishna sagte: «Das Selbst ist der Freund des (verwandelten) Ichs, doch der Feind des sündigen Ichs.»[12]

Die heimlichen Feinde

Wir können uns gut vorstellen, daß wir uns auf den Weg machen, um eine unbekannte Wildnis zu erforschen. Wenn wir mit dem Schiff fahren, nehmen wir ein Rettungsboot mit; sollte der Dampfer sinken, so wissen wir, daß wir in das Boot steigen und uns retten können. Doch bei so vielem, was wir erleben, scheint unser Rettungsboot ein Leck zu haben, ganz gleich, welche Vorsichtsmaßregeln wir getroffen haben.

In einem Dschungel, in dem es von wilden Tieren wimmelt, kann man sich bis zu einem gewissen Grade gegen sie schützen, doch die heimlichen Gefahren sind schwerer zu erkennen. Wie schützt man sich gegen einen Ansturm von Bazillen? Millionen davon schwirren allezeit um uns herum. Wir glauben, sicher zu sein, wenn wir uns gegen solche Gefahren schützen, die wir hören und sehen können, doch wir haben nur unzureichende Schutzmittel gegen Bazillen. In eurem eigenen Blut kämpfen die weißen Blutkörperchen ständig gegen diese Lebewesen an, die von Drogen nur betäubt werden. Es sind die weißen Blutkörperchen, die gleich Soldaten vorrücken und sie zerstören. Wenn ihr jedoch ungesundes Blut habt, sind diese Soldaten nicht fähig, euch zu

[12] *Bhagavad-Gita* IV, 6.

helfen. Viele Menschen, denen man es nicht ansieht, haben gefährliche Tuberkelbazillen in der Lunge, die nur darauf warten, ihren Träger zu zerstören. Die Natur bildet zwar einen Schutzwall von Zellen um sie herum, doch ist er nur so lange wirksam, als der Körper widerstandsfähig bleibt. Dieser Lebenskampf spielt sich ununterbrochen im unsichtbaren Dschungel des Inneren ab. Wenn ihr eure Nahrung unter einem Mikroskop sehen könntet, würdet ihr sie nicht essen. Unzählige Bakterien machen sich ein Festmahl daraus, und ihr schluckt sie ganz hinunter. Das Wasser, das ihr trinkt, wimmelt von solchen Lebewesen. Es gibt keine echten Vegetarier, denn jeder von uns ißt täglich Millionen von Bakterien. Sollte der Mensch deshalb aufhören zu essen?

Seid für jeden Kampf gerüstet

Um diesen Dschungel des Lebens sicher durchqueren zu können, müßt ihr euch mit den richtigen Waffen ausrüsten. Ihr müßt zu einem gut ausgebildeten Krieger werden. Der Laie, der sich nicht zu schützen weiß, wird leicht getötet. Doch der Weise, der gegen jede Art von Kriegführung – gegen Krankheit, Schicksal und *Karma,* gegen alle bösen Gedanken und Gewohnheiten – gewappnet ist, wird als Sieger aus diesem Abenteuer hervorgehen. Wir müssen Vorsicht walten lassen und außerdem mit den richtigen Methoden vertraut sein, wenn wir über unsere Feinde siegen wollen.

Allmählich machen wir Fortschritte und lernen immer bessere Methoden, mit denen wir die Ursachen unserer Schicksalsschläge, seien sie körperlicher, geistiger, moralischer oder seelischer Art, beseitigen können. Wenn ihr körperliche Krankheiten, Unfälle und innere Kämpfe siegreich bestanden habt, könnt ihr sagen, daß das Leben ein wunderbares Abenteuer gewesen sei. Jesus konnte dies behaupten. Doch ehe ihr auf ähnliche Weise über euch selbst gesiegt habt, ist es zu früh zu behaupten, daß das Leben wunderbar sei. Solange ihr nicht endgültig auferstanden seid und eure Seele in Gott Befreiung gefunden hat, ist das Leben für euch noch nicht zu Ende. Ihr habt die Lust nach Abenteuern nicht eher überwunden, als bis ihr euch bewußt mit dem GEIST vereinigt habt.

Wenn ihr andere leiden seht, seid ihr dankbar, daß ihr nicht dasselbe Abenteuer zu bestehen habt. Doch wißt ihr nicht, wann ihr selbst an der Reihe seid. Es gibt so viele Dinge, die dem Körper schaden können. Seid deshalb vorsichtig. Die Wissenschaftler sagen: «Eßt gute Nahrung und folgt den Gesetzen der Hygiene, um euch gegen Bakterien zu schützen.» Die Politiker sagen: «Seid tapfere Soldaten, um euch gegen ausländische Feinde zu schützen.» Wir leben in einer seltsamen Zeit. Selbst Frauen, die sprichwörtlichen Retterinnen der Welt, werden jetzt als Soldaten ausgebildet, um die Kinder anderer zu töten. Entsetzlich! Doch hat der Krieg auch manchmal sein Gutes – er zwingt uns dazu, unsere Feigheit zu überwinden.

Die Kraft des Geistes

In diesem Dschungel des Lebens, in dem wir von Feinden umringt sind – von Krankheit, Armut, Leid, schlechten Gewohnheiten, falschen Wünschen –, gibt es so viele Regeln zu befolgen, daß das Leben unerträglich würde, wenn man sie alle beachten wollte. Man wird ihrer schließlich müde, denn jeder Lebensbereich scheint in seiner Vielfältigkeit grenzenlos. Wenn man z.B. versucht, Gesundheitsregeln zu befolgen, schwirrt einem nachgerade der Kopf davon – dann hat man kaum noch Zeit, an irgend etwas anderes zu denken. Und jeder hat andere Gesundheitsvorschriften für euch, an die ihr euch halten sollt. Wir stehen unter dem Einfluß einer machtvollen Hypnose. Als ich verschiedene Methoden ausprobierte, ging mir folgende Wahrheit auf: *Es ist der Geist, der sie alle wirksam macht.*

Gott hat uns ein mächtiges Schutzmittel gegeben, das wirkungsvoller ist als alle Maschinengewehre, als Elektrizität, Giftgase oder Medikamente: unseren Geist. Es ist der Geist, der gestärkt werden muß. Was den Körper anbelangt, so richte ich mich nur nach Gottes Willen. Wenn Er mir rät, zu einem Arzt zu gehen, ist es gut so; und wenn Er mir sagt, ich solle leiden, ist es ebenfalls gut. Sein Wille ist auch mein Wille. Ein wichtiger Punkt im Abenteuer unseres Lebens besteht darin, den Geist unter unsere Herrschaft zu bringen und diesen beherrschten Geist ständig auf Gott einzustellen. Hierin liegt das Geheimnis eines glücklichen, erfolgreichen Daseins.

Der höchste Schutz ist Gottverbundenheit

Auch wenn ihr körperliche Heilmethoden anwendet, verlaßt euch nicht voll und ganz darauf, sondern vertraut auf die dahinterliegende Kraft Gottes. Wenn ihr euch in den Finger schneidet, tut etwas Jod auf die Wunde; innerlich aber betet: «Herr, hilf mir, daß ich mich nicht von Medikamenten abhängig mache, sondern mich nur auf die Kraft des Geistes verlasse.» Niemand hat euch gelehrt, diesen geistigen Zustand zu erreichen. Man erwirbt ihn, indem man die Kraft seines Geistes entwickelt und den Geist durch regelmäßige Meditation auf Gott einstellt. Ihr müßt also vollkommene Gewalt über den Geist gewonnen haben, ehe ihr die Materie und physische Heilmittel ablehnt. Bis dahin ist es besser, sich vernünftiger körperlicher Heilmittel zu bedienen. Nur wenn ihr Gift trinken könnt, ohne daß es euch schadet, könnt ihr die Materie mit Recht verneinen. Zuerst aber müßt ihr diesen Bewußtseinszustand erreicht haben.

Gott bietet euch eine unsichtbare Waffe an, mit der ihr all eurem Kummer und Leid ein Ende machen könnt: Weisheit. Und die erreicht man durch echte Gottverbundenheit. Das einfachste Mittel, mit Krankheit, Enttäuschungen und Katastrophen fertigzuwerden, liegt darin, ständig auf Gott eingestimmt zu sein.

Wir sind wie Kinder, die im Wald des Lebens umherirren und gezwungen sind, durch ihre eigenen Erfahrungen und Schwierigkeiten zu lernen, und die in die Grube der Krankheit und der schlechten Gewohnheiten fallen. Immer wieder müssen wir unsere Stimme erheben und um Hilfe rufen. Doch wenn wir im Einklang mit dem GEIST leben, ziehen wir die göttliche Hilfe herbei.

Jedesmal, wenn ihr in Schwierigkeiten geratet, betet: «Herr,

Du bist in mir und umgibst mich überall. Du bist meine feste Burg. Ich habe mich tapfer durchs Leben gekämpft, umgeben von vielen todbringenden Feinden. Nun erkenne ich, daß sie nicht dazu da sind, mich zu vernichten. Du hast mich auf die Erde gesetzt, um meine Kraft auf die Probe zu stellen. Ich muß diese Prüfungen nur durchmachen, um mich zu bewähren. Ich bin bereit, gegen das Böse, das mich umgibt, zu kämpfen; ich will es durch Deine allmächtige Gegenwart besiegen. Und wenn ich das Abenteuer dieses Lebens bestanden habe, will ich sagen: ‹Herr, es war nicht leicht, tapfer zu sein und zu kämpfen; doch je größer der Schrecken war, um so größer war auch die innere Kraft, die ich von Dir erhielt und die mir geholfen hat, siegreich aus dem Kampf hervorzugehen und zu erkennen, daß ich Dir zum Bilde geschaffen bin. Du bist der König dieses Universums, und ich bin Dein Kind, der Kronprinz des Universums. Was habe ich zu fürchten?›»

Sobald ihr denkt, daß ihr als sterbliche Wesen geboren seid, habt ihr vor allem möglichen Angst. Es scheint keinen Ausweg zu geben. Ganz gleich, welche Vorsichtsmaßregeln ihr trefft, ihr könnt immer noch einen Fehlgriff tun. Eure einzige Sicherheit liegt in Gott. Ob ihr euch im afrikanischen Dschungel oder im Krieg befindet, ob ihr von Krankheit oder Armut verfolgt werdet, sprecht mit tiefer Überzeugung zu Gott: «Ich fahre im Panzerwagen Deiner Gegenwart über das Schlachtfeld des Lebens. Ich bin beschützt.»

Es gibt keine andere Sicherheit. Wendet gesunden Menschenverstand an und vertraut ganz auf Gott. Ich schlage euch nichts Exzentrisches vor; ich dringe nur in euch, immer wieder zu sagen, ganz gleich, was geschieht: «Herr, Du allein kannst mir helfen!»[13] und an diese Wahrheit zu glauben. So viele sind in die ausgefahrenen Geleise der Krankheit und der falschen Gewohnheiten geraten und kommen da nicht mehr heraus. Denkt nie, daß es keinen Ausweg gebe. Alles Unglück dauert seine bestimmte

[13] «Wer über Mich meditiert und Mich sein eigen nennt, wer sich durch unaufhörliche Anbetung mit Mir vereint, dem helfe Ich aus der Not und schenke ihm die Fülle.» (*Bhagavad-Gita* IX, 22)

Zeit. Die Mißerfolge eines Lebens sind kein Maßstab für eure Fähigkeiten – ob ihr erfolgreich sein könnt oder nicht. Die Einstellung eines siegreichen Menschen ist: «Ich bin ein Kind Gottes, ich habe nichts zu befürchten.» Habt deshalb vor nichts Angst. Leben und Tod sind nichts anderes als unterschiedliche Phasen in eurem Bewußtsein.

Alles, was der Herr erschaffen hat, soll uns auf die Probe stellen und die in uns verschüttete unsterbliche Seele zum Vorschein bringen. Hierin besteht das Abenteuer des Lebens – der einzige Daseinszweck. Und für jeden ist dieses Abenteuer anders und einzigartig. Ihr müßt darauf vorbereitet sein, euch mit allen geistigen, seelischen und gesundheitlichen Schwierigkeiten auseinanderzusetzen, indem ihr vernünftige Methoden anwendet und auf Gott vertraut – in der Gewißheit, daß eure Seele im Leben und im Tod unbesiegt bleibt. Ihr könnt nie sterben. «Kein Schwert kann das Leben zerstören, kein Feuer kann es verbrennen, kein Wasser kann es ertränken, kein Wind kann es je verweh'n... Die Seele ruht fest gegründet im eigenen Selbst.»[14] Ihr seid das ewige Ebenbild des GEISTES.

Ist es nicht ein befreiender Gedanke, daß uns der Tod nichts anhaben kann? Wenn wir krank werden und die Körperfunktionen aussetzen, denkt die Seele: «Ich bin tot!» Doch dann rüttelt Gott die Seele wach und spricht: «Was ist los mit dir? Du bist nicht tot! Kannst du nicht noch denken?» Ein Soldat wird plötzlich von einer Bombe zerfetzt, und seine Seele schreit: «O Herr, ich bin getötet worden!» Doch Gott spricht: «Keinesfalls! Sprichst du nicht zu Mir? Nichts kann dich vernichten, Mein Kind. Du träumst nur.» Dann erkennt die Seele: «Das ist ja gar nicht schlimm. Nur weil ich mir vorübergehend einbildete, ein physischer Körper zu sein, dachte ich, daß ich ohne ihn nicht existieren könne. Ich hatte vergessen, daß ich die ewige Seele bin.»

[14] *Bhagavad-Gita* II, 23-24.

Der Sinn unseres Lebensabenteuers

Echte Yogis sind in der Lage, ihren Geist unter allen Umständen in der Gewalt zu haben. Wenn ihr diesen vollendeten Zustand erreicht habt, seid ihr frei. Dann wißt ihr, daß das Leben ein göttliches Abenteuer ist. Jesus und andere große Seelen haben dies bewiesen. Nichts konnte ihnen etwas anhaben. Sie erfreuten sich ununterbrochen ihres Liebesabenteuers mit Gott. Dies ist das einzige Abenteuer, das irgendeinen Sinn hat.

Menschliche Liebe ist inhaltslos, wenn sie nicht in der bedingungslosen Liebe Gottes wurzelt. Ein junger Mann und ein junges Mädchen verlieben sich ineinander, und nach einiger Zeit «entlieben» sie sich wieder. Alle Liebesabenteuer mit menschlichen Wesen sind unvollkommen. Doch das Liebesabenteuer mit Gott ist vollkommen und endet nie.

Das Abenteuer dieses Lebens ist erst dann für euch zu Ende, wenn ihr kraft eures Willens und Geistes über alle Gefahren gesiegt habt – so wie die großen Meister. Dann könnt ihr zurückblicken und sagen: «Herr, es war ein ziemlich schlimmes Erlebnis. Beinahe hätte ich versagt, aber jetzt bin ich auf ewig bei Dir.»

Wenn der Herr schließlich zu uns sagt: «All diese erschreckenden Erlebnisse sind nun vorüber. Ich bin immer bei dir, und nichts kann dich verletzen», sehen wir das Leben als ein wunderbares Abenteuer an.

Der Mensch spielt mit dem Leben wie ein Kind; doch wenn er gegen Krankheit und Not ankämpfen muß, wird sein Geist gefestigt. Alles, was den Geist schwächt, ist euer größter Feind, und alles, was den Geist stärkt, ist euer sicherer Hafen. Lacht über jede Schwierigkeit, die sich euch in den Weg stellt. Gott hat mir gezeigt, daß dieses Leben nichts als ein Traum ist. Wenn ihr aufwacht, wird es euch wie ein Traum vorkommen – ein Traum von Freude und Leid, der verblaßt ist. Und dann werdet ihr wissen, daß ihr in Gott das ewige Leben habt.

Wie man die Störungen der Angst im geistigen Radio beseitigt

Erster Tempel der Self-Realization Fellowship
Encinitas/Kalifornien, 16. Oktober 1938

Alles im Universum besteht aus Energie oder Schwingungen. Die Wortschwingungen sind ein vergröberter Ausdruck der Gedankenschwingungen. Die Gedanken aller Menschen vibrieren im Äther[1]. Da Gedanken eine sehr hohe Schwingungszahl haben, hat man sie dort noch nicht entdeckt; doch es ist gut so, daß wir die Gedanken anderer Menschen nicht lesen können.

Ihr braucht nur auf einen Knopf des Radios zu drücken, und schon hört ihr Musik und Stimmen! Ihr verdankt es allein der Intelligenz des Äthers, durch den die Radiowellen in euer Empfangsgerät gelangen, daß ihr nicht alle möglichen Sendungen durcheinander hört. Gott erschuf den Äther und plante auch, daß der Mensch das Radio und die Schwingungen der Radiowellen erfindet, die durch dieses Medium übertragen und empfangen werden können. Die Radiowellen sind vom Äther abhängig, wenn es um ihre Übertragung geht, und von der Elektrizität, wenn es sich um die Lautstärke beim Senden und Empfangen handelt. Die Töne, die durch das Radio übertragen werden, sind ständig im Äther vorhanden, doch ohne Vermittlung des Radios können wir sie nicht hören. Die vibrierenden Radiowellen stellen Gedanken dar, die in den Raum ausgesandt und von einem richtig eingestellten Empfänger aufgefangen werden.

[1] Nach dem gegenwärtigen Stand der Wissenschaft betrachtet man den hypothetischen Äther nicht als notwendig für die Existenz eines stofflichen Universums. Die heiligen Schriften der Hindus jedoch bezeichnen den Äther als unendlich feine Schwingungen, die den «Hintergrund» für die ihnen aufgeprägte Schöpfung bilden. Der Äther füllt alle Zwischenräume und ist die Schwingungskraft, die alle Bilder voneinander trennt. (Siehe *Äther* und *Elemente* im Glossar.) *(Anmerkung des Herausgebers)*

Wenn ihr euch in der Nähe eines Menschen befindet, den ihr sehr lieb habt, könnt ihr seine Gedanken fühlen. Wahrscheinlich würde euch das aber nicht gelingen, wenn er sich in weiter Ferne befände, z. B. in Indien, es sei denn, daß ihr geistig hoch entwikkelt seid. Diejenigen unter euch, die regelmäßig die Lehrbriefe der *Self-Realization Fellowship* studieren, die gelernt haben, sich zu konzentrieren und zu meditieren, und die große innere Ruhe erlangt haben, werden die Gedanken anderer selbst aus großer Entfernung fühlen können. Euer Geist wird empfindsamer.

Wir alle sind menschliche Radioapparate. Ihr könnt die Gedankenbotschaften anderer durch das Herz[2] (das Zentrum des Gefühls) empfangen und eure eigenen Gedankenbotschaften durch das geistige Auge (das Zentrum der Konzentration und des Willens) ausstrahlen. Eure Antenne ist das verlängerte Mark, das Zentrum des intuitiven Überbewußtseins. Nehmen wir einmal an, ihr seid von zu Hause fort und wollt wissen, wie es dort steht. Wenn Geist und Gefühl völlig ruhig sind, könnt ihr intuitiv die Gefühle und Gedanken eurer Familie zu Hause auffangen. Sobald ihr fähig seid, euch tief zu konzentrieren, kann euer Gefühl überall hindringen; eure Wahrnehmungskraft wird durch Energie oder Elektrizität aufgeladen.

Die Welt ist nichts weiter als ein Gedanke im Geist Gottes

In Wirklichkeit gibt es keine Entfernung[3] zwischen hier und Indien. Doch wir befinden uns in Amerika und denken, daß wir eine Schiffsreise von 25 Tagen machen müssen, ehe wir Indien erreichen. Dem materiellen Bewußtsein zufolge braucht man

[2] Im Menschen der okkulte Sitz des *Chitta* oder intuitiven Gefühls.

[3] Raum und Zeit gehören zur Täuschung der *Maya,* die das unteilbare Unendliche in der Vorstellung des Menschen teilt und mißt. In Gottes Bewußtsein, das unberührt von der *Maya* bleibt, und für den Erleuchteten, der eins mit Gott ist, lösen sich Nähe und Ferne, Vergangenes, Gegenwärtiges und Zukünftiges im ewigen, allgegenwärtigen Jetzt auf.

Zeit, um eine solche Entfernung zurückzulegen. Doch Energie verkürzt den Raum. Wenn wir ein Flugzeug nehmen, brauchen wir nur sieben Tage.[4] Beim Fliegen wird die Entfernung durch die erhöhte Energie verringert. Je größer der Aufwand an Energie, um so geringer Raum und Entfernung. Nehmen wir einmal an, ihr träumt, daß ihr nach Indien fahrt. Ihr nehmt den Zug nach New York, besteigt ein Schiff, das verschiedene Häfen anläuft, und trefft schließlich in Bombay ein. All dies geschieht während des Traumes in Minuten, weil die Gedanken raumlos sind. Oder nehmen wir an, ich träume, daß ich mein Radio auf einen indischen Sender einstelle. Es gibt keinen Raum; dieser ist nur eine Vorstellung in meinem Gehirn.

Die ganze Welt existiert nur in unserer Vorstellung, so gewaltig ist die Kraft des Geistes. Der Raum ist eine geistige Vorstellung. Ich kann die Augen schließen und an Dinge denken, die zweitausend Meilen entfernt von hier liegen, doch all diese Meilen lege ich bloß in Gedanken zurück. Der Unterschied zwischen Raum und Zeit besteht nur in Gedanken. Was ist der Unterschied zwischen Eiskrem und heißem Kaffee, wenn man träumt? Beim Aufwachen erkennt man, daß kaltes Eis und heißer Kaffee im Land der Träume nichts als zwei verschiedene Gedanken gewesen sind.

Gedanken sind allmächtig. Ich spreche hier von den Gedanken Gottes. So, wie Er durch Seine Gedanken allgegenwärtig ist, so sind es auch wir. Verbinden wir nicht bereits jetzt den Gedanken «Amerika» und den Gedanken «Indien» durch das Radio? Dabei spielt der Raum keine Rolle.

Oft, wenn ihr einen bestimmten Sender einzustellen versucht, gibt es Störungen im Radio, so daß ihr das Programm nicht richtig empfangen könnt. Ähnlich ist es auch, wenn ihr versucht, im eigenen Herzen eine Wandlung zu bewirken, dann setzen oft «Störungen» ein, die euren Fortschritt hemmen. Diese Störungen sind eure schlechten Gewohnheiten.

[4] 1938 brauchte man noch sieben Tage dazu; heute kann man die ganze Erde in Minuten mit einem Raumschiff umkreisen. Zeit und Raum haben sich bereits weitgehend dem Willen des Menschen gebeugt. «Morgen» mag er sie erobert haben. *(Anmerkung des Herausgebers)*

Ein ruhiges Herz kennt keine Angst

Angst ist eine andere Art der Störung, die das geistige Radio beeinträchtigt. Ebenso wie es gute und schlechte Gewohnheiten gibt, so gibt es auch eine konstruktive und eine destruktive Angst. Denkt eine Ehefrau z. B.: «Meinem Mann wird es nicht recht sein, wenn ich heute abend ausgehe; darum bleibe ich lieber zu Hause», so wird sie von liebender Angst bewegt, die konstruktiv ist. Liebende Angst und sklavische Furcht sind zweierlei. Ich spreche von der liebenden Angst, die einen vorsichtig macht, weil man andere nicht unnötig verletzen will. Sklavische Furcht dagegen lähmt den Willen. Familienangehörige sollten nur liebende Angst empfinden und nie davor zurückscheuen, sich die Wahrheit zu sagen. Wenn man aus Liebe zu einem anderen seine Pflicht tut oder seine eigenen Wünsche hintanstellt, ist dies viel besser, als wenn man aus Furcht handelt. Wenn ihr die göttlichen Gesetze nicht übertretet, so sollte das aus Liebe zu Gott, und nicht aus Furcht vor Strafe geschehen.

Angst entsteht im Herzen. Jedesmal wenn ihr große Angst vor Krankheiten oder Unfällen habt, solltet ihr mehrmals tief, langsam und rhythmisch ein- und ausatmen und euch bei jeder Ausatmung entspannen. Das normalisiert den Kreislauf. Wenn euer Herz völlig ruhig geworden ist, fühlt ihr keine Furcht mehr.

Angst kann das Herz bei der Vorstellung von Schmerzen befallen; daher ist Angst von früheren Erfahrungen abhängig. Vielleicht seid ihr einmal hingefallen und habt euch ein Bein gebrochen, so daß ihr Angst habt, das könnte euch wieder passieren. Wenn ihr solch ängstliche Gedanken hegt, lähmen diese euren Willen und eure Nerven, und dann kann es tatsächlich vorkommen, daß ihr wieder hinfallt und euch erneut ein Bein brecht. Wenn euer Herz vor Angst wie gelähmt ist, verliert ihr außerdem an Vitalität, so daß Krankheitsbakterien viel leichter in euren Körper eindringen können.

Seid vorsichtig, aber nicht ängstlich

Es gibt kaum jemanden, der sich nicht vor Krankheit fürchtet. Die Angst ist dem Menschen als Warnung gegeben worden, damit ihm Schmerzen erspart bleiben; sie darf aber nicht übertrieben und mißbraucht werden. Übermäßige Angst lähmt unsere Bemühungen, mit Schwierigkeiten fertigzuwerden. Weise Vorsicht ist richtig – wenn ihr z.B. die Grundsätze der richtigen Ernährung kennt und euch sagt: «Ich esse diesen Kuchen lieber nicht, weil er mir nicht bekommt.» Doch unnötige Befürchtungen verursachen oft Krankheiten; sie sind die eigentlichen Krankheitskeime. Angst vor Krankheit führt Krankheiten herbei. Der bloße Gedanke an eine Krankheit kann diese anziehen. Wenn ihr ständig Angst vor Erkältungen habt, werdet ihr besonders anfällig dafür, ganz gleich, was ihr tut, um sie zu verhüten. Laßt also euren Willen und eure Nerven nicht durch Angstgefühle lähmen. Wenn eure Befürchtungen ungewollt anhalten, tragen sie dazu bei, genau das, was ihr befürchtet, anzuziehen. Es ist deshalb nicht gut, mehr als nötig mit solchen Menschen zusammenzukommen, die stets über ihre eigenen Krankheiten und die gesundheitlichen Probleme anderer sprechen. Wenn ihr euch dauernd so etwas anhört, sät ihr allzuleicht Gedanken der Furcht in euren eigenen Geist. Wer Angst vor Tuberkulose, Krebs, Herzanfällen und dergleichen hat, sollte solche Befürchtungen abschütteln, damit er diese Krankheiten nicht anzieht. Wer bereits krank und schwächlich ist, braucht eine möglichst angenehme Umgebung, wo er mit starken und positiven Menschen zusammenkommt, die ihn durch ihre positiven Gedanken und Gefühle ermutigen. Gedanken haben große Kraft. Menschen, die im Krankenhaus arbeiten, werden dank ihrer zuversichtlichen Einstellung nur selten krank. Sie besitzen große Energie und machen sich durch ihre kraftvollen Gedanken immun.

Wenn ihr älter werdet, ist es also besser, anderen euer Alter nicht zu verraten. Sonst sehen sie nur den älteren Menschen in euch, dessen Gesundheit und Lebenskraft dahinschwindet. Der Gedanke an das herannahende Alter verursacht Sorgen und hat einen schwächenden Einfluß auf euch. Behaltet darum euer Alter für euch. Sagt zu Gott: «Ich bin unsterblich. Du hast mich mit guter Gesundheit gesegnet, und dafür danke ich Dir.»

Seid also vorsichtig, aber nicht ängstlich. Weise Vorsicht besteht darin, ab und zu eine Entschlackungskur zu machen, damit allenfalls bestehende Krankheitskeime ausgeschieden werden. Tut euer Bestes, alle Krankheitsursachen zu vermeiden, und seid dann völlig furchtlos. Bakterien gibt es überall in solchen Mengen, daß ihr eures Lebens nicht mehr froh werden könntet, wenn ihr euch ihretwegen Sorgen machtet. Selbst bei allen hygienischen Vorsichtsmaßnahmen würde euch die Lust am Essen vergehen, wenn ihr euer Haus unter einem Mikroskop anschauen könntet!

Techniken zum Ausschalten von Angst

Ganz gleich, worin eure Befürchtungen bestehen, denkt nicht weiter daran, sondern übergebt sie Gott. Habt Vertrauen in Ihn. Viel Leid wird allein durch Sorgen verursacht. Warum sich jetzt schon sorgen, ehe man überhaupt krank geworden ist? Da die meisten unserer Leiden durch Angst entstehen, könnt ihr euch sofort frei davon machen, wenn ihr jegliche Furcht beseitigt. Dann kann die Heilung sogar augenblicklich eintreten. Sagt euch jede Nacht, ehe ihr einschlaft: «Der Himmlische Vater ist bei mir, ich bin beschützt.» Stellt euch in Gedanken vor, daß der GEIST und Seine kosmische Energie euch ganz einhüllen, und sagt euch: «Jede Bakterie, die mich angreift, wird elektrisch getötet!» Singt dann dreimal «*OM*» oder das Wort «Gott». Das wird euch beschützen, so daß ihr euch wunderbar geborgen fühlt. Seid ganz ohne Angst. Das ist die einzige Methode, gesund zu bleiben. Wenn ihr euch mit Gott in Verbindung setzt, wird Seine Wahrheit euch durchdringen. Und dann werdet ihr wissen, daß ihr die unsterbliche Seele seid.

Immer wenn ihr euch vor etwas fürchtet, legt die Hand aufs Herz – und zwar auf die bloße Haut –, reibt von links nach rechts und sagt: «Vater, ich bin frei. Schalte diese Angststörung aus meinem Herz-Radio aus!» Ebenso wie ihr Störungen in einem gewöhnlichen Radio beheben könnt, so könnt ihr auch Angst aus eurem Herzen verbannen, indem ihr wiederholt mit der Hand von links nach rechts über das Herz streicht und euch dabei auf diese Vorstellung konzentriert. Dann wird alle Angst schwinden, und ihr werdet Gottes Freude fühlen.

Alle Angst schwindet, wenn man mit Gott in Verbindung ist

Irgendeine Angst verfolgt euch ständig. Sie wird euch nur durch wahre Gottverbundenheit genommen, durch nichts anderes. Warum also warten? Durch Yoga könnt ihr diese Gottverbundenheit erreichen. Indien hat euch etwas gegeben, was keine andere Nation euch je geboten hat. Ich verdanke alles meinem Guru Swami Sri Yukteswar, der in jeder Hinsicht ein Meister war. Indem ich mir seine Weisheit zu eigen machte, konnte ich meine Misson im Westen erfüllen. Er sagte: «Was du auch unternehmen magst, mache es so, wie es kein anderer vor dir getan hat.» Wenn ihr euch daran haltet, wird euch alles gelingen. Die meisten Leute ahmen lediglich andere nach. Ihr solltet originell sein, und was immer ihr tut, tut es gut. Die ganze Natur wird euch bewußt unterstützen, wenn ihr im Einklang mit Gott seid.

Meistens denken wir an uns selbst zuerst; doch wir sollten immer andere in unser eigenes Glück einschließen. Tun wir das aufrichtigen Herzens, so geben wir anderen ein Beispiel gegenseitiger Rücksichtnahme. Wenn in einer Gemeinschaft von tausend Menschen jeder so handelte, hätte jeder 999 Freunde. Doch wenn jeder sich allen anderen gegenüber feindlich verhielte, hätte jeder 999 Feinde.

Der größte Sieg, den man im Leben erringen kann, besteht darin, die Herzen anderer durch die Macht der Liebe zu erobern. Wenn ihr immer zuerst an andere denkt, liegt euch die ganze Welt zu Füßen. Darin bestand Jesu Größe. Er lebte und starb für alle. Menschen in machtvoller weltlicher Position, die nur für sich selbst leben, sind bald vergessen; aber solche, die immer für andere da sind, leben ständig in unserer Erinnerung weiter. Der König der Könige besaß während seines kurzen Erdendaseins keinen goldenen Thron; dennoch hat er zwanzig Jahrhunderte in den Herzen von Millionen Menschen auf dem Thron der Liebe regiert. Das ist der beste Thron, den man haben kann.

Ein einziger Gedanke kann zur Erlösung führen

Als ihr auf die Welt gekommen seid, habt ihr geweint, und alle anderen haben sich gefreut. Arbeitet und helft anderen während eures ganzen Lebens auf solche Weise, daß ihr lächelnd aus dieser Welt scheiden könnt, während die Welt Tränen um euch vergießt. Haltet an diesem Ideal fest, dann werdet ihr immer zuerst an andere und dann an euch selbst denken.

Diese Welt ist erschaffen worden, damit ihr eure Intelligenz dazu benutzt, den GEIST – euer wahres Selbst – zu erkennen. *Schon ein einziger Gedanke kann euch erlösen.* Ihr wißt gar nicht, was die Macht der Gedanken alles im Äther bewirken kann.

Wie könntet ihr menschliche Liebe empfinden, wenn Gott sie euch nicht selbst ins Herz gepflanzt hätte? Gott ist so gütig und voller Liebe, deshalb sollten wir Ihn suchen. Er will sich uns nicht aufdrängen. Dennoch sollten euch die geheimnisvollen Funktionen im Körper, die Intelligenz, die Er uns gegeben hat, und alle anderen Wunder des Lebens genügend anspornen, Ihn zu suchen. Jeder Mensch könnte erlöst werden, wenn er es versuchte. Ihr müßt es versuchen!

Als ich diesen Weg begann, war mein Leben völlig verworren; doch indem ich mich immer weiter bemühte, begann sich alles in wunderbarer Weise zu ordnen. Alles, was geschah, bewies mir, daß es einen Gott *gibt* und daß man Ihn in diesem Leben erkennen kann. Wie sicher und furchtlos ihr sein werdet, wenn ihr Gott gefunden habt! Dann macht euch nichts mehr Sorgen, und ihr müßt euch vor nichts mehr fürchten. Ähnlich ermutigte Krishna seinen Jünger Arjuna, sich furchtlos in die Schlacht des Lebens zu wagen und den geistigen Sieg zu erringen: «Sei nicht verzagt! Dies steht dir nicht an. O Sieger über alle Feinde, erhebe dich und wirf allen Kleinmut ab!»[5]

[5] *Bhagavad-Gita* II, 3.

Die körperlichen und geistigen Vorteile des Fastens

Internationales Mutterzentrum der Self-Realization Fellowship
Los Angeles/Kalifornien, am 9. März 1939

Die körperlichen und geistigen Erfahrungen, die man während des Fastens macht, sind wunderbar. Das Bewußtsein löst sich von den Forderungen des Körpers, wenn dieser einmal seine grobstofflichen Gewohnheiten abwirft. Ich habe gerade meinen dreißigsten Diät- und Fastentag hinter mir, und es kommt mir so selbstverständlich vor, als hätte ich nie zuvor gegessen. Ihr alle, die ihr dazu fähig seid, solltet einmal versuchen, drei Tage lang zu fasten – wenn möglich, sogar länger.[1] Dann würdet ihr mit der Zeit feststellen, daß ihr ohne Nahrung leben könnt.

Körperliche Schmerzen und körperliches Unbehagen zeigen an, daß mit der Maschinerie des Körpers irgend etwas nicht stimmt, daß «Reparaturen» notwendig sind. Denkt einmal, wie gewissenhaft ihr euer Auto wascht und überholen laßt, um es in gutem Zustand zu erhalten. Der Körper ist viel komplizierter konstruiert als irgendein Auto, und Gott will, daß ihr ihn sauber und gesund erhaltet, während ihr euch gleichzeitig immer mehr auf den Herrn verlaßt. Das Geheimnis guter Gesundheit hängt nicht nur von Chemikalien ab, sondern vielmehr von der uns innewohnenden göttlichen Energie.

Die Lebenskraft in unserem Körper ist die eigentliche Quelle des Lebens. Sie ist eine bewußte Kraft, welche die Organe erschaffen hat und ihnen Leben verleiht. Im allgemeinen wird die Lebenskraft ständig durch die Kraft des Geistes sowie durch Nahrung gespeist. Doch wenn man sie zu sehr mißbraucht, gibt

[1] Wer guter Gesundheit ist, sollte ohne weiteres drei Tage lang fasten können; längere Fastenzeiten sollte man nur unter fachkundiger Aufsicht einhalten. Wer eine chronische Krankheit oder ein organisches Leiden hat, sollte nur fasten, wenn ein im Fasten erfahrener Arzt ihm dazu rät.

sie auf und weigert sich, weiter zu arbeiten. Dann schwächt sich, um nur ein Beispiel zu nennen, das Sehvermögen, und man kann nichts mehr klar erkennen. Die Nahrung gibt uns keine Energie mehr, ein Klimawechsel kräftigt uns nicht mehr, und nichts kann die körperliche Energie wieder herstellen, weil die Lebenskraft ermattet ist.

Das Fasten verschafft den überarbeiteten Organen (der körperlichen Maschinerie) eine Ruhepause – und ebenfalls der Lebenskraft, weil diese dadurch entlastet wird. Sobald ihr die Lebenskraft davon überzeugen könnt, daß sie nicht von äußeren Quellen abhängig ist – von Nahrung, Wasser, Sauerstoff, Sonnenschein –, versorgt sie sich selbst und wird unabhängig.

Wenn man sich an allen 365 Tagen des Jahres überißt, stellen sich alle möglichen Krankheiten ein. Auch ein absolut regelmäßiges Essen, ganz gleich, ob der Körper Nahrung braucht oder nicht, wird zum Fluch für den Körper. Je mehr ihr euch von eurem Gaumen abhängig macht, um so mehr Krankheiten werdet ihr haben. Man kann seine Mahlzeiten ruhig genießen, aber man darf sich nicht von ihnen versklaven lassen. Warum laßt ihr zu, daß euch die Natur Schaden zufügt? Sie wird euch nichts anhaben können, wenn ihr unabhängig vom Körper und von Nahrung werdet. Ihr müßt erkennen, daß der Körper von der Lebenskraft erhalten wird.

Ihr braucht nicht fanatisch zu werden, aber ihr müßt euch mehr auf eure geistige Kraft verlassen und es euch zum Ziel setzen, sie zu einem verläßlichen Faktor in eurem Leben zu machen. Wenn ihr euren Geist dagegen vom Körper versklaven laßt, wird er sich eines Tages an euch rächen. Er wird seine Kraft einbüßen, so daß ihr stets von anderen Menschen oder Hilfsmitteln abhängig seid; und kein Arzt und keine Medizin kann einem Patienten helfen, wenn dieser seinen Geist derart geschwächt hat, daß die Krankheit chronisch geworden ist. Zu drei Vierteln hängt jede Heilung von der Kraft des Geistes ab.

In Indien lehren wir die Menschen, wie man Herrschaft über den Körper erlangt und mehr von seiner geistigen Kraft Gebrauch macht. Wer sich ausschließlich auf physische Mittel verläßt, um gesund zu werden, wird schließlich völlig abhängig von ihnen.

Die Kraft des Geistes ist größer. Man sollte sich allmählich daran gewöhnen, immer mehr von der Kraft seines Geistes Gebrauch zu machen. Wenn ihr das tut, werdet ihr merken, was für ein wunderbares Werkzeug der Geist ist. Was ihr ihm befehlt, wird er tun. Das habe ich in meinem eigenen Leben immer wieder erfahren können.

Als ich einmal einen Vortrag in Milwaukee hielt, herrschte furchtbare Hitze. Der Schweiß lief mir nur so vom Gesicht herunter, und ich konnte mein Taschentuch nicht finden. Einen Augenblick lang wußte ich nicht, was tun. Dann konzentrierte ich mich auf das Christuszentrum und sagte mir innerlich: «Herr, mein Körper ist kühl.» Sofort verschwand der Schweiß, und der Körper fühlte sich angenehm kühl an. Es ist also richtig, daß man sich mehr auf den Geist verläßt. Andererseits könnt ihr den Körper nicht völlig verleugnen; wenn ihr das tätet, könntet ihr weder denken noch essen, noch euch bewegen.

Manche bemühen sich nur deshalb darum, geistige Herrschaft über den Körper zu erlangen, weil sie gesund bleiben wollen. Doch Gesundheit ist nicht der Sinn des Lebens – sondern Gottverbundenheit. Auch wenn ihr euch lange guter Gesundheit erfreut habt, kommt schließlich die Zeit, wo euch nichts mehr hilft. Wer wird euch dann noch beistehen? Nur Gott. Fasten ist ein wunderbares Mittel, Gott näherzukommen, denn es befreit die Lebenskraft von ihrer Nahrungsabhängigkeit und zeigt euch, daß es Gott ist, der euren Körper wirklich am Leben erhält.

Doch die Versuchung Satans ist so groß, daß ihr, sobald ihr ans Essen denkt, auch essen wollt. Während meiner Kinderzeit in Indien war ich einmal erkältet und hatte großen Appetit auf Tamarinde, was bei Erkältungen gar nicht gut ist. Meine Schwester war völlig dagegen, aber weil ich so beharrlich darauf bestand, brachte sie mir schließlich etwas von dem Obst. Ich nahm ein kleines Stück davon in den Mund, kaute daran und spie es aus. Ohne daß ich die Tamarinde herunterzuschlucken brauchte, hatte ich das Verlangen nach ihr befriedigt. Leider hat Gott den Körper nicht so erschaffen, daß die eßgierigen Menschen ihren Geschmackssinn befriedigen und eine ungesunde oder allzu reichliche Nahrung an den Verdauungsorganen vorbeisteuern können!

Selbstbeherrschung – der sicherste Weg zu Gesundheit und Glück

In Wirklichkeit besteht der einzige und sicherste Weg zu Gesundheit und Glück in der Selbstbeherrschung. Euch selbst meistern zu können, so daß euch die Sinne nicht mehr überwältigen, ist der größte Segen, den ihr erfahren könnt. Wenn ihr eine zu hohe Voltzahl durch einen Draht leitet, brennt dieser durch. Und jedes Mal, wenn ihr eure Verdauungsorgane mit Nahrung überladet, brennt die Lebenskraft durch. Doch wenn ihr aufhört, zuviel zu essen, und von Zeit zu Zeit fastet, erhält die Lebenskraft eine Ruhepause und kann sich aufladen.

Wenn euer Auto nicht richtig funktioniert, bringt ihr es zu einer Werkstatt. Danach fährt es eine Weile lang wieder gut, und dann stellt sich ein anderer Mangel ein, und ihr bringt es wieder zur Reparatur. Ebenso muß man mit dem Körper verfahren. Die Wirkungen des Fastens auf den Körper sind erstaunlich. Ein dreitägiges Fasten mit Orangensaft kann den Körper vorübergehend entschlacken, aber ein langes Fasten erneuert ihn ganz und gar. Danach fühlt sich der Körper auf wunderbare Weise gestählt. Wenn ihr aber auf die Dauer gesund bleiben wollt, müßt ihr jederzeit darauf achten, welche und wieviel Nahrung ihr eurem Körper zuführt.

Wie man richtig fastet

Ehe ihr fastet, müßt ihr wissen, wie ihr dabei vorgehen sollt. Daher ist richtige Aufsicht wichtig, wenn man länger als drei Tage fastet. Ich würde niemandem dazu raten, gleich mit einem langen Fasten zu beginnen, weil ihn das schwächen wird. Wer sich an das Fasten gewöhnen will, sollte einmal in der Woche einen Obsttag einlegen oder drei Tage im Monat mit Orangensaft fasten. Der Fastende muß darauf vorbereitet sein, daß andere ihn bemitleiden und ihm sagen, er werde krank werden oder gar sterben, wenn er nichts zu sich nehme. Es stimmt, daß ihr euch während der ersten Tage eines längeren Fastens schwach fühlt, weil sich die Lebenskraft von Nahrung abhängig gemacht hat. Im Verlauf weiterer Tage jedoch fühlt ihr keine Schwäche mehr. Lebenskraft und Geist sind dann nicht mehr von Nahrung abhängig, und ihr erkennt, daß der Körper allein von der Lebenskraft erhalten wird.

Ich weiß, wie man fasten kann, ohne an Gewicht zu verlieren. Sobald man bewußt Herrschaft über die Lebenskraft gewonnen hat, kann man sie beliebig dazu gebrauchen, abzunehmen oder das Normalgewicht des Körpers beizubehalten. Beides ist wirkungsvoll. Wenn man dieses Prinzip anwendet, sinkt die Körpertemperatur auch bei längerem Fasten nicht. Dann zieht die Lebenskraft ihre Energie aus dem verlängerten Mark, dem «Mund Gottes»[2], und beginnt sich immer mehr von der inneren regenerierenden Kraft – anstatt von äußeren Quellen – abhängig zu machen.

Menschen, die sich vollständig im Zustand aufgehobener Lebenstätigkeit befinden, können sich für eine Zeitdauer von fünftausend Jahren oder auch für immer begraben lassen und dennoch am Leben bleiben. Das Leben währt ewig. Es hängt weder vom Atem noch von Nahrung, Wasser oder Sonnenlicht ab. Vergeßt nie, daß ihr unvergänglicher GEIST seid. Das ist die richtige Art zu leben!

Unser Bewußtsein überdauert den Tod, doch der Durchschnittsmensch verliert das Gefühl der Kontinuität und denkt deshalb, daß er tot sei. Jeder von uns wird irgendwann einmal sterben, deshalb ist es zwecklos, sich vor dem Tod zu fürchten. Ihr leidet ja auch nicht darunter, daß ihr im Schlaf das Körperbewußtsein verliert; ihr heißt den Schlaf als einen angenehmen

[2] *Matthäus* 4, 4: «Der Mensch lebt nicht vom Brot allein, sondern von einem jeglichen Wort, das durch den Mund Gottes geht [das durch das verlängerte Mark in den Körper fließt].» Durch das Zentrum des Überbewußtseins im verlängerten Mark haucht Gott dem Menschen Sein «Wort» – Seine kosmische, intelligente Schwingung oder Energie – ein. Im Reservoir des Gehirns sammelt sich diese Energie an. Und von dort aus fließt sie in das verlängerte Mark und die fünf geistigen Zentren *(Chakras)* in der Wirbelsäule, welche die Energie verteilen und in alle Körperteile leiten.

Zustand der Freiheit willkommen. Ebenso verhält es sich mit dem Tod; er bedeutet einen Zustand der Ruhe – eine Pensionierung vom Leben. Es gibt also nichts zu fürchten. Wenn der Tod kommt, freut euch! Er ist nichts weiter als eine Erfahrung, die euch eine wichtige Lehre erteilt: daß ihr nicht sterben könnt. Warum aber auf den Tod warten, wenn ihr das bereits jetzt erkennen könnt? Als erstes müßt ihr lernen, daß das Leben nicht von Nahrung abhängt. Durch Fasten könnt ihr es euch selbst beweisen.

Richtiges Verhalten unter allen Umständen

Jeder sollte seine geistigen Kräfte entwickeln, so daß er sich unter allen Umständen richtig verhalten kann – ob er genug Schlaf gehabt hat oder nicht, ob er seine Mahlzeit gehabt hat oder nicht, ob er Urlaub nehmen kann oder nicht. Regelmäßigkeit ist bewundernswert und auch nötig; wir müssen uns Regelmäßigkeit zu eigen machen, damit wir die göttlichen Gesetze befolgen können. Andererseits aber ist es nicht richtig, wenn man nie von einer Gewohnheit abweichen kann, ohne daß es einem schadet.

Grundlegende Gewohnheiten bilden sich bei Kindern bereits im Alter zwischen drei und sieben Jahren. Guter Umgang fördert diese Entwicklung, doch wenn man die hervorstechenden Neigungen eines Kindes ändern will (falls dies erstrebenswert ist), muß man ihm eine besondere Schulung angedeihen lassen. In meiner Schule in Ranchi (Indien) habe ich die Knaben in körperlicher Hinsicht streng geschult. Sie fasteten oft und schliefen ohne Kissen, nur mit einer Decke auf dem Fußboden. Zuweilen meditierten sie mehrere Stunden lang. Wenn man die Kinder durch strenge Disziplin lehrt, sich nicht vom Körper versklaven zu lassen, gibt man ihnen etwas, das ihnen ihr ganzes Leben lang Segen bringt. Einer der Schuljungen meditierte zwölf Stunden lang, ohne daß sich seine Augenlider bewegten. Wenn ihr solch innere Ausgeglichenheit hättet, wieviel glücklicher könntet ihr dann sein! Wieviel mehr Frieden würdet ihr haben! Die beste Schulung besteht darin, sich auf wissenschaftliche Weise zu bemühen, die richtige Herrschaft über Körper, Geist und Seele zu erlangen. Und darin liegt der tiefere Sinn des Fastens.

Das dem Fasten zugrundeliegende metaphysische Prinzip

Dem Fasten liegt ein wichtiges metaphysisches Prinzip zugrunde. Jesus rief uns diese Wahrheit in Erinnerung, als er sagte: «Der Mensch lebt nicht vom Brot allein...» Zwei Dinge halten euch an die Erde gebunden: Atem und «Brot». Im Schlaf jedoch befindet ihr euch in einem friedlichen Zustand, in dem ihr euch weder vom Atem noch von der Nahrung abhängig fühlt; denn der Geist hat sich vom Körperbewußtsein gelöst. Das Fasten hat eine ganz ähnliche Wirkung auf den Geist. Beim Fasten müßt ihr den Geist von seiner eigenen Kraft zehren lassen. Wenn diese in Erscheinung tritt, wird die körperliche Lebenskraft immer mehr von der ewigen kosmischen Energie gespeist, die ja den ganzen Körper umgibt und ständig durch das verlängerte Mark in Gehirn und Wirbelsäule fließt. Wenn die Lebenskraft nicht mehr von äußeren physischen Quellen abhängig ist, die den Körper erhalten, wenn sie sieht, daß sie von innen her gespeist wird, fragt sie sich, wie das möglich ist. Dann sagt der Verstand: «Die festen Stoffe, von denen sich der Körper abhängig gemacht hat, sind nichts anderes als eine grobstoffliche Art der Energie. Du aber bist reine Energie. Du bist reines Bewußtsein.» Und dann führt die bewußte Lebenskraft all das aus, was der Geist ihr befiehlt.

Die Kraft des Geistes kann alles bewirken. Ihr seht also, wie unrecht es ist, dem Geist und der euch innewohnenden, alles vermögenden Lebenskraft einzureden, daß ihr nicht ohne Nahrung leben könnt. Macht euer Leben und euren Körper gegen alles Leid gefeit. Siegt über euch selbst. Durch längeres Fasten werdet ihr erkennen, daß alles Geist ist.

Alle Kräfte und Gegenstände in diesem Universum sind von Gottes Geist erzeugt worden – ebenso wie die Dinge, die ihr im Traum wahrnehmt, Erzeugnisse eures eigenen Geistes sind. So ist es auch im Wachbewußtsein: Wenn ihr denkt, daß euch das

Fasten schwächt, wird es so sein. Oder wenn ihr gefastet habt und einen Augenblick lang denkt, daß euch das schwächt, wird sich der Körper tatsächlich schwach fühlen. Doch wenn ihr euch davon überzeugen könnt, daß der Körper voller Energie ist, empfindet ihr keine Schwäche; im Gegenteil, ihr werdet von großer Kraft durchpulst. Die meisten Menschen wissen dies aber nicht, weil sie es nie versucht haben. Der Geist wird seine Wunder nicht eher offenbaren, als bis ihr ihn dazu auffordert. Und das kann nie geschehen, solange ihr fortfahrt, euch in immer größerem Maße von materiellen Dingen abhängig zu machen. Deshalb bleiben dem durchschnittlichen Vorstellungsvermögen viele Wunder verborgen. Wenn ihr aber durch das Fasten lernt, euch auf den Geist zu verlassen, wird dieser alles zustande bringen – ob es sich um Überwindung von Krankheiten, um ein gutes Auskommen oder um das höchste Ziel des Lebens handelt: Gott zu finden. «Dem Yogi, der Selbstbeherrschung erlangt und seinen Geist ständig im Zaum hält, gebe Ich Meinen göttlichen Frieden – das endgültige Nirvana [Erlösung].»[3]

[3] *Bhagavad-Gita* VI, 15.

In Gott liegt all unser Glück

Einsiedelei der Self-Realization Fellowship
Encinitas/Kalifornien, 10. Juni 1937

Gott in Seiner unendlichen Güte versucht ständig, uns durch die verschiedenen Erfahrungen im Leben Seine Freude, Seine Inspiration, wahres Leben, wahre Weisheit, wahres Glück und wahres Verständnis zu schenken. Doch nur in der Stille der Seele kann Er sich in Seiner ganzen Herrlichkeit offenbaren – wenn wir uns intensiv darum bemühen, mit Ihm in Verbindung zu gelangen. Nur dann können wir die Wahrheit erleben. In der Außenwelt ist die Macht der Täuschung so groß, daß nur wenige Menschen sich den Einflüssen ihrer äußeren Umgebung entziehen können. Die Welt mit ihren endlosen Verwicklungen und mannigfaltigen Ereignissen bleibt sich stets gleich; jedes Leben ist neu, und jedes Leben muß anders gelebt werden. Hinter allem Leben aber verbirgt sich die schweigende Stimme Gottes, die uns stets durch die Blumen, durch die heiligen Schriften, durch unser Gewissen und durch alle schönen Dinge ruft, die unser Leben wertvoll machen.

Je mehr ihr euch auf die Außenwelt konzentriert, um so weniger werdet ihr die innere Herrlichkeit und ewig währende Freude des GEISTES erkennen. Je mehr ihr euch auf die innere Welt konzentriert, um so weniger Schwierigkeiten werdet ihr äußerlich haben. Die meisten Menschen jedoch verstehen diese Wahrheit nicht, weil sie unter dem Einfluß ihrer Umgebung, ihres weltlichen Umgangs und ihrer schlechten Gewohnheiten stehen. Eure Umgebung hält euch mehr oder weniger beschäftigt, so daß ihr nie dazu kommt, über die tieferen Wahrheiten nachzudenken. Selbst an diesem paradiesischen Ort Encinitas gibt es Schüler, die nicht mit der reinen Absicht hergekommen sind, sich geistig weiterzuentwickeln. Wenn ihr Gott sehen wollt, könnt ihr Ihn überall erblicken. Gewohnheiten aber können sehr schädlich und zerstörerisch sein. Ihr müßt lernen, mit dem, was ihr habt, glücklich zu sein. Wünscht euch nicht mehr als das, was euch gegeben wird; denn der Vater weiß, was ihr braucht.

Der beste Weg zum immerwährenden Glück besteht darin, sich jederzeit der Nähe des Vaters bewußt zu sein. Der größte Wunsch eures Lebens muß Gottverwirklichung sein; der Entschluß, Ihn zu finden, sollte in eurem Bewußtsein vorherrschen.

Ich habe Gott alles gegeben, was ich besitze, und es gibt nichts mehr, was ich Ihm noch schenken könnte. Ich habe bereits erkannt, daß Gottverwirklichung das einzige Ziel des Lebens ist. Viele Leute mögen daran zweifeln, daß der Sinn des Lebens darin besteht, Gott zu finden; aber jeder wird mit mir übereinstimmen, daß unser Lebensziel darin besteht, glücklich zu werden. Ich behaupte, daß Gott Glück ist. Er ist Glückseligkeit, Er ist Liebe, Er ist die Freude, die eure Seele nie mehr verläßt. Warum versucht ihr dann nicht, dieses Glück zu erwerben? Kein anderer kann es euch geben; ihr selbst müßt es euch verdienen. Die Naturkräfte sind ständig bemüht, euch weltliche Freuden zu vermitteln; doch solch vorübergehende Befriedigung endet meist in Leid und Bitterkeit. Selbst die bevorzugtesten Menschen, die alles zu besitzen scheinen, sind durchaus nicht immer glücklich. Irdische Dinge können euch auf die Dauer nicht befriedigen. Sie täuschen euch nur Frieden und Genugtuung vor. Die ganze Welt ist durch habgierige Wünsche in ein Chaos gestürzt worden. Habgier und nichts anderes ist die Ursache aller Kriege.

Wer sich selbst besiegt, ist der größte Sieger in der Schlacht des Lebens. Geld, Ruhm, Begierden – alles, was diesem Ideal entgegenwirkt, tut unserem Frieden und Glück Abbruch. Wenn die Menschen nur lernten, sich auf den wahren Wert des Lebens zu besinnen, dann würden sie auch wahres Glück finden! Statt dessen lassen sie sich von ihren irdischen Wünschen regieren. Ich weiß, daß keine Versuchung mich je von dem Weg, den ich gewählt habe, abbringen kann. Ich könnte Tausende durch die Kräfte bezaubern, die Gott mir verliehen hat, doch wenn ich dies täte, würde ich mir selbst schaden. Außerdem liegt mir nichts daran, Tausende zu bezaubern; mir liegt nur daran, wahre Gottsucher zu finden – solche, die in Gott verankert sind. Wer Gott liebt, wird hierhergeführt werden, und wer seine anfängliche Begeisterung bis zum Ende des Lebens beibehält, wird Gott finden.

Gott kommt zu allen, die sich wahrhaft nach Ihm sehnen

Es ist unmöglich, den Herrn zu täuschen, denn Er befindet sich unmittelbar hinter euren Gedanken. Er weiß genau, was ihr denkt und was ihr euch wünscht. Wenn ihr der Welt im Herzen entsagt und euch innerlich um Vereinigung mit Ihm bemüht, wird Er zu euch kommen. Doch ihr müßt überzeugt davon sein, daß ihr nichts anderes als Ihn wollt. Sobald euer Verlangen nach Ihm stark genug geworden ist, muß Er kommen.

Das einzig Erstrebenswerte im Leben ist Gottverbundenheit – Vereinigung mit Gott. Deshalb sprach Jesus: «Die Ernte ist groß, aber wenige sind der Arbeiter.»[1] Glaubt an die Worte Jesu; denn er lebte nach der Wahrheit. Gibt es einen größeren Beweis seiner Göttlichkeit als die Worte: «Vater, vergib ihnen, denn sie wissen nicht, was sie tun!»?[2]

Die meisten Menschen wünschen sich, mehr Geld zu verdienen als andere; und wenn sie es dann haben, sind sie immer noch nicht zufrieden, weil sie feststellen müssen, daß irgendein anderer noch mehr hat als sie. Und so machen sie sich das Leben durch ihre eigenen Wünsche zur Hölle. Lernt, mit dem, was ihr habt, zufrieden zu sein. Der Durchschnittsmensch in Amerika besitzt weit mehr als der Durchschnittsmensch in Europa, Indien oder irgendeinem anderen Land. Dennoch ist er nicht glücklich. Er verzehrt sich vor Angst und Sorge.

Der Weg Gottes ist der leichteste Weg. Am ratsamsten ist es immer, zuerst zum Vater zu gehen und Ihn zu fragen, was am besten für euch ist. Wenn ihr wißt, daß es Ihn gibt und daß Er auf euch wartet, warum dann noch Zeit an geringere Dinge ver-

[1] *Matthäus* 9, 37.
[2] *Lukas* 23, 34.

schwenden? Habt ihr je ernsthaft festzustellen versucht, ob der Vater euch antwortet? Gott spricht zu allen Menschen. Kann Er noch mehr tun, um eure Aufmerksamkeit zu erwecken?

Niemand sollte sich einbilden, daß er Verwirklichung erlangen kann, indem er sich lediglich anhört, was andere sagen – oder indem er bestimmte Bücher liest. Jeder muß das, was er hört und liest, selbst in die Tat umsetzen. Es ist zwar besser, zur Kirche zu gehen, als zu Hause zu bleiben und sich unnützes Geschwätz anzuhören; aber auch in der Kirche muß man Ihn innerlich fühlen und mit der Technik vertraut sein, durch die man Seine Nähe wahrnehmen kann. Gefühlsüberschwang oder Intellektualismus können einem keine Verwirklichung bringen.

Wenn ihr euch Gott vollkommen anheimgebt, wenn ihr nie in Versuchung geratet, für selbstsüchtige Zwecke zu beten, und wenn ihr sicher seid, daß ihr eins mit Gottes GEIST seid, daß Er in eurer Seele und überall ist – dann seid ihr frei.

Denkt daran, daß unser Dasein schon nach wenigen Jahrzehnten nur noch ein Traum sein wird. Daß ich hier sitze und zu euch spreche, wird dann nichts als eine Szene jenes Traumes geworden sein. Alle großen Meister der Vergangenheit sind für die heutige Menschheit nur noch ein Traum. Doch diese Großen haben ihr Ziel erreicht; sie wissen jederzeit, was vor sich geht.

Was für ein Traum das Leben doch ist! Und dennoch – wenn ihr euren lebendigen, pulsierenden Körper betrachtet, so kommt euch dieser Traum wieder sehr wirklich vor. Dann denkt ihr, daß ihr dies oder jenes braucht, um glücklich zu sein. Doch ganz gleich, wie viele Wünsche euch erfüllt werden, sie können euch kein wahres Glück bringen. Je mehr ihr habt, um so mehr wünscht ihr euch. Lernt, einfach zu leben! «Wer all seine Wünsche nach innen richtet, besitzt geistige Zufriedenheit. Ein solcher Mensch gleicht dem unveränderlichen Meer, das ständig die zufließenden Wasser in sich aufnimmt und bis zum Rande voll ist. Wer sein Reservoir des Friedens durch Wünsche anbohren und das Wasser auslaufen läßt, der ist kein *Muni*.»[3]

[3] *Bhagavad-Gita* II, 70. Der wahre *Muni* ist ein Mönch, der geistiges Schweigen *(mauna)* bewahrt, d.h., der die Wellen der Gedanken und

Sucht Gott in der Einsamkeit

Ihr müßt euch von denen leiten lassen, die Gott erkannt haben, die mit Ihm in Verbindung stehen. Jesus lehrte uns, Gott in der Einsamkeit zu suchen.[4] Und im Schweigen der Einsamkeit erfahrt ihr, was der Heilige GEIST ist. Auch die großen Meister Indiens sprechen von dieser göttlichen Kraft. Die wahre Bedeutung des Heiligen GEISTES ist in diesem Lande zum ersten Mal durch die *Self-Realization Fellowship* bekannt geworden. Die ganze Schöpfung besteht aus Schwingungen, die von der Intelligenz Gottes gelenkt werden. Und diese intelligente Schwingung ist der Heilige GEIST[5]. Jeder sollte lernen, sich durch Meditation mit dem Heiligen GEIST in Verbindung zu setzen; die *Self-Realization Fellowship* lehrt euch, wie ihr das tun könnt.

Im Schweigen eurer Seele, in der Kammer der Konzentration, spielt sich das zeitlose Liebesabenteuer mit dem Unendlichen ab. Doch ihr könnt nicht Gott und den Mammon[6] gleichzeitig besitzen. Ihr müßt euch Gott völlig anheimgeben. Er ist der Ewig Liebende, der um die Liebe von euch allen bettelt.

Gefühle, die im gewöhnlichen Bewußtsein ständig in Bewegung sind, unter seine Herrschaft bringt.

[4] «Wenn aber du betest, so gehe in dein Kämmerlein [das innere Schweigen der Meditation] und schließ die Tür zu [die Tür der lärmenden Sinne] und bete zu deinem Vater im Verborgenen [im Innern]; und dein Vater, der in das Verborgene sieht, wird dir's vergelten öffentlich.» *(Matthäus* 6, 6)

[5] Die äußere, tätige Manifestation des allgegenwärtigen Christusbewußtseins, ihr «Zeuge» in der Schöpfung (*Offenbarung* 3, 14). Der Heilige Geist wird in der Bibel auch als «das Wort» bezeichnet (*Johannes* 1, 1), oder als «der Tröster» (*Johannes* 14, 26), und in den heiligen Schriften der Hindus als «*OM*». Diese unsichtbare göttliche Kraft ist der einzig Handelnde, die einzige ursächliche und aktivierende Kraft, welche die ganze Schöpfung durch Schwingungen aufrechterhält. Die Eingeweihten können sich durch eine besondere Yoga-Meditationstechnik, die von der *Self-Realization Fellowship* gelehrt wird, mit dem Heiligen GEIST, dem segensreichen Tröster, verbinden. «Aber der Tröster, der heilige Geist, welchen mein Vater senden wird in meinem Namen, der wird euch alles lehren und euch erinnern alles des, das ich euch gesagt habe.» (*Johannes* 14, 26)

[6] *Matthäus* 6, 24.

Ihr müßt lernen, von eurem Willen und eurer Konzentration Gebrauch zu machen, und Ihn dann mit ganzer Seele suchen. Eure Handlungen werden von Gewohnheiten bestimmt, die euch ständig dazu zwingen, Dinge zu tun, die ihr nicht tun wollt. Ihr seid euer eigener Feind und wißt es nicht einmal. Deshalb lernt ihr auch nicht, ruhig zu sitzen und Gott Zeit zu schenken. Ihr seid zu ungeduldig und erwartet, daß euch der Himmel in den Schoß fällt. Aber ihr könnt den Himmel unmöglich durch das Lesen von Büchern oder das Anhören von Predigten oder durch wohltätige Werke erlangen, sondern nur dadurch, daß ihr Ihm in tiefer Meditation Zeit schenkt.

Schaut nur auf Gott

Ihr müßt euch vor allem bemühen, Gott Freude zu machen. Ihr könnt es unmöglich allen Menschen recht machen. Ich versuche zwar mein Bestes, niemandem zu mißfallen, aber das ist alles, was ich tun kann. Mein oberstes Ziel besteht darin, Gott Freude zu machen. Ich gebrauche meine Hände, um zu Ihm zu beten, meine Füße, um Ihn überall zu suchen, und meinen Geist, um an Ihn, der immer gegenwärtig ist, zu denken. Jeder Gedanke sollte von Gott erfüllt sein – vom Gott des Friedens, vom Gott der Liebe, vom Gott der Güte, vom Gott des Verstehens, vom Gott des Mitgefühls, vom Gott der Weisheit. Um euch dies zu sagen – und aus keinem anderen Grunde –, bin ich hergekommen!

Lernt die Meditationstechniken der Selbst-Verwirklichung! Achtet auf guten Umgang! Schaut nicht auf andere, sondern allein auf Gott. Und sprecht jeden Tag zu anderen über dieses Werk. Tut jeden Tag Gutes an anderen. Solange ich Geld in der Tasche habe, höre ich nie auf, zu geben – denn meine Bank ist Gott!

Vor allem aber müßt ihr Gott kennen, so wie die großen Meister Ihn kannten. Wenn ihr die Techniken übt, werdet ihr Ihn durch eure eigenen Bemühungen finden.

Eines Tages, als ich draußen vor der Einsiedelei spazierenging, dachte ich an meinen großen Meister Sri Yukteswarji. Bei dem Gedanken, daß ich diesen schönen Ashram genoß und daß mein

Guru nicht hier sein und sich daran mitfreuen könne, war mir etwas traurig zumute. Plötzlich erschien er mir am Himmel und sprach: «Glaubst du, daß du der einzige bist, der sich an diesem Ort erfreut? Ich freue mich daran von überallher!»

Ihr müßt euch bemühen, eins mit Gott zu werden. Meditiert jeden Tag, bemüht euch darum, Ihn innig zu lieben, und liebt euren Nächsten wie euch selbst. Das ist der einzige Weg, Kriege zu vermeiden. Wir müssen geistig zusammenarbeiten. Ohne Geistigkeit kann es kein Glück geben, weder für die Nation noch für den einzelnen. Und das Glück fängt immer beim einzelnen an. Vereinigung mit Gott stellt die einzige Lösung aller Probleme dar – auf physischem, finanziellem, ehelichem, moralischem oder geistigem Gebiet.

Wahres Glück werdet ihr dann finden, wenn ihr fühlt, daß ihr eins mit Gott, daß ihr Seine Kinder seid – Prinzen des Universums. Ihr seid keine Bettler! Ihr selbst habt euch in einem Körper eingekerkert, weil ihr euren Vater nicht kennt. Befreit euch aus diesem Gefängnis und haltet euren Geist – ganz gleich, was kommen mag – immer auf Gott gerichtet. Dann werdet ihr großen Frieden und große Freude finden! «Meine Verehrer, deren Gedanken ganz auf Mich gerichtet sind, die sich Mir ganz ergeben haben, die einander erleuchten und stets von Mir sprechen, sie besitzen höchste Zufriedenheit und Freude.»[7]

[7] *Bhagavad-Gita* X, 9.

Wie man ein liebenswerter Mensch werden kann

Internationales Mutterzentrum der Self-Realization Fellowship
Encinitas/Kalifornien, am 20. August 1939

Manche Personen sind von Geburt an liebenswürdig, so daß sich jeder zu ihnen hingezogen fühlt. Andere sind überall unbeliebt. Und wiederum andere sind weder beliebt noch unbeliebt; man nimmt sie einfach nicht wahr. Warum ist das so? Der unvoreingenommene Gott ist nicht verantwortlich für die ungleiche Verteilung anziehender Eigenschaften. Die Unterschiede im Charakter werden von jedem Menschen selbst geprägt. Jeder hat seine angenehmen und unangenehmen Eigenschaften selbst erworben – entweder im jetzigen Leben oder in früheren Inkarnationen. Es wäre höchst ungerecht von Gott, einigen Seiner Kinder den Vorteil angenehmer guter Eigenschaften und anderen das Handicap häßlicher, schlechter Eigenschaften zu geben. Es ist jedoch nicht Er, der einigen Seiner Kinder schlechte Neigungen und anderen gute einpflanzt; deshalb können wir Gott nicht verantwortlich dafür machen.

Gott hat alle Menschen gleich erschaffen, d. h. sich zum Bilde. Wenn wir irgendeine Rechtfertigung für die scheinbaren Unterschiede in den Menschen finden wollen, müssen wir zuerst das Gesetz der Wiedergeburt verstehen. Das Wissen um dieses Gesetz ist seit dem Dunklen Zeitalter verschüttet und vergessen worden. Jesus erwähnte die Wiedergeburt, als er sagte: «Es ist Elia schon gekommen, und sie haben ihn nicht erkannt ... Da verstanden die Jünger, daß er von Johannes dem Täufer zu ihnen geredet hatte.»[1] Die Seele, die in der einen Inkarnation Elias war, kehrte in einer anderen Inkarnation als Johannes der Täufer wieder.

Das Leben hätte keinen Sinn, wenn es uns nicht ausreichend Gelegenheit böte, unsere Fähigkeiten zu entwickeln und unsere

[1] *Matthäus* 17, 12-13.

Wünsche zu befriedigen. Wie kann man sich eine göttliche Gerechtigkeit ohne Wiedergeburt erklären – wenn sich gewisse Seelen überhaupt nicht Ausdruck verschaffen können, weil sie im Körper eines totgeborenen Babys eingeschlossen sind oder weil sie nicht älter als sechs Jahre werden? Diese Seelen können kaum zu einem Leben in der Hölle verdammt werden, denn sie haben nichts begangen, was eine Strafe rechtfertigte; noch könnten sie in den Himmel kommen, weil sie keine Gelegenheit hatten, sich diesen zu verdienen. Die Antwort ist darin zu suchen, daß diese Erde eine große Schule ist und daß die göttliche Gerechtigkeit durch das Gesetz der Wiedergeburt wirkt, das jeden Menschen immer wieder hierher zurückbringt, bis er alle Lektionen, die ihm das Leben erteilt, gelernt hat. Sri Krishna bezog sich mit folgenden Worten auf diese Wahrheit: «Der Yogi, der unbeirrt auf seinem Weg voranschreitet, der sich von aller Sünde reinigt und im Laufe vieler Inkarnationen durch eigene Bemühungen Vollkommenheit erreicht, geht schließlich in die ewige Seligkeit ein.»[2]

Jeder Mensch hat seine guten und schlechten Eigenschaften selbst entwickelt. Irgendwo und irgendwann, in diesem oder einem früheren Leben, hat er durch sein eigenes Handeln die entsprechende Saat ausgestreut. Wenn er die Saat seiner schlechten Taten aufgehen läßt, wird sie die Saat des Guten überwuchern. Der Weise entfernt die Samen des Bösen aus dem Garten seines Lebens.

Anziehungskraft kommt von innen

Jeder sollte lernen, sich selbst und andere genau zu beobachten, um festzustellen, warum manche Personen bei allen beliebt sind und andere nicht. Selbst bei Kindern sehen wir, daß einige bei allen gern gesehen sind, während andere allgemein gemieden werden. Eine der ersten Schlußfolgerungen, die wir hieraus ziehen können, ist die: Um liebenswürdiger zu werden, muß man

[2] *Bhagavad-Gita* VI, 45.

sich von innen heraus anziehend machen. Manchmal wirken selbst körperlich anziehende Personen abstoßend aufgrund ihres häßlichen Redens und Handelns.

Vor einiger Zeit glaubte man das Geheimnis der Popularität in «dem gewissen Etwas», der körperlichen Anziehungskraft und dem persönlichen Magnetismus, gefunden zu haben. Das «gewisse Etwas» macht einen aber noch keinesfalls liebenswürdig. Unsere guten und schlechten Neigungen bestimmen, ob und bei wem wir beliebt oder unbeliebt sind. Böses zieht Böses und Gutes zieht Gutes an. Körperlicher Magnetismus ist nicht das, was wir uns wünschen sollten, sondern jene Art von Magnetismus, die Gutes anzieht – aufrichtige Freunde und wohlverdiente Anerkennung. Können äußerliche Dinge wie Kleidung oder ein hübsches Gesicht uns auf diese Weise anziehend machen? Sicherlich nicht. Das muß von innen heraus geschehen.

Hütet euch vor Launenhaftigkeit. Eine ernste Miene wirkt nicht unangenehm; doch wenn ihr schlechte Laune habt, ist euer Ausdruck ganz anders. Euer Gesicht ist wie ein Spiegel, der jede Gemütsbewegung wiedergibt. Die Gesichtsmuskeln reflektieren wellenartig all eure Gedanken und Gefühle, so daß sich euer Aussehen ständig ändert. Jeder, dem ihr begegnet, reagiert auf euren Gesichtsausdruck – auf das, was ihr innerlich denkt und fühlt. Zwar könnt ihr eure Augen und euer Lächeln bis zu einem gewissen Grade in der Gewalt haben und dadurch eure Gefühle vor manchen verbergen, jedoch nicht vor allen. Lincoln sagte ganz richtig: «Es stimmt, daß man alle Leute irgendwann einmal täuschen kann; man kann einige Leute sogar ständig täuschen; aber man kann nicht alle Menschen allezeit zum Narren halten.»

In euren Augen steht eure ganze Lebensgeschichte geschrieben. Ihr könnt sie nicht vor denen verbergen, die sie zu lesen verstehen. Es gibt vergeistigte Augen, halbwegs geistige Augen, unaufrichtige Augen, sinnliche Augen. Alles, was man tut, ist dort aufgezeichnet. Wenn ich erklärte, was ich in den Augen eines Menschen sehe, würde der Betreffende über meine genaue Schilderung staunen.

Tut nie etwas, was euch geistig schadet. Unrechtes Handeln erzeugt negative oder böse Schwingungen, die in eurer ganzen

Erscheinung und Persönlichkeit zum Ausdruck kommen. Denkt und handelt immer so, daß die von euch angestrebten guten Eigenschaften gefördert werden. Wenn ihr euch an die Wahrheiten haltet, die ich euch vermittelt habe, wird sich euer Leben auf wunderbare Weise wandeln.

Man beurteilt euch hauptsächlich nach eurem Betragen

Man beurteilt die Menschen zum Teil nach ihrer Kleidung, hauptsächlich aber nach ihrem Betragen. Eure Erscheinung sollte immer sauber und gepflegt sein. Vermeidet jedoch auffällige Kleidung, denn zuviel Zierat und Beiwerk machen euch zu einem Museumsstück! Kleidet euch einfach und ordentlich, so wie es zu eurer Persönlichkeit paßt. Vor allem aber lernt euch richtig betragen. Wenn ihr euch erst einmal geistig entwickelt habt und anziehende innere Eigenschaften besitzt, wird die Kleidung weniger wichtig.

Mahatma Gandhi hat bewiesen, daß «Kleider nicht Leute machen». Er trägt[3] nur ein Lendentuch, weil er sich mit der Masse einfacher Menschen in Indien gleichstellen will. Eines Tages erschien er derart gekleidet beim Empfang eines englischen Gouverneurs. Die Diener wollten ihn nicht einlassen. Da ging er nach Hause und schickte durch einen Boten ein Paket an den Gouverneur, das seinen Anzug enthielt. Der Gouverneur rief ihn zu Hause an und fragte nach der Bedeutung dieses Pakets, worauf der große Mann erwiderte: «Ich wurde zu Ihrem Empfang geladen, jedoch wegen meiner Kleidung nicht eingelassen; deshalb habe ich statt dessen meinen Anzug geschickt.» Der Gouverneur bestand natürlich auf seinem Kommen. Selbst in London erschien Gandhi vor dem König und der Königin von England nur in seinem Lendentuch. Er war über das Kleiderbewußtsein hinausgewachsen. Das bedeutet nun nicht, daß ich diese Art von Kleidung empfehle! Gandhi hat eine Mission zu erfüllen, und dies

[3] Als Paramahansaji diese Ansprache hielt, war Gandhi noch am Leben. *(Anmerkung des Herausgebers)*

gehört zu seiner Rolle. Wenn man so groß ist wie ein Gandhi, kann man das tun, was einem geeignet scheint.

Der springende Punkt hierbei ist, daß man sich nicht ständig mit seinem Körper beschäftigen, noch ihn vernachlässigen soll. Schenkt man dem Körper zuviel oder zuwenig Aufmerksamkeit, gerät man aus dem Gleichgewicht und wird fanatisch. Pflegt euren Körper richtig, aber vergeßt nie, was am wichtigsten ist: eure Gesinnung und euer Benehmen. Legt mehr Wert auf eure geistigen Eigenschaften, die euer Benehmen beeinflussen, denn darauf sprechen die meisten Menschen an.

Seid anderen gegenüber ehrlich und aufmerksam

Interessiert euch für andere! Wenn ihr allein seid, steht euch das Recht zu, zu denken und zu tun, was ihr wollt. Doch wenn ihr mit anderen zusammen seid, dürft ihr nicht geistesabwesend oder gleichgültig sein. Man ist lieber in Gesellschaft eines Toten als eines geistesabwesenden Menschen; denn die Interesselosigkeit des Toten hat nichts Beleidigendes an sich. Wenn ihr mit anderen zusammen seid, widmet euch ihnen von ganzem Herzen; wenn es euch aber zu langweilig wird, entschuldigt euch höflich und zieht euch zurück. Ihr habt kein Recht zu bleiben, wenn ihr mit euren Gedanken woanders seid.

Seid anderen gegenüber von aufrichtiger Herzlichkeit. Setzt nie eine saure Miene auf. Ihr braucht nicht laut zu lachen wie eine Hyäne, dürft aber auch kein langes Gesicht machen. Lächelt freundlich und zuvorkommend. Setzt man jedoch nur ein Lächeln auf, während man innerlich ärgerlich oder beleidigt ist, so ist das Heuchelei. Wenn ihr liebenswürdiger werden wollt, dann seid aufrichtig. Aufrichtigkeit ist eine seelische Eigenschaft, die Gott jedem menschlichen Wesen verliehen hat, doch nicht alle bringen sie zum Ausdruck. Vor allem seid bescheiden. Auch wenn ihr über bewundernswerte innere Kräfte verfügt, überrennt andere nicht mit eurer starken Persönlichkeit. Verhaltet euch ihnen gegenüber ruhig und nehmt Rücksicht auf sie. Auf diese Weise entwickelt man einen anziehenden Magnetismus.

Zeigt anderen gegenüber immer Verständnis. Es gibt Leute, die gern streiten und uns immer falsch verstehen, ganz gleich, was wir sagen oder tun. Sie sind ständig beleidigt. Wer echte Freunde anziehen will, muß sich um richtiges Verständnis bemühen. Wahre Freunde verstehen einander, ganz gleich, was sie tun. So solltet ihr sein.

Was ist das Leben, wenn man keine richtigen Freunde hat? In eurem Herzen liegt ein verborgener Magnet, der echte Freunde anziehen kann. Und dieser Magnet ist die Selbstlosigkeit, die zuerst an andere denkt. Nur wenige Menschen sind frei von Selbstsucht. Man kann sich Selbstlosigkeit jedoch leicht zu eigen machen, wenn man sich darin übt, zuerst an andere zu denken. Die meisten Mütter besitzen diese Eigenschaft. Ihr Leben besteht aus Dienen. Sie versorgen zuerst Mann und Kinder. Und weil sie immer zuerst an andere denken und zuletzt an sich selbst, denken andere auch an sie. Das ist die Tradition in den indischen Familien. Und dieselbe Einstellung lernen wir bei echten geistigen Lehrern in den Ashrams.

Rücksichtnahme auf andere ist eine wunderbare Eigenschaft. Es ist die größte Anziehungskraft, die ihr haben könnt. Übt euch darin! Ein aufmerksamer Mensch merkt sofort, wenn ein anderer durstig ist, und bietet ihm etwas zu trinken an. Rücksichtnahme bedeutet, daß man andere wahrnimmt und sich ihnen gegenüber aufmerksam zeigt. Wenn sich ein rücksichtsvoller Mensch in Gesellschaft anderer befindet, fühlt er intuitiv, was sie brauchen.

Lebt für andere, dann werden andere auch für euch leben

Manche behaupten von sich, daß sie fromme Menschen seien. Doch wenn irgend jemand es wagte, sich in der Kirche auf ihren Stammplatz zu setzen, würden sie dem Eindringling am liebsten den Kopf abreißen! Hin und wieder habe ich ähnliches während meiner Vorträge bemerkt. Wenn jemand euren Platz haben möchte, dann gebt ihn her, auch wenn ihr selbst stehen müßt! Wenn ihr euch selbst beispielhaft verhaltet, werden schließlich auch andere jeden Tag etwas für euch tun. Lernt, für andere zu leben, dann werden die anderen auch für euch leben. Doch wenn ihr immer nur an euch selbst denkt, kümmert sich keiner mehr um euch. Ihr könnt andere Menschen am besten durch eure guten Taten anziehen.

Wenn ihr zuweilen eine Gesellschaft besucht und euch die Leute etwas näher anseht, werdet ihr immer Gäste darunter finden, die ganz offensichtlich neidisch auf das sind, was andere haben. Keiner ist gern mit rücksichtslosen, selbstsüchtigen Menschen zusammen; jeder hat gern taktvolle und zuvorkommende Personen um sich.

Nehmt bei allem, was ihr tut und sagt, Rücksicht auf andere; und wenn euch einmal ein hartes Wort auf der Zunge liegt, so beherrscht euch und antwortet statt dessen ruhig. Laßt keine barschen Worte über eure Lippen kommen. Fürchtet euch nicht davor, die Wahrheit zu sagen, wenn ihr dazu aufgefordert werdet; aber zwingt anderen eure Gedanken nicht auf. Merkt euch auch, daß es zwar der Wahrheit entspricht, wenn man einen blinden Menschen blind und einen kranken Menschen krank nennt, daß es aber besser ist, solch taktlose Bemerkungen zu unterlassen. Hingegen könnt ihr durch freundliche und rücksichtsvolle Worte andere aufrichten, so daß sie sich besser fühlen.

Andere Menschen hören nicht nur eure Worte, sondern fühlen auch die dahinterliegende Kraft und Aufrichtigkeit. Wenn ein aufrichtiger Mensch das Wort ergreift, geschieht etwas in der Welt. Wenn er seine Meinung kundtut, hört man auf ihn. Manche Menschen können stundenlang reden, weil sie meinen, sie könnten ihre Zuhörer durch einen Schwall von Worten überzeugen. Doch der «festgenagelte» Zuhörer hat nur einen Gedanken: «Wie komme ich hier bloß weg!» Wenn ihr euch unterhaltet, dann redet nicht soviel über euch selbst. Versucht über Themen zu sprechen, die den anderen interessieren. Und seid gute Zuhörer. Auf diese Weise macht man sich beliebt. Dann werdet ihr feststellen, daß man eure Gegenwart sucht.

Meine Mutter war in dieser Hinsicht äußerst rücksichtsvoll. Väter und Mütter sollten sich in Gegenwart ihrer Kinder nie streiten. Sie sollten ihre Schwierigkeiten unter sich ausmachen.

Meine Eltern hatten diese Selbstbeherrschung; darin glichen sie Göttern. Nur einmal bemerkte ich eine Meinungsverschiedenheit zwischen Vater und Mutter. Alles, was wir Kinder mitbekamen, war, daß eine Kutsche vor der Tür hielt und daß unsere Mutter fortwollte. Da trat mein Onkel herzu und fragte Vater: «Was ist hier los?» Und Vater sagte: «Ich habe nichts dagegen, wenn sie Geld für wohltätige Zwecke ausgibt. Ich verlange nur, daß sie nicht mehr ausgibt, als ich verdiene.» Da flüsterte der Onkel Vater etwas ins Ohr, und nach einigen Worten der Entschuldigung von meinem Vater schickte Mutter die Kutsche weg. Sie sagte nie irgend etwas gegen Vater. Sie dachte immer zuerst an andere.

Es ist eine Freude, für andere zu leben. Wenn ich allein bin, habe ich kaum einmal Appetit, doch wenn ich Gesellschaft habe, macht es mir Spaß, schmackhafte Speisen für andere herzurichten. Mein Guru Swami Sri Yukteswarji besaß dieselbe Eigenschaft. Während meiner ersten Besuche in seinem Ashram hatte ich den Eindruck, daß er immer leckere Gerichte zubereite. Als ich aber einmal unangemeldet kam, sah ich, daß er das denkbar einfachste Mahl zu sich nahm. Ich fragte ihn deswegen, und da sagte er: «Ich bereite nur dann besondere Gerichte zu, wenn du kommst. Es macht mir Freude, für dich zu kochen.»

Einmal begleitete mich ein Kommilitone zum Marktplatz, wo wir einige Ananas kaufen wollten. Es waren nur noch zwei da, und die eine war größer als die andere. Ich kaufte sie beide und gab die größere meinem Freund. Er war ziemlich überrascht, denn er hatte angenommen, daß ich die größere für mich behalten würde. Wenn man Rücksicht auf andere nimmt und zuerst an sie denkt, verschafft einem das ein wunderbares Gefühl innerer Befriedigung. Sobald ihr euch um einen anderen kümmert, denkt der andere auch an euch – und nicht nur das, auch Gott denkt dann an euch. Wenn ihr anderen gegenüber immer rücksichtsvoll seid und etwas für sie tut, wenn ihr sogar den letzten Pfennig hergebt, um ihnen zu helfen, wird Gott euch um so mehr segnen.

Und noch etwas ist wichtig: Jeder von euch hat eine bestimmte Fähigkeit, etwas Einzigartiges, was andere nicht haben. Jeder ist auch in gewisser Hinsicht reicher oder ärmer als andere. Wenn ihr selbstlos, ausgeglichen und verständnisvoll seid, dann seid ihr reicher als die selbstsüchtigen, ärgerlichen und eifersüchtigen Menschen.

Vollkommene Ausgeglichenheit ist der Altar Gottes

Die Menschheit gleicht einem riesigen Zoo – mit so vielen unterschiedlichen Charakteren, von denen die meisten keine Gewalt über sich haben! Doch niemand kann das höchste Ziel des Lebens erreichen, wenn er sich nicht in Selbstbeherrschung übt – wenn er sich nicht um innere Ausgeglichenheit bemüht. Vollkommene Ausgeglichenheit ist der Altar Gottes. Diese müßt ihr euch erwerben; und wenn ihr sie erlangt habt, haltet daran fest. Christus verlor sie selbst dann nicht, als er ans Kreuz genagelt wurde. Er sprach: «Vater, vergib ihnen, denn sie wissen nicht, was sie tun.» Der durchschnittliche Mensch kann mit seinen Prüfungen nicht fertigwerden.

Als ich meinen geistigen Weg begann, dachte ich, daß mir von nun an nur noch Gutes begegnen würde. Doch dann mußte ich feststellen, daß es auch viele Schwierigkeiten gab, mit denen ich zu kämpfen hatte. Da sagte ich mir: «Weil ich Gott so sehr liebe, habe ich zuviel von Ihm erwartet. Von jetzt an werde ich nur noch sagen: ‹Herr, Dein Wille geschehe.›» Schwere Prüfungen kamen auf mich zu. Doch ich hielt stets an dem Gedanken fest: «Dein Wille geschehe.» Ich war bereit, alles, was Er mir schickte, zu akzeptieren. Und jedesmal zeigte Er mir, wie ich alle Prüfungen siegreich bestehen konnte.

Selbst der Tod kann dem geistig Gefestigten nichts anhaben. Ich träumte einmal, daß ich im Sterben läge. Dennoch betete ich zu Ihm: «Herr, es ist mir recht so, wenn dies Dein Wille ist.» Da rührte Er mich an, und ich erkannte folgende Wahrheit: «Wie kann ich sterben? Die Welle kann nicht sterben; sie sinkt ins Meer zurück und steigt wieder aus ihm empor. Die Welle stirbt niemals; und auch ich kann niemals sterben.»

Wenn ihr in ein Kleidergeschäft geht, versucht ihr eine Kleidung zu finden, in der ihr am vorteilhaftesten ausseht. Dasselbe solltet ihr auch für eure Seele tun. Die Seele hat keine besondere Tracht; sie kann sich anziehen, was ihr beliebt. Der Körper ist begrenzt, doch die Seele kann sich mit jedem geistigen Gewand, jeder Persönlichkeit bekleiden.

Wenn ihr intensiv an einen Menschen denkt, wenn ihr seinen Werdegang studiert und ganz bewußt seine Persönlichkeit nachahmt, werdet ihr ihm schließlich gleich; ihr werdet euch seine Persönlichkeit zu eigen machen. Ich habe mich darin geübt und kann jede beliebige Persönlichkeit annehmen. Wenn ich die Eigenschaft eines Weisen annehme, spreche ich über nichts anderes als Weisheit. Wenn ich die Persönlichkeit Sri Chaitanyas[4], eines großen, hingebungsvollen Heiligen, annehme, spreche ich nur über Hingabe. Und wenn ich mich auf die Persönlichkeit Jesu einstelle, kann ich von Gott nicht mehr als Mutter, sondern nur noch als Vater sprechen, wie er es tat. Die Seele kann sich in jedes geistige Gewand kleiden, das sie bewundert oder das ihr gefällt, und kann dieses Gewand beliebig oft wechseln.

Wenn ihr einen wunderbaren Menschen kennenlernt, wünscht ihr euch dann nicht, daß ihr so sein könntet wie er? Denkt an all die edlen Seeleneigenschaften großer Männer und Frauen. Ihr könnt diese Eigenschaften alle im eigenen Herzen haben. Ihr könnt demütig und stark sein oder tapfer wie ein General, der für eine gerechte Sache kämpft. Ihr könnt den Willen eines Eroberers wie Dschingis Khan haben oder den göttlichen Willen, die Liebe und Aufopferungsbereitschaft eines heiligen Franziskus.

Sucht Gott und bleibt Sieger im Leben

Vor allem aber stärkt euren Vorsatz, Gott zu suchen, ganz gleich, welche Hindernisse sich euch in den Weg stellen. Dann bleibt ihr Sieger im Leben. Wenn ich mich bemühe, etwas für dieses Werk

[4] Sri Chaitanyas Ruhm als Bhakta, d.h. als einer, der Gott mit großer Hingabe liebt, war im 16. Jahrhundert durch ganz Indien gedrungen. Im Jahr 1508 erlebte er in Gaya seine geistige Erweckung und wurde von großer Liebe zu Gott entflammt, den er in der Gestalt des Avatars Krishna anbetete.

zu tun und sich dann viele Schwierigkeiten einstellen, denke ich manchmal: «Warum soll ich mich hiermit herumschlagen? Ich habe Gott gefunden. Ich brauche dies alles nicht mehr.»[5] Doch dann sage ich Ihm: «Ich will alles akzeptieren, was auf mich zukommt. Es ist mir gleich, was die Leute von mir denken, denn heute halten sie zu mir, und morgen sind sie gegen mich. Was Dir wohlgefällig ist, das macht auch mir Freude. Deine Sicherheit ist meine Sicherheit.»

Bemüht euch um dasselbe Bewußtsein, das die großen Meister wie Christus hatten. Erkennt seine Allgegenwart. Der Vater verlieh Jesus jenes universale Bewußtsein, durch das er alles weiß. Selbst jetzt, da ich spreche, weiß er, was ich sage. Obgleich ihr ihn nicht seht, kann ich ihn sehen. Er ist bei uns – wie ein großes Licht, das den ganzen Tempel verwandelt. Jeder, den ich hier erblicke, befindet sich in diesem Licht, das ich sehe. Wir gleichen Wellen im Meer dieses Lichts – es ist das Licht des Christusbewußtseins, das Licht Gottes. Wenn ihr Sein Licht und Seine Gegenwart erlebt, dann wißt ihr, daß dieses Leben nichts als eine Prüfung ist, die jeder bestehen muß, ehe er zu Gott gelangt. Wenn wir die Prüfungen Satans bestehen, dann wird selbst Satan zum Werkzeug Gottes. Jede Prüfung ist ein Segen, wenn sie uns Gott näherbringt. Das dürft ihr nie vergessen. Und alles, was ihr hier auf Erden tut, solltet ihr für Gott tun.

Jedes menschliche Wesen ist einzig in seiner Art; keine zwei sind sich genau gleich. Ihr solltet euch sagen: «Meine Persönlichkeit ist ein Geschenk Gottes. So wie ich bin, ist niemand sonst. Ich will stolz auf meine göttliche Individualität sein und mich fortwährend weiter vervollkommnen, damit ich immer mehr Güte verbreite.» Wenn ihr eure Rolle gut spielt, seid ihr genauso gute Schauspieler wie die Seelen, welche die Rolle eines

[5] In der *Bhagavad-Gita* III, 1, bringt der Jünger Arjuna dem Herrn eine ähnliche Klage vor: «Wenn Du echtes Verständnis [Erkenntnis der Wahrheit] allem Tun vorziehst, warum rätst Du mir dann zu diesem schrecklichen Handeln?» Und als Jesus vor seiner Prüfung der Kreuzigung stand, rief er zu Gott: «Mein Vater, ist's möglich, so gehe dieser Kelch an mir vorüber; doch nicht, wie ich will, sondern wie du willst.» *(Matthäus* 26, 39)

Königs oder einer Königin spielen. Und solange ihr eure Rolle richtig spielt, werdet ihr andere anziehen und bei allen beliebt sein. Eure gut gespielte Rolle ist der Paß, der euch Einlaß ins Reich Gottes gewährt.

Abraham Lincoln war ein ausgezeichneter Schauspieler auf der Bühne des Lebens. Er schreckte nicht vor seiner schwierigen Rolle zurück. Er arbeitete für Gott und für das, was er für richtig hielt: Gleichberechtigung für alle Menschen. Darum erinnert man sich noch heute an ihn, und darum wird er geliebt. Wenn ihr euch bemüht, Gott zu dienen, dient ihr damit auch allen anderen. Versucht, Ihm – und nicht den Menschen – Freude zu machen.

Alles, was ihr von anderen erwartet, solltet ihr zuerst selbst tun. Befolgt diesen Rat! Konzentriert euch auf jeweils nur eine Eigenschaft, die ihr entwickeln wollt. Versucht z.B. von heute an, inneren Frieden zu gewinnen. Als nächstes konzentriert euch auf innere Fröhlichkeit: Versucht auch dann noch zu lächeln, wenn ihr traurig seid. Dann bemüht euch um Mut und Furchtlosigkeit. Manche Leute haben Angst im Dunkeln. Wenn ihr zu ihnen gehört, übt euch darin, in dunkle Zimmer zu gehen, bis ihr diese Angst überwunden habt. Lebt immer im Bewußtsein der Nähe Gottes. Selbst wenn ihr in einer uneinnehmbaren Burg sitzt, seid ihr dort gegen Krankheit nicht gefeit. Andererseits könnt ihr mitten auf dem Schlachtfeld sein, wo die Kugeln überall um euch herumfliegen, und wenn eure Zeit, den Körper zu verlassen, noch nicht gekommen ist, kann euch keine verletzen. Vervollkommnet euch in Aufrichtigkeit, Selbstlosigkeit, Geschäftstüchtigkeit usw. Bemüht euch darum mit der Willenskraft eines Märtyrers, der seine Ideale nie preisgibt. Ganz gleich, was kommt, laßt euch durch nichts erschüttern oder aufhalten. Das ist das richtige Verhalten.

Nehmt euch vor, immer rücksichtsvoll und gütig zu sein, bis ihr einer wunderbaren Blume gleicht, die jeder gerne sieht. Seid innerlich so schön wie eine Blume und macht euch durch reine Gedanken anziehend. Wenn ihr euch auf diese Weise beliebt macht, werdet ihr immer wahre Freunde haben. Dann werden euch sowohl die Menschen als auch Gott lieben.

Wie man seine Persönlichkeit entwickelt

Internationales Mutterzentrum der Self-Realization Fellowship
Los Angeles/Kalifornien, 28. Oktober 1938

Die Entwicklung der eigenen Persönlichkeit wird allgemein nur im Licht weltlicher Ziele gesehen; man denkt z.B. an bessere Möglichkeiten im beruflichen oder gesellschaftlichen Leben. Was Persönlichkeit wirklich ist, wird nur selten untersucht.

Was ist im Grunde genommen Persönlichkeit? Es ist das Ichbewußtsein; aber nicht das Ich im Sinne hochfahrenden Stolzes, sondern als Bewußtsein der eigenen Existenz. Jeder von uns weiß: «Ich existiere.»

Ferner fühlen wir, daß wir als irgend etwas Bestimmtes existieren, z.B. als Mann oder Frau, oder daß wir charakteristische Eigenschaften besitzen. Wir sehen uns so, wie wir es aufgrund unserer individuellen Herkunft, unserer Erfahrungen und unserer Umgebung gewohnt sind. Eine Hausfrau sieht sich als Hausfrau, ein Redner als Redner, ein Wissenschaftler als Wissenschaftler. Wenn sie jedoch schlafen, haben sie ihre täglichen Beschäftigungen vergessen. Im Schlaf bleibt das Gefühl der eigenen Existenz bestehen, doch das Bewußtsein der eigenen Persönlichkeit, wie wir es im Wachzustand kennen, verblaßt oft ganz. Sobald man dann aufwacht, erinnert man sich seiner Identität und Umgebung und identifiziert sich wieder mit ihr. Daher ist die Persönlichkeit, die der Mensch während seines Wachzustandes darstellt, nur etwas Angenommenes und Unvollständiges.

Das Existenzbewußtsein ist im Grunde genommen ein universeller, unbegrenzter Zustand; doch wird er mehr oder weniger durch die Charakterzüge begrenzt, die wir tagtäglich zum Ausdruck bringen. Schließlich vergessen wir, daß unsere individuellen Eigenschaften von unserem täglichen Verhalten beeinflußt werden und folglich auch verbessert oder verschlechtert werden können.

Woher stammt unsere wahre Persönlichkeit? Von Gott. Er ist absolutes Bewußtsein, absolute Existenz und absolute Glückseligkeit. Der Schöpfer weiß, daß Er existiert; Er weiß auch, daß Seine Existenz ewig und Sein Wesen ewig neue Glückseligkeit ist.

Unser menschlicher Geist kann den unendlichen Geist Gottes nicht erfassen, noch kann er wissen, was der unnennbare GEIST ist; doch durch das Überbewußtsein der Seele können wir die Gegenwart Gottes als Glückseligkeit erleben. Die Freude, die wir an irgendeinem Erlebnis haben, kommt von Gott, auch wenn sie durch äußere Umstände hervorgerufen wird.

Wenn ihr mit tiefer Konzentration nach innen blickt, könnt ihr die göttliche Glückseligkeit eurer Seele in euch und auch um euch fühlen. Und wenn ihr diesen Bewußtseinszustand beibehalten könnt, wird sich eure äußere Persönlichkeit entwickeln und immer anziehender auf andere wirken. Die Seele ist Gott zum Bilde geschaffen, und wenn wir uns dieser Seele immer bewußt sind, beginnt unser ganzes Wesen Seine Güte und Schönheit widerzuspiegeln. Das ist eure wahre Persönlichkeit. Alle anderen Charaktereigenschaften, die ihr zum Ausdruck bringt, sind mehr oder weniger Pfropfreiser – und nicht euer wahres Wesen. Der göttliche Mensch, der im kosmischen Bewußtsein Gottes lebt, kann jede gewünschte äußere Persönlichkeit annehmen.

Wenn ich mir meiner menschlichen Persönlichkeit bewußt bin, fühle ich mich begrenzt; doch sobald ich mein Bewußtsein auf die Seele richte, sehe ich alles wie in einem großen Film. Wer sich auf den Lichtstrahl konzentriert, der die Bilder auf der Filmleinwand erscheinen läßt, kann sehen, daß all die darauf erscheinenden Figuren vom Lichtstrom aus dem Projektionsapparat hervorgerufen werden. Auf dieselbe Weise sehe ich die Welt und alle Lebewesen nur als projizierte Gedanken Gottes. Konzentriert ihr euch auf die Materie, seht ihr alles vom Standpunkt der Materie aus. Doch sobald ihr euer Bewußtsein auf die Stufe göttlicher Wahrnehmungen erhebt, seht ihr den ozeanischen Strom göttlichen Lichts, der hinter aller Materie fließt. Ihr seht alles vom Standpunkt des GEISTES aus.

Obgleich Gottes Einheit sich in allem widerspiegelt, nimmt sie in der kosmischen Natur die verschiedensten Formen an. Sein schöpferisches Leben fließt durch das ganze Erdreich; wenn ihr einen Samen in die Erde pflanzt, beginnt er zu wachsen. Edelmetalle drücken etwas von der Kraft und Schönheit Gottes aus. Im Pflanzenreich wechselt Er seine Persönlichkeit wiederum, denn in den Pflanzen wird das Leben wahrnehmbarer. Und dennoch, bei einem genauen Studium der Schöpfung zeigt es sich, daß jedes Metall, jede Pflanze und jedes Tier eine bestimmte Persönlichkeit hat; und im Menschen finden wir diese Individualität noch weit mehr ausgeprägt, denn der Mensch *weiß*, daß er Leben und Bewußtsein hat. Aber all diese verschiedenen Persönlichkeiten sind von Gott entliehen; Er ist das einzige Leben. «O Arjuna! Ich bin das Selbst im Herzen aller Wesen; Ich bin ihr Ursprung, ihr Dasein und ihr Ende.» So spricht Gott von sich selbst in der *Gita.*[1] Und in der Bibel lesen wir folgende Erklärung: «Ich bin das A und das O, der Anfang und das Ende, spricht Gott der Herr, der da ist und der da war und der kommt, der Allmächtige.»[2]

Intuition entwickelt die wahre Persönlichkeit

Die Intuition der Seele ist eine von Gott verliehene Eigenschaft. Er hat keinen Mund, und doch schmeckt Er alles. Er hat keine Hände und Füße, und doch fühlt Er das ganze Universum. Wie aber? Durch Intuition, durch Seine Allgegenwart.

Der Mensch verläßt sich gewöhnlich auf seine Sinne, die ihn über sich selbst und die Welt, in der er lebt, unterrichten. Sein Verstand weiß nur das, was ihm die fünf Sinne mitteilen. Der Übermensch dagegen verläßt sich, was sein Wissen anbetrifft, auf seine Intuition, seinen «sechsten Sinn». Intuition ist nicht von den Sinnen oder von Schlußfolgerungen abhängig, um etwas zu erfahren: Ihr fühlt z. B., daß irgend etwas geschehen wird, und es geschieht auch wirklich so, wie ihr es vorausgesehen habt. Jeder von euch hat das sicher schon erlebt. Wie konntet ihr es wissen,

[1] *Bhagavad-Gita* X, 20.

[2] *Offenbarung* 1, 8.

ohne daß die Sinne euch die entsprechenden Tatsachen vermittelt haben? Ein solch unmittelbares Wissen ist die seelische Fähigkeit der Intuition.

Der altehrwürdige indische Weise Patanjali erklärte, daß die Autorität der heiligen Schriften an sich kein Beweis für die Wahrheit sei. Woher können wir also wissen, ob die Bibel und die *Gita* die Wahrheit enthalten? Angaben, die uns die Sinne und unsere eigenen Schlußfolgerungen liefern, gelten noch nicht als sicherer Beweis. Die Wahrheit kann man letzten Endes nur durch Intuition, durch seelische Erkenntnis, begreifen oder «beweisen».

Eure wahre Persönlichkeit beginnt sich zu entfalten, wenn ihr durch eure eigene tiefe Intuition fühlt, daß ihr nicht dieser feste Körper, sondern der göttliche, ewig währende Strom von Leben und Bewußtsein seid, der durch den Körper fließt. Aus dieser Erkenntnis heraus konnte Jesus auf dem Wasser wandeln. Er hatte erkannt, daß alles nur aus Gottes Bewußtsein besteht.

Die menschliche Persönlichkeit kann zu göttlicher Persönlichkeit werden. Befreit euch von dem Bewußtsein, daß ihr ein Bündel von Fleisch und Knochen seid. Jede Nacht sorgt Gott dafür, daß ihr diese Täuschung vergeßt. Doch sobald ihr aufwacht, befindet ihr euch wieder im Scheingefängnis des Körpers.

Der Mensch kann all das sein, was er will

Durch Konzentration kann der Mensch sein äußeres und inneres Wesen ändern. Ein willensstarker Mensch kann alles werden, was er will. Die begrenzte menschliche Persönlichkeit kann sich durch Meditation ungeahnt entfalten. Wenn ihr die Augen schließt und die Unendlichkeit eurer Seele fühlt, und wenn ihr an diesem Bewußtsein festhaltet, werdet ihr die Persönlichkeit entwickeln, die Gott euch zugedacht hat. Das Wachbewußtsein hat die Vorherrschaft in eurem Bewußtsein. Doch während des Tiefschlafs, wenn ihr frei von den Begrenzungen des Körpers seid, kommt ihr mit der Wahrheit, eurer echten Persönlichkeit, in Berührung. Ihr gelangt zu einer völlig anderen Einstellung, wenn ihr die unterbewußte und überbewußte Erkenntnis gewinnt: «Ich bin unendlich. Ich bin ein Teil des Ganzen.»

Während sich euer Bewußtsein erweitert und euer göttliches Verständnis zunimmt, entwickelt ihr eine immer anziehendere und machtvollere Persönlichkeit. Wenn sich euer ganzes Wesen vergeistigt hat, könnt ihr jede beliebige Persönlichkeit annehmen. Der Geist kennt keine Grenzen. Wer sich geistig entwickelt und sein inneres Leben nicht mehr vom äußeren Körperbewußtsein abhängig macht, fühlt auch keine egoistische Anhänglichkeit an das Fleisch mehr; er gelangt zum Bewußtsein einer herrlichen Freiheit.

Ihr solltet euch nicht für irgendeinen bestimmten Typ halten, sondern vielmehr in der Lage sein, eure Persönlichkeit jederzeit zu ändern. Ich habe vieles im Leben getan, ganz einfach, weil es mir Spaß machte. Ich habe Geld investiert, habe mich als Musiker, als Unternehmer und als Koch betätigt. Ihr könnt wahrhaftig alles vollbringen, wenn ihr die Begrenzungen, die eure gegenwärtige Persönlichkeit euch setzt, nicht akzeptiert. Wenn ihr mir sagt, daß ihr dies oder das nicht könnt, so glaube ich es nicht. Alles, was ihr euch vornehmt, könnt ihr auch vollbringen. Gott ist der Inbegriff aller Dinge, und ihr seid Sein Ebenbild. Er kann alles vollbringen, und ihr ebenfalls, wenn ihr eure Einheit mit Seinem unermeßlichen Wesen verwirklicht.

Selbst wenn ihr Gesundheit und Wohlstand und alles, was die Welt euch bieten kann, besitzt, wird es immer noch Enttäuschungen und Kummer geben. Nichts auf Erden ist von Dauer; nur Gott ist ewig. Wenn ihr die Individualität entwickelt, die Seine Gegenwart in euch, eurem wahren Selbst, zum Ausdruck bringt, könnt ihr alles, was ihr euch wünscht, anziehen. Jede andere Art von Persönlichkeit, die ihr zu entwickeln versucht – die eines Künstlers, Geschäftsmanns oder Schriftstellers – , wird schließlich zu Enttäuschungen führen, denn alle menschlichen Fähigkeiten sind begrenzt. Ihr könnt euch um Erfolg oder Wohlstand oder Ruhm bemühen und diese auch erreichen; doch an allem ist immer ein Haken – entweder anfällige Gesundheit, Mangel an Liebe oder irgend etwas anderes, das euch schadet. Das beste Gebet ist: «Herr, mache mich glücklich und laß mich Dich in meinem Innern fühlen. Befreie mich von allen irdischen Wünschen und verleihe mir vor allem jene Freude, die alle glücklichen und unglücklichen Erlebnisse des Lebens überdauert.»

Vergeßt nie euer wahres Wesen

Denkt immer daran, daß ihr als Kinder Gottes mehr Kraft in euch habt, als ihr je brauchen werdet, um alle Prüfungen, die Gott euch senden mag, zu bestehen.

Manchmal fahren wir lieber fort zu leiden, als daß wir versuchen, uns zu ändern; darum finden wir keinen bleibenden Frieden und keine Erfüllung. Wenn wir Ausdauer genug hätten, könnten wir mit allen Schwierigkeiten fertigwerden. Wir müssen uns bemühen, unser Unglück in Glück, unsere Verzweiflung in Zuversicht zu verwandeln.

Zuerst müssen wir erkennen, wie wichtig es ist, eine Änderung unserer Lage herbeizuführen. Diese Einstellung spornt unseren Willen an, so daß wir entsprechend handeln. Wir sollten fest entschlossen sein, mehr Selbsterkenntnis zu erlangen, damit sich unser Leben fortlaufend bessert.

Indiens geistige Wissenschaftler haben das Reich der Seele erforscht. Sie haben die Menschheit mit gewissen universellen Gesetzmäßigkeiten der Meditation bekanntgemacht, so daß echte Sucher – solche, die sich selbst ändern und ein besseres Leben führen wollen – lernen können, wie sie ihre Gedanken wissenschaftlich beherrschen und Selbst-Verwirklichung erlangen.

Wenn ihr euch immer mehr eurer göttlichen Natur bewußt werdet, hängt ihr nicht mehr am Körper; d. h., ihr identifiziert euch nicht mehr mit ihm. Ihr versorgt ihn, wie man ein kleines Kind versorgt. Und während ihr in der Meditation immer mehr euer wahres Selbst erkennt, werdet ihr auch frei von geistigen und körperlichen Schmerzen. Ihr werft die Fesseln ab, die euch das ganze Leben gefangen gehalten haben. Das ist die beste Art und Weise, seine Tage auf Erden zu verbringen.

Ruft die göttliche Persönlichkeit in euch wach

Denkt immer daran, daß es keinem schadet, Dinge zu besitzen, aber es schadet einem, von ihnen besessen zu werden. Es ist nicht immer leicht, den richtigen Ausgleich zu finden. Wenn ihr euch zu sehr um weltlichen Reichtum bemüht, vernachlässigt ihr oft eure Gesundheit. Ihr werdet feststellen, daß euch alles im Stich läßt, wenn ihr Gott nicht treu bleibt. Im Heiligtum eures inneren Schweigens dürft ihr keinen Tropfen Öl aus der Lampe eurer Aufmerksamkeit vergießen, während ihr täglich meditiert oder gewissenhaft eure Aufgaben in der Welt erfüllt.[3] Das ist die Persönlichkeit, die ihr entwickeln müßt – aufmerksam eure Pflichten im Leben erfüllend, aber immer wissend, daß eure wahre Heimat im Innern liegt. Was hilft es einem, eine Persönlichkeit zu entwickeln, die nur auf weltliche Dinge Wert legt? Denn diese wechseln unaufhörlich und vergehen schließlich wieder. Bemüht euch vielmehr um eine Persönlichkeit, die dem Bewußtsein der ständigen göttlichen Gegenwart erwächst. Bhagavan Krishna sprach: «Wenn der Mensch alle Wunschgedanken aufgegeben und sein Ich (Selbst) sich völlig dem wahren Selbst anheimgegeben hat, gehört er zu denen, deren Leben auf Weisheit beruht.»[4]

Bemüht euch um eine gütige und dennoch machtvolle göttliche

[3] Eine Geschichte aus dem alten Indien berichtet von einer geistigen Prüfung, die ein großer Heiliger, König Janaka, seinem künftigen Jünger Sukadeva gab. Um den jungen Sucher zu prüfen, ehe er ihn zur geistigen Schulung annahm, verlangte Janaka, daß Sukadeva durch den ganzen königlichen Palast gehen solle, während er in der Hand eine Lampe trug, die bis zum Rande mit Öl gefüllt war. Die Prüfung bestand darin, daß Sukadeva aufmerksam jeden Gegenstand und jede Einzelheit in den Zimmern des Palastes anschauen (und dem König dann darüber berichten) solle, ohne einen Tropfen Öl aus der gefüllten Lampe zu vergießen. Diese Prüfung bedeutet, daß der geistige Sucher lernen muß, seine Aufmerksamkeit auf Gott konzentriert zu halten, ohne daß seine Gedanken einen Augenblick von Ihm abweichen, damit das Öl der göttlichen Vereinigung nicht vergossen wird, während er gewissenhaft und bis in die letzte Einzelheit seine Pflichten in dieser Welt erfüllt.

[4] *Bhagavad-Gita* II, 55.

Persönlichkeit, die stark wie ein Löwe und sanft wie eine Taube ist. Wenn ihr euch entschlossen habt, zu meditieren und diesem Weg zu folgen, wird euch nichts mehr davon abhalten können. Erfüllt pflichtgetreu eure weltlichen Aufgaben, ohne einen Augenblick eure höchste Pflicht Gott gegenüber zu vergessen.

Die göttliche Kunst, Freunde zu gewinnen

Tempel der Self-Realization Fellowship
Encinitas/Kalifornien, 22. Januar 1939

Gottes Wunsch, dem Menschen Seine Zuneigung zu zeigen, findet in der menschlichen Freundschaft seine edelste Ausdrucksform. Durch den Vater und die Mutter überschüttet Gott das kleine Kind mit Seiner Zärtlichkeit. Das Gefühl, das die Eltern für ihr neugeborenes Kind haben, ist ihnen angeboren, denn unser Schöpfer hat es so eingerichtet, daß unsere Eltern gar nicht anders können, als uns zu lieben. In der Freundschaft jedoch erleben wir Seine bedingungslose und unvoreingenommene Liebe.[1]

Zwei Fremde begegnen sich und verspüren sofort den Wunsch, einander zu helfen. Habt ihr einmal nachgedacht, woher das kommt? Dieser instinktive, gegenseitige Wunsch, den anderen zum Freunde zu gewinnen, entsteht aufgrund des göttlichen Gesetzes der Anziehungskraft. Häufige gegenseitige Freundschaftsbeweise zwischen zwei Seelen in vergangenen Leben schmieden allmählich ein karmisches Band, das sie in diesem Leben unwiderstehlich wieder zueinander hinzieht.

Ist dieser Impuls rein, so hat er nichts mit Selbstsucht und geschlechtlicher Anziehungskraft zu tun. Oft aber ist er getrübt. Freundschaft erblüht am Baum unserer innersten Gefühle und wird durch ungute Wünsche und selbstsüchtige Handlungen entweiht. Wer die Wurzeln eines Baumes mit dem falschen Dünger nährt, wird nur kümmerliche Früchte ernten. Ähnlich ist es auch, wenn man den Baum menschlicher Gefühle mit Selbstsucht düngt; dann schmeckt die Frucht der Freundschaft bitter. Wenn ihr euch nur deshalb um jemandes Gunst bemüht, weil er

[1] «Derjenige findet Frieden, der Mich... als den Unendlichen Herrn der Schöpfung, und als den Guten Freund aller Geschöpfe erkennt.» (*Bhagavad-Gita* V, 29)

wohlhabend oder einflußreich ist und viel für euch tun kann, sollte man das keine Freundschaft nennen. Auch wenn man sich von einem schönen Gesicht angezogen fühlt, ist das keine Freundschaft. Denn sobald das Gesicht seinen Reiz verliert, ist es mit der «Freundschaft» vorbei.

Erneuert Freundschaften aus vergangenen Leben

Es stimmt, daß man sich nicht alle Menschen zu Freunden machen kann. Manche Leute, die man täglich sieht, lernt man nie richtig kennen, und bei anderen hat man das Gefühl, daß man sie schon immer gekannt hat. Ihr müßt auf diese inneren Winke achten. Wo ihr auch hinkommt, haltet eure Augen offen; und wenn ihr euch auf edelste Weise zu einem Menschen hingezogen fühlt, versucht, Freundschaft mit ihm zu schließen, denn diese Freundschaft hat schon in einem früheren Leben bestanden. Wir haben im Lauf unserer Inkarnationen viele Freunde gehabt, unsere Freundschaft mit ihnen aber nie vervollkommnet. Es ist leichter, auf einem bereits vorhandenen Fundament aufzubauen, als auf dem Sand einer vorübergehenden Bekanntschaft ein neues Fundament zu errichten. Man kann sich leicht einbilden, viele Freunde unter seinen Bekannten zu haben, bis sie einen plötzlich verletzen oder tief enttäuschen.

Viele Menschen begehen den Fehler, sich von der äußeren Erscheinung blenden zu lassen und ihre Freunde dementsprechend zu wählen. Wer seine wahren Freunde wiederfinden will, muß tief meditieren und sein Gewissen erforschen, das heißt, er darf nicht auf die Gesichtszüge oder äußere Erscheinung achten, sondern nur darauf, was er für einen Menschen empfindet. Wenn ihr das tut, werdet ihr eines Tages überall echte Freunde finden. In demütigen Menschen, die Gott keinen Widerstand leisten, werdet ihr Seine Freundschaft fühlen. Aus solch reinen Herzen wird euch das göttliche Licht der Freundschaft entgegenleuchten.

Wenn ihr Freunde anziehen wollt, veredelt euren Charakter

Ihr könnt keine echten Freunde anziehen, solange ihr charakterliche Mängel wie Egoismus oder andere unliebsame Eigenschaften habt. Freundschaften zu schließen ist eine Kunst, die man am besten lernen kann, wenn man sich selbst edel, rein und selbstlos verhält und seine Freundschaft auf dem Fundament aufbaut, das bereits im vorigen Leben gelegt worden ist.

Alle menschlichen Beziehungen sollten auf Freundschaft beruhen. Freundschaft sollte zwischen Eltern und Kindern, zwischen Eheleuten, zwischen Männern, zwischen Frauen und zwischen Männern und Frauen bestehen, denn sie stellt keine Bedingungen. Wenn ihr das Verlangen habt, anderen einen Freundschaftsdienst zu erweisen, fühlt ihr euch Gott nahe. Freundschaft ist eine göttliche Empfindung. Es genügt Gott nicht, Seine Kinder nur durch Eltern oder Verwandte versorgen zu lassen; Er kommt auch in Gestalt von Freunden zu uns, damit wir Gelegenheit haben, der bedingungslosen Liebe unseres Herzens Ausdruck zu verleihen.

In dem Maße, wie ihr eure menschlichen Schwächen überwindet und göttliche Eigenschaften entwickelt, werdet ihr auch Freunde anziehen. Waren nicht Jesus, Buddha und Krishna Freunde der ganzen Menschheit? Wer ihnen gleich werden will, muß seine Liebe zu anderen vervollkommnen. Wenn ihr andere von eurer Freundschaft überzeugen könnt, wenn ihr nach langer Zeit und vielen gemeinsamen Erfahrungen sicher seid, daß jemand euch aus tiefster Seele gern hat und daß ihr dieses Gefühl erwidert – nicht um etwas für euch zu gewinnen, sondern nur, weil ihr diesen göttlichen Freundschaftstrieb in euch fühlt –, werdet ihr in dieser Beziehung den Widerschein der Liebe Gottes erkennen.

Schenkt – wie Gott – allen eure Freundschaft

Begrenzt eure Freundschaft nicht nur auf einen Menschen, sondern dehnt diese göttliche Beziehung auch auf andere aus, die hohe Ideale verfolgen. Wenn ihr euch einen niedrig gesinnten Menschen zum Freunde macht, werdet ihr früher oder später enttäuscht. Schließt nur mit guten Menschen Freundschaft und dehnt eure Freundschaft dann auch auf andere aus, bis ihr sagen könnt: «Alle Menschen, selbst meine Feinde, sind meine Freunde.» Jesus fühlte für diejenigen, die ihn kreuzigten, nichts als Freundschaft und lebte uns in seiner letzten Prüfung das vor, was er immer gelehrt hatte: «... Liebet eure Feinde; segnet, die euch fluchen; tut wohl denen, die euch hassen; bittet für die, so euch beleidigen und verfolgen.»[2]

Echte Freundschaft ist gleichbedeutend mit göttlicher Liebe; sie ist bedingungslos, wahr und unvergänglich. Emerson hat dieses Ideal sehr eindrücklich in einem seiner Essays[3] behandelt: «Der höchste Pakt, den wir mit unserem Nächsten schließen können, ist dieser: ‹Wir wollen immer aufrichtig zueinander sein.› ... Es ist erhebend, voneinander sagen zu können und es auch zu fühlen, daß wir nie zusammenzukommen oder miteinander zu sprechen oder einander zu schreiben brauchen, daß wir uns gegenseitig nicht in Erinnerung bringen oder einander Geschenke machen müssen; daß ich mich auf ihn genauso verlassen kann wie auf mich selbst: wenn er dies oder jenes tut, so weiß ich, daß es richtig war.» Mit einem Freund könnt ihr offen sprechen, ohne mißverstanden zu werden. Echte Freundschaft kann jedoch nicht zustande kommen, wenn man den anderen, sei es auch auf versteckte Weise, spüren läßt, daß man etwas von ihm erwartet. Freundschaft kann nur auf dem Fundament persönlicher Freiheit und geistiger Ebenbürtigkeit aufgebaut werden. Darum müßt ihr jeden Menschen in einem göttlichen Licht sehen und ihn entsprechend behandeln, denn jeder ist ein Ebenbild Gottes. Wenn ihr

[2] *Matthäus* 5, 44.

[3] *Conduct of Life: Behavior* (Lebensführung: Betragen).

jemanden unrecht behandelt, werdet ihr ihn nie zum Freund gewinnen können.

Viele Menschen finden ihr ganzes Leben lang keine Freunde; ich weiß nicht, wie sie das aushalten. Wahre Freunde mißverstehen einen nie, oder zumindest nur sehr selten und nur für kurze Zeit. Wenn jemand euer Vertrauen mißbraucht, müßt ihr ihm weiterhin Liebe und Verständnis entgegenbringen, so, wie ihr es von anderen erwartet. Doch wenn der Betreffende sich weiterhin gehässig benimmt und immer wieder die ausgestreckte Freundeshand zurückweist, ist es besser, sich für einige Zeit von ihm zurückzuziehen.

Universelle Freundschaft beginnt im eigenen Heim

Freunde muß man zuerst in der eigenen Familie suchen. Wenn sich unter euren Angehörigen jemand befindet, mit dem ihr euch besonders gut vesteht, schließt zuerst mit ihm Freundschaft. Später, wenn ihr euch zu Menschen hingezogen fühlt, die ähnliche Ideale haben wie ihr, könnt ihr auch diese zu Freunden gewinnen. Macht euch frei von allen egoistischen Wünschen und vom Zwang sexueller Anziehung. In reiner Freundschaft werdet ihr Gottes Führung erkennen. Macht euch gute Menschen zu Freunden; je mehr ihr meditiert, um so leichter werdet ihr eure Freunde aus früheren Inkarnationen wiedererkennen. In der Meditation erweckt man «schlafende Erinnerungen an Freunde, die ich bald wiederfinden sollte»[4]. Ich bin vielen Menschen begegnet, die ich von früheren Visionen her kannte; hier in Amerika habe ich viele wiedergefunden, die ich 1920 in einer Vision auf meiner Schiffsreise gesehen hatte, als ich zum ersten Mal in dieses Land kam.

Freundschaft ist eine machtvolle universelle Kraft. Wenn ihr euch nach Freundschaft sehnt, werdet ihr einen Menschen, der

[4] Aus dem Gedicht «Ankunft in der Neuen Welt – Amerika» von Paramahansa Yogananda in seinem Buch *Songs of the Soul* (Lieder der Seele). *(Anmerkung des Herausgebers)*

innerlich zu euch gehört, magnetisch anziehen, auch wenn er am Südpol leben sollte. Nur Selbstsucht kann diesen Magnetismus in uns zerstören. Wer allezeit an sich selbst denkt, macht jede Freundschaft zunichte. Er wird nie wahre Freunde finden, weil er nicht fähig ist, sein Bewußtsein zu erweitern und die guten Gaben des Lebens zu empfangen.

Gott gab euch eine Familie, damit ihr lernen sollt, andere zu lieben und diese Liebe später allen Menschen zu schenken. Unsere Angehörigen werden uns durch den Tod und andere Umstände wieder genommen, damit wir lernen, nicht nur bestimmte Menschen – unsere Blutsverwandten – zu lieben, sondern vor allem Gott, der die Liebe selbst ist und sich hinter allen menschlichen Formen verbirgt. «Wer erkennt, daß alle Wesen in dem Einen enthalten sind, der Sich Selbst in viele aufgeteilt hat, der geht in Brahma ein.»[5]

Freundschaft bedeutet, seine Liebe dort zu verschenken, wo es kein Vorurteil aufgrund menschlicher Beziehungen gibt. Im ehelichen Leben steht man unter dem Zwang des Geschlechtstriebs und in der Familie unter dem Zwang, den die Stimme des Bluts auf einen ausübt. Doch in echter Freundschaft gibt es keinen Zwang.

Wir wollen allen Menschen unsere Liebe schenken. Laßt uns darum beten, daß wir unsere Freunde aus vergangenen Inkarnationen wiederfinden und ihnen unsere Freundschaft beweisen. Dann werden wir schließlich auch die Freundschaft Gottes erkennen und sie uns verdienen. Ehe wir nicht das einigende Band der Freundschaft mit all Seinen Kindern fühlen, können wir nicht eins mit Gott werden.

Für mich gibt es keine Fremden. Was für ein glücklicher und freudiger Zustand das ist! Selbst der ärgste Feind kann mich nicht davon überzeugen, daß ich nicht sein Freund bin. Wenn ihr diese Erweckung erlebt, werdet ihr alle Menschen lieben. Dann werdet ihr wissen, daß jeder Gottes Kind ist, und eure Liebe zu den Menschen wird nie mehr erlöschen. Sie wird ständig anwachsen und sich auf alle ausdehnen, bis ihr in der Liebe eurer Freunde die Liebe Gottes fühlt.

[5] *Bhagavad-Gita* XIII, 31.

Werdet zu einem Millionär des Lächelns

Tempel der Self-Realization Fellowship
Hollywood/Kalifornien, 5. Juni 1949

Das wahre Lächeln ist ein Lächeln der Glückseligkeit, wie es sich während der Meditation einstellt, wenn Ihr die Freude der Gegenwart Gottes fühlt. Ein solch glückseliges Lächeln spiegelt sich auf dem Antlitz Lahiri Mahasayas[1] wieder. Er sieht nur einen Ausschnitt der Welt, Gott aber schaut er ganz. Mein Lächeln kommt aus der Freude des Herzens – einer Freude, die auch ihr haben könnt. Sie steigt wie ein lieblicher Duft aus der Seele auf. Diese Freude verlockt andere dazu, in die Wasser göttlicher Glückseligkeit hineinzutauchen.

Der durchschnittliche Mensch ist mit vier Bewußtseinszuständen vertraut. Wenn ihm ein Wunsch erfüllt wird, ist er glücklich. Wenn ihm ein Wunsch versagt wird, ist er unglücklich. Wenn er weder glücklich noch unglücklich ist, langweilt er sich. Und wenn er über diese drei Gemüts- oder Bewußtseinszustände (Lust, Schmerz und Langeweile) hinausgewachsen ist, hat er Frieden.

Jenseits des Friedens liegt die Glückseligkeit

Frieden bedeutet, daß der Wechsel von Schmerz, Lust und Langeweile aufgehört hat. Es ist ein höchst wünschenswerter Zustand. Nach einem stürmischen Ritt auf den Wellen der Lust und des Schmerzes und nach häufigem Zurücksinken ins Wellental der Langeweile genießt ihr das Dahinsegeln auf dem stil-

[1] Ein Hinweis auf die Fotografie von Lahiri Mahasaya, dem Guru von Paramahansa Yoganandas Guru. Die ungewöhnlichen Umstände, die mit der Aufnahme dieses Bildes zusammenhängen, werden im ersten Kapitel der *Autobiographie eines Yogi* erzählt.

len Meer des Friedens. Aber noch wunderbarer als Frieden ist Glückseligkeit – die Glückseligkeit der Seele, die ewig neue Freude, die nie vergeht und die der Seele in alle Ewigkeit erhalten bleibt. Diese Freude wird einem nur durch wahres Gottesleben zuteil.

Wenn ihr ein Gefäß mit Wasser so hinstellt, daß sich der Mond darin widerspiegelt, und das Wasser dann in Bewegung bringt, wird das Spiegelbild verzerrt. Sobald ihr die Wasseroberfläche wieder ruhig werden laßt, könnt ihr das Spiegelbild klar erkennen. Der Zustand, in dem das Wasser im Gefäß ruhig und das Bild des Mondes klar und unverzerrt ist, kann mit dem Zustand des Friedens während der Meditation verglichen werden und dem noch tieferen Zustand der Ruhe. Im Frieden der Meditation gibt es keine Gefühls- und Gedankenwellen mehr. Und im noch tieferen Zustand der Ruhe gewahrt man die Widerspiegelung der Gegenwart Gottes. Der Frieden ist ein passiver Zustand, in dem lediglich die Wellen von Lust, Schmerz und Gleichgültigkeit entschwinden; doch bald darauf sehnt sich der Meditierende wieder nach Bewegung. Wenn sich der meditative Frieden aber zur Ruhe und schließlich zum positiven Zustand der Glückseligkeit vertieft, erlebt der Meditierende eine Freude, die ewig neu und allbefriedigend ist.

Während ihr schlaft, beruhigt ihr eure Gedanken und Gefühle auf passive Art. In der Meditation aber beruhigt ihr diese Gedanken und Gefühle bewußt und erlebt als erstes den Zustand des Friedens. Dabei verziehen sich die Gesichtsmuskeln zu einem Lächeln, das den Frieden eures Herzens widerspiegelt. Ihr müßt aber über den Zustand des Friedens hinausgelangen, wenn ihr die reine Seele schauen wollt, und das wird euch nur dann gelingen, wenn ihr die von den Sinneswahrnehmungen verursachten Reflexbewegungen und sinnenverhafteten Gedanken ausschaltet. Der Zustand, den ihr dann erlebt, ist ewig neue Glückseligkeit. Die Heiligen fühlen diese Freude ständig im Herzen. Da sie sich in Gott geborgen wissen, kennen sie weder Furcht noch Zorn. Sie können ihre eigenen Gedanken und die Gedanken anderer auf dem Operationstisch ihres Geistes ausbreiten und sie mit dem Skalpell der Vernunft und Intuition sezieren und dennoch selbst völlig unberührt bleiben. «Im Seelenzustand der Glückseligkeit löst sich aller Kummer auf. Durch seine Unterscheidungskraft wird der Glückselige bald fest im Selbst verankert.»[2]

Lächelt aus Liebe zu Gott

Meist wird ein Lächeln durch ein warmes Gefühl verursacht, oder weil man Gutes tut und sich anderen gegenüber mitfühlend, liebevoll, freundlich und barmherzig zeigt. Am anziehendsten aber ist euer Lächeln, wenn ihr Gottes Liebe im Herzen fühlt. Dann seid ihr imstande, alle Menschen zu lieben und immer zu lächeln. Jedes andere Lächeln ist vergänglich – denn alle Gefühle, auch die besten, flackern auf und vergehen wieder. Das einzige, was nie vergeht, ist die Freude Gottes. Wenn ihr die habt, könnt ihr allezeit lächeln. Andererseits aber, wenn ihr euch jemandem gegenüber barmherzig gezeigt habt und er euch daraufhin beleidigt, werdet ihr kaum noch Mitleid mit ihm haben.

Ich entsinne mich eines Mannes, der großes Aufsehen von seinem Kummer machte, als seine Frau starb. Ich ließ mich jedoch von seinem Gefühlsausbruch nicht beeindrucken und sagte ihm: «Sie werden innerhalb eines Monats wieder heiraten.» Er nahm mir diese Bemerkung so übel, daß er mich nicht mehr ansah. Aber er heiratete tatsächlich innerhalb eines Monats wieder. Er war so überzeugt gewesen, seine erste Frau über alles zu lieben, aber ihr seht, wie schnell er sie vergessen hatte.

Ich werde mich immer an eine kleine Geschichte aus dem Leben meines Meisters erinnern, die er mir einmal erzählt hat und aus der ich viel gelernt habe: «Als ich noch ein kleiner Junge war, wollte ich unbedingt den häßlichen kleinen Hund unseres Nachbarn haben. Wochenlang hielt ich das ganze Haus in Aufruhr, um in den Besitz dieses Hundes zu gelangen. Obgleich man mir ein viel hübscheres Tier in Aussicht stellte, ließ ich mich durch keine Versprechungen von meiner Idee abbringen. Ich wollte nur *diesen* Hund.»

[2] *Bhagavad-Gita* II, 65.

Dieselbe Art von Besessenheit zeigen die Menschen in ihren sogenannten Liebesabenteuern. Sie lassen sich von einem Gesicht hypnotisieren und können es nicht mehr vergessen. Aber die eigentliche Schönheit, die wir suchen sollen, ist nicht in der äußeren Gestalt, sondern in der Seele zu finden.

Wenn eure Seele voller Freude ist, wirkt ihr immer anziehend auf andere. Ich fühle mich nur von einem göttlichen Lächeln angezogen, denn wenn es fehlt, gleichen die Menschen Marionetten: Heute behaupten sie, euch ewig zu lieben, und morgen liegen sie unter der Erde. Was ist aus ihrer großen Liebe, aus ihrem Versprechen: «Ich werde dich ewig lieben!» geworden? Wenn ihr aber Gott nur einmal dazu bewegen könnt, euch zu versichern: «Ich liebe dich», so gilt es für alle Ewigkeit. Warum vergeudet ihr eure Zeit damit, menschlicher Liebe oder finanziellem Gewinn oder anderen Dingen nachzujagen, wenn ihr in Gott alles haben könnt – alle Liebe und Macht der Welt? Sucht Ihn aber nicht um Seiner Macht, sondern nur um Seiner Liebe willen. Dann werdet ihr Seine schwache Stelle entdecken! Wenn ihr Ihm eure bedingungslose Liebe schenkt, kann Er sich euch nicht länger entziehen.

Um Glückseligkeit zu finden, müßt ihr meditieren

Ihr müßt mehr meditieren. Ihr wißt gar nicht, wie herrlich das ist. Wieviel wunderbarer ist es doch zu meditieren, als eure Zeit damit zuzubringen, immer mehr Geld zu verdienen oder die Liebe von Menschen zu gewinnen oder irgendeinem Zeitvertreib nachzugehen. Je mehr ihr meditiert und all euer Tun vergeistigt, um so mehr werdet ihr lächeln können. Ich lebe ständig im Bewußtsein der göttlichen Glückseligkeit. Nichts kann mir etwas anhaben. Ob ich allein bin oder mit Menschen zusammenkomme, die Freude Gottes ist mir stets gegenwärtig. Ich habe mein Lächeln für immer beibehalten können, aber es hat mich viel Mühe gekostet, ehe ich es soweit brachte. Dasselbe Lächeln und dieselbe Freude und Glückseligkeit liegen auch in euch verborgen. Ihr braucht sie nicht erst zu erwerben, ihr müßt sie euch nur wieder in

Erinnerung rufen. Ihr habt sie bloß vorübergehend verloren, weil ihr euch mit den Sinnen identifiziert habt.

Wenn ihr glaubt, daß das höchste Glück in der Befriedigung der Sinne liege – in dem, was ihr seht, hört, schmeckt, riecht und berührt, so irrt ihr euch gewaltig. Ihr werdet im Gegenteil jede echte Freude einbüßen. Solange ihr eurer Freude Bedingungen auferlegt und denkt: «Ich kann nicht glücklich sein, wenn ich dieses Gesicht nicht mehr sehe!» könnt ihr kein ungetrübtes Glück finden, denn die Freuden der Sinne sind nicht dauerhaft. Die unbarmherzige Zeit sorgt dafür, daß jede körperliche Schönheit wieder vergeht. Alles in der Welt der Materie unterliegt ständigem Wechsel. Selbst wenn ihr die schönsten Menschen der Welt kennenlernt, der herrlichsten Musik lauscht und alles zur Verfügung habt, was euch gefällt, könnt ihr dadurch kein wahres Glück finden. Ihr bildet euch höchstens ein, glücklich zu sein. Manchmal, wenn euch nach beharrlichen Bemühungen endlich ein Wunsch erfüllt wird, findet ihr weniger Freude an dem Wunschgegenstand als an dem befriedigenden Gefühl, euer Ziel erreicht zu haben, und bildet euch deshalb ein, glücklich zu sein. Doch diese Art Zufriedenheit hält nicht an.

Sucht euer Glück also nicht in den Sinnenfreuden! Sucht es im Innern, dann wird es sich auch auf eurem Gesicht widerspiegeln. Wenn ihr das tut, dann wird euer Lächeln, wohin ihr auch geht, andere Menschen mit eurem göttlichen Magnetismus aufladen. Und jeder wird sich wohlfühlen.

Vergeßt aber nicht, daß es Gott allein ist, der eine Wandlung in anderen Menschen bewirken kann; wir dürfen uns selbst nicht die Kraft zuschreiben, Gutes zu tun. Der einzige, der Gutes tut, ist Gott. Dies ist Seine Welt! Wenn ihr fühlt, daß Er in eurem Körper wohnt, daß Er der einzig Handelnde ist, und wenn ihr Ihm all eure guten und schlechten Taten anheimgebt, werdet ihr überrascht sein, wie schnell ihr euch zum Guten wandelt. Wenn ihr nur noch im Bewußtsein Gottes lebt, werdet ihr nichts Unrechtes mehr tun können. Gebt euch Ihm ganz anheim. Sagt Ihm bei allem, was ihr tut: «Es ist Dein Werk, Herr, nicht meines.» Überwindet euren Egoismus; denn er steht dieser befreienden Erkenntnis im Wege. Ihr seid nicht die Handelnden! Oder könntet ihr überhaupt die Hand heben, wenn Gott euer Lebenslicht im verlängerten Mark[3] auslöschte?

Wie man äußere Eindrücke abschaltet

Einmal saß ich draußen im Garten von Encinitas, als es sehr kalt war. Sowie ich mein Bewußtsein aber nach innen lenkte, fühlte ich die Kälte nicht mehr, und große Freude erfüllte mich. Ab und zu sah ich, wie sich die ganze Umgebung in einem blendenden Licht auflöste, das an den Projektionsstrahl eines Films erinnerte. Wenn ich mich auf das Bild konzentrierte, sah ich das Bild, und wenn ich mich auf den Lichtstrahl konzentrierte, versank die Welt. Ihr nehmt alles nur durch euer Bewußtsein wahr. Wenn ihr daher euer Bewußtsein ganz beherrscht und es nach innen auf die Seele lenkt, werdet ihr sogar mit offenen Augen nur noch das große Licht Gottes schauen und unbeschreibliche Freude finden. Doch wenn ihr euren Blick nach außen richtet, nehmt ihr die äußere Welt in euer Bewußtsein auf. Alles ist Gottes Film. An jenem Tag in Encinitas konnte ich einerseits meine Gedanken und Empfindungen wahrnehmen – die von Gott erschaffenen Traumbilder in meinem Bewußtsein – und andererseits, wenn ich mich nach innen zurückzog, nur reine Freude fühlen, wobei alle Sinnesempfindungen ausgeschaltet waren. Obgleich ich trotz des kalten Wetters nur mit einer Badehose bekleidet war, spürte ich die Kälte nicht; auch die Umwelt entschwand für mich, und ich fühlte nichts als Freude. Etwas später konnte ich wieder einige körperliche Empfindungen wahrnehmen und gleichzeitig diese große Freude fühlen.

Übt euch darin – übt euch in der Vergegenwärtigung Gottes. Gebt euch nicht damit zufrieden, vor dem Schlafengehen nur kurz zu beten oder ein kleines Licht zu sehen. Der Schlaf ist eine Droge. Wenn ihr euren Geschlechtstrieb und eure Sinne ziemlich in der Gewalt habt, und wenn ihr Gott mit der ganzen Kraft eurer

[3] Das Zentrum (oder *Chakra*) des verlängerten Marks ist das wichtige Tor, durch das die Lebenskraft in den Körper eintritt.

Seele sucht, wird Er zu euch kommen. Auch wenn ihr moralisch hochstehende Menschen mit geistiger Veranlagung seid, werdet ihr ohne Wahrnehmung Gottes wenig erreichen.

Gebt euch also keinen falschen Vorstellungen hin. Meditiert länger und intensiver. Betet wie folgt: «Ich kenne meine Schwächen, Herr, aber ich übergebe sie Dir, denn Du hast mich erschaffen. Ich wünsche mir nichts anderes mehr als Deine ständige Nähe. Du bist der Spielleiter dieses irdischen Dramas; Du wirst von den Komödien und Tragödien nicht berührt. Deshalb bin auch ich frei, denn ich bin Dein Kind.»

Betrachtet euch nie als Sünder, aber verfallt auch nicht in den Fehler, überheblich und stolz zu werden. Sagt euch statt dessen, daß Gott euch nahe ist, daß Er und kein anderer durch euch handelt. Dann werdet ihr die Welt mit anderen Augen sehen. Ohne Gottesbewußtsein scheint sie voller Kämpfe, Gewalttätigkeit und voll furchtbarer Enttäuschungen zu sein. Mit Gott aber ist sie ein Hafen des Friedens.

Als ich mir den Film «Das Lied von Bernadette» ansah, berührten mich einige Szenen aus dem Leben der Heiligen so tief, daß ich weinen mußte. Schließlich fragte ich mich: «Was ist mit dir los?» Ich schaute wieder auf die Leinwand und sah nichts als Licht und Schatten. Ich verlor das Gefühl, einem Drama zuzusehen. Und ich konnte nicht mehr weinen; statt dessen erfaßte mich große Freude.

Der Film der Schöpfung

Gott kann den Körper irgendeines Verstorbenen jederzeit duplizieren; Er will, daß ihr dies erkennt und wißt, daß Seine Schöpfung nichts als ein Drama ist. Wenn ihr das Drama zu ernst nehmt, leidet ihr darunter und empfindet großen Widerwillen. Dann wird euch das Leben mit all seinem Leid, seinen Krankheiten und Schmerzen unerträglich. Wenn ich körperliche Schmerzen habe, richte ich meinen Geist nach innen, auf die Stelle zwischen den Augenbrauen; dann fühle ich keinen Schmerz mehr. Wenn ich mich aber auf den Schmerz konzentriere, nehme ich die täuschende Empfindung auch wahr. Wenn ihr eure Gedanken also auf das geistige Bewußtsein konzentriert, wird eure Seele nicht leiden, falls die täuschenden Schatten von Schmerz und Leid auf der Leinwand eures Geistes erscheinen. Betet unaufhörlich zu Gott, daß Er sich euch als die einzig freudige Wirklichkeit offenbare.

Ihr habt bereits viel kostbare Zeit verloren; jeden Augenblick kann der Tod euch abholen, und dann habt ihr keine Gelegenheit mehr, Gott zu suchen. Ihr müßt Ihn finden, ehe ihr den Käfig dieses Körpers verlaßt. Sagt Ihm ständig: «Ich will Deine Gegenwart fühlen!» Er wird euch nicht eher aus diesem Krankenhaus der Täuschung entlassen, als bis ihr von allen Wünschen genesen seid. Tut alles nur für Gott. Das ist ebenso wichtig für euren geistigen Fortschritt wie die Meditation.

Meditiert jede Nacht über Gott, bis ihr fest in Seiner Freude verankert seid. Und wenn ihr dann wieder eurer täglichen Arbeit nachgeht, erinnert euch an diesen freudigen Zustand. Dann werdet ihr Gottes Nähe immer fühlen und immer lächeln können. Dann werdet ihr sagen: «Ein wenig Lust und Leid und ein wenig Frieden kann das Meer ewig neuer Glückseligkeit in meiner Seele nicht mehr in Aufruhr bringen.»

Lacht über die *Maya* – die Täuschung. Betrachtet das Leben als einen kosmischen Film, dann werdet ihr seinen Trugbildern nicht mehr zum Opfer fallen. Lebt in der Glückseligkeit Gottes! Auch wenn die ganze Welt aus den Fugen geht, laßt euch durch nichts mehr erschüttern; dann wißt ihr, daß Gott wirklich ist. Gott will euch nicht verletzen. Er hat euch als Seine Ebenbilder erschaffen. Er hat euch bereits zu dem gemacht, was Er selbst ist. Ihr aber denkt, daß ihr schwache menschliche Wesen seid. Ihr wißt nicht, daß dieser Gedanke ein Werk der Täuschung ist.

Wenn ihr an Krebs erkrankt, habt ihr nichts zu lachen. Doch der heilige Franziskus, der selbst unter schweren Krankheiten litt, konnte andere heilen und sogar Tote auferwecken. Niemand konnte ihm seine göttliche Freude nehmen. Bemüht euch also vor allem darum, Gott zu finden. Er wird euch aber nicht eher empfangen, als bis Er weiß, daß ihr nur nach Ihm verlangt und euch nicht mehr in Sein Drama verwickeln lassen wollt.

Zweifelt nicht an Gott – liebt Ihn!

Ihr dürft nie an Gott zweifeln, denn dann werdet ihr an allem zweifeln. Ihr könnt Seine Gesetze nicht eher verstehen, als bis ihr eins mit Ihm geworden seid. Warum also Zeit daran verschwenden, Seine Gesetze nur mit dem Intellekt zu erfassen? Wenn ihr einen Roman lest, in dem der Held mißhandelt wird und der Bösewicht siegt, in dem jedes Kapitel dem vorherigen widerspricht, seid ihr enttäuscht und ärgert euch über den Autor. Doch wenn ihr das letzte Kapitel lest, seid ihr zufrieden und denkt, was für ein wunderbarer Roman das war, eben weil er so vielschichtig war. Ähnlich ist auch Gott ein meisterhafter Schriftsteller, und man staunt über all die Widersprüche und Verwicklungen in Seiner Schöpfung. Versucht nicht, diese Rätsel zu lösen, sonst verirrt ihr euch. Wenn ihr Ihn findet, wird Er euch im letzten Kapitel die Antwort auf alle Rätsel des menschlichen Lebens geben. Und wenn ihr Seine Antwort hört, werdet ihr nicht mehr an Seiner Weisheit zweifeln. Davon bin ich überzeugt!

Tragt Gott im Herzen und fürchtet euch vor nichts in der Welt, dann wird die Furcht von euch weichen, und ihr werdet frei von dieser kosmischen Täuschung sein. Dann werdet ihr lächelnd sagen: «Endlich habe ich den Schlüssel zu allen Geheimnissen gefunden.» Bemüht euch aber nicht in erster Linie darum, alles zu ergründen. Liebt Gott zuerst! Dann wird Er euch alles erklären, und dann könnt ihr in alle Ewigkeit lächeln. All eure Gedanken und Worte, alles, was ihr schreibt und tut, wird dann von der Freude durchdrungen sein, die in eurem Lächeln erstrahlt. Und überall, wo ihr meditiert, werdet ihr ein unsichtbares Lächeln hinterlassen, so daß alle, die an diesen Ort kommen, ebenfalls das Lächeln Gottes fühlen. Wenn ihr in der Glückseligkeit des GEISTES lebt, werdet ihr immer lächeln können.

Herr, erfüll uns mit Deiner Liebe

Internationales Mutterzentrum der Self-Realization Fellowship,
Los Angeles/Kalifornien, am 5. Januar 1945,
an Paramahansajis Geburtstag, der nach indischer Tradition gefeiert wurde

Jeder von uns ist Gottes Kind. Wir sind aus Seinem GEIST geboren – in aller Reinheit, Herrlichkeit und Freude. Niemand kann uns dieses Erbgut streitig machen. Die größte aller Sünden ist, sich selbst als Sünder zu verdammen und zu glauben, daß man sich auf dem Weg des Irrtums festgefahren habe. In der Bibel heißt es: «Wisset ihr nicht, daß ihr Gottes Tempel seid und der Geist Gottes in euch wohnt?»[1]

Vergeßt nie, daß der Vater euch bedingungslos liebt. Doch Er hat euch die Freiheit gegeben, Ihn zu verlassen oder Ihm näherzukommen, und wartet darauf, daß ihr Ihm zeigt, wie sehr ihr euch nach Ihm sehnt; erst dann wird Er zu euch kommen.

Einst hörte ich während der Meditation Seine Stimme, die mir zuflüsterte: «Du sagst, daß Ich in weiter Ferne bin, aber du bist nicht nach innen getaucht. Darum sagst du, daß Ich abwesend sei. Ich bin immer da. Komm herein, dann wirst du Mich sehen. Ich bin immer hier und warte nur darauf, dich willkommen zu heißen.»

Auf dem geistigen Weg ist Aufrichtigkeit von großer Bedeutung. Wenn wir innerlich rein sind, kann der GEIST in uns geboren werden. Jesus sprach: «Du hast solches den Weisen und Klugen verborgen und hast es den Unmündigen offenbart.»[2] Vor Gottes Angesicht zerrinnt unsere menschliche Weisheit in nichts. Er wird sich uns nur dann ergeben, wenn wir Ihm dieselbe bedingungslose Liebe schenken, die Er uns gibt.

Jeder wird schließlich einmal erlöst, aber Menschen, die zu lange zögern, fallen in die Grube der Gleichgültigkeit. Und wer

[1] *1. Korinther* 3, 16.

[2] *Matthäus* 11, 26.

gleichgültig wird, erkennt nicht, wie wichtig es ist, Gott jetzt, in diesem Augenblick, zu finden. Unser großer, durch den Raum wirbelnder Planet und unsere menschliche Individualität wurden uns nicht gegeben, damit wir einige Zeit existieren und dann ins Nichts entschwinden, sondern damit wir nach dem Grund aller Dinge forschen. Töricht ist derjenige, der seine Zeit vergeudet und sich nicht darum bemüht, den Sinn des Lebens zu erkennen. Wir sind überall von den Geheimnissen des Lebens umgeben; und uns wurde die Intelligenz verliehen, sie zu enträtseln.

Alle Liebe hat ihren Ursprung in Gott

Während ich nach ewig währender Liebe suchte, erkannte ich, daß es einen Größeren gibt, der hinter aller menschlichen Liebe steht und für mich sorgt. Gott hat mich durch meine Mutter, durch meinen Vater und meine Freunde geliebt. Nach diesem Großen Freund habe ich gesucht, nach diesem einzigen Geliebten, der mir jetzt aus all euren Gesichtern entgegenleuchtet. Und dieser Freund läßt mich nie im Stich.

Gott ist der Ursprung aller Dinge. «Ehre Vater und Mutter»,[3] aber: «Du sollst den Herrn, Deinen Gott, liebhaben von ganzem Herzen, von ganzer Seele, von ganzem Vermögen.»[4] Ihr müßt wissen, wie wichtig es ist, Gott zum Freund zu haben, und dürft eure Zeit nicht länger vergeuden. Wer kann beim Einschlafen wissen, ob er wieder aufwacht? Einer nach dem anderen verlassen wir diese Erde. Doch das darf uns nicht bedrücken. Wenn wir sterben, müssen wir auf Erden wiedergeboren werden und fahren im nächsten Leben dort fort, wo wir jetzt unterbrochen haben.

Ich sehe Leben und Tod wie das Kommen und Gehen der Meereswellen. Bei der Geburt erhebt sich die Welle aus dem Meer, und im Tode sinkt sie zurück und schläft in Gottes Schoß. Ich habe das seit langem erkannt und weiß, daß ich nie sterben kann. Ganz gleich, ob ich im Meer des GEISTES schlafe oder in

[3] *Matthäus* 19, 19.
[4] *5. Mose* 6, 5.

einem physischen Körper erwache, ich bin immer bei Ihm. Dieses höchste Glück kann man in der Welt niemals finden. Das bedeutet jedoch nicht, daß wir in den Urwald fliehen müssen, um Ihn zu suchen. Wir können Ihn im Urwald des täglichen Lebens finden – in der Höhle des inneren Schweigens.

Es ist unwichtig, wie viele Fehler ihr begangen habt; denn diese fallen wieder von euch ab. Ihr seid ein Ebenbild des GEISTES. Der Herr erschuf diesen täuschenden Film von der Erde und all ihren Freuden nur zu einem Zweck: damit ihr schließlich Sein Spiel der *Maya* durchschaut und es aufgebt, um Ihn allein zu lieben. Das ist die Wahrheit; anders kann es nicht sein. Warum empfinden wir Liebe für unsere Familienangehörigen – nur um sie einen nach dem anderen wieder entschwinden zu sehen? Diese Erfahrungen sollen uns zeigen, daß es in Wirklichkeit Gott ist, der uns durch all unsere Angehörigen liebt.

Das Verwirrende an diesem Lebensfilm ist, daß alles Unwirkliche so wirklich und alles Wirkliche so unwirklich scheint. Wenn wir nachts schlafen, schwindet die Welt aus unserem Bewußtsein; daraus sollten wir lernen, daß auch das stoffliche Universum nicht wirklich ist. Diese Lehre, die wir durch den Schlaf erhalten, soll uns nicht schrecken, sondern vielmehr anspornen, die Wirklichkeit Gottes zu suchen. Nur Er, nur Seine Liebe kann die Seele befriedigen – nichts anderes. Die Wirklichkeit des GEISTES läßt sich mit nichts anderem vergleichen.[5]

Vergeudet keine Zeit

Viele Jahre unseres Lebens sind schon dahingegangen. Und nur eine gewisse Zahl von Wochen, Tagen und Stunden verbleibt uns noch. Vergeudet daher keine Zeit! Haltet im Herzen Tag und Nacht Zwiesprache mit Ihm und flüstert Ihm zu: «Herr, ich sehne mich nach Dir.» Ihr müßt es aber auch so meinen. Denkt nicht:

[5] «Das, was unwirklich ist, existiert nicht. Das, was wirklich ist, kann nicht ohne Existenz sein. Der Weise kennt die höchste Wahrheit über die Wirklichkeit.» *(Bhagavad-Gita* II, 16)

«Morgen will ich damit beginnen, Gott zu suchen, heute lasse ich es mir noch gutgehen.» Sagt statt dessen immer: «Heute, o Herr, *heute* will ich Dich besitzen!»

Jetzt, in diesem Augenblick, sehe ich, wie Gottes großes Licht sich überall ausbreitet – welche Freude, welches Licht! «Herr, an diesem schönen Fest neige ich mich vor Dir, denn Du bist in aller Herrlichkeit von neuem in uns geboren worden. Laß mich immer Deine segensreiche Nähe fühlen, und segne jeden von uns hier in gleicher Weise, damit wir alle erkennen, daß Du von neuem in unserem Bewußtsein geboren werden willst.»

Liebt Ihn und haltet jeden Augenblick Zwiesprache mit Ihm, ganz gleich, ob ihr mit etwas beschäftigt seid oder schweigt. Betet mit stets anwachsendem Verlangen im Herzen, dann werdet ihr sehen, wie sich der Schleier der Täuschung lüftet. Dann wird Er, der in der Schönheit der Blumen, in allen Seelen und in edlen Gefühlen und Träumen Verstecken mit euch spielt, hervortreten und sagen: «Lange sind wir getrennt gewesen, und immer habe Ich darauf gewartet, daß du Mich aus freiem Antrieb lieben sollst. Du bist Mir zum Bilde geschaffen, und Ich wollte sehen, ob du deine Freiheit dazu gebrauchen würdest, Mir deine Liebe zu schenken.»

Ich bete darum, daß Gott euch das unvergängliche Geschenk Seiner Liebe gewährt. Doch ohne eigene Anstrengungen könnt ihr Ihn nicht finden. Ihr braucht nur 25 Prozent des Weges durch eigene Bemühungen zurückzulegen, der Rest der Strecke wird euch durch Gott und den Guru geschenkt. Dieser Abend ist wie im Nu vergangen, denn Er war jeden Augenblick bei mir. Das ist es, was ich fühlen wollte – daß eure Dankbarkeit mir gegenüber in Wirklichkeit Ihm gilt, der mich gesandt hat. Möge Er euch allezeit segnen, damit ihr ständig im Bewußtsein Seiner Gegenwart lebt. Mögt ihr im eigenen Innern und überall Seine Nähe fühlen!

Gott ist euer Eigentum

Gott antwortet uns nicht sofort, weil wir Ihm gegenüber so scheu sind; wir zeigen Ihm nicht, wie sehr wir Ihn herbeisehnen. Fürchtet euch nicht vor Ihm. Betrachtet Ihn als euer Eigentum und sucht Ihn ohne Unterlaß – in all euren Gedanken und Handlungen, dann werdet ihr in Ihm den einzig sicheren Hafen finden.

«O Vater, ich lege Dir diesen Strauß von Seelen zu Füßen, der Deinen allgegenwärtigen Altar schmücken soll. Sei ihnen immer nahe! Vater, Du bist das Oberhaupt dieser Familie. Wir sind Deine Kinder, die sich zusammengefunden haben, um Dich zu preisen. Vertreibe das Dunkel der Unwissenheit mit Deinem Licht; vertreibe alle Finsternis vom Ufer unseres Geistes und breite Dein Licht über uns aus. Ob gut oder böse, wir sind Deine Kinder. Offenbare Dich uns! Segne jeden von uns. Ich fühle all ihre liebenden Gedanken. O Vater, alle Güte, Ehre, Achtung und Liebe, die sie mir schenken, lege ich Dir zu Füßen. Du bist meine Liebe, Du bist mein alles.

Schenk uns Deine Gnade. Laß alle Wünsche von uns abfallen bis auf den einen Wunsch, Dich zu erkennen. Sei Du der König auf dem Thron all unserer Bestrebungen. Breite das Licht Deiner Herrlichkeit über die ganze Welt. Segne uns alle, durchdringe uns mit Deiner Gegenwart. Mögen wir mehr und mehr erkennen, daß Du schon immer unser eigen warst. Du bist jetzt unser eigen und wirst es in alle Ewigkeit sein. Wir danken Dir für Deinen Segen und für alle Liebe, die Du dieser hier versammelten Familie geschenkt hast. Mögen wir alle dereinst in der Ewigkeit Deine Geburt in uns feiern – in Unsterblichkeit und in nie versiegender Freude!»

Betet mit mir: «Vater unser, segne uns, damit wir alle frei werden und uns im Himmel wiederfinden, wo wir Deine Geburt in uns feiern wollen. Offenbare Dich in uns und überall. Vereinige uns alle. Und mögen wir im Licht dieser Einheit Deine alleinige Gegenwart finden! Mit der ganzen Hingabe unserer vereinigten Herzen und Seelen neigen wir uns zu Füßen Deiner Allgegenwart. Segne uns, damit wir Dir gegenüber nie gleichgültig werden. Erfülle unsere Herzen mit flammender Gottesliebe. Wir neigen uns vor Dir, unserem Vater, der unser eigen ist. Mögen wir jetzt und allezeit Deine Nähe fühlen.»

Wie man sein Schicksal im neuen Jahr meistert

Tempel der Self-Realization Fellowship
Hollywood/Kalifornien, 2. Januar 1944

Wenn ihr an Gott denkt, wenn ihr diesen Gedanken mit Hingabe durchtränkt und ihn euch durch eure Konzentration tief einprägt, dann wird der Herr des Universums in den Tempel des Überbewußtseins kommen und eure Liebe entgegennehmen.

Bittet Gott darum, daß Er euch hilft, alle guten Gedanken und Entschlüsse, die ihr jetzt für das neue Jahr faßt, zu verwirklichen. Nehmt euch vor, genau das zu tun, was ihr eurer Überzeugung nach tun solltet, und euch unter keinen Umständen durch eure alten schlechten Gewohnheiten davon abbringen zu lassen.

Durch das Buch, das ich gerade geschrieben habe, erhielt ich eine heilsame Lehre. Ich schrieb einfach immer weiter, ohne das Manuskript noch einmal durchzulesen – eine Arbeit, der ich stets ausgewichen bin. Doch nun mußte ich jeden Abschnitt meiner Autobiographie[1] immer wieder durchlesen. Der Herr disziplinierte mich, aber auf großzügige Weise; denn es machte mir Freude, beim Durchlesen meines Berichtes diese wunderbaren Erfahrungen wieder zu durchleben.

Ich habe mich in diesem Leben an zahlreiche Aufgaben herangewagt. Ich habe Vorträge gehalten, Gebäude entworfen und errichten lassen, kunstgewerblich gearbeitet, Musikinstrumente gespielt, Gärten gestaltet, eine Schule gegründet; doch das Geheimnis meines Erfolgs lag immer in meiner Willenskraft. Ich kann wahrhaftig sagen: Jeder gestaltet sein eigenes Schicksal!

Prüft euch einmal selbst! Was ist aus euren guten Vorsätzen und idealen Plänen vom vergangenen Jahr geworden? Habt ihr sie versanden lassen, weil es euch an der nötigen Durchsetzungskraft fehlte? Faßt den festen Entschluß, in diesem Jahr nicht wieder

[1] *Autobiographie eines Yogi.*

dieselben Fehler zu begehen. Teilt eure Zeit richtig ein! Wehrt euch dagegen, ein mechanisches Leben zu führen und euch von der Welt und euren eigenen Gewohnheiten regieren zu lassen; so findet man kein wahres Glück. Ihr müßt euch ändern; ihr müßt *fähig sein, euch zu ändern*. Der vage Wunsch, besser zu werden, genügt nicht. Ihr habt euch selbst zu dem gemacht, was ihr jetzt seid, und ihr könnt auch zu dem werden, was ihr werden möchtet; aber ihr müßt euren Willen gebrauchen.

Die Gitterstäbe eurer Gewohnheiten schränken euch stärker ein als steinerne Mauern. Ganz gleich, wohin ihr geht, ihr bleibt immer in diesem unsichtbaren Gefängnis. Doch ihr könnt frei sein! Entschließt euch jetzt, aus dem Gefängnis der Gewohnheiten auszubrechen und mit aller Energie nach Freiheit zu streben. Wie schrecklich das Leben doch ist, denn vom dritten Lebensjahr an sind wir durch unsere Gewohnheiten eingeengt. Sobald ich erkannte, daß ich im Käfig der Gewohnheit steckte, sprengte ich alle Ketten. Ich lasse es nicht zu, mich von Gewohnheiten fesseln und mir von ihnen diktieren zu lassen: «Das kann ich nicht» oder: «Das muß ich tun» oder: «Tu mir das nicht an, das macht mich nervös» oder: «Ich kann keine Kälte vertragen» und so fort.

Warum sind diese Gewohnheiten schon seit früher Kindheit so ausgeprägt? Weil sie aus vorherigen Leben stammen. Unsere Launen gleichen Tintenflecken, die das *Karma* unserer Vergangenheit auf dem Diagramm unseres Lebens hinterlassen hat. Schlechte Gewohnheiten und Launen sind widerwärtiger als der Geruch eines Stinktiers. Warum sollen wir uns wie menschliche Stinktiere verhalten, die alle anderen abstoßen und sich auch selbst damit strafen? Irgendwann einmal haben wir uns alle so aufgeführt, denn jeder von uns hat noch anstößige Eigenschaften.

Fordert eure verlorene Göttlichkeit zurück

Doch wir können unerwünschte Charaktereigenschaften ausmerzen. Der menschliche Geist ist elastisch. Wenn ihr ihn immer weiter ausdehnt, wird er dem Zug nachgeben. Doch ihr versucht es nicht einmal. Gott hat uns mehr Kraft gegeben, als wir brauchen, um mit allen Schicksalsschlägen und Unzulänglichkeiten des Lebens fertig zu werden. Der heilige Franziskus konnte, obwohl er selber krank und blind war, Kranke heilen und Tote auferwecken. Äußerlich blind, schaute er innerlich das große Licht des Universums. Gott erlegt Seinen wahren Kindern – wie dem heiligen Franziskus – größere Prüfungen auf als den durchschnittlichen Menschen. Doch niemand kann das Tor zur Freiheit durchschreiten, bevor er nicht alle Prüfungen Gottes bestanden hat, bevor er nicht gelernt hat, wie ein echter Gottessohn zu leben. Warum wollt ihr euch als schwache Sterbliche betrachten? Ihr seid im Grunde schon Kinder Gottes. Ihr braucht euch nichts mehr anzueignen; ihr müßt es nur *wissen*.

Es ist wirklich viel schwieriger, in diesem Leben ein Millionär zu werden, als ein wahrer Sohn Gottes zu sein. Die irdischen Bedingungen sind so unzulänglich, daß viele Leute sterben, ohne das geworden zu sein, was sie eigentlich wollten. Doch es ist möglich, Gott noch in diesem Leben zu erkennen; denn ihr braucht Ihn nicht erst zu erringen; Er ist bereits euer eigen.

Wenn jedermann Tag und Nacht darum betete, ebenso reich zu werden wie Henry Ford, könnten diese Gebete nicht alle erhört werden, weil die Erde nicht so eingerichtet ist, daß jeder ein Henry Ford sein kann. Doch kann jeder reich im göttlichen GEIST sein; denn Gott hat allen Menschen die gleiche Fähigkeit gegeben, so zu werden wie Er. Wenn ihr euch eurer Göttlichkeit bewußt werdet, gehört euch alles. Ein Henry Ford kann seinen Reichtum und seine Gesundheit verlieren; aber ein Christus kann sich Gesundheit, Reichtum und alles, was er sich wünscht, nach Belieben beschaffen. Sehnt euch deshalb nicht danach, so reich oder gesund zu werden wie andere; habt nur den einen Wunsch: so zu werden wie Gott. Jesus behauptete nie, daß er der einzige Sohn Gottes sei. Der Himmlische Vater liebt euch, Seine Kinder, genauso, wie Er Jesus liebt. Und Gott wird auch euch nichts abschlagen, wenn ihr – wie Jesus – wirklich eins mit Ihm werdet. Die Meditation ist der Weg, auf dem ihr eure verlorene Göttlichkeit wiedergewinnen könnt.

Gewohnheiten sind uns nur aufgepfropft, denn unsere wahre Natur ist ewig freier GEIST. Als ich noch ein Kind war, wurde ich oft sehr ärgerlich; doch sobald ich mich entschloß, diese Gewohnheit abzulegen, konnte mir der Ärger nichts mehr anhaben. Hätte ich damals meinen Willen nicht gebraucht, dann hätte ich weder das noch irgend etwas anderes im Leben vollbringen können. Auch ihr könnt euren Willen gebrauchen. Ihr könnt die Fehler eines ganzen Lebens noch *heute* ablegen. Ringt euch in diesem neuen Jahr zu der Erkenntnis durch, daß ihr wahrlich göttliche Wesen und deshalb frei seid, obwohl ihr als sterbliche Menschen noch gewisse Gewohnheiten habt. Warum wollt ihr euch selbst belügen? Warum wollt ihr euch mit den Fehlern eurer Vergangenheit identifizieren? Ihr müßt sie ausmerzen. Sonst werden sie dem Baum eures Lebens aufgepfropft. Und das dürft ihr nicht zulassen. Bestätigt euch immer wieder: «Ich bin ein Kind Gottes. Ich bin eins mit Gott.»

Gebraucht bei jedem Entschluß Willens- und Unterscheidungskraft

Jeder feste Vorsatz, den ihr mit großer Entschlossenheit faßt, kann sofort zur Gewohnheit werden. Warum solltet ihr nicht das tun können, was ihr wollt, wenn ihr euch von der Vernunft leiten laßt? Ihr müßt es nur versuchen. Werft all eure Fehler ab! Legt euch Rechenschaft darüber ab, was ihr im vergangenen Jahr getan habt! Werdet euch über eure lästigen Gewohnheiten klar: Vielleicht streitet ihr ständig mit anderen Menschen, oder ihr eßt zuviel, oder ihr seid eifersüchtig. Entschließt euch noch heute dazu, daß ihr diese Dinge nie mehr tun werdet, und seid davon *überzeugt.* Sagt euch innerlich: «Paramahansaji hat gesagt, daß er eine Abneigung dagegen hatte, Manuskripte zu bearbeiten; doch dann wurde er ein Herausgeber; und wenn *er* sich zum Herausgeber machen konnte, so kann ich das auch.» Warum auch nicht? Alles, was ich mit großer Willenskraft unternahm, gelang mir. Und ich möchte euch Hoffnung machen, daß auch ihr Erfolg haben könnt, wenn ihr euch wirklich darum bemüht. Gott hat euch die Fähigkeit gegeben, eure Sorgen zu vertreiben. «Gebt acht, o ihr Berge, steht mir nicht im Weg! Ich stürme eure Gipfel hinauf zum Wolkensteg!» Diese Worte stammen aus dem Lied eines großen Swamis[2]. An anderer Stelle sang er: «Das Schicksal und die Götter schleif' ich hinterher!»

Die alten Römer pflegten Gefangene an ihre Streitwagen zu binden und auf dem Erdboden hinter sich herzuschleifen – ein fürchterlicher Brauch! Doch er enthält eine Lehre für uns; denn wir erlauben unseren Gewohnheiten, dasselbe mit uns zu tun. Wir sollten aber die Gewohnheiten zu unseren Gefangenen machen – nicht uns zu ihren Gefangenen. Wir sollten sie an den Streitwagen unseres Willens binden und hinter uns herziehen, statt uns von ihnen schleifen zu lassen. Wenn wir das tun können, was wir tun sollten, und nicht das, wozu unsere Launen uns verleiten, dann sind wir wirklich frei.

Lernt in diesem neuen Jahr Unterscheidungskraft anzuwenden. Überprüft jeden impulsiven Wunsch, der in euch aufsteigt, und überlegt euch, ob es richtig ist, ihm nachzugeben. Wenn eure Vernunft euch dazu rät, etwas zu tun, dann laßt euch weder vom Schicksal noch von den Göttern davon abhalten. Doch wenn ihr erkennt, daß ihr unrecht habt, müßt ihr fähig sein, eure Meinung zu ändern. Einige Menschen sind so eigensinnig, daß sie nie zugeben können, unrecht zu haben. Doch man sollte sich immer von der Vernunft und nicht vom blinden Willen leiten lassen. Wenn ihr nach reiflicher Überlegung zu dem Schluß kommt, daß euer Vorhaben richtig ist, sollte euch niemand mehr davon abbringen können. Wenn ich keine Arbeit hätte, würde ich die ganze Welt aufrütteln, bis die Leute sagen: «Gebt ihm bloß Arbeit, damit er endlich ruhig ist!» (Ich sage das nicht aus Stolz, sondern damit ihr aus meinen Erfahrungen lernt.)

Jede Art von Arbeit ist eine Gelegenheit, über euch selbst zu siegen. Vielleicht müßt ihr Badezimmer saubermachen; doch wenn ihr es in dem Gedanken tut, daß ihr dadurch anderen Menschen dient und helft, habt ihr die richtige Einstellung – die eines echten Gottsuchers. Worauf es vor allem ankommt, ist die innere Haltung. Geistige Trägheit und widerwilliges Arbeiten verderben den Charakter. Oft werde ich gefragt: «Wie können Sie

[2] Swami Ram Tirtha.

so viel zustande bringen?» Ich kann es, weil ich alles mit der größten Freude tue und anderen dadurch einen Dienst erweisen will. Innerlich bin ich stets bei Gott. Und obgleich ich sehr wenig schlafe, fühle ich mich immer frisch; denn ich erfülle meine Aufgaben mit der richtigen Einstellung. Für mich ist es ein Vorrecht, dienen zu dürfen.

Ihr müßt erkennen, daß ihr Gottes Kinder seid. Laßt euch nicht mehr von eurem alten Ich kommandieren, das an seinen Gewohnheiten hängt. Die vorübergehenden Begrenzungen und Unvollkommenheiten von Körper und Gehirn können euch nicht zurückhalten; denn sobald euer unbeirrbarer Wille die Entscheidung trifft, daß ihr ein neuer Mensch werden wollt, könnt ihr euch ändern.

Ihr seid Gefangene eurer Gewohnheiten gewesen, und das ist euch schlecht bekommen. Es zeugt von euren falschen Gewohnheiten im Denken und Handeln, wenn das Reich eures Körpers jetzt von Krankheiten, Sorgen, Launen und Unwissenheit überfallen wird. Von nun an müßt ihr euch sagen: «Ich bin kein Sklave des Körpers. Ich bin Herrscher in meinem eigenen Königreich. Meine Gedanken werden genau so sein, wie ich es wünsche.» Und sobald ihr eure Gewohnheiten geändert habt, werdet ihr feststellen: «Wie einfach das doch war! Wie habe ich es mir früher schwer gemacht, weil ich die Gewohnheiten, die meiner Seele schaden, nicht gegen glückbringende Gewohnheiten ausgetauscht habe!»

Seid ihr psychologische Ladenhüter?

Menschen, die an ihre Gewohnheiten gebunden sind, kann man am besten als psychologische Ladenhüter bezeichnen. Sie bleiben jahrein, jahraus die gleichen. Sie sagen immer dasselbe, und sie tun immer dasselbe. Wenn man nur ein paar Worte mit ihnen redet, kann man schon genau voraussagen, was sie als nächstes sagen werden. Blickt einmal in den Spiegel der Innenschau und stellt fest, ob ihr psychologische Ladenhüter seid. Die meisten Menschen sind es.

Doch weshalb wollt ihr so bleiben? Ändert eure Gewohnheiten! Werft eure Launen ab! Bemüht euch jeden Tag, besser zu werden, so daß die Leute schließlich sagen können: «Der hat sich wundervoll entwickelt!»

Ein Mensch, der Selbst-Verwirklichung erlangt hat, ist auch Herr über sein altes, durch Gewohnheiten abgestumpftes Ich geworden. Die von den Pharisäern ausgesandten Knechte, die Jesus verhaften sollten, erkannten, was für ein großer Meister er war, und staunten über seine innere Sicherheit, so daß sie erklärten: «Es hat nie ein Mensch also geredet wie dieser Mensch.»[3] Das Wesen eines Meisters ist unergründlich; es kann nicht vom beschränkten menschlichen Vorstellungsvermögen erfaßt werden. Jedesmal, wenn ich glaubte, meinen Guru Swami Sri Yukteswar einordnen zu können, mußte ich einsehen, daß er anders, größer, unklassifizierbar war.

Irgendwann einmal werdet ihr eure Anhänglichkeit an den sterblichen Körper überwinden müssen, damit ihr zu Gott zurückkehren könnt. Es gibt keine andere Möglichkeit. Hier auf Erden seid ihr ein «verlorener Sohn». Ihr müßt euer unendliches Wesen wieder entdecken. Nie könnt ihr glücklich werden, solange ihr im Sumpf der Gewohnheiten stecken bleibt und nicht erkennt, daß ihr die ewige Seele seid. Es ist nicht wichtig, wer ihr seid; dauerndes Glück könnt ihr nur dann finden, wenn ihr zu Gott zurückkehrt. Ihr braucht die Sphäre der Erde nicht zu verlassen und Flügel anzulegen. Ihr müßt vielmehr lernen, wie ihr hier und jetzt, unter allen Umständen, glücklich sein könnt und wie ihr das Glück der anderen in eure eigene Freude mit einbezieht. Tut euer möglichstes, um andere glücklich zu machen. Ihr könnt es zwar nicht allen recht machen, aber erweist allen Seelen, die euch begegnen, Liebe und Güte. Es gibt nichts Befreienderes, als Unfreundlichkeit mit Güte zu vergelten. Warum nicht wie eine Blume sein, die sogar dann noch ihren Duft verströmt, wenn sie in der Hand zerdrückt wird? Die *Gita* lehrt: «Wer kein einziges Wesen haßt, wer freundlich und gütig zu allen ist…, der ist Mir lieb.»[4]

[3] *Johannes* 7, 46.

[4] *Bhagavad-Gita* XII, 13.

Wenn andere euch kritisieren, sollt ihr das nicht in den Wind schlagen. Prüft euch, ob ihr den Fehler, den sie euch zuschreiben, wirklich habt; falls es so ist, bessert euch schweigend. Es ist jedoch selten nötig, eure Fehler offen zu gestehen; oft ist es sogar unklug. Denn sollten sich die anderen einmal über euch ärgern, könnten sie eure Offenheit ausnutzen und als Waffe gegen euch gebrauchen. Einem geistigen Lehrer oder Guru, der Gott verwirklicht hat, könnt ihr eure Fehler gestehen, doch nicht jemandem, der euch nicht helfen kann, sondern euch womöglich noch verletzt, indem er eure Mängel ausposaunt.

Ein Strom göttlicher Kraft

Bemüht euch, mit guten Menschen Umgang zu pflegen. An den Gesichtern von vielen, die hierherkommen, sehe ich, daß sie sich vergeistigt haben. Und je mehr ihr mit mir im Einklang seid und euch nicht wegen Kleinigkeiten aufregt, um so bessere Fortschritte werdet ihr machen. Ein steter Strom göttlicher Kraft wird in euch einfließen; denn die großen Gurus haben mich hierhergesandt. Wenn ich nicht mehr hier sein werde, wird euch diese Wahrheit noch deutlicher bewußt werden. Ich bin nur gekommen, um ihre Botschaft weiterzutragen. Nach und nach wird mit allen, die mir auf diesem Weg treu bleiben, eine geistige Wandlung vor sich gehen, und ihr Einfluß wird sich auf die ganze Welt ausdehnen. Die *Self-Realization Fellowship* ist eine der größten geistigen Bewegungen, die ins Leben gerufen worden sind, um der ganzen Menschheit zu helfen. Sie ist von den großen Gurus – Mahavatar Babaji, Lahiri Mahasaya, Sri Yukteswar – in Übereinstimmung mit Christus und Krishna gesegnet worden. Die Gnade dieser Meister ist nicht von der Erde verschwunden. Sie warten darauf, euch und der Welt zu helfen, aber sie können dies nur tun, wenn sich die Menschen freiwillig dafür entscheiden. Die Welt ist dem Wahn des Hasses und Krieges verfallen, doch der Weg brüderlicher Liebe, den Jesus uns gewiesen hat, ist die Lösung aller Weltprobleme. Wir können diese Welt vor Krieg bewahren, wenn wir seine Lehre so beherzigen, wie er es von uns erwartet.

Während der letzten Meditation[5] kam Jesus mehrmals zu mir: zuerst als kleines Kind, dann als erwachsener Mann und schließlich so, wie er vor der Kreuzigung aussah. Ich hatte erwartet, lange meditieren zu müssen, bevor er zu mir kommen werde. Doch er überraschte mich! Gott hat mir mit diesem Erlebnis gezeigt, daß keine zusätzliche Anstrengung nötig ist, wenn wir Ihn einmal davon überzeugt haben, daß wir Ihn mehr lieben als alle Gaben der Welt. Dann lüftet Er den Schleier des Geheimnisses und kommt als Christus oder Krishna zu euch – oder als Babaji oder irgendeine andere große Inkarnation, die ihr in körperlicher Gestalt zu sehen wünscht.

Faßt den Entschluß, daß euer Verhalten in diesem Jahr christusähnlicher sein soll. Ihr müßt jetzt die nötigen Anstrengungen machen. Ihr müßt mehr meditieren. Die *Self-Realization Fellowship* wurde nicht ins Leben gerufen, damit sie bloß mit Worten einen Eindruck von Gott vermittelt, sondern damit ihr Ihn durch eigenes Erleben kennenlernt. Wir lehren, daß echte Brüderlichkeit unter den Menschen erst dann zustande kommen kann, wenn sie Gott erlebt haben. Wenn ihr Gott in euch selbst gefunden habt, wißt ihr auch, daß Er in jedem Menschen wohnt, daß Er zu den Kindern aller Rassen geworden ist. Dann könnt ihr niemandem gegenüber mehr feindlich gesinnt sein. Wenn die ganze Welt eine solch universelle Liebe fühlte, brauchten die Menschen keine Kriege mehr zu führen. Durch unser christusähnliches Leben müssen wir Einheit unter die Menschen aller Religionen, Nationen und Rassen bringen.

Wir müssen uns zu einem einfachen Leben und edlen Denken erziehen. Es wäre gut, wenn jede Familie einen kleinen Garten hätte, in dem sie einen Teil ihrer Nahrung anpflanzen kann. Lebt einfacher, so daß ihr Zeit habt, die kleinen Freuden des Lebens zu genießen. Der Mensch rast durchs Leben und tut nichts anderes als arbeiten, essen und schlafen. Befreit euch von jeder Gewohnheit und Tätigkeit, die euren inneren Frieden und euer Glück beeinträchtigt.

[5] Die jedes Jahr stattfindende ganztägige Weihnachtsmeditation der *Self-Realization Fellowship*.

Rafft euch in diesem Jahr auf und vertreibt alle Teufel schlechter Gewohnheiten aus dem Tempel eures Geistes; teilt eure Zeit richtig ein, damit ihr all das einplanen könnt, was ihr möchtet. Wenn ihr glücklich werden wollt, so faßt das Glück beim Schopf! Nichts kann euch daran hindern. Ihr seid unsterbliche Kinder Gottes, und alle Schwierigkeiten, die sich euch in den Weg stellen, sollen euch nur anspornen, höhere Ziele zu erreichen.

Der beste Entschluß: Gott mehr Zeit zu schenken

Nehmt euch vor, bestimmte Gewohnheiten im neuen Jahr auszurotten. Und wenn ihr den Entschluß einmal gefaßt habt, bleibt eurem Vorsatz treu! Entschließt euch dazu, Gott mehr Zeit zu schenken, jeden Tag regelmäßig zu meditieren und an einem Abend der Woche mehrere Stunden zu meditieren, so daß ihr fühlt, wie ihr Gott immer näherkommt. Nehmt euch vor, den *Kriya-Yoga* regelmäßig zu üben und eure Gefühle und Triebe im Zaum zu halten. Seid ein Meister! Faßt jetzt diesen felsenfesten Entschluß!

Denkt an all eure früheren guten Vorsätze – daß ihr euch nicht mehr von euren alten Gewohnheiten und Gedanken leiten lassen wolltet. Seid ihr ihnen treu geblieben? Ihr beleidigt eure Seele und auch Gott, wenn ihr euren Schwächen nachgebt. Seid Meister über euch selbst – macht euch zum Kapitän auf dem Schiff eures Lebens! Ihr wurdet mit der Gefahr zusammen geboren – doch ihr seid der ältere Bruder, gefährlicher als jede Gefahr! Verliert nicht wieder den Mut und die Entschlossenheit, die ihr jetzt fühlt, während ihr mir zuhört. Betet mit mir:

«Himmlischer Vater, gib uns die Kraft, all unseren guten Vorsätzen in diesem Jahr treu zu bleiben. Laß uns immer so handeln, daß wir Dir Freude machen. Unser Geist ist willig. Hilf uns, all unsere edlen Wünsche im neuen Jahr zu verwirklichen. Wir wollen denken, wir wollen wollen, wir wollen handeln; aber leite Du unser Denken, Wollen und Handeln, damit wir in allem das Richtige tun. *OM*, Frieden, Amen.»

Wie man die Versuchung überlisten kann

Internationales Mutterzentrum der Self-Realization Fellowship
Los Angeles/Kalifornien, 15. November 1934

Satan, oder die kosmische Täuschung, stellt uns immer wieder Fallen, und immer wieder geraten wir aus Unwissenheit in sie hinein. So versucht er uns den Weg zu Gott zu versperren. Gott könnte Satan mit Leichtigkeit vernichten, aber Er zieht es vor, ihn durch Liebe zu besiegen. Jedesmal, wenn wir uns für die ewigen, göttlichen Freuden anstatt für die vorübergehenden Sinnenfreuden entscheiden, wird der Widersacher seiner dunklen Macht beraubt. Es liegt also an uns, ob wir dem Himmlischen Vater dabei helfen wollen, den Teufel zu besiegen oder nicht.

Immer, wenn ihr nachlässig und träge seid, hat Satan es leicht, euch auf seine Seite zu ziehen. Jesus betete: «Führe uns nicht in Versuchung, sondern erlöse uns von dem Übel.»[1] Nicht wir haben die Versuchung erschaffen; sie gehört seit Anbeginn zur Welt der *Maya*, und alle Menschen sind ihr unterworfen. Gott hat uns aber auch Vernunft, Willenskraft und ein Gewissen gegeben, damit wir uns von ihr befreien können.

Erklären wir uns mit sündigen Handlungen einverstanden, geraten wir jedesmal in Schwierigkeiten. Wenn wir durch unser falsches Denken in die Grube des Irrtums gefallen sind, sollten wir beten: «Vater, hilf uns kraft unserer Vernunft und unseres Willens aus dieser Lage heraus. Wenn Du uns danach weiter prüfen willst, so gib Dich uns zuerst zu erkennen, damit wir wissen, daß Du verlockender bist als alle irdischen Freuden!»

Solange ihr bestimmte Vergnügen, von denen ihr wißt, daß sie euch schaden, nicht aufgeben könnt, befindet ihr euch in Satans Machtbereich. Früher oder später werdet ihr dafür leiden müssen, daß ihr den Verlockungen der Sinne nicht widerstanden habt.

[1] *Matthäus* 6, 13.

Wenn ihr die Gefahren der Versuchung aber erkannt habt, wenn ihr wißt, daß sie euch umsonst Glück verspricht und am Ende nur Leid bringt, könnt ihr den Teufel überlisten.

Warum die Sinnenreize so verlockend sind

Versuchungen sind verlockend; das steht außer Zweifel. Unsere Sinne sind alle auf die Außenwelt eingestellt, denn der Strom der Lebensenergie fließt vom Gehirn durch die Nerven in die Augen und Ohren, in Nase, Zunge und Haut. Alle Sinnesempfindungen werden durch diesen nach außen fließenden Strom verursacht, den wir gewöhnlich als angenehm empfinden. Die Anziehungskraft der Sinne ist also stark, und ihnen zu verfallen, ist gefährlich; solange der Mensch nicht genug Weisheit besitzt, führt ihn diese nach außen gerichtete Kraft in die Knechtschaft der Sinne.

Der fünffache Scheinwerfer der Sinne wirft Licht auf die Welt der Materie und macht es uns möglich, sie zu erforschen. Es sind die Sinne, die uns mitteilen, was gut schmeckt, sich gut anfühlt oder gut riecht. Aus dem Wunsch nach einer bestimmten Empfindung wird allmählich eine Gewohnheit. Leider aber sind die meisten Menschen noch nicht mit dem GEIST in Berührung gekommen, der sich hinter der Materie verbirgt, und können daher keinen Vergleich zwischen den erregenden Sinnenfreuden und der unbekannten, unaussprechlichen Glückseligkeit der Seele ziehen. Außerdem haben sie keine Gelegenheit zu einem solchen Vergleich, ehe sie nicht allen sinnlichen Freuden entsagt oder sich durch geistige Kraft unempfindlich gegen sie gemacht haben. Man kann die Fallen nur dann vermeiden, wenn man dank seiner Vernunft oder seiner eigenen Erfahrung erkannt hat, daß es höhere Freuden gibt.

Die Gewohnheit ist ein erbarmungsloser Diktator

Alle Vorschriften, die dem Menschen dieses oder jenes gefährliche Erlebnis verbieten, nützen im allgemeinen wenig. Denn sobald einem etwas verboten wird, hat man sofort den Wunsch, es auszuprobieren. Die verbotene Frucht schmeckt im Anfang süß, am Ende jedoch immer bitter. Und dennoch lernen die Menschen nicht aus all ihrem Leid, sondern schaden sich immer wieder auf dieselbe Weise. Sobald man nämlich an einem bestimmten Sinnenerlebnis Gefallen gefunden hat, setzt sich die Gewohnheit gleich einem Diktator im Gehirn fest und befiehlt einem, der Leidenschaft zu frönen, obgleich man sich selbst dadurch schadet. Ihr mögt euch noch so fest vornehmen, eine bestimmte Handlung nicht zu wiederholen – ihr tut es dennoch. Ihr dürft es nie so weit kommen lassen, daß ihr ein Opfer eurer schlechten Gewohnheiten werdet, sondern müßt euch stets in der Gewalt haben. Sobald das Verlangen nach einem bestimmten Sinnenreiz zur Gewohnheit wird, ist es höchste Zeit, davon abzulassen.

Ich hatte eine Vorliebe für Ginger-ale, weil es mich an indische Limonade erinnerte. Einige meiner Schüler sorgten deshalb dafür, daß überall, wo ich hinkam, dieses Getränk für mich bereitstand. Eines Tages war mein Vorrat ausgegangen, und ich vermißte das Getränk. «Liebes Ginger-ale», sprach ich da mit Nachdruck, «du hast es zu weit mit mir getrieben, was mir erst jetzt bewußt wird. Auf Nimmerwiedersehen!» Am nächsten Tag trank ich absichtlich etwas davon, um mich zu prüfen, aber es schmeckte widerlich. Der Gedanke vom Vortag war so machtvoll gewesen, daß er den Wunsch sofort ausgebrannt hatte.

Wenn mir etwas genommen wird oder wenn ich etwas freiwillig aufgebe, vermisse ich es nie. Ich bin von keinem körperlichen Komfort abhängig. Ihr müßt bei allen Erfahrungen im Leben unabhängig bleiben. Krishna sprach: «Wer Selbstbeherrschung besitzt, ... wird von materiellen Dingen weder angezogen noch abgestoßen und erreicht einen Zustand unveränderlicher innerer Ruhe.»[2] Jedesmal, wenn ihr meint, ohne eine bestimmte Sache

[2] *Bhagavad-Gita* II, 64.

nicht auskommen zu können – sei es ein weiches Bett, ein Kissen usf. –, erinnert euch daran, daß ihr im Begriff seid, euch versklaven zu lassen, daß ihr das unendliche Reich Gottes nie erreichen könnt, solange ihr euren Willen und eure Unterscheidungskraft zu Gefangenen der Sinne macht. Jesus erfreut sich noch immer derselben göttlichen Ekstase wie zur Zeit seiner Auffahrt zu Gott. Der Unwissende aber, der von seinen Leidenschaften regiert wird, bleibt in jedem neuen Leben derselbe – bis er sich endlich entschließt, den irdischen Versuchungen zu widerstehen.

Achtet darauf, daß euer inneres Glück durch nichts beeinträchtigt wird. Schädliche Gemütserregungen wie Zorn, Gier, Eifersucht, sexuelle Reize sowie Alkohol und Drogen sind außerordentlich hinderlich für euch, weil ihr dann die reine Freude der Seele nicht erleben könnt. Wenn ihr wirklich glücklich werden wollt, dürft ihr die Kraft der Sinne nie mißbrauchen. Haltet euch an folgenden wahren Grundsatz: «Immer genährt, nimmer zufrieden! Nimmer genährt, immer zufrieden!»

Die Weisheit ist der beste Schutz des Menschen

Sucht Schutz in der Festung der Weisheit; es gibt keine bessere Sicherheit. Vollkommenes Verstehen wird euch so sehr festigen, daß euch nichts mehr erschüttern kann. Solange ihr diese Weisheit aber noch nicht besitzt, müßt ihr jeder Versuchung sofort den Rücken kehren und erst *danach* eure Vernunft sprechen lassen. Wenn ihr zuerst eure Vernunft befragt, werdet ihr trotz aller guten Absichten das tun, was ihr zu vermeiden sucht, denn die Versuchung ist stärker als die Vernunft. Ihr müßt entschlossen nein sagen und einfach auf- und davongehen. Das ist der sicherste Weg, dem Teufel zu entrinnen. Je mehr ihr diese Art Widerstandskraft entwickelt, um so glücklicher werdet ihr; denn echte Freude hängt vor allem davon ab, ob man der Stimme des Gewissens folgt.

Laßt euch nicht von eurer Umgebung oder euren sinnlichen Regungen beherrschen. Tugend und Geistigkeit sind weit anziehender als alle Sinnenfreuden, aber leider liegen die Menschen in den Ketten der Versuchung gefangen. Wer nur einmal von Gottes Liebe gekostet hat, wird sich nichts anderes mehr wünschen, wird sich für nichts anderes mehr interessieren. Sobald ihr davon überzeugt seid, daß Er das einzige Ziel eurer Sehnsucht ist, können die irdischen Versuchungen eure Unterscheidungskraft nicht mehr trüben.

Der einzige gesunde Ehrgeiz besteht darin, Gott erkennen zu wollen, denn Er ist ewig währende Freude. Nach Ihm sollen wir verlangen, denn Er ist das Allheilmittel gegen alle Leiden. Er kann uns alles beschaffen, was wir brauchen. Ganz gleich, wonach euer Herz sich sehnt – nach Liebe, Ruhm, Weisheit oder anderen Dingen –, in der Verbindung mit dem höchsten Wesen wird euch alles zuteil. Auch wenn ihr der berühmteste Mann seid, könnt ihr das nur genießen, solange ihr lebt; später wißt ihr nichts mehr davon, daß die Menschen euch verehren. Jesus aber weiß, daß seine Anhänger ihn lieben, denn er ist eins mit dem Bewußtsein Gottes, das sich in der ganzen Schöpfung offenbart – eins mit der allgegenwärtigen, allwissenden und ewig währenden Christus-Intelligenz.

Ist es deshalb nicht sinnlos, sich mit aller Kraft um etwas zu bemühen, was man an der Schwelle des Todes doch wieder hergeben muß? Geld, Ruhm, Prestige, Sinnenfreuden, materieller Komfort – sie alle sind trügerische Freuden, die Satan uns statt der wahren Freude, der Verbindung mit Gott, bietet. Vergeßt nie, daß die Versuchung nur deshalb Macht über euch hat, weil ihr sie mit nichts Besserem vergleichen könnt. Wenn ihr ins Netz der Versuchung geratet, wird eure Weisheit zur Gefangenen eurer Wünsche und Gewohnheiten. Die höchste Freiheit besteht darin, so tief in Gottes unendliche Freude versunken zu sein, daß ihr die irdischen Vergnügen von einem Tag zum anderen aufgeben könnt.

Wer während seines jetzigen Lebens wahre Freude findet, wird auch im Jenseits an ihr festhalten können. Was wünscht ihr euch also – Gottes ewige Glückseligkeit, die euer sein kann, wenn ihr euch jetzt ein paar Annehmlichkeiten versagt, oder ein weltliches Glück, das keinen Bestand hat? Vergleicht beide miteinander und laßt dann euer Herz entscheiden. Gott kennt und anerkennt all eure geistigen Bemühungen.

Auch wenn ihr große Sünder seid, vergeßt es!

Betrachtet euch nie als Sünder. Ihr alle seid Kinder des Himmlischen Vaters. Selbst wenn ihr zu den größten Sündern gehört habt – vergeßt es jetzt! In dem Augenblick, da ihr euch entschließt, ein besseres Leben zu führen, seid ihr keine Sünder mehr. «Selbst ein Bösewicht, der sich von allem abwendet, um Mich allein anzubeten, wird unter die Guten gezählt, denn er hat die rechte Entscheidung getroffen. Er wird bald zu einem tugendhaften Menschen, der immerwährenden Frieden erlangt. Sage es allen, o Arjuna, daß Meine Anhänger nie untergehen!»[3] Ihr müßt eine neue Seite im Buch eures Lebens aufschlagen und euch sagen: «Ich bin schon immer rein gewesen und habe nur geträumt, daß ich gesündigt habe.» Und das stimmt. Das Böse ist nichts als ein Alptraum und kein Bestandteil der Seele.

Man kann die Versuchung mit einem überzuckerten Gift vergleichen; sie schmeckt gut, aber sie tötet. Das Glück, nach dem die Menschen in dieser Welt suchen, ist nicht dauerhaft. Göttliche Freude aber währt ewig. Ihr müßt nach dem verlangen, was dauerhaft ist, und aller weltlichen Lust entschlossen den Rücken kehren. Anders geht es nicht. Laßt euch nicht von der Welt beeinflussen. Vergeßt nie, daß Gott die einzige Wirklichkeit ist. Die wahre Liebe eures Kosmischen Vaters liegt verborgen in eurem Herzen. Ihn zu erleben, bedeutet wahres Glück.

Der Mensch liegt im Traum der Unwissenheit gefangen und bildet sich ein, unter Krankheiten, Schmerzen und Armut zu leiden. König Janaka, ein großer indischer Heiliger, rief einmal aus, als er tief im Gebet versunken war: «Wer ist heute in meinem Tempel? Ich dachte, daß ich es sei, aber nun sehe ich, daß der Ewige dort thront. Und dieses kleine Ich, dieses Bündel aus Fleisch und Knochen, hat nichts mit mir zu tun. Ich bin das

[3] *Bhagavad-Gita* IX, 30-31.

Unendliche, das in meinem Körper wohnt. Ich verneige mich vor Mir Selbst. Ich streue Mir Selbst Blumen.» Eines Tages werdet auch ihr diese Erfahrung machen und euch nicht mehr für sterbliche Wesen, für einen Mann oder eine Frau, halten; dann werdet ihr wissen, daß ihr die Seele seid, das Ebenbild Gottes, und «daß der Geist Gottes in euch wohnt».[4]

Die Seele ist aufgrund ihrer mannigfaltigen Wünsche, Versuchungen, Schmerzen und Sorgen an den Körper gekettet und versucht sich loszureißen. Wenn ihr ständig an der Kette zerrt, die euch an das irdische Bewußtsein gefesselt hält, wird eines Tages eine unsichtbare göttliche Hand eingreifen und sie zerreißen – und ihr werdet frei sein!

Schützt euch gegen Täuschung und Leid, indem ihr eure Vernunft gebraucht und euch mit Gott in Verbindung setzt. In der *Bhagavad-Gita* spricht der Herr: «Die Unwissenden, die nicht wissen, daß Ich der Schöpfer aller Lebewesen bin, sind blind und sehen Mich nicht in den Menschen verkörpert.»[5] Meditation bedeutet ganz einfach, sich immer wieder daran zu erinnern, daß man nicht der begrenzte Körper, sondern der unendliche GEIST ist. In der Meditation erinnert man sich an sein wahres Selbst und vergißt, was man sich eingebildet hat zu sein. Wenn sich ein betrunkener Prinz in einem Elendsviertel herumtreibt, wenn er ganz vergessen hat, wer er in Wirklichkeit ist, und sich beklagt: «Wie arm ich doch bin!» lachen ihn seine Freunde natürlich aus und sagen: «Komm zu dir, Prinz, und erinnere dich, wer du bist!»

In einem ganz ähnlichen Wahn lebt auch ihr, wenn ihr euch für arme Sterbliche haltet, die es so schwer haben und zu bedauern sind. Jeden Tag solltet ihr still in euch gehen und euch mit tiefer Überzeugung sagen: «Nicht Tod, nicht Geburt, nicht Kaste kenn' ich; Vater, Mutter habe ich nicht. Ich bin GEIST, ich bin Er. Ich bin unendliche Glückseligkeit!»[6] Wenn ihr diese Gedan-

[4] *1. Korinther* 3, 16.

[5] IX, 11.

[6] Aus einem bekannten Lied Swami Shankaras, des einzigartigen Interpreten des vedischen Monismus. (Siehe Glossar)

ken Tag und Nacht wiederholt, werdet ihr schließlich erkennen, was ihr in Wirklichkeit seid: die unsterbliche Seele!

Richtet euren Geist während der Meditation auf das göttliche Bewußtsein

Die schlimmsten Feinde eures Glücks sind Versuchungen, Habgier, Anhänglichkeit an Menschen oder Besitzgegenstände, Sinnenlust, Unkenntnis eurer Geistnatur, Trägheit und ein mechanisches Leben. Arbeitet fleißig und bleibt stets im göttlichen Bewußtsein verankert, indem ihr regelmäßig meditiert; dann werdet ihr glücklich werden und wirklich zu «leben» beginnen.

Als ich zu meditieren begann, konnte ich mir nicht vorstellen, daß ich je Gefallen daran finden würde. Doch je mehr ich meditierte, um so friedlicher und glücklicher wurde ich.

Wenn ihr des Lebens, das ihr bis jetzt geführt habt, überdrüssig seid, euch aber trotzdem nach mehr Besitz und neuen Erlebnissen sehnt, seid ihr auf dem falschen Weg. Der sicherste Weg, Versuchungen aus dem Wege zu gehen, liegt in einem natürlichen Lebenswandel – einem Leben im Einklang mit Gott. Führt kein unnatürliches Leben, in dem ihr immer wieder ruhelos nach einem irdischen Glück sucht, das die Welt euch nie geben kann. Dafür ist das Leben zu kostbar. Jeden Tag bete ich: «Vater, für Dich kann ich alles hergeben. Ich versuche, stets mein Bestes zu tun; doch Du sollst wissen, daß ich vor allem Dir Freude machen will. Ich möchte auch anderen Freude bereiten, doch Dich zu erfreuen ist mein höchstes Ziel.» Wenn ihr so betet, müßt ihr allerdings mit mancherlei Prüfungen rechnen, weil die Wünsche nicht sofort schweigen. Wenn ihr aber fortfahrt, eure schlechten Gewohnheiten und Neigungen zu bekämpfen, fühlt ihr euch immer mehr zu Gott hingezogen. Und schließlich werdet ihr erleben, daß Er, gleich einer mächtigen Flut, all eure Fehler und Schwächen hinwegschwemmt.

Krishna sprach: «Der Mensch, der sich physisch von den Sinnesgegenständen zurückzieht, wird feststellen, daß diese vorübergehend von ihm abfallen und nur noch die Sehnsucht nach ihnen zurückbleibt. Doch wer das Höchste Wesen schaut, wird auch frei von aller Sehnsucht.»[7] Verbannt alle innere Dunkelheit durch Sein Licht und alle bösen Gedanken durch gute Gedanken. Befreit euch von allen Versuchungen, indem ihr tief meditiert. Das ist das beste Mittel gegen die Versuchung. Jedesmal, wenn ihr willensschwach werdet, meditiert so lange, bis ihr die Gegenwart Gottes fühlt.

[7] *Bhagavad-Gita* II, 59.

Wie man psychische Alkoholiker heilt

Etwa 1949

Ein Mensch, der zuviel Alkohol trinkt, macht sich dadurch eine gefährliche Gewohnheit zu eigen. Wenn er sich nicht bemüht, sein Verlangen nach alkoholischen Getränken zu zügeln, kann er zum Alkoholiker werden, so daß er maßlos, ohne Sinn und Verstand zu trinken beginnt. Solch unglückliche Personen geben oft all ihr Geld für Alkohol aus; sie essen sehr wenig und scheinen sich sogar teilweise vom Alkohol zu ernähren. Auf diese Weise verlieren sie ihr normales Verantwortungsgefühl gegenüber ihrer Gesundheit sowie ihr Ansehen in der Familie, in der Gesellschaft und in der Welt. Schließlich geht ihnen jegliches Ehrgefühl verloren, und sie werden, völlig betrunken, irgendwo aufgelesen – im Straßengraben oder mitten auf dem Weg, wo sie leicht ausgeraubt oder überfahren werden können.

Diese Beschreibung eines Alkoholikers mag veranschaulichen, was ich unter «psychischen Alkoholikern» verstehe. Sie lassen sich individuell nach der bestimmten Sucht einteilen, die bei ihnen chronisch geworden ist, sei es nun Ärger, Angst, sexuelle Ausschweifung, Sadismus, Spielleidenschaft, Stehlen, Eifersucht, Haß, Gier, Launenhaftigkeit, Verschlagenheit oder Dummheit.

Wenn jemand seit frühester Kindheit außergewöhnliche Wutanfälle hat oder sich übermäßig ängstigt oder sehr eifersüchtig ist – oder wenn er irgendeine der anderen zuvor erwähnten Eigenheiten hat, kann man sicher sein, daß seine abnormalen Gewohnheiten aus einem früheren Leben stammen.

Eltern, die solch gefährliche psychologische Neigungen bei ihrem Kind bemerken – vielleicht schon im frühen Kindesalter –, sollten unbedingt etwas tun, um ihr Kind davor zu bewahren, zu einem psychischen Alkoholiker zu werden. Wenn möglich, sollten sie es in eine andere Umgebung bringen, wo es von guten geistigen Lehrern betreut wird.

Durch den langjährigen Einfluß guter Gesellschaft und der richtigen Umgebung kann sich ein psychischer Alkoholiker aus den Fangarmen seines angeborenen Übels befreien. Während er in einer heilsamen Umgebung liebevoll betreut wird, sollte man ihm die schädlichen Folgen seiner schlechten Gewohnheiten erklären und ihm helfen, sich Klarheit darüber zu verschaffen, damit er sich fest vornimmt, seinen Gewohnheiten unter keinen Umständen mehr nachzugeben. Jedesmal, wenn man einer psychischen Gewohnheit, die man in einem früheren Leben erworben hat, nachgibt, nistet sich diese immer mehr ein, bis man buchstäblich zu ihrem Sklaven wird.

Falsche Vorstellungen

Der zornige, lüsterne, gierige Mensch vergißt seine eigene Stellung und seine Beziehung zur Gesellschaft und begeht grobe Fehler, die sein Leben und das Leben anderer Menschen zugrunde richten. Viele psychische Alkoholiker meinen sich eine gewisse Erleichterung zu verschaffen, indem sie ihrer schlechten Gewohnheit frönen. Doch die Gewohnheit, einer schädlichen Sucht nachzugeben, birgt große Gefahren in sich; denn gerade durch wiederholtes Nachgeben werden solche Personen zu chronischen psychischen Alkoholikern und machen sich jederzeit und überall lächerlich.

Wenn Kinder in einem Alter, da ihr Geist noch bildsam ist, dem Einfluß schlechter Umgebung ausgesetzt sind, entwickeln sie unliebsame Gewohnheiten; und diese können zu chronischem psychischem Alkoholismus führen, falls dieser Neigung kein Einhalt geboten wird. Eltern, die bei ihrem Kind eine plötzliche Änderung des Verhaltens bemerken – vielleicht neigt ein sonst ruhiger Junge plötzlich zu Wutanfällen –, sollten sofort etwas dagegen unternehmen. Sie sollten die Ursachen seines Ärgers feststellen und beseitigen und sich Gedanken darüber machen, wie er seine Kräfte auf andere, positive Weise einsetzen kann.

Menschen, die gewohnheitsmäßig eine der vorher erwähnten Eigenheiten aufweisen, sind psychische Alkoholiker. Sie lassen sich unbesonnen vom Niagara-Fall ihrer schlechten Gewohnheiten mitreißen, indem sie sich hilflos, aber dennoch willig ihren schlimmsten Neigungen hingeben, bis ihr Glück schließlich völlig zerstört ist. Es hilft nicht viel, psychologischen Alkoholikern, die ständig unter heftigen Launen, Widerwillen oder Lebensüberdruß leiden, Vorwürfe zu machen. Ihr Verhalten ist das Ergebnis ihres gewohnheitsmäßigen falschen Handelns. Man sollte sie als Patienten betrachten, die unter einer chronischen psychischen Krankheit leiden.

Neutralisierende Einflüsse

Für den akuten psychischen Alkoholiker ist es am besten, wenn man ihn in eine andere Umgebung hineinstellt; denn sein Wille ist zum Sklaven der Gewohnheit geworden. Deshalb kann er dem Übel überhaupt keinen Widerstand leisten. Das wirksamste Heilmittel besteht also darin, den Kranken unverzüglich in eine andere Umgebung zu bringen, die ein Gegenmittel gegen die psychische Vergiftung darstellt.

Wer unter Wutanfällen leidet, sollte mit einem oder mehreren Menschen zusammengebracht werden, die auch in kritischen Situationen nie ärgerlich werden. Der sexuell Überreizte sollte von Personen umgeben sein, die Selbstbeherrschung besitzen; der Gewohnheitsdieb braucht die Gesellschaft ehrlicher Leute. Dem Angsthasen hilft der Umgang mit mutigen Menschen und die Lektüre von Heldengeschichten. Der launische Mensch, der Spötter oder der Griesgram bedarf der Gemeinschaft fröhlicher Menschen.

Ein psychischer Alkoholiker sollte nicht vergessen, daß schlechte Verdauung und der Genuß von Fleisch (besonders von Rind- und Schweinefleisch) seine psychische Krankheit verschlimmern und sie dem Gehirn noch stärker einprägen kann. Wenn man jeden Tag reichlich Obst und Gemüse zu sich nimmt und einmal in der Woche mit Obstsäften fastet – von Zeit zu Zeit auch eine längere Fastenkur einhält –, trägt das wesentlich dazu bei, die Rillen, welche die schädliche Gewohnheit eingegraben hat, zu beseitigen.

Sexuelle Ausschweifungen greifen das Nervensystem und die Gehirnzellen an, was seinerseits die Wutanfälle bei einem psychischen Alkoholiker verschlimmert. Übermäßige Sexualität schwächt außerdem die Willenskraft. Darum sollten alle psychischen Alkoholiker ihren Geschlechtstrieb beherrschen lernen, damit sie im Eheleben maßhalten können, wie es von der Natur vorgesehen ist.

Kleine Tyrannen

Es geschieht oft, daß der Ernährer der Famile – der Vater oder Sohn, manchmal auch die Mutter oder Tochter – eine Neigung zum psychischen Alkoholismus entwickelt, weil er sich seiner tonangebenden Stellung bewußt ist. Solch kleinliche Tyrannen sollten ihre Launen nicht an unschuldigen und arglosen Familienangehörigen auslassen und dadurch bei den Menschen ihrer Umgebung an Achtung verlieren. Wenn ein solcher Haustyrann glaubt, er könne in der eigenen Familie nach Belieben schalten und walten, beginnt er das allmählich auch außerhalb der Familie zu tun und seinen üblen Launen und schlechten Gewohnheiten freien Lauf zu lassen. Schließlich tut er überall und jederzeit, was ihm gerade paßt. Wenn diese kleinlichen Haustyrannen ihren sadistischen Gewohnheiten frönen, werden sie immer mehr zu psychischen Alkoholikern, zeigen ein unreifes Verhalten und fügen denen, die ständig oder zeitweilig in ihrer Nähe leben, und auch sich selber unermeßlichen Schaden zu.

Wenn ihr psychische Alkoholiker seid, versucht euch zu kurieren; vermeidet aber auf jeden Fall, andere anzustecken oder zu beeinflussen. Ganz gleich, ob euch das gelingt oder nicht, ihr werdet euch sicher in zusätzliche Schwierigkeiten bringen. Stellt euch vor, was für ein Höllenlärm entstehen würde, wenn plötzlich jemand ein Stinktier in euer friedliches Heim hineinließe, wo ihr gerade ruhig meditiert oder am Kaminfeuer ein Buch lest. Ihr und alle anderen im Zimmer würden zweifellos versuchen, das Stinktier hinauszujagen und dabei von dessen übelriechendem Drüsensekret bespritzt werden. Sowohl die Familie als auch das Stinktier würden darunter leiden.

Deshalb ist es für einen stinktierartigen Menschen unklug, eine Gesellschaft aufzusuchen, wo er unerwünscht ist. Wahrscheinlich bringt er allen Versammelten Verdruß und wird am Ende recht unsanft behandelt. Denkt daran, daß ein menschliches Stinktier, das aufgrund seiner üblen Laune, die sich auch auf seinem Gesicht widerspiegelt, schlechte Schwingungen verbreitet und in einer friedlichen Umgebung unermeßlichen Schaden anrichten kann; ein solcher Zweibeiner ist nirgendwo willkommen.

Es ist sogar besser, seinen psychischen Alkoholismus verborgen zu halten, als dieser Sucht ganz offen nachzugeben. Fortgesetztes schamloses Nachgeben ist nämlich der beste Nährboden für Neigungen, die man schon von früheren Leben mitbringt oder erst in diesem Leben entwickelt hat. Wer schon von früheren Leben her eine Anlage zu psychischem Alkoholismus hat, muß sich doppelt vor einer Umgebung in acht nehmen, wo die bereits vorhandene Saat seiner schlechten Gewohnheiten und Launen neue Nahrung findet.

Wenn ihr natürlich einem Menschen begegnet, der sich euch gegenüber sehr formell verhält und mit gekünsteltem Lächeln sagt: «Wie geht es Ihnen? Ich freue mich riesig, Sie zu sehen», während er heimlich denkt: «Ich könnte Ihnen den Hals umdrehen, denn Sie haben mich gestört», spürt ihr, was er innerlich denkt, und das stößt euch ab. Ich selbst ziehe es vor zu wissen, woran ich bei anderen bin. Mir ist ein ungeschliffenes Benehmen lieber als ein scheinheiliges. Niemand geht gern das Risiko ein, hinter dem Rosenstrauch des Lächelns auf eine heimtückische Schlange zu stoßen, die jeden Augenblick auf ihn zuschnellen mag.

Dennoch ist es für einen psychischen Alkoholiker besser, zu anderen Leuten freundlich zu sein, auch wenn es vorgetäuscht ist, als seine schlechte Laune an ihnen auszulassen. Wenn er täglich – sogar in unwichtigen Dingen – Selbstbeherrschung übt, hilft ihm das, seine psychischen Schwächen nach und nach zu überwinden.

Wird Jesus sich wieder verkörpern?

Erster Tempel der Self-Realization Fellowship
Encinitas/Kalifornien, 26. November 1939

Viele Menschen sagen eine Wiederkunft Christi voraus. Andere glauben, daß der wahre Christus bisher noch gar nicht erschienen sei. Doch Jesus ist auf die Erde gekommen und wieder gegangen. Das ist eine Tatsache. Wenn sein Leben nur, wie manche meinen, ein Mythos gewesen wäre, hätte sein Einfluß nicht so viele Jahrhunderte lang weiterbestanden. Obgleich er gekreuzigt wurde, hat sich seine Lehre dennoch in allen Ländern der Welt verbreitet, weil er nur für Gott lebte.

«Siehe, er kommt mit den Wolken, und es werden ihn sehen alle Augen.»[1] Aufgrund dieses Bibelverses glauben viele aufrichtige Menschen, daß Christus buchstäblich aus den Wolken zu uns herabsteigen werde. Die wahre Bedeutung aber ist metaphysisch. Wenn ihr die Augen schließt, seht ihr nichts als Dunkelheit. Doch hinter dieser Dunkelheit liegt das innere Licht. Der Kontrast zwischen beiden veranschaulicht gut den Unterschied zwischen dieser Welt und dem Reich Gottes.

Wenn ich die Augen schließe und meine Willenskraft sammle, sehe ich Christus in diesem Licht[2]; und jeder wahre Gottsucher, der die Fähigkeit hat, das geistige Auge zu durchdringen, wird ihn dort sehen. In diesem inneren Licht sehe ich Jesus genauso deutlich wie irgendeinen anderen Menschen in unserer Welt. Alles, was man in diesem Licht wahrnimmt, ist viel feiner. Wunderbare Visionen von Heiligen erscheinen dann – doch nur, wenn ihr aufrichtig seid und euch geistig entwickelt habt. Solche

[1] *Offenbarung* 1, 7.

[2] Das Licht des geistigen Auges zwischen den Augenbrauen. «Das Auge ist des Leibes Licht. Wenn dein Auge einfältig ist, so wird dein ganzer Leib licht sein.» *(Matthäus* 6, 22)

Erlebnisse werden einem nicht zuteil, wenn man nur ein paar Minuten meditiert und sich dann auf etwas anderes konzentriert. Wenn es euch wirklich Ernst mit Gott ist und vor allem wenn ihr Ihn liebt und gewillt seid, Schlaf zu opfern, um in eurer Suche nach Ihm fortzufahren, dann werdet ihr allmählich echte Visionen schauen. Das sind keine Halluzinationen. Wahre Visionen sind Ausstrahlungen der Wirklichkeit.

Göttliche Gerechtigkeit und das Gesetz der Wiedergeburt

Ihr mögt an das Gesetz der Wiedergeburt glauben oder nicht; wenn dieses Leben jedoch den Anfang und das Ende menschlicher Existenz bedeutete, dann könnte man die Ungerechtigkeiten des Lebens unmöglich mit einer göttlichen Gerechtigkeit in Einklang bringen. Warum wird das eine Kind in einer reichen Familie geboren, während ein anderes in einem Armutsviertel zur Welt kommt und an Hunger stirbt? Warum ist einer so gesund, daß er hundert Jahre alt wird, und ein anderer ist sein Leben lang krank? Warum werden die Eskimos im kalten Norden geboren und andere Leute in einem milderen Klima, wo der Existenzkampf nicht so hart ist? Warum kommen einige Babys blind oder tot zur Welt? Warum? Warum? Wenn ihr selbst Gott wäret, würdet ihr solch ungerechte Dinge geschehen lassen? Warum soll man die heiligen Schriften lesen und sich danach richten, wenn das Leben von einem launischen Gott vorherbestimmt wird, der absichtlich Wesen mit einem unzulänglichen Körper und Gehirn erschafft?

Dem Gesetz von Ursache und Wirkung zufolge erzeugt jede Tat eine entsprechende Reaktion. Daher muß alles, was uns jetzt geschieht, das Ergebnis von etwas sein, was wir früher getan haben. Wenn es in diesem Leben nichts gibt, was die augenblicklichen Umstände erklärt, so ist die unweigerliche Schlußfolgerung, daß wir die Ursache schon früher in Bewegung gesetzt haben, das heißt in einem vergangenen Leben. Die bei euch am stärksten hervortretenden Stimmungen und Charakterzüge haben schon vor diesem jetzigen Leben bestanden; sie haben sich bereits vor langer Zeit in eurem Bewußtsein festgesetzt. Nur so können wir verstehen, warum einige Menschen schon von früher Kindheit an bestimmte Talente oder Schwächen zeigen.

Wir verstehen dann auch, daß die Vollkommenheit, die Jesus in seinem Erdenleben offenbarte, das Ergebnis vieler früherer Inkarnationen war, in denen er Meisterschaft über sich selbst erlangt hatte. Sein wunderbares Leben als Christus war das Ergebnis vieler Leben, in denen er eine entsprechende geistige Schulung empfangen hatte. Er wurde ein *Avatar*[3], eine göttliche Inkarnation, weil er in seinen früheren menschlichen Leben gegen die Versuchungen des Fleisches angekämpft und sie überwunden hatte. Sein Beispiel gibt der übrigen Menschheit große Hoffnung. Was für eine Möglichkeit hätten wir sonst? Wenn Gott uns Engel als Lehrmeister schickte, würde ich sagen: «Herr, warum hast Du *mich* nicht als Engel erschaffen? Wie kann ich ein Wesen nachahmen, das von Anfang an vollkommen war und keine Ahnung von den Prüfungen und Versuchungen hat, die Du mir schickst?»

Wir müssen ein ideales Wesen vor Augen haben, das uns im wesentlichen ähnlich ist. Jesus hatte zweifellos mit Versuchungen zu kämpfen. «Hebe dich von mir, Satan!» sprach er. Und er siegte. Wenn er keine Versuchungen gekannt hätte, wären seine Worte: «Hebe dich von mir, Satan» nichts als Schauspielerei gewesen; und wie könnte uns das beeindrucken? Obgleich er schon in früheren Leben über den Körper gesiegt hatte, mußte er in dieser Inkarnation als Jesus wieder gegen körperliche Schwächen ankämpfen, um der Menschheit zu zeigen, wie er sich durch Meisterung seines Selbst geistig entwickelt hatte – um ihr durch sein Beispiel neuen Mut zu geben.

Jesus war in seinem früheren Leben Elisa

Jesus erreichte in seiner früheren Inkarnation als Elisa höchste Vollkommenheit. Ich weiß mit Bestimmtheit, daß er in einem früheren Leben Elisa und daß Johannes der Täufer, der Guru

[3] Siehe Glossar.

Jesu, damals Elias war.[4] Elisas spätere Inkarnation als Jesus wurde schon vor mehreren Jahrhunderten vorausgesagt, denn er war dazu bestimmt, Gottes Plan zu verwirklichen. Diese Prophezeiung ist im Buch des Jesaja (7, 14) enthalten, der acht Jahrhunderte vor Christus lebte: «Darum so wird euch der Herr selbst ein Zeichen geben: Siehe, eine Jungfrau ist schwanger und wird einen Sohn gebären, den wird sie heißen Immanuel.» Matthäus beschreibt das Ereignis der Geburt Christi mit folgenden Worten: «Das ist aber alles geschehen, auf daß erfüllet würde, was der Herr durch den Propheten gesagt hat, der da spricht: ‹Siehe eine Jungfrau wird schwanger sein und einen Sohn gebären, und sie werden seinen Namen Immanuel heißen›, das ist verdolmetscht: Gott mit uns.»[5]

Jesus hatte in der Schule vieler Inkarnationen alle nötigen Erfahrungen gemacht und das materielle Bewußtsein vollkommen überwunden. Darum sagte der Himmlische Vater von ihm: «Dies ist mein lieber Sohn, an welchem ich Wohlgefallen habe.»[6]

Jesus wurde als beispielhaftes Wesen auf die Erde gesandt, damit die anderen Kinder Gottes jemanden vor Augen hätten, der die Täuschung dieser Welt überwunden hat. So groß Jesus auch war, er sagte dennoch demütig von sich selbst: «Ich tue nichts von mir selber, sondern wie mich mein Vater gelehrt hat, so rede ich.»[7] Seine ganze Liebe gehörte Gott. Sein Bewußtsein war völlig im Vater aufgegangen.

Wir alle sind Kinder Gottes. Vor vielen Inkarnationen erschuf Er uns, so wie Er Jesus erschuf. Im Johannes-Evangelium finden wir folgende Worte Jesu: «Steht nicht geschrieben in eurem Gesetz: ‹Ich habe gesagt: Ihr seid Götter›?» Jesus wurde Gott zum Bilde erschaffen, so wie auch wir; er siegte über die Täuschung und zeigt uns dadurch, wie wir es ebenfalls tun können. Wenn ihr

[4] Sich auf Johannes den Täufer beziehend, sprach Jesus: «Und so ihr's wollt annehmen, er ist Elias, der da soll zukünftig sein.» *(Matthäus* 11, 14)

[5] *Matthäus* 1, 22-23.

[6] *Matthäus* 3, 17.

[7] *Johannes* 8, 28.

in diesem Leben über die Täuschung siegt, werdet ihr zu Gott zurückkehren und braucht euch nicht wiederzuverkörpern. «Wer überwindet, den will ich machen zum Pfeiler in dem Tempel meines Gottes, und er soll nicht mehr hinausgehen.»[8]

Wird Jesus aber wiederkehren? Vom metaphysischen Standpunkt aus ist er bereits allgegenwärtig. Er lächelt euch durch jede Blume zu. Er fühlt seinen kosmischen Körper in jedem Teilchen des weiten Raumes. Jeder Hauch des Windes trägt euch den Atem Jesu zu. Durch seine Einheit mit dem göttlichen Christusbewußtsein ist er in allem, was lebt, inkarniert. Wenn ihr Augen habt, zu sehen, könnt ihr ihn in der ganzen Schöpfung erblicken.

Wer, wie Jesus, befreit worden ist, wird eins mit dem GEIST. Und dennoch behält er seine Individualität bei; denn wenn Gott einmal ein menschliches Wesen erschaffen hat, bleibt in Seinem kosmischen Bewußtsein eine Aufzeichnung über diese Schöpfung bestehen. Alle Gedanken und Handlungen eines jeden Menschen sind im Bewußtsein Gottes gespeichert. Das meinte Jesus mit seinen Worten: «Verkauft man nicht fünf Sperlinge um zwei Pfennige? Dennoch ist vor Gott deren nicht eines vergessen.»[9]

Jesus erscheint seinen Anhängern in Visionen und auch im Körper

Jesus kann sich als Individuum auf zweierlei Weise verkörpern: in einer Vision und in einem wirklichen Körper. Wenn ihr große Hingabe besitzt, könnt ihr ihn innerlich so sehen, wie er auf Erden war. Mehrere Heilige haben ihn geschaut und manche Ereignisse seines irdischen Daseins noch einmal mit ihm durchlebt.

Jesus kann sich zu jeder Zeit wiederverkörpern, entweder in einem physischen Körper oder in einem inneren Licht – je nach dem Grad eurer Hingabe und Konzentrationsfähigkeit. Den meisten Menschen wird die Wiedergeburt aufgezwungen, doch

[8] *Offenbarung* 3, 12.
[9] *Lukas* 12, 6.

weil Jesus höchste Befreiung erlangt hat, kann er nach Belieben wiederkehren oder nicht. Er kann euch jeden Augenblick in Fleisch und Blut erscheinen, wenn ihr die erforderliche hundertprozentige Hingabe habt, die ihn herbeizieht; doch er wird nicht kommen, wenn eure Hingabe nur ein Prozent weniger beträgt.

Vor Jahren, als ich noch in Boston lebte und dort unterrichtete, nahmen mich meine Geschäfte einmal so sehr in Anspruch, daß ich drei Tage lang nicht an Gott gedacht hatte. Der Gedanke, so weiterzumachen, war mir unerträglich; ich war bereit, meine Sachen zu packen und Amerika den Rücken zu kehren. Doch gerade zu diesem Zeitpunkt begegnete mir ein Schüler, der mich bat, mit ihm zu meditieren. Als wir uns zur Meditation niedergesetzt hatten, begann ich zu beten: «Herr, ich diene Deinem Werk hier in Amerika gern, aber ich liebe Dich mehr als Dein Werk, und wenn ich merke, daß ich Dich in diesem Land vergesse, dann reise ich lieber ab.» Da hörte ich innerlich Gottes Stimme, die mich fragte: «Was wünschst du dir?»

Impulsiv sagte ich: «Ich möchte Krishna und Christus mit all ihren Jüngern erblicken.» Und im selben Augenblick schaute ich sie auf einem goldschimmernden Meer – ebenso klar, wie ich euch jetzt vor mir sehe – und betete sie an.

Nach einer Weile aber begannen mir Zweifel zu kommen. «Das kann nicht wirklich sein», dachte ich. Und so betete ich wieder: «Herr, wenn dies eine wahre Vision ist, so laß den Schüler in diesem Zimmer dasselbe sehen.» Und sofort rief mein Freund aus: «Oh, Krishna und Christus auf einem goldenen Meer!»

Doch wieder kamen mir Zweifel. War dies nur Gedankenübertragung? Aber sowie ich dies dachte, hörte ich Gottes Stimme: «Wenn ich gehe, wird das ganze Zimmer von Lotosduft erfüllt sein, und jeder, der hereinkommt, wird es wahrnehmen.» Jeder, der mich später in diesem Zimmer besuchte, fragte ohne Ausnahme: «Wonach duftet es hier? Es muß eine seltene Blume sein.»

Für die meisten seiner Nachfolger ist Christus nur ein Idealbild, über das sie in der Bibel gelesen haben. Für mich jedoch bedeutet er weit mehr als das. Für mich ist er wirklich. Vor acht Jahren kam er einmal allein zu mir und meditierte die ganze Nacht mit mir. Damals sah ich die Einsiedelei[10] in einer Vision. Noch viele andere Male habe ich ihn in Visionen gesehen und mit ihm gesprochen. Und diesen selben Christus könnt auch ihr erblikken.

Ihr müßt bereit sein, alles aufzugeben, um mit Gott eins zu werden. Er wird euch prüfen. Wenn ihr unentwegt betet und meditiert und Ihn dennoch nicht seht – und wenn ihr dann sagt: «Herr, es macht gar nichts; Du weißt ja, daß ich bete und daß ich nicht eher aufhören werde, als bis Du kommst», dann wird Er euch antworten. Ein Heiliger sagte einmal: «Ich frage nicht danach, wann Er kommt – ich weiß, Er *wird* kommen.» Das ist die richtige Einstellung.

Wenn ihr entschlossen seid, dieses Christusbewußtsein, das Jesus besaß, durch eigene Bemühungen zu erlangen, wird Gott euch zur Erfüllung dieses Wunsches verhelfen. Zuerst aber müßt ihr, wie Jesus, Herrschaft über euch selbst erlangt haben. Gott verleiht den geistig Suchenden keine großen geistigen Kräfte, ehe sie Ihm nicht beweisen, daß sie ihre menschlichen Schwächen überwunden haben. Denn sonst können sie leicht anderen Menschen schaden oder sogar durch Mißbrauch ihrer göttlichen Kräfte ganze Nationen zugrunde richten.

Jesus verfügte über höchste Kräfte. Er hätte ohne weiteres seine Kreuzigung vermeiden können, doch während seiner Anfechtung im Garten Gethsemane sagte er nur: «Vater, nicht mein, sondern dein Wille geschehe.»[11] Und am Kreuz: «Vater, vergib ihnen; denn sie wissen nicht, was sie tun!»[12] In diesen letzten Prüfungen bewies er, daß er das eigene Ich völlig überwunden hatte. Wenn ihr über dieselben unbegrenzten Kräfte verfügt, die Jesus besaß, wenn alle Menschen euch verachten und ihr dennoch keine Vergeltung übt, seid ihr wahre Sieger.

[10] Diese Ansprache wurde im Jahre 1939 gehalten, und die Einsiedelei in Encinitas war 1936 erbaut worden. Hier erzählt uns Paramahansaji, daß er die Einsiedelei 1931 in einer Vision erblickte. *(Anmerkung des Herausgebers)*

[11] *Lukas* 22, 42.

[12] *Lukas* 23, 34.

Alle großen Avatare kommen wieder

Jeder Heilige, der auf Erden lebte, hat dazu beigetragen, daß Gottes Wunsch erfüllt werde: allen Menschenkindern zu geistiger Entfaltung zu verhelfen. Die großen Meister kommen aus zweierlei Gründen zu uns: um eine gewisse Anzahl oder auch eine große Menge von Menschen zu inspirieren und aufzuklären – und um echte Jünger zu schulen, die ihr Leben nach dem des Meisters ausrichten. Letztere gehören zur «eigentlichen Familie» des Heiligen und bilden den inneren Kern, dem er sein geistiges Leben einpflanzt. Jesus hatte zwölf solcher Jünger – und auch noch andere –, doch einer von den Zwölfen übte Verrat an seiner Liebe und seinem Vertrauen. Die schwerste Aufgabe für jeden gottgesandten geistigen Lehrer besteht darin, andere Menschen sich gleich zu machen, doch Jesus erschuf echte christusähnliche Jünger.

Jeder erleuchtete Lehrer versucht, vielen Menschen dazu zu verhelfen, mit Gott in Verbindung zu treten. Dennoch läßt jeder große Meister eine «unvollendete Symphonie» zurück. Und weil sie unvollendet bleibt, muß er wiederkehren; die Zeit jedoch wird von Gott bestimmt. Was ich euch hier sage, steht in keinem Buch, noch hat jemand es sich ausgedacht; doch es ist die Wahrheit.

Jesus heilte viele Menschen, doch sie zeigten sich nicht immer dankbar dafür. Und so wurde er es müde, ihre körperlichen Krankheiten zu heilen; er wollte, daß die Menschen Gott finden. Er wollte nur ihr Allerbestes, doch sie kreuzigten ihn. Und so konnte sein Wunsch, ihnen zu ihrer geistigen Höherentwicklung zu verhelfen, nicht ganz erfüllt werden. Deshalb wird er wiederkehren müssen. Große Meister wie er kommen wieder auf die Erde, um mehr Seelen zu Gott zu führen. Obgleich sie selbst höchste Vollendung erreicht haben, ist ihr Wunsch, andere glücklich und vollkommen zu sehen, nicht erfüllt worden. Sie wollen ihre irrenden Brüder zu Gott zurückführen.

Wenn ihr zu Jesus betet, so fühlt er, was ihr sagt. Befreite Seelen wie Jesus vernehmen jeden Ruf ihrer Anhänger. Ihr selbst merkt es vielleicht nicht, daß sie die Schwingungen eurer Gefühle empfangen, aber es ist so. Und wenn der Ruf eurer Liebe sehr dringend wird, dann kommen die großen Meister zu euch.

Ihr größter Wunsch ist es, die ganze Welt zu erlösen; denn jeder Heilige, der Gott gefunden hat, weiß, daß es für ihn keinen Tod gibt. Er lebt in ewiger Freude. Doch sind sich die Heiligen des Leidens der ganzen Welt bewußt. Deshalb sagen sie zum Himmlischen Vater: «Die Menschen töten sich gegenseitig und leiden auf manch andere Art. Warum muß das sein?» Und Gott antwortet: «Ich werde dich irgendwann einmal zurücksenden, damit du ihnen hilfst.»

Die von Gott bestimmten Erlöser der Menschheit müssen zur Erde zurückkehren, doch wann sie kommen, weiß niemand. Deshalb glauben viele an die Wiederkunft Christi; wann dies aber geschieht, hängt ganz von Gottes Willen ab. Die großen Meister kommen auf Geheiß des Himmlischen Vaters. Manchmal ist ihre Zeit vorherbestimmt, und dann sprechen die Propheten davon. Andere *Avatare* kommen unangekündigt; doch sie kommen alle. Auch ich will immer wiederkommen.

Viele Male will ich mein Boot
Über den Abgrund des Todes steuern
Und aus meiner Heimat im Himmel
Zurückkehren zu den Küsten der Erde.
Ich will mein Boot mit allen Wartenden beladen,
Mit allen Durstigen, die zurückgeblieben sind,
Und sie zu den opalblau schimmernden Teichen
der Freude führen,
Wo mein Vater das Wasser des Friedens verteilt
Und den Durst aller Wünsche stillt.[13]

Es ist wunderbar, wiederzukommen und allen helfen zu können; so sollte jeder sein Leben auf Erden verbringen wollen. Warum sich nur um eigenen Gewinn bemühen? Wenn Gott uns kennt, kennen uns auch Seine Kinder, denn in Gott sind wir alle eins. Es ist so wichtig, daß wir Ihn finden. In unserem eigenen Interesse

[13] Aus Paramahansa Yoganandas Gedicht *Gottes Fährmann*.

müssen wir Seine Liebe erleben und uns in Ihn versenken, damit wir Tag und Nacht in jener unendlichen Freude und Glückseligkeit leben.

Die großen Seelen werden sich immer wieder verkörpern. Gott verlieh ihnen Individualität und gab ihnen eine bestimmte Rolle, die sie für Ihn spielen sollen. Sie müssen ihr Werk vollbringen, weil sie Gott lieben. Sie kommen also alle wieder, denn es gibt noch Scharen von Brüdern auf der Welt, die im Schlamm der Täuschung und des Leidens umherwaten. Die großen Meister müssen wiederkehren, und auch Jesus wird wiederkommen, um mehr Seelen ins Reich Gottes zu führen.

Die mütterliche und väterliche Ausdrucksform Gottes

TEIL EINS: DIE MUTTER

Tempel der Self-Realization Fellowship *in San Diego/Kalifornien*
Muttertag, 11. Mai 1941

Heute wollen wir voller Dankbarkeit aller guten Mütter gedenken, die ihre Kinder mit Liebe aufgezogen haben. Wenn diese Kinder sich die Liebe vergegenwärtigen, die sie von ihren Müttern empfangen haben, verspüren sie sicher den Wunsch, allen Kindern der Welt dieselbe Liebe zu schenken. Mögen alle Söhne und Töchter, die von der Liebe einer Mutter umsorgt worden sind, selber von dieser mütterlichen Zärtlichkeit – dieser bedingungslosen Liebe – erfüllt werden und sie auch anderen Menschen erweisen. Dadurch können sie der Welt Trost und Frieden, ja den Himmel auf Erden schenken.

Es ist nicht der Sinn der Mutterliebe, uns mit Nachsicht zu verwöhnen, sondern unsere Herzen zu erweichen, damit wir auch anderen Menschen gegenüber immer gütig sind und den ringenden Seelen helfen, sich von den drückenden Fesseln irdischer Knechtschaft zu befreien. Wer hilflos der Sünde verfallen ist und ein Mißgeschick nach dem anderen erlebt, bedarf unserer Liebe und Zärtlichkeit.

Meine tiefe und uneingeschränkte Hingabe an meine irdische Mutter war für mich der erste Anlaß, die Göttliche Mutter zu lieben. So führte mich also die große Liebe zu meiner Mutter auf den Weg zur Erleuchtung.

In Indien bezeichnen wir Gott oft als Göttliche Mutter, weil eine echte Mutter zärtlicher und nachsichtiger ist als ein Vater. Die Mutter ist eine Ausdrucksform der bedingungslosen Liebe Gottes. Gott schuf die Mütter, um uns zu zeigen, daß Er uns auch ohne Ursache liebt. Für mich ist jede Frau eine Stellvertreterin der Großen Mutter; in jeder sehe ich die Kosmische Mutter verkörpert. Was ich an der Frau vor allem bewundere, ist ihre mütterliche Liebe. Wer die Frau als Lustobjekt betrachtet, wird vom

Feuer der Begierde verzehrt; doch wer in jeder Frau die Verkörperung der Göttlichen Mutter sieht, findet in ihr etwas unantastbar Heiliges. Wenn ihr in jeder Frau eure Mutter seht, wie einige unserer erleuchteten indischen Meister es taten, wird euer Herz von allumfassender Liebe erfüllt.

Einmal wollten gewisse skeptische Anhänger eines großen Heiligen diesen auf die Probe stellen und schickten einige hübsche Dirnen zu ihm. Er sprang sofort auf und rief: «Göttliche Mutter, *Du* bist es, die in diesen Körpern zu mir gekommen ist. Ich verneige mich vor euch allen.» Da knieten die Frauen beschämt vor ihm nieder. Von diesem Augenblick an waren sie geistig verwandelt.

Jeder Mann, der die Frau als eine Verkörperung der Ewigen Mutter betrachtet, wird Erlösung finden. Ein Ehemann sollte in seiner Frau die reine Schönheit der Göttlichen Mutter sehen. Wenn er die eigene Frau als Mutter betrachtet, wird er in ihr etwas Heiliges entdecken, das er noch nie wahrgenommen hat.

Mütter wären nicht fähig, ihre Kinder zu lieben, wenn Gott ihnen diese Liebe nicht ins Herz gepflanzt hätte. Anerkennung verdient aber auch Sein Werkzeug; denn der Strom göttlicher Liebe fließt durch die menschliche Mutter hindurch. Alle großen Meister haben ihren Müttern Ehre erwiesen. Swami Shankara[1] setzte sich nach dem Tod seiner Mutter über die Mönchsregel hinweg, die ihm Kulthandlungen für Familienangehörige untersagte, und verbrannte ihren Körper mit einer göttlichen Flamme, die seiner Hand entsprang.

Unser Heim erhält einen besonderen Segen durch die Gegenwart der Göttlichen Mutter, die sich in der Gestalt der menschlichen Mutter verkörpert hat. Ist das nicht ein Gedanke, den wir uns zu Herzen nehmen sollten? Vergeßt dies nicht! Ihr müßt die Liebe zur Göttlichen Mutter ständig in eurem Herzen nähren, so daß ihr für jede Frau genauso wie für eure eigene Mutter fühlt. Wenn ihr ohne jede sinnliche Regung auf die Frauen blickt,

[1] Swami Shankaras *Gebet an die Göttliche Mutter zur Vergebung der Sünden* hat den Refrain: «Wenn es auch viele schlechte Söhne gibt, so gab es doch nie eine schlechte Mutter.»

werdet ihr etwas von ihrem geistigen Reichtum empfangen können.

Warum wurde der Mutter eine solche Liebe verliehen? Damit sie ihr Kind bedingungslos lieben kann. Das eigene Kind zu lieben bedeutet, sich in göttlicher Liebe zu üben. Die Mutter glaubt, es sei ihr eigenes Kind; doch in Wirklichkeit gehört das Kind Gott. Es wird ihr genommen, sobald der göttliche GEIST es zu sich ruft. Deshalb sollte jede Mutter die Liebe, die sie für ihr Kind empfindet, auf alle Kinder der Erde ausdehnen.

Von einer Mutter erwartet man, daß sie für ihren Sohn sorgt, und dem Sohn wird gesagt, er solle seine Mutter ehren. Ich aber sage euch, daß ein Sohn nicht nur seine eigene Mutter lieben, sondern alle Frauen als Ausdrucksformen der Göttlichen Mutter betrachten sollte.

Jede Mutter sollte wissen, daß sie gesegnet ist, weil die bedingungslose göttliche Liebe durch sie hindurchfließt. Sie sollte erkennen, daß sie anderen nicht ihre persönliche Liebe schenkt, sondern die ihr angeborene Liebe der Göttlichen Mutter. Sie sollte stolz auf ihre Kinder sein, sich aber nicht damit begnügen, ihre Liebe nur den eigenen Söhnen und Töchtern zu schenken. Eine Mutter sollte allen Menschen göttliche, bedingungslose Liebe entgegenbringen. Das ist heute meine Botschaft an euch.

Seid stolz, ihr Mütter, daß die Göttliche Mutter in euch Gestalt angenommen hat, um der Welt fühlbare Liebe zu schenken, und zwar nicht nur euren eigenen Kindern, sondern allen Kindern der Erde. Dann seid ihr wirklich gesegnet. Anstatt zu denken, daß ihr ein Kind oder fünf Kinder habt, werdet ihr erkennen: «Ich habe überall in der Welt viele Kinder.» In diesem Bewußtseinszustand seid ihr eins mit der Göttlichen Mutter.

Die Mutter, die alle Kinder Gottes als ihre eigenen ansieht, ist über den Zustand einer menschlichen Mutter hinausgewachsen. Sie wird zur Unsterblichen Mutter. Das trifft auf alle heiligen Frauen zu. Eines Tages erkennen sie: «Die große Liebe, die ich für mein Kind fühle, die empfinde ich nun für alle. Jetzt weiß ich, daß ich nicht dieser Körper bin, sondern eine Ausdrucksform der Göttlichen Mutter.» Stellt euch vor, was ihr alles erreichen könnt! Von einer durchschnittlichen Frau könnt ihr zur Göttlichen

Mutter aufsteigen! Und warum auch nicht? Die Mutter des Universums schuf euch nach ihrem Bilde, und ihr solltet dieses göttliche Ebenbild zum Ausdruck bringen, indem ihr allen Lebewesen ihre grenzenlose Liebe schenkt.

TEIL ZWEI: DER VATER

Tempel der Self-Realization Fellowship *in Hollywood/Kalifornien*
Vatertag, 18. Juni 1944

An diesem Vatertag geloben wir dem Himmlischen Vater unsere Treue. Wenn auch die Liebe des menschlichen Vaters nicht immer bedingungslos ist, so wird sie doch von Weisheit gelenkt – von Achtung vor dem Gesetz und dem Willen, andere zu beschützen. Heute ehren wir den Göttlichen Vater der Weisheit, des Rechts und der Sicherheit, der durch alle edlen menschlichen Väter vertreten ist.

Jeder Vater sollte daran denken, daß er nicht nur ein menschlicher Vater, sondern ein Stellvertreter des Himmlischen Vaters ist. Diesen Kosmischen Vater ehre ich. Er steht hinter allen Vätern. Jeder Vater sollte daher erkennen, daß er die Verantwortung trägt, sich richtig zu verhalten; das durchsichtige Licht des GEISTES kann nicht durch ihn hindurchfließen, wenn sein Geist von Täuschung und irregeleiteten Gedanken verdunkelt wird. Er muß innere Reinheit bewahren; denn durch ihn und alle anderen Väter sorgt der Himmlische Vater für Seine Kinder auf Erden.

Körper und Geist des menschlichen Vaters sollten ein Tempel des Göttlichen Vaters sein. Als ein Werkzeug des Göttlichen spielt der Vater seine größte schöpferische Rolle, wenn Er seinen Kindern Gedanken einpflanzt, die sie auf den Weg der Gottverwirklichung führen.

Nachkommen zu zeugen, ist keine einzigartige Leistung; auch die Tiere können das. Doch Kinder auf der Ebene göttlicher Liebe und in einem geistigen Bewußtseinszustand zu zeugen, ist eine bedeutsame Handlung. Selbst Tiere können nach Wunsch gezüchtet werden; doch viele menschliche Kinder werden als Frucht der Leidenschaft, des Zufalls und der Sünde geboren. Wie sollten sie da rein und vollkommen sein? Diebe und andere Verbrecher sind gewöhnlich Kinder, die aus Leidenschaft gezeugt wurden, obschon sich manchmal auch eine gute Seele unter diesen findet.

In den Schulen und Hochschulen sollte man den Charakter bilden; doch die Väter müssen wissen, daß das Beispiel wichtiger ist als die Schulung. Sie sollten ihren Kindern nicht sagen: «Tut nicht das, was ich tue, sondern das, was ich sage.» Wenn ihr nicht wollt, daß euer Kind raucht, dürft ihr selber auch nicht rauchen. Wenn ihr wollt, daß euer Kind freundlich und höflich spricht, dürft ihr nicht unwirsch mit eurer Frau reden, denn das Kind nimmt sich an euch ein Beispiel. Seid immer liebenswürdig, ganz gleich, was ihr sagt und tut; denn es ist der Himmlische Vater, der in euch Gestalt angenommen hat, um für das Kind zu sorgen.

Jeder Vater, der sich versucht fühlt, mit diktatorischer Strenge zu seinem Kind zu sprechen, sollte sich folgendes sagen: «Da meine Stimme geschaffen wurde, damit der Kosmische Vater sie gebrauchen kann, darf ich Satan, dem Vater der Unwissenheit, nie erlauben, mit unvernünftiger Härte durch mich zu sprechen. Ich sollte meine Kinder stets liebevoll leiten, um sie so von der Wahrheit zu überzeugen. Mein Geist sollte einem transparenten Glas gleichen, durch das die Weisheit des Himmlischen Vaters ungehindert hindurchscheint.»

Wir sollten uns die Weisheit des Himmlischen Vaters und der Göttlichen Mutter zu eigen machen, um den Frieden auf Erden zu sichern. Ein guter Vater könnte es nie über sich bringen, seine Kinder zu töten. Wenn nun alle Väter ihr Herz mit der Liebe des Göttlichen Vaters erfüllten, der für die Kinder aller Nationen sorgt, wie könnte es da noch Kriege geben? Liebe ist die geistige Waffe, die allen Kriegen ein Ende setzt.

Ich habe meine Stimme, meine Augen, meine Hände, meine Füße, mein Herz, meinen Körper, meine Gefühle, meinen Willen – mein ganzes Wesen Gott geweiht. Und ich sage allen Vätern: «Wenn ihr das kleine Ich besiegt, werdet ihr erleben, daß die Weisheit und schützende Kraft des Himmlischen Vaters durch euch wirken kann.»

Die Schöpfung mit offenen Augen betrachten

Internationales Mutterzentrum der Self-Realization Fellowship
Los Angeles/Kalifornien, 17. August 1939

Gottes Welt ist wahrhaft erstaunlich. In ihr wirkt Er all Seine Schöpfungswunder. Geht nicht wie ein «wandelnder Leichnam» in dieser Welt umher; beobachtet, untersucht und würdigt, was Gott und der Mensch – als Sein Vertreter auf Erden – zustande gebracht haben. Wie kompliziert ist doch der Mechanismus des Universums! Denkt einmal darüber nach, wie wir geschaffen sind und wie planmäßig die ganze Maschinerie der Schöpfung läuft – wie sie sich nach den kosmischen Gesetzen richtet.

Wir alle freuen uns an der Schönheit der Blumen, doch wer weiß, wie sie entstanden sind? Bei allem, was wir täglich gebrauchen oder erblicken – sei es ein Taschentuch, ein Musikinstrument, ein Haus oder ein Baum – sollten wir uns einmal überlegen, woraus und wodurch es geschaffen wurde. Autos nehmen wir als etwas Selbstverständliches hin; doch wenn ihr die Fabriken besichtigen könntet, in denen sie hergestellt werden, würdet ihr sehen, wie kompliziert ein Auto zusammengesetzt ist. Denkt auch einmal darüber nach, was alles nötig ist, bis eine Zeitung entsteht, und wie hochentwickelt die Druckmaschinen sind; keine menschliche Hand kann so schnell arbeiten.

Und wenn schon die Herstellung der technischen Geräte, die der Mensch geschaffen hat, so kompliziert sein kann, wieviel kunstvoller ist dann erst die Erschaffung der Pflanzen, Tiere und Menschen! Man braucht ein zehnjähriges Medizinstudium, um den Aufbau, die Funktionen und Bedürfnisse des scheinbar einfachen menschlichen Körpers zu verstehen. Schon eine flüchtige Analyse enthüllt erstaunliche Dinge – wenn ich auch manchmal denke, Gott hätte einiges besser machen können!

Bei einer Pflanze, die in einem Wasserglas wächst, kann man erkennen, daß die Wurzeln wie Haare aussehen. Aufgrund der von Gott verliehenen intelligenten Energie in den Wurzeln zieht die Pflanze alle Nahrung, die sie für ihr Wachstum braucht, aus dem Boden und dem Wasser. Ähnlich wie eine auf den Kopf gestellte Pflanze nimmt der Mensch durch seine Haare elektrische Ströme auf, die sein Körper verwertet.[1]

Ist es nicht erstaunlich, daß der Saft, der die Blätter der Pflanze nährt, gegen die Schwerkraft nach oben fließt? Wenn man die Haut von der Pflanze abzieht, kann man das verwickelte Geflecht von Haarröhrchen sehen, die den Saft hinaufleiten. Dieser geheimnisvolle Prozeß, der die Ernährung und das Wachstum vorantreibt, ist das Geheimnis, das wir Leben nennen. Wenn ich mich in der Ekstase des Gottesbewußtseins befinde, nehme ich dieses Leben sogar in jedem Grashalm wahr. Ich hätte mir nie träumen lassen, daß ich einmal fähig sein würde, solch verborgene Wunder der Schöpfung zu sehen! Wenn wir uns auf diese Wunder konzentrieren, stehen wir in Ehrfurcht vor dem, was der Herr erschaffen hat.

Mit unvorstellbarer Genauigkeit hat Gott den Aufbau jedes Lebewesens und die Bedingungen erdacht, die für den Fortbestand dieser Lebensform nötig sind. Wenn – z. B. in der Nahrung – ein wichtiger Aufbaustoff fehlt, leiden Pflanzen, Tiere und Menschen darunter. Ein normaler Mensch entnimmt seiner Nahrung all die verschiedenen chemischen Elemente, die sein Körper braucht. Viele Menschen jedoch verstoßen gegen die Grundsätze richtiger Ernährung, das heißt, ihre Mahlzeiten weisen nicht alle erforderlichen Nährstoffe oder nicht das richtige Verhältnis dieser Stoffe zueinander auf. Falsche Ernährung ist eine der Haupt-

[1] «Der physische Körper mit den Haarwurzeln, dem zerebrospinalen Stamm, den Nervensträngen und den Verzweigungen der Hände und Füße ähnelt einem umgekehrten Baum... Einige Yogis schneiden ihre Haare nicht, sondern tragen sie lang, um dadurch mehr kosmische Strahlen aus dem Äther aufzunehmen. Der Grund, warum Samson seine übermenschliche Kraft verlor, nachdem Delila seine Haare geschoren hatte, könnte sehr wohl darin liegen, daß er seine Haare durch gewisse Yoga-Übungen in feinfühlige Antennen verwandelt hatte, die kosmische Energie aus dem Äther aufnehmen können.» (Paramahansa Yogananda, *Self-Realization Magazine,* Mai-Juni 1963)

ursachen aller menschlichen Krankheiten. Wenn zum Beispiel bei einer Pflanze ein notwendiger chemischer Bestandteil in der Nahrung fehlt, kann man die Auswirkung der mangelhaften Ernährung fast sofort erkennen.

Zwischen den Menschen und anderen Lebewesen findet ein wichtiger Nahrungsaustausch statt. Seit Jahrhunderten pflegen die Inder ihre Toten zu verbrennen und deren Asche zu zerstreuen. Auf diese und andere Weise ernährt der Mensch die Mutter Erde, und diese ernährt ihrerseits mit ihren Pflanzen den Menschen.

Die Wechselbeziehung zwischen Menschen und Bäumen ist wohlbekannt. Der Mensch atmet Sauerstoff ein und Kohlendioxyd aus.[2] Bäume absorbieren und speichern Kohlendioxyd und Wasser und lösen diese durch Photosynthese auf, um Kohlenhydrate (Nahrung) zu bilden. Bei diesem Vorgang geben sie Sauerstoff ab, der für den Menschen unentbehrlich ist.[3] Die Photosynthese, die vom Sonnenlicht abhängt, setzt nachts aus. Indessen geben die Bäume durch einen anderen Prozeß, den man Atmung nennt, ständig Kohlendioxyd an die Atmosphäre ab, und zwar besonders nachts, wenn der neutralisierende Einfluß der kohlenstoffaufnehmenden und sauerstoffbildenden Photosynthese unterbleibt. Da die Luft nachts gewöhnlich ruhig ist, sammelt sich das schwere Kohlendioxydgas in Bodennähe. Zum Teil aus diesem Grund hat sich der Brauch entwickelt, auf Bettgestellen zu schlafen, nämlich oberhalb des Bodens.

[2] Ein Übermaß an Kohlendioxyd ist schädlich für den Körper. Dennoch wird ein kleiner Teil des Kohlendioxyds im Blut zurückbehalten, weil er für die Regelung des Stoffwechsels lebenswichtig ist. *(Anmerkung des Herausgebers)*

[3] «Es ist sehr wahrscheinlich, daß unser Vorrat an freiem Sauerstoff, ein Fünftel der Atmosphäre, durch Photosynthese hergestellt worden ist.» *(Encyclopaedia Britannica)*

Die Begrenzung der physischen Sinne

Die Wissenschaft hat uns eine Menge über den verwickelten Mechanismus unseres Weltalls und über die Stoffe gelehrt, aus denen wir bestehen; jedoch gibt es immer noch vieles, was wir nicht entdeckt haben. Wir könnten mehr wahrnehmen und dankbar anerkennen, wenn wir die unseren Sinnesorganen zugrundeliegenden Kräfte besser entwickelten. Dinge, die wir mit unseren Augen sehen sollten, sehen wir nicht; Dinge, die wir mit unseren Ohren hören sollten, hören wir nicht, weil sich unsere Sinne zu sehr an die Erfahrung der begrenzten grobstofflichen Welt gewöhnt und von ihr abhängig gemacht haben. Sich von dieser Abhängigkeit zu befreien, bedeutet nicht, alle Sinnenfreuden aufzugeben; es erlaubt uns vielmehr, die geistigen Möglichkeiten der gottgegebenen Sinne voll auszuschöpfen.

Auf materieller Ebene hat der Mensch verschiedene Methoden entdeckt, seine Sehkraft zu verbessern. Mit bloßen Augen nimmt er nur einen kleinen Ausschnitt aus dem Farbenspektrum wahr. Unter dem Einfluß ultravioletten Lichts indessen zeigt sandfarbenes Gestein, das gewisse Mineralien enthält, leuchtende Farben. Ohne das ultraviolette Licht jedoch nimmt das Gestein wieder seinen ursprünglichen trüben Farbton an. Viele Farben in der physischen Welt, wie zum Beispiel das Blau des Himmels, sind eigentlich eine optische Täuschung, die durch die Lichtreflexion verschiedener Partikel verursacht wird. Da eure Augen nur einen kleinen Teil der schöpferischen Schwingungen wahrnehmen, aus denen alle Dinge erschaffen sind, seht ihr nicht die feinen astralen[4] Farben, die sich hinter allen sichtbaren Gegenständen verbergen. Wenn ihr sie sehen könntet, würdet ihr über deren Schönheit staunen. Selbst die prächtigsten Farben auf dieser Erde erscheinen im Vergleich mit den herrlichen Farben der Astralwelt häßlich, grob und stumpf.

So nehmen also weder eure Augen noch eure Ohren alles wahr,

[4] Hinter jedem Lebewesen, jedem Gegenstand und jeder physischen Schwingung liegt deren feinere Astralform, die aus leuchtenden Biotronen besteht.

was vor sich geht. Ihr könnt astrale Düfte nicht riechen, noch könnt ihr mit euren anderen physischen Sinnesorganen die zahllosen feineren Formen und Erscheinungen wahrnehmen, die sich im Äther bewegen. Selbst wenn der heilige Franziskus jetzt in seiner astralen Gestalt vor euch erschiene, könntet ihr ihn nicht sehen, hören oder berühren. Es ist jedoch möglich, die gewöhnlichen Grenzen, die uns durch die Sinne gesetzt werden, zu überschreiten; denn ich habe ihn gesehen.

Oft erkennt der Mensch nicht einmal die Dinge, die seine Sinne wahrnehmen können. Wer empfängliche Augen hat, entdeckt überall Schönheit. Andere scheinen überhaupt keine Augen zu haben; sogar an einem malerischen Ort «sehen» sie das Schöne gar nicht. Als ich Mexiko besuchte und die «Schwimmenden Gärten» von Xochimilco[5] sah, fühlte ich angesichts von soviel Liebreiz die Gegenwart des Göttlichen Künstlers, der dies geschaffen hatte. Ein anderer Mann, der neben mir stand, schien ebenfalls beeindruckt. Dennoch spürte ich, daß er nicht dasselbe sah wie ich; deshalb fragte ich ihn, wie dieses malerische Bild auf ihn wirke. «Ich habe mir gerade überlegt, wie man das Wasser ableiten und mehr Land gewinnen könnte», erwiderte er. Als Ingenieur sah er den See auf eine ganz andere Art. So betrachten wir die Dinge je nach unserer Einstellung und Stimmung.

Jede Seele ist von einer Hülle umgeben, die sich aus den Schwingungen sämtlicher Empfindungen, Gedanken und Gefühle zusammensetzt und alle Faktoren enthält, die das Wesen oder Bewußtsein einer Person ausmachen. Jeder Mensch hat eine andere Zusammensetzung, eine andere Schwingung. Alles, was ihr seit eurer Kindheit getan habt, ist, wie auf einer Tafel, als bestimmte Neigungen in eurem Gehirn aufgezeichnet; und das macht euch zu dem, was ihr seid. Weil wir diese Schablone nicht sehen können, wundern wir uns, warum sich manche Leute so und nicht anders verhalten. Einige geraten plötzlich in Hochstimmung oder werden unerklärlicherweise wütend oder launisch; oft

[5] Die Gärten sind inzwischen zu festen Inseln geworden, da sich die Pflanzen schon seit längerer Zeit im Grund des äußerst flachen Sees eingewurzelt haben.

wissen sie selbst nicht, warum. Andere kritisieren ständig ihre Mitmenschen oder verbreiten Klatsch, während sie besser «vor ihrer eigenen Tür kehren» sollten. Die unsichtbaren Verhaltensmuster im Gehirn veranlassen jeden, sich auf eine ganz bestimmte Weise zu betragen. Sie verdecken die Seele und hindern den Menschen daran, sein wahres Selbst zum Ausdruck zu bringen. Wie vielschichtig ist doch der Mensch! Jedes Leben gleicht einem umfangreichen Roman.

Die unbegrenzte Leistungsfähigkeit der Gedanken

Der Mensch sollte mehr aus seinem Leben machen und nicht nur essen, schlafen und arbeiten. Denkende Menschen beginnen sich Fragen über das Leben zu stellen. Sie beobachten und fragen sich, warum gewisse Dinge auf bestimmte Weise und nicht anders geschehen. Wir haben ein erstes und dann ein zweites Gebiß, warum nicht ein drittes? Was bewirkt diese Regelung? Weil der Mensch viele trügerische Vorstellungen über seine körperlichen Grenzen akzeptiert hat, ohne sie in Frage zu stellen, läßt er seine Lebensweise von ihnen bestimmen. Denkende Menschen indessen akzeptieren das Unvermeidliche nicht einfach; sie versuchen, eine Änderung herbeizuführen. Und das ist es, was den Fortschritt möglich macht.

Wenn ich große Fabriken, erstaunliche Erfindungen und andere außerordentliche menschliche Leistungen sehe, begeistert mich das. Was hat das menschliche Gehirn nicht alles schon zustande gebracht! Und das Gehirn selber ist unendlich viel komplizierter als alles, was es geschaffen hat.

Man erzählt sich die Geschichte von einem König, der seinem Ministerpräsidenten soviel Liebe und Hochachtung erwies, daß andere Höflinge, welche die offenkundige Vorliebe des Monarchen bemerkten, eifersüchtig wurden. Als der König davon erfuhr, wollte er ihnen zeigen, *warum* er den Ministerpräsidenten bevorzugte. Irgendwo aus der Ferne erklang Musik, und der König wandte sich zu einem der Hofleute und sagte: «Stell bitte fest, was dort vor sich geht.» Nach einiger Zeit kehrte der Mann zurück und meldete, es handle sich um einen Hochzeitszug. «Wer heiratet?» fragte der König. Der Höfling wußte es nicht; so wurde ein anderer ausgeschickt. Dieser kam zurück und beantwortete die letzte Frage des Königs; doch als der Herrscher eine weitere Frage stellte, konnte der Diener wieder keine Auskunft geben. Wie viele Höflinge er auch ausschickte, das Endergebnis war immer dasselbe. Schließlich ließ der König den Ministerpräsidenten rufen und bat ihn, ausfindig zu machen, was dort vor sich gehe. Als dieser zurückkehrte, überhäufte ihn der König mit Fragen, und auf jede dieser Fragen wußte der umsichtige und gründliche Ministerpräsident eine befriedigende Auskunft zu geben.

Viele Leute sind schwerfällig wie die schlecht informierten Höflinge. Sie sind nicht gerade dumm, aber geistig zu träge, um mehr zu tun, als unbedingt nötig ist. Körperliche Trägheit kann ich entschuldigen (dafür mag es berechtigte physiologische Gründe geben), aber geistige Trägheit ist unverzeihlich! Der geistig Träge denkt nicht gerne, weil ihm das zuviel Mühe macht.

Dabei ist das Denken so faszinierend! Niemand wird je in der Lage sein, ein Verzeichnis aller Neigungen und Wahrnehmungen des menschlichen Geistes aufzustellen; denn dessen Fassungsvermögen ist unbegrenzt. Dennoch kann der menschliche Geist keine wirklich originellen Gedanken fassen; es gibt keine einzige Idee, die Gott nicht schon zuvor gehabt hätte, da Er alle Dinge der Vergangenheit, Gegenwart und Zukunft plant. Wenn ihr deshalb tief genug über etwas nachdenkt, werdet ihr auf jede Frage eine Antwort finden.

Ihr müßt sowohl denken als auch fühlen; wenn eure Gedanken nicht ständig durch eure Gefühle ergänzt werden, werdet ihr nicht immer die richtigen Schlüsse ziehen. Das Gefühl ist ein Ausdruck der Intuition, der Quelle allen Wissens. Fühlen und Denken (Vernunft) müssen richtig ausgewogen sein; erst dann kann sich das Göttliche in euch – die Seele – voll entfalten. Aus diesem Grunde lehrt der Yoga, wie man den richtigen Ausgleich zwischen Denken und Fühlen erlangt. Wer nicht beides gleichmäßig entwickelt, kann seine Persönlichkeit nicht voll entfalten.

Im göttlichen Bewußtseinszustand wird alles schön

Als ich noch jünger war, besichtigte ich gern Sehenswürdigkeiten, aber mein Interesse galt nur den Tempeln. Doch als sich mein Bewußtsein durch die Meditationsübungen erweiterte, begann ich die Welt mit anderen Augen zu sehen; da erschien mir alles wie verwandelt und erweckte mein Interesse. Jetzt schaue ich hinter der ganzen Schöpfung das Reich meines Vaters. Es ist zauberhafter als alle Träume der Welt! Und oft sehe ich die Schönheit Seines Reiches durch die grobstoffliche Schöpfung hindurchschimmern.

Je mehr Fortschritte ihr auf dem geistigen Weg macht und je näher ihr Gott kommt, desto mehr enthüllt Er euch die Wunder der Schöpfung. Selbst in den dürren und häßlichen Stoppeln eines abgeernteten Weizenfeldes werdet ihr noch Leben entdecken. Zwar hat dieses seine Rolle ausgespielt, und für das gewöhnliche Auge ist es nicht mehr sichtbar. Mit dem göttlichen Auge[6] jedoch könnt ihr selbst in dem verödeten Feld noch die herrlichen Farben wirbelnder Elektronen und Protonen sehen.

Für jeden materiellen Gegenstand gibt es eine astrale «Vorlage» aus farbigem Licht. In der Astralwelt ist alles voller Leben und Bewegung. Nichts kann dort als «tot» bezeichnet werden. Selbst in der physischen Welt bedeutet der Tod nicht das Ende des Lebens, sondern nur den Übergang in eine andere Form. Auch im «leblosen» Gegenstand pulsiert noch Leben. In den Knochen toter Tiere habe ich prächtige Farben und vibrierendes Licht gesehen.

Ihr seht nur die grobstofflichen Produkte aus Gottes Fabrik, die sich hinter der Schöpfung verbirgt; doch wenn ihr die Fabrik selber besuchen könntet, würdet ihr erkennen, auf welch wundersame Weise alle Dinge in dieser Welt sichtbar gemacht werden.

Die Fabrik hinter der Schöpfung übersteigt jede Vorstellungskraft; das ganze Universum ist ein einziger Gedanke im Geist Gottes! So einfach ist es – und dennoch funktionieren die Milchstraßensysteme aufgrund einer Mathematik, die das

[6] Das geistige oder dritte Auge des Menschen, das Auge intuitiver Wahrnehmung.

menschliche Fassungsvermögen übersteigt. Alles läuft in fehlerloser Ordnung ab. Was für eine überragende Intelligenz sich in der Schöpfung offenbart! Das Unendliche durchdringt alles. All die verschiedenen kreisenden Wirbel, die wir Leben nennen, werden von dieser Kosmischen Intelligenz gelenkt.

In jedem Jahrhundert verlassen anderthalb Milliarden Menschen diese Erde, und eine noch größere Anzahl wird geboren. Welche Probleme von Angebot und Nachfrage dies schafft! Dennoch hat die Göttliche Intelligenz reichlich für Nahrung gesorgt, so daß alle menschlichen Bedürfnisse gedeckt werden können. Der Mensch allein ist für Not und Elend auf der Erde verantwortlich. Heutzutage könnten wir bereits ein Paradies auf Erden haben – mit gesunden Menschen, denen alles zur Verfügung steht, was sie zum Leben brauchen, und die glücklich und friedlich unter einer weisen Regierung leben. Doch der Egoismus der Menschen und die unfähigen Machthaber verhindern das. Abraham Lincoln drückte das höchste Ideal einer Regierung mit trefflichen Worten aus, als er sagte, diese solle «aus dem Volk, durch das Volk und für das Volk sein.» Er war ein tiefgläubiger Mensch. Dennoch hatte er unter der Unwissenheit einiger weniger zu leiden.

Diese Welt ist nur ein vorübergehender Aufenthaltsort

Es ist ganz natürlich, daß man sich fragt, wo solch überragende Menschen wie Lincoln und wo unsere verstorbenen Angehörigen, die einst so fühlbar nahe waren, nach dem Tode hingegangen sind. Solche Fragen tauchen nicht auf, um euch zu entmutigen, sondern um euch zu der Erkenntnis zu verhelfen, daß das Leben ein flüchtiger Traum ist. In der *Bhagavad-Gita*[7] heißt es: «Was für alle Geschöpfe die Nacht (des Schlafes) ist, bedeutet für den, der sich selbst beherrscht, (leuchtendes) Wachsein. Der Weise durchschaut den scheinbaren Wachzustand des durchschnittli-

[7] II, 69.

chen Menschen als das, was er wirklich ist: ein trügerischer Schlaf.»

Von diesem Gesichtspunkt aus liegen die meisten Menschen während ihres Traumlebens in einem festen Schlaf; nur derjenige, der Selbst-Verwirklichung erlangt hat, ist wach. Er ist nicht an Reichtum und Sinnenfreuden interessiert wie der Durchschnittsmensch, der seine Zeit in oberflächlicher Gesellschaft verbringt. Indem der Mensch den flüchtigen Reizen dieser Welt nachjagt, macht er sich zu einem Nervenbündel, wo doch die unbeschreiblichen Freuden und Wunder Gottes ihm so viel geben könnten: Glück und ewige Erfüllung!

Nur für kurze Zeit lebt ihr als individualisiertes Bild in Gottes Traumwelt. Ihr träumt, daß ihr hier eine sterbliche Existenz habt; das gehört zu Gottes kosmischem Traum. Jeden Tag träumt ihr, daß ihr körperliche Wesen seid. Und jede Nacht im Tiefschlaf entschwindet dieser Traum. Eines Tages, wenn ihr in Gott – eurem wahren Selbst – erwacht, wird der Traum für immer vorbei sein.

Sucht Gott, der sich hinter der Schöpfung verbirgt

Nutzt eure Zeit richtig, damit ihr die Göttliche Fabrik entdeckt, die hinter dieser Welt liegt. Einmal schaute ich die unendlichen Wunder der Schöpfung einen ganzen Tag lang in einer Vision und betete:

«O Vater, als ich blind war, fand ich keine einzige Tür, die zu Dir führt. Doch nun, da Du meine Augen geheilt hast, entdecke ich überall Türen: im Herzen der Blumen, in den Stimmen der Freunde, in der Erinnerung an schöne Erlebnisse. Jeder Windstoß meiner Gebete öffnet ein neues Tor, das zum unermeßlichen Tempel Deiner Gegenwart führt.»[8]

Seid zielbewußt, fest und unnachgiebig in eurem Entschluß, den Einen zu finden, der sich hinter dieser Schöpfung verbirgt. Entzieht euch dem Zugriff der Welt und geht nachts nie zu Bett,

[8] «Türen überall» in *Flüstern aus der Ewigkeit*.

bevor ihr nicht bewußt Verbindung mit Gott aufgenommen habt. Ich lege mich selten vor vier Uhr morgens schlafen; erst nachts kann ich mich von meinen Verpflichtungen freimachen und ganz bei Gott sein.

Der durchschnittliche Mensch mit seinen täglichen Verpflichtungen kann genauso beschäftigt sein wie der Präsident der Vereinigten Staaten. «Arbeit und immer mehr Arbeit!» ruft uns das Leben zu. Ihr müßt euch jeden Tag Zeit für Gott lassen und euch eine Weile von der Welt zurückziehen. Meistert euer Leben und setzt eine bestimmte Zeit am Tage fest, wo ihr meditiert und euch mit Ihm in Verbindung setzt. Dann wird euch alles in dieser Welt wie ein Wunder erscheinen.

Ähnlich wie der Wissenschaftler seine Entdeckungen macht, indem er sich an gewisse Regeln und physikalische Gesetze hält, so könnt auch ihr mit Sicherheit Gott finden, wenn ihr die geistigen Gesetze mit wissenschaftlicher Genauigkeit befolgt. Ihr helft euch selber im höchsten Sinne, wenn ihr die Gesetze studiert und anwendet, die in der Lehre der *Self-Realization Fellowship* dargelegt werden.

Vergeßt nicht, was ich euch gesagt habe. «Den Weisen – denen, die geistig erwacht sind – genügt ein Wort.» Und doch sagte Jesus: «Die Ernte ist groß, aber wenige sind der Arbeiter.»[9] Wenn ihr diese Lehren in euch aufnehmt und anwendet, werdet ihr alle Wahrheiten, von denen ich gesprochen habe, selber erfahren. Es handelt sich um nichts Kompliziertes; ich habe euch nur jene geistigen Techniken gegeben, die euch helfen, Gott zu erleben und euch mit Ihm zu vereinigen. Ganz gleich, wie unerfreulich die äußeren Umstände für euch sein mögen – wenn ihr Gott findet, werdet ihr sehen, wie Er durch euch wirkt und sich euch in allem offenbart; dann werdet ihr Seine Liebe und Freude selbst erleben.

Die *Rishis* Indiens erinnern uns daran, daß Gesundheit und Reichtum, materieller Erfolg und Besitz nicht von Bestand sind. Warum wollt ihr euch nur auf vergängliche Dinge konzentrieren? Was euch bleibt, ist die ewig neue, freudige Verbindung mit Gott

[9] *Matthäus* 9, 37.

und die eigene Selbst-Verwirklichung – die Erkenntnis, wer ihr seid, die Einsicht, daß ihr Gottes Ebenbild in euch tragt. Wenn ihr diese Erkenntnis gewonnen habt, seid ihr zufriedene Menschen. Die heiligen Schriften Indiens bezeichnen jemanden, der diesen Zustand erreicht hat, als einen *Siddha*, einen «erfolgreichen Menschen». Als ich vor Hunderten und Tausenden von Zuhörern sprach, nannte man mich oft «erfolgreich». Das machte keinen Eindruck auf mich. Man kann von der ganzen Welt anerkannt werden und dennoch dem Einen, auf dessen Aufmerksamkeit es allein ankommt, unbekannt sein; und wer die Aufmerksamkeit Gottes auf sich zieht, mag der Welt völlig unbekannt sein. Was zieht ihr vor? Ich verlangte nur nach der Anerkennung meines Himmlischen Vaters. Der Beifall der Welt kann so berauschend sein, daß man vergißt, sich um die allbefriedigende Anerkennung Gottes zu bemühen.

Es ist verständlich, daß jeder gern die Rolle eines Königs auf dieser irdischen Bühne spielen möchte: doch wenn alle Könige wären, könnte es kein Schauspiel geben. Eure Rolle ist genauso wichtig wie die jedes anderen. Es kommt darauf an, daß ihr eure Rolle so spielt, wie der Göttliche Regisseur es wünscht; wenn ihr sie spielt, um Gott zu gefallen, werdet ihr Erfolg haben. Jeder sollte im Herzen beten:

«O Herr, bediene Dich meiner Hände; sie wurden geschaffen, Dir zu dienen und für Deinen Tempel Blumen zu pflücken. Meine Augen wurden geschaffen, Deine Gegenwart in den funkelnden Sternen und in den Augen seelenvoller Verehrer zu schauen. Meine Füße wurden geschaffen, überall Deine Tempel aufzusuchen, damit ich den Nektar Deiner Worte einsaugen und ihn suchenden Seelen weitergeben kann. Meine Stimme wurde geschaffen, von Dir allein zu sprechen. Ich esse gesunde Nahrung, die mich an Deine allerhaltende Güte erinnert. Ich atme den Duft der Blumen ein, um in ihnen Deine liebliche Gegenwart zu spüren. Ich weihe Dir meine Gedanken, meine Gefühle und meine Liebe. All meine Sinne sind auf Dein himmlisches Orchester eingestellt, das den Duft der Schönheit und Freude verbreitet und seinen Refrain in der ewigen Symphonie des Kosmos erklingen läßt.

Führe mich aus dem Dunkel ins Licht. Führe mich von Haß zu Liebe. Führe mich aus meiner Begrenzung zu Deiner unerschöpflichen Kraft; führe mich von Unwissenheit zu Weisheit. Führe mich aus Leid und Tod zu ewigem Leben und ewiger Freude in Dir. Und führe mich vor allem aus der Täuschung menschlicher Anhänglichkeit zum Erlebnis Deiner ewigen Liebe, die in allen Formen menschlicher Liebe Verstecken mit mir spielt.

Vater, Mutter, Freund, geliebter Gott, offenbare Dich mir! Laß mich nicht länger in Unwissenheit verharren. Ich verbanne alle Täuschung aus dem heiligen Schrein meiner Seele. Sei Du der einzige König auf dem Thron meiner Wünsche, die einzige Königin in der Burg meiner Liebe, die einzige Gottheit im Tempel meiner Seele. Laß mich in Deinem Bewußtsein wach bleiben, damit ich unaufhörlich bitten und beten kann, bis Du mir sämtliche Tore zum Palast Deiner Weisheit öffnest und mich, gleich einem verlorenen Sohn, wieder aufnimmst und mit dem ‹gemästeten Kalb› der Unsterblichkeit und ewigen Freude bewirtest.»

Der unsichtbare Mensch

Erster Tempel der Self-Realization Fellowship
Encinitas/Kalifornien, 3. März 1940

Von einem unsichtbaren Menschen zu sprechen, scheint absurd. Wir sehen ja täglich unseren eigenen Körper. Dennoch gibt es manche Anzeichen dafür, daß wir im wesentlichen unsichtbar sind. Schließt einmal die Augen. Jetzt könnt ihr euch selbst nicht mehr sehen; woher wißt ihr dann, daß ihr existiert? Ihr fühlt euer Körpergewicht, ihr könnt hören, riechen, schmecken und tasten. Trotzdem besteht das Bewußtsein eurer Wirklichkeit nur aus Vorstellungen. Ihr seid ein unsichtbarer Kern, um den viele Gedanken kreisen. Jetzt macht die Augen wieder auf! Seid ihr nun die Gestalt, die ihr seht, oder das innere Wesen, das ihr soeben noch mit geschlossenen Augen wahrgenommen habt?

Der sichtbare Mensch bedeutet wenig, wogegen das unsichtbare Selbst oder die Seele von größter Bedeutung ist. Wenn ihr schlaft, nehmt ihr den sichtbaren Menschen nicht wahr, und dennoch seid ihr euch eures Daseins voll bewußt; denn wenn ihr aufwacht, wißt ihr, ob ihr gut oder schlecht geschlafen habt. Deshalb ist euer unsichtbares Selbst das wirkliche. Wenn euch das genommen wird, hat eure äußere Sichtbarkeit keine Bedeutung mehr. Ohne das unsichtbare Selbst ist der Körper so wertlos wie ein Leichnam. Der unsichtbare innere Mensch aber ist wirklich. Seltsamerweise jedoch versucht kaum ein Mensch, dieses unsichtbare Selbst zu erforschen. Jeder ist so sehr von seinem sichtbaren Körper in Anspruch genommen und konzentriert sich so ausschließlich auf seine äußere Erscheinung und seine Gesundheit, daß er gar nicht darüber nachdenkt, was dieses unsichtbare Selbst eigentlich ist.

Innerhalb des physischen Körpers – und ihm ganz ähnlich, doch den physischen Augen nicht sichtbar – befindet sich ein Lichtkörper, die astrale Hülle der Seele. Wenn ihr einen Finger verliert, habt ihr immer noch das Gefühl, als ob er da wäre. Menschen, die ein Glied verloren haben, kennen diese Empfindung. Jeder Körperteil hat sein unsichtbares astrales Gegenstück. Hinter eurem physischen Herzen befindet sich ein unsichtbares Herz. Ohne dieses könnte euer sichtbares Herz nicht schlagen. Ihr habt unsichtbare Organe des Gesichts und Gehörs, ein unsichtbares Gehirn, unsichtbare Knochen und Nerven. Diese Gewebe aus Licht und Energie bilden den astralen Körper des unsichtbaren Menschen. Der Astralkörper sieht genauso aus wie der sichtbare, mit dem Unterschied, daß er aus Licht und Energie besteht und daher außerordentlich fein ist.

Wenn ihr körperlich behindert seid, dann sagt nicht: «Ich bin blind» oder: «Ich habe eine Hand verloren». Eure unsichtbaren Augen und Hände sind immer noch da. Auch wenn euer körperlicher Arm gelähmt ist, bleibt euer unsichtbarer Arm unbehindert. Denkt nie, daß die unsichtbaren Organe in irgendeiner Weise durch die Krankheit der physischen Organe in Mitleidenschaft gezogen würden; denn solch negative Gedanken können den Fluß der intelligenten Lebenskraft in den einzelnen Körperteilen behindern.

Der elektrische Strom fließt durch einen Draht. Was ist wichtiger – der Draht oder die Elektrizität? Der Draht dient lediglich als Leitung für die Elektrizität; die Elektrizität existiert nicht um des Drahtes willen. Ebenso dient der Körper dem unsichtbaren Menschen – der Seele –, damit sie sich seiner bedienen kann; der Mensch existiert nicht für den Körper. Dennoch muß der physische Körper bestimmte Bedingungen erfüllen, damit sich das unsichtbare Selbst in ihm aufhalten kann.

Wie bedauerlich, daß dieses unsichtbare Selbst an den Körper gekettet ist! Wäre das nicht der Fall, könnten wir auf dem Wasser wandeln oder durch die Luft fliegen und dann wieder in den Körper zurückkehren. Der Astralkörper des unsichtbaren Selbst hat weit intensivere Sinneswahrnehmungen als sein körperliches Gegenstück. Der Mensch hat Maschinen erfunden, die in mancher Hinsicht dem begrenzten menschlichen Körper überlegen sind. Doch wenn ihr euch des unsichtbaren Astralkörpers immer mehr bewußt werdet, könnt ihr hören, was die physischen Ohren nicht hören, und sehen, was die physischen Augen nicht sehen. Der Astralkörper kann auch Gegenstände riechen, schmecken und berühren, die jenseits des Bereichs physischer Sinneswahrnehmungen liegen. Und ihr könnt ihn beliebig groß oder klein machen, ebenso wie der Mann im Vorführraum größere oder kleinere Bilder auf eine Filmleinwand projizieren kann.

Untersucht die Elektrizität, welche die Glühbirne des Körpers erleuchtet

Ihr kümmert euch ständig um die körperliche Glühbirne. Ist euch nie der Gedanke gekommen, wie wunderbar es wäre, die Elektrizität zu untersuchen, welche die Birne erleuchtet? Der sichtbare Mensch besteht im wesentlichen aus 16 Elementen, das heißt Chemikalien, die man in einem Laden kaufen kann. Der Körper selbst ist nicht viel mehr als zwei Mark wert; in einer Wirtschaftskrise sogar weniger. Warum sich nicht mehr mit dem unsichtbaren Menschen beschäftigen? Er ist es ja, der große Macht besitzt, Freunde hat und der Liebe fähig ist. Ohne ihn wäre der Mensch nichts als die chemischen Stoffe, aus denen er zusammengesetzt ist.

Richtet eure ganze Aufmerksamkeit nach innen – weg vom begrenzten sichtbaren Menschen. Der Körper hat Rückenschmerzen und Bauchschmerzen; er wird alt und verfällt; er ist wie ein lästiges kleines Tier, das ständig wegen irgendwelcher Dinge jammert und winselt. Der sichtbare Mensch kann keinen schweren Sturz ertragen und zuckt oft schon bei einem Nadelstich zusammen; der unsichtbare Mensch aber ist unverletzbar. Er ist frei von allen Beschwerden des physischen Körpers. Der unsichtbare Mensch in euch ist das, was ihr wirklich seid. «Der Eine, der alle Dinge durchdringt, ist unvergänglich. Nichts kann den wandellosen GEIST zerstören.»[1]

Ihr denkt, daß ihr der Körper seid; doch das stimmt nicht! Man kann ein Stück Eis auftauen, so daß es flüssig wird, und kann es

[1] *Bhagavad-Gita* II, 17.

schließlich verdampfen. Man kann den Vorgang auch umkehren, indem man den Dampf verflüssigt und dann die Flüssigkeit zu Eis gefrieren läßt. Der Durchschnittsmensch hat noch nicht gelernt, ähnliche Verwandlungen mit den Atomen seines Körpers zustande zu bringen; doch Christus hat uns gezeigt, daß dies möglich ist.

Der Körper besteht aus 35 Gedanken Gottes

Der aus 16 Elementen bestehende menschliche Körper ist nichts weiter als der Schatten des unsichtbaren Menschen; und dieser hat zwei Körper – eine Astralform, die aus elektrischen Strömen besteht, und eine Kausalform, die aus Ideen besteht. Euer astraler Lichtkörper setzt sich aus 19 Elementen zusammen und euer unsichtbarer Kausalkörper aus 35 Gedanken – nämlich den 19 Ideen, die den Astralköper[2], und den 16 Ideen, welche die grobstofflichen Elemente des physischen Körpers geschaffen haben. Gott erschuf die chemischen Elemente wie Eisen, Kalium und andere zuerst als Idee; dann verdichtete Er sie, um den physischen Körper zu schaffen. Euer wahres Selbst ist unsichtbar, denn auch euer physischer Körper sowie alle anderen erschaffenen Dinge existierten zuerst nur als Vorstellung.

Euer Körper ist also im wesentlichen eine Kausalform von 35 Gedanken innerhalb eines Astralkörpers von 19 Licht- und Energie-Einheiten, die wiederum in einem physischen Körper von 16 Chemikalien eingeschlossen sind. Wenn ihr sterbt, vergeht der physische Körper; doch der Astralkörper des unsichtbaren inneren Selbst behält seine Wirklichkeit; ihr werdet euch dann der astralen Gestalt bewußt sein. Bei weiteren geistigen Fortschritten werdet ihr feststellen, daß euer feinstofflicher Astralkörper sich auf 35 Ideen zurückführen läßt und daß euer Bewußtsein hinter diesen 35 Ideen die Wirklichkeit ist; denn euer Bewußtsein, oder die Seele, ist ein Funke des kosmischen Bewußtseins Gottes.

Wenn ihr euch einen Film anseht, erblickt ihr viele Gestalten

[2] Siehe *Astralkörper* im Glossar.

auf der Leinwand; doch wenn ihr aufschaut, seht ihr nur den Lichtstrahl, der diese Bilder projiziert. Ähnlich gehen vom Gehirn fünf Energieströme aus – die schöpferischen Schwingungselemente von Erde, Wasser, Feuer, Luft und Äther, die sich verdichten, um den physischen Körper auf die Leinwand der Schöpfung zu werfen.[3]

Früher gab es nur Stummfilme; jetzt gibt es Tonfilme. Und man experimentiert sogar schon mit Gerüchen, so daß man einen auf der Leinwand erscheinenden Garten mit seinen Blumen riechen kann. Wenn diese durch Licht hervorgerufenen Formen auch gefühlt und geschmeckt werden können, haben wir die fünffache Ausdrucksform der göttlichen Schöpfung reproduziert. Die fünf Sinne, durch die der Mensch die Schöpfung wahrnimmt, entsprechen den fünf grundlegenden Elektrizitäten – Äther (Klang), Luft (Berührung), Feuer (Gesicht), Wasser (Geschmack) und Erde (Geruch) –, aus denen die Schöpfung verdichtet worden ist. Eines Tages wird euch die ganze Welt wie ein Film erscheinen – wie Lichtbilder, die der Prüfung der fünf Sinne standhalten. All das Schreckliche, das heute in der Welt geschieht, ist von einer bedrückenden Realität. Doch wenn ihr in der Lage seid, alles als eine Schöpfung von Licht und Schatten zu betrachten, versteht ihr auch, daß es lediglich ein Film ist – ein Teil des göttlichen Dramas.

Ihr träumt nur, daß ihr einen Körper aus Fleisch und Blut habt. Euer wahres Selbst ist Licht und Bewußtsein. Ihr seid nicht der physische Körper. Die Sichtbarkeit des Körpers täuscht unser

[3] Die kosmische Schwingung *(OM)* erschafft die ganze Schöpfung – und dazu gehört auch der menschliche Körper –, und zwar durch die Manifestation der fünf *Tattvas* (Elemente): Erde, Wasser, Feuer, Luft und Äther – der intelligenzbegabten Schwingungskräfte. Ohne das Erdelement gäbe es keine festen Stoffe, ohne das Wasserelement keine Flüssigkeiten, ohne das Luftelement keine Gase, ohne das Feuerelement keine Hitze, ohne das Ätherelement keinen Hintergrund, auf dem sich der kosmische Film abspielen kann. Die schöpferische kosmische Schwingung tritt durch das verlängerte Mark in den menschlichen Körper ein und teilt sich dann in fünf elementare Ströme auf, und zwar durch die Tätigkeit der fünf niedrigeren *Chakras* (Zentren): des Steißbein- (Erd-), Kreuzbein- (Wasser-), Lenden- (Feuer-), Rücken- (Luft-) und Nacken- (Äther-)zentrums.

materielles Bewußtsein. Wenn ihr das Überbewußtsein entwikkelt – das heißt, wenn ihr euch eures wahren Selbst, der Seele, bewußt werdet –, erkennt ihr auch, daß der Körper nur eine Projektion des unsichtbaren inneren Selbst ist. Dann könnt ihr mit dem Körper tun, was ihr wollt. Versucht aber nicht gleich, auf dem Wasser zu wandeln!

Wenn ihr im Filmtheater sitzt, laßt ihr euch ganz von den Bildern auf der Leinwand gefangennehmen. Sie scheinen so wirklich! Ihr achtet nicht auf das Licht über euch, das die Bilder projiziert. Doch wenn ihr nach oben schaut, könnt ihr sehen, daß das Sichtbare vom Unsichtbaren ausgeht, daß die Gestalten auf der Leinwand alle vom einen Licht aus dem Vorführraum herrühren. Worin besteht der Unterschied zwischen dem Licht und den Bildern? Wenn es kein Licht gäbe, könnte man dann Bilder materialisieren? Ähnlich kann man sagen: Wenn es keinen unsichtbaren Menschen gäbe, so gäbe es auch keinen sichtbaren. Wenn der unsichtbare Mensch die körperliche Gestalt verläßt, zerfällt der Körper. Wer die subtile Beziehung zwischen dem sichtbaren und unsichtbaren Menschen versteht, kann seinen physischen Körper nach Belieben entmaterialisieren und wieder materialisieren.[4] Wir nähern uns jener Entwicklungsphase, in der wir immer mehr erkennen werden, daß wir in Wirklichkeit unsichtbare Wesen, das heißt Seelen, sind.

[4] Große Meister, die eins mit Gott sind, können die Atome willentlich so zusammensetzen, daß sie dadurch neue Formen schaffen. Paramahansa Yogananda berichtet in seiner Autobiographie, daß sein geliebter Guru Swami Sri Yukteswar drei Monate nach seinem Tod in Fleisch und Blut vor ihm erschien. Dabei handelte es sich nicht nur um eine sichtbare Gestalt. Paramahansaji erwähnt, daß er seinen Guru mit «Herkulesarmen» umschlungen hielt und «denselben leichten Duft» spürte, den er «von seinem irdischen Körper her kannte.» Auch unterhielten sich Guru und Jünger lange miteinander, wie im 43. Kapitel («Die Auferstehung Sri Yukteswars») der *Autobiographie eines Yogi* berichtet wird. *(Anmerkung des Herausgebers)*

Der unsichtbare Mensch kennt weder Schmerz noch Tod

Wer nur im Bewußtsein dieses sichtbaren fleischlichen Körpers lebt, verzögert seinen geistigen Fortschritt; denn der Körper leidet unter Krankheit, Verletzungen, Armut, Hunger und Tod. Es ist wenig empfehlenswert, sich mit diesem sichtbaren, anfälligen und sterblichen Körper zu identifizieren. Der unsichtbare Mensch in uns kann weder verletzt noch getötet werden. Sollten wir nicht vielmehr danach trachten, unser unbekanntes, unsterbliches Wesen zu erforschen? Wenn wir umfassende Kenntnisse über das unsichtbare Selbst erlangen, werden wir auch den sichtbaren Menschen unter unsere Herrschaft bringen – so wie die großen Meister es bewiesen haben. Selbst wenn der sichtbare Mensch in Not ist, kann jemand, der sich der göttlichen Kräfte des unsichtbaren Menschen bewußt ist, vom körperlichen Schmerz unberührt bleiben.

Wie aber erreicht man solche Herrschaft? Zuerst müßt ihr euch bemühen, mehr in der Stille zu leben und zu meditieren. Am Anfang mag dies wenig verlockend scheinen; ihr seid noch so eng mit dem sichtbaren Körper verbunden, daß es euch schwerfällt, an etwas anderes als die üblichen ständigen Sorgen, Wünsche und körperlichen Bedürfnisse zu denken. Bemüht euch dennoch! Schließt die Augen und wiederholt innerlich immer wieder: «Ich bin Gott zum Bilde geschaffen. Mein Leben kann durch nichts zerstört werden. Ich bin der ewig währende unsichtbare Mensch.»

Alles ist das Ergebnis von Gedanken

Der unsichtbare Mensch ist Gott zum Bilde erschaffen, ist so frei wie der GEIST. Im sichtbaren Menschen finden wir alle Sorgen und Begrenzungen dieser Welt. Sobald wir uns des Körpers bewußt werden, sind wir auch an die körperlichen Begrenzungen gebunden. Deshalb lehren uns die großen Meister, die Augen zu schließen und uns in der Meditation des unsichtbaren Menschen zu erinnern – zu erkennen, daß wir nicht auf das beschränkt sind, was der physische Körper tun kann. Ich pflegte mit tiefer Überzeugung zu wiederholen: «Ich bin nicht durch meinen physischen Körper begrenzt. Überall, wo ich hingehen will, kann ich augenblicklich sein!» Ihr mögt sagen: «Das ist ja nur ein Gedanke.» Und was ist ein Gedanke? Alles, was ihr seht, ist das Ergebnis von Gedanken. Ohne zu denken, könntet ihr euch nichts vorstellen. Unsichtbare Gedanken verleihen allen Dingen ihre Wirklichkeit. Wenn ihr daher Herrschaft über euren Denkvorgang erlangt, könnt ihr alles sichtbar machen; dann könnt ihr durch die Kraft der Konzentration Gegenstände materialisieren.

Stellen wir uns einmal vor, daß wir schweigend dasitzen und ich euch auffordere, euch auf diesen Tempel zu konzentrieren, in dem wir uns versammelt haben. Ihr versucht es immer wieder, bis ihr euch ganz darin vertieft habt. Dann könnt ihr den Tempel so sehen, wie er jetzt vor euren physischen Augen erscheint. Unsichtbare Gedanken können sichtbare Erlebnisse materialisieren.

Wenn ihr die Augen schließt, könnt ihr euren Körper nicht sehen, und dennoch erscheint er euch wirklich. Warum sollte das unsichtbare Selbst unwirklich sein, nur weil wir es nicht sehen können? In der Meditation erforscht ihr die Dunkelheit, die sich hinter den geschlossenen Augen befindet, und richtet eure Aufmerksamkeit auf die Seele – das unsichtbare Selbst in euch. Wenn ihr mit Hilfe der vom Guru gelehrten wissenschaftlichen Meditationstechniken lernt, eure Gedanken zu beherrschen und den Geist zu verinnerlichen, werdet ihr euch allmählich geistig weiterentwickeln; dann vertiefen sich eure Meditationen, und euer unsichtbares Selbst, das göttliche Bild der Seele in euch, erscheint euch mit einem Male wirklich. In diesem freudigen Erwachen der Selbst-Verwirklichung wird das begrenzte Körperbewußtsein, das so wirklich erschien, auf einmal unwirklich; und ihr wißt, daß ihr euer wahres unsichtbares Selbst und eure Einheit mit Gott gefunden habt.

Dann werdet ihr auch erkennen, wodurch der unsichtbare Mensch an den Körper «gefesselt» ist – durch Anhänglichkeit, durch das geistige und emotionelle Verlangen nach bestimmten körperlichen Erlebnissen. Wenn ihr euch durch tiefere Meditation aus diesen Bindungen löst, seid ihr frei und wißt, daß ihr in Wirklichkeit ein Ebenbild Gottes seid. Sucht nach diesem unsichtbaren Menschen, der im Dschungel körperlicher Wahrnehmungen und der Materie gefangen liegt.

Wenn ihr einmal den unsichtbaren Menschen und das Wunder seines äußeren physischen Körpers, seines Lichtkörpers und seines inneren Ideen-Körpers verstanden habt, werdet ihr erkennen, was für eine wunderbare Schöpfung ihr seid! Konzentriert euch auf euer unsichtbares Selbst. Der sichtbare Mensch ist eine Täuschung; der unsichtbare innere Mensch ist wirklich. Wenn ihr dies wißt, dann wißt ihr auch, daß ihr nicht Fleisch und Knochen seid, sondern der unzerstörbare unsichtbare Mensch.

Ihr könnt nie sterben! Hängt nie dem Gedanken nach, daß ihr älter werdet und ins Grab sinken müßt. Ihr bereitet euch nur auf euren unsterblichen Zustand vor! Nichts stirbt. Die kausale Schablone eures Körpers ist ständig im Äther gegenwärtig. Euch kommt es so vor, als ob ihr eure verschiedenen Lieben auf immer verloren hättet, weil ihr nicht die Konzentrationskraft besitzt, sie in ihrem feinstofflichen Körper in der Astralwelt zu sehen, wo sie sich jetzt befinden. Haltet eure Gedanken auf diese Wahrheiten gerichtet und wiederholt in stillen Augenblicken immer wieder: «Ich bin das Urbild eines Gedankens Gottes. Ich bin unsterblich und bewege mich ewig im Reich Gottes.» Ihr seid dieser unsterbliche unsichtbare Mensch und werdet es immer sein. Warum nicht jetzt eure Unsterblichkeit erkennen?

Eure physischen Augen spiegeln euch die Täuschung vor, daß diese dualistische Welt wirklich sei. Öffnet euer geistiges Auge und schaut eure unsichtbare Gestalt. Wenn sich im inneren Schweigen das geistige Auge öffnet, wird das Unsichtbare sichtbar. Immer, wenn ihr denkt, träumt oder euch tief konzentriert, seid ihr der unsichtbare Mensch. Er allein ist wirklich; der sichtbare Mensch ist nur ein Schatten. Vergeßt den Schatten und ruft euch die Wirklichkeit in Erinnerung. Werdet eins mit dem unsichtbaren Menschen – dem Spiegelbild Gottes.

Was versteht man unter Geistern?

Tempel der Self-Realization Fellowship
Hollywood/Kalifornien, 22. Juli 1945

Es kursieren alle möglichen Geschichten über Geister und Teufel, über Hexen und Vampire; und es gibt nicht wenige Menschen, die behaupten, verschiedene Erlebnisse mit ihnen gehabt zu haben. Bei mehreren Fällen, die mir zur Kenntnis gekommen sind, handelt es sich um Personen, die eine überhitzte und krankhafte Phantasie hatten. Ich erinnere mich zum Beispiel an eine Frau, die zufällig ein Buch über Vampire gelesen hatte. Ihre Einbildungskraft war so stark, daß sie schließlich fest glaubte, ihr Blut würde jede Nacht von einem Vampir ausgesogen. Jedesmal, wenn sie mich besuchte, fühlte sie sich besser. Aber ihr Glaube an den nächtlichen Vampir war so machtvoll, daß sie schon in jungen Jahren starb – ein Opfer ihrer eigenen Gedanken.[1]

Im 16. Jahrhundert war der Glaube an Zauberei weit verbreitet, und Hunderte von Personen, die man für Hexen hielt, wurden zu Unrecht angeklagt, im Bunde mit dem Teufel zu stehen, und deshalb zum Tode verurteilt. Johanna von Orléans wurde als Hexe auf dem Scheiterhaufen verbrannt. Selbst Jesus Christus, der die Kranken heilte und nichts als Gutes tat, wurde angeklagt, mit Beelzebub in Verbindung zu stehen. Es stimmt, daß die bösen Geister, von denen viele Menschen besessen waren, Jesus oft erkannten und ihm sagten: «Halt, was haben wir mit dir zu

[1] In der Gegenwart eines gottbewußten Meisters wie Paramahansa Yogananda können empfängliche Seelen oft von geistigen oder körperlichen Krankheiten geheilt werden. Eine dauerhafte Heilung aber hängt durchweg von dem anhaltenden Glauben und der Empfänglichkeit des geheilten Menschen ab. Wer, wie diese Frau, wieder in seine falschen Denkgewohnheiten zurückfällt, zieht die Krankheit von neuem an. *(Anmerkung des Herausgebers)*

schaffen, Jesus von Nazareth? Du bist gekommen, uns zu verderben. Ich weiß, wer du bist: der Heilige Gottes.»[2] Jesus selbst sprach von Satan[3] und bösen Geistern, die er aus vielen Menschen austrieb. Einmal trieb er die bösen Geister sogar in eine Herde Säue.[4]

Hinter diesem Universum verbirgt sich eine andere Welt – die Astralwelt. Ihre Bewohner leben in einem astralen Lichtkörper. Da sie keinen physischen Körper haben, sind sie «Geister» und für uns unsichtbar. Gewöhnlich sind sie an ihre eigene Sphäre gebunden, genauso wie wir durch unsere eigene physische Welt begrenzt sind. Wenn es für übelgesinnte Astralwesen leicht wäre, bis zur Erde vorzudringen und uns Schaden zuzufügen, würden wir ständig in Angst und Schrecken leben. Es gibt bereits genug Greuel auf dieser Erde. Sind wir nicht ständig von Millionen tödlicher Bakterien umgeben? Sicherlich will Gott uns nicht noch obendrein umherspukende Geister schicken.

Es gibt jedoch einige Astralwesen, die man «vagabundierende Seelen» nennen kann. Sie sind der Erde stark verhaftet und sehnen sich danach, wieder in einen physischen Körper einzugehen und das Sinnenleben zu genießen. Solche Wesen sind gewöhnlich unsichtbar und haben keinen Einfluß auf die Menschen. Gelegentlich jedoch gelingt es solch vagabundierenden Seelen, sich des Körpers und Geistes eines Menschen zu bemächtigen; das ist aber nur dann der Fall, wenn es sich um eine geistig labile Person handelt, die ihren Geist leer gemacht und dadurch geschwächt hat. Es ist so, wie wenn man die Tür seines Wagens nicht abschließt und den Zündschlüssel stecken läßt. Irgendein Vagabund kann dann einsteigen und mit dem Wagen davonfahren. Vagabundierende Seelen versuchen, sich eine freie Fahrt in irgendeinem menschlichen Körper zu verschaffen. In solchen Fällen von Besessenheit trieb Jesus die vagabundierenden Geister aus. Vagabundierende Seelen können die hohen geistigen Schwingungen nicht ertragen, die von einem reinen Bewußtsein ausge-

[2] *Lukas* 4, 34.
[3] *Lukas* 4, 1-8.
[4] *Lukas* 8, 26-33.

hen. Wer Gott aufrichtig sucht und die wissenschaftlichen Methoden des Betens und der Meditation anwendet, braucht keine Furcht vor solchen Wesen zu haben. Gott ist der Höchste GEIST, der über alle anderen Geister herrscht. Wenn die Gedanken eines Menschen auf Gott gerichtet sind, können negative Geister ihm keinen Schaden antun.

Das dreifache Wesen des Menschen

Um besser verstehen zu können, was astrale Wesen sind, müssen wir uns zuerst klar darüber werden, was *wir* sind. Als Gott uns erschuf, existierten wir im Anfang nur als Bewußtsein. Ist es nicht so, daß jedes schöpferische Erzeugnis zuerst als Entwurf in unserem Geist entsteht? Erst dann besorgen wir uns das Material, und schließlich wird aus der Idee eine konkrete Form. Ähnlich haben alle Dinge in der Schöpfung eine dreifache Daseinsform: die geistige (die Idee), die astrale (das Baumaterial) und die physische (das stoffliche Endprodukt).

Der physische Körper besteht aus 16 Elementen. Gott erschuf uns zuerst in Seinem Geist. Es ist ein wahres Wunderwerk, wie Gott die verschiedenen physischen Elemente zusammengefügt hat, so daß sie Intelligenz zum Ausdruck bringen können. Dennoch ist dieser Körper alles andere als vollkommen. Wir könnten uns einen weit besseren vorstellen. Ich würde am liebsten einen erschaffen, der die Eigenschaft von Asbest hat und durchs Feuer gehen kann, ohne zu verbrennen – einen Körper, in dem es keine zerbrechlichen Knochen, keinen quälenden Husten gibt. Der physische Körper hat seine Schmerzen und Plagen; oft funktionieren seine «Zündkerzen» nicht. Zuerst stellt sich dieses und dann jenes Leiden ein, und schließlich versagt das Herz.

Die Amerikaner kaufen sich gern jedes Jahr einen neuen Wagen, aber dieses alte körperliche Fahrzeug müssen sie sechzig oder siebzig Jahre lang behalten. Und selbst, wenn es zu verfallen beginnt, hängt man immer noch an dem alten Modell, bis der Herr schließlich sagt: «Komm jetzt und steig aus!» Und dann springt ihr aus dem verbrauchten physischen Körper hinaus und seht euch in einen leuchtenden Astralkörper eingehüllt, der aus Licht und Energie besteht.[5] Ihr freut euch, daß ihr hören, sehen und fühlen könnt und daß euer neuer Körper keine zerbrechlichen Knochen und kein verletzbares Fleisch hat.

Unser Astralkörper besteht aus 19 Elementen, die von geistiger, emotioneller und biotronischer Beschaffenheit sind. Sie bestehen aus: Intelligenz, Ichbewußtsein, Gefühl, Verstand (Sinnesbewußtsein), den fünf Werkzeugen des Wissens (den feinen Kräften jenseits der physischen Sinnesorgane: Gesicht, Gehör, Geruch, Geschmack und Tastsinn), den fünf Werkzeugen des Handelns (den ausführenden Kräften der Fortpflanzung, Ausscheidung, des Sprechens, Gehens und der Fingerfertigkeit) und den fünf Werkzeugen der Lebenskraft (der Zellbildung, Assimilation, Elimination, des Stoffwechels und Kreislaufs im physischen Körper).

Sie sind alle äußerst fein gesponnen. Wir können aufgrund der *Kraft,* die in den fünf Sinnen wirkt, in dieser Traumwelt hören, riechen, schmecken, tasten und sehen. Und in der Astralwelt, wo wir keine Sinnesorgane (Ohren, Augen, Nase, Zunge und Haut) haben, besitzen wir immer noch die Kraft aller fünf Sinneswahrnehmungen. Der Astralkörper ist gewichtlos und bewegt sich so leicht fort wie das Licht. Ihr könnt den Astralkörper willentlich so klein wie ein Atom oder auch riesengroß machen. Und warum auch nicht? Gott, der göttliche Vorführer der kosmischen Filmschöpfung, kann ein Bild auf der Leinwand beliebig vergrößern oder verkleinern. Er projiziert den Film aus dem Vorführraum der Ewigkeit. Ihr seid individualisierte Ausdrucksformen Seines unendlichen Lichts. Euer Astralkörper ist daher ziemlich frei von

[5] In der Astralwelt gibt es viele Ebenen oder Sphären, die den Himmel oder die Hölle im Leben nach dem Tode darstellen. «In meines Vaters Hause sind viele Wohnungen.» (*Johannes* 14, 2) Wenn sich ein Mensch auf der Erde gut verhalten hat, wird er zu einer der höheren Sphären des Lichts, des Friedens und der Freude hingeleitet. Wer böse Taten vollbracht hat, den zieht es in eine niedrigere, dunkle Sphäre, wo er unter höllischen Alpträumen leidet. Jeder verbleibt für eine karmisch vorbestimmte Zeit in der Astralwelt und verkörpert sich dann wieder in physischer Gestalt auf Erden.

den kosmischen Begrenzungen, die den physischen Körper beschränken.

Gott mußte sich jedoch zuerst überlegen, aus welchem Material Er die physischen und astralen Körper bilden wollte, ehe Er sie wirklich erschuf. Wir haben daher auch noch einen Kausalkörper, der sich aus 35 Elementen zusammensetzt: den 16 Ideen, nach denen die Elemente des physischen Körpers gebildet werden, und den 19 Ideen, welche die Elemente des Astralkörpers bestimmen. Nach dem Muster der kausalen Gedankenbilder werden der aus Licht bestehende Astralkörper und der aus grobstofflicher Materie bestehende physische Körper durch die astralen fünf Werkzeuge der Lebenskraft sichtbar gemacht. Folgendes Beispiel wird diesen Gedanken näher erläutern: Schließt die Augen und stellt euch zur linken Seite ein Pferd vor. Zuerst ist das Bild noch unklar, aber sobald ich sage, das Pferd ist weiß, könnt ihr es euch leichter vorstellen. Jetzt stellt euch ein schwarzes Pferd zu eurer Rechten vor. Dann tauscht die Seiten aus, so daß sich das weiße Pferd auf der rechten Seite befindet. Wenn eure Vorstellungskraft stark genug ist, könnt ihr die Pferde als wirkliche Bilder sehen. Genau das geschieht im Traum; der Geist kann sich dann besser konzentrieren, so daß die Gedanken sichtbar werden. Träume und Visionen sind von astraler Beschaffenheit, weil sie aus Licht und Energie bestehen. Wenn ihr die Astralbilder des schwarzen und weißen Pferdes für die Sinne tatsächlich erfahrbar machen könntet, hättet ihr etwas Physisches materialisiert.

Im wesentlichen bestehen wir also aus 35 Ideen, die den Gedanken- oder Kausalkörper des Menschen ausmachen. Und in diesen 35 Gedanken wohnt der Geist Gottes, den man Seele nennt. Ähnlich wie sich unter dem Gasbrenner eine große Flamme befindet, die durch viele kleine Öffnungen züngelt und als viele winzige Flammen sichtbar wird, so bilden wir alle ein einziges Licht, das sich von Gott in zahllose Körper ergießt.

Nach dem Tode sind wir noch im Astral- und Kausalkörper eingeschlossen

Wenn ihr sterbt, zerfällt der physische Körper aus 16 Elementen, doch die 19 Elemente eures Astralkörpers bleiben bestehen. Wo sind dann aber all die Seelen, die diese Erde verlassen haben? Sie schweben irgendwo im Äther. «Das ist unmöglich», meint ihr. Wir wollen daher ein Beispiel anführen: Wenn ich einem primitiven Höhlenbewohner erzählte, daß man Musik aus dem Äther hören kann, würde er mich auslachen oder sich vielleicht auch fürchten. Wenn ich ihm dann aber ein Radio brächte und einen Sender mit Musik einstellte, würde er die Wahrheit meiner Behauptung nicht länger bestreiten können. Ebenso könnte ich euch jetzt zeigen, daß astrale Wesen im Äther umherschweben, und niemand würde es in Abrede stellen können. Die Astralwelt ist unmittelbar hier, hinter der grobstofflichen Schwingung des physischen Kosmos.

Wenn ihr die Vielzahl astraler Wesen sehen könntet, die sich in diesem Augenblick durch den Äther bewegen, würden manche von euch sich fürchten; andere würden versuchen, unter ihnen ihre verstorbenen Lieben wiederzuerkennen. Wenn ihr euch aber tief auf das geistige Auge konzentriert, könnt ihr mit dem inneren Sehvermögen jene leuchtende Welt schauen, in der alle uns vorangegangenen Seelen in ihrem Astralkörper leben. Die Empfangsstation im Menschen ist das Herz, und der Sender ist das geistige Auge. Sobald ihr euer Gefühl still im Herzen konzentriert, werdet ihr eure Lieben fühlen können, auch wenn ihr sie nicht sehen könnt, und die Gewißheit haben, daß sie jetzt in einem Astralkörper leben und sich ihrer Freiheit erfreuen – daß sie frei von der Knechtschaft des Fleisches sind.

Ich sehe viele Astralwesen, welche die irdische Welt verlassen haben, aber sie können mich nicht sehen. Ich mache mich für sie nicht sichtbar, kann sie aber erblicken, sobald ich es wünsche.[6]

[6] Große Meister wachen nicht nur über ihre Jünger, die auf Erden leben, sondern auch über diejenigen, die sich auf astraler und kausaler Ebene befinden. Sie können sich jederzeit in einem physischen oder astralen

Wenn wir den physischen Körper im Tod abwerfen, ist unsere Seele daher noch nicht gänzlich frei, denn sie ist immer noch in dem feineren Astral- und dem Gedankenkörper eingeschlossen. Erst wenn der Mensch sich mit einem physischen Körper bekleidet, wird er in dieser Welt sichtbar. Nach dem Tode des physischen Körpers lebt er als «Geist», das heißt als ein intelligenzbegabtes, unsichtbares Wesen, in seiner astralen Form und behält mehr oder weniger denselben Charakter und die Eigenschaften bei, die er auf Erden gehabt hat. Die Bewohner der astralen Gefilde können einander natürlich in ihren Lichtkörpern sehen; uns auf Erden aber sind sie nicht sichtbar, es sei denn, daß wir die Fähigkeit entwickelt haben, die Astralwelt durch das geistige Auge zu sehen. Wenn dann die Seelen auch ihren astralen Körper abwerfen und in ihrem Gedankenkörper in die Kausalwelt[7] eingehen, sind sie nicht etwa wesenlos, sondern werden einfach unsichtbar, ebenso wie Gedanken unsichtbar sind.

Jesus sprach: «Brechet diesen [Körper]-Tempel ab, und in drei Tagen will ich ihn aufrichten.»[8] Damit meinte er, daß er seinen physischen, astralen und geistigen Körper aufgeben, das heißt jede Spur von Anhänglichkeit an irgendwelche Formen beseitigen müsse, um sich ganz mit dem GEIST zu vereinigen. Dazu bedurfte es drei verschiedener Kraftanstrengungen.

Wenn eine abgeschiedene Seele daher noch unerfüllte Wünsche hat, die während ihres Erdenlebens entstanden sind, fühlt sie diese in der Astralwelt und sehnt sich nach einem irdischen

Körper materialisieren, tun dies aber nur, wenn sie es für nötig halten und ein Gottsucher sie aus tiefster Seele anruft. Ein Beispiel dafür finden wir in der *Autobiographie eines Yogi,* Kapitel 34, als Lahiri Mahasaya seinen Meister Mahavatar Babaji bat, vor einigen seiner zweifelnden Freunde zu erscheinen.

[7] Sobald die Seelen frei von körperlichen Wünschen sind, brauchen sie sich nicht mehr auf Erden zu verkörpern. Solche Seelen wandern dann zwischen der Astralwelt und dem Kausal-«Himmel» hin und her und verkörpern sich so lange im Astralreich wieder, bis sie auch von dieser Welt befreit sind. Und wenn alle kausalen Wünsche überwunden sind, ist man eine freie oder befreite Seele.

[8] *Johannes* 2, 19.

Körper, um sich durch ihn ausdrücken zu können. Folglich geht die Seele mit ihrer Astralform in eine befruchtete Eizelle ein und wird in körperlicher Gestalt wiedergeboren.

Die Intelligenz des Prana erschafft den physischen Körper

Das den ganzen physischen Körper durchdringende *Prana* ist intelligente Lebenskraft («Biotronen»). Die Elektrizität, die eine Glühbirne zum Leuchten bringt, kann selbst keine Glühbirne erzeugen, doch kann die Elektrizität oder Lebenskraft in den sich vereinigenden menschlichen Spermen und Eizellen die Entwicklung des Embryos und später des ganzen menschlichen Körpers bestimmen. Sie manifestiert sich als die vorher genannten fünf Lebenskräfte des Astralkörpers und ist eine intelligente und bewußt gesteuerte Lebenskraft.

Es ist unklug, irgendein körperliches Gebrechen als unheilbar anzusehen. Nehmen wir einmal an, ihr habt einen Arm verloren, und der Gedanke an diesen Verlust prägt sich eurem Bewußtsein so unauslöschlich ein, daß ihr überzeugt davon seid, den Arm nie wieder gebrauchen zu können. Wenn ihr das nächste Mal wiedergeboren werdet, tragt ihr das Bewußtsein des fehlenden Armes noch in euch, und wenn es machtvoll genug ist, kann es die schöpferische Tätigkeit der intelligenten Lebenskraft daran hindern, einen normalen Arm im neuen Körper wachsen zu lassen. Identifiziert euch also nie mit den Gebrechen des physischen Körpers. Sie haben nichts mit euch zu tun, denn ihr seid das reine, vollkommene Ebenbild Gottes: die Seele.

Ihr seht also, daß ihr bereits Geister wart, ehe ihr diese körperliche Gestalt annahmt, und wenn ihr sterbt, werdet ihr wieder zu Geistern. Auch wenn wir schlafen, werden wir zu Geistern, denn im Schlaf sind wir uns des physischen Körpers gar nicht bewußt. Wenn ihr also selbst zu Geistern werdet, wenn ihr schlaft und nachdem ihr gestorben seid, warum solltet ihr euch dann vor Geistern fürchten? Es ist der Zustand, in dem ihr wart und wieder sein werdet. Der einzige Unterschied besteht darin, daß ihr nach dem Tode, wenn ihr plötzlich in die Astralwelt geworfen werdet, nicht auf Wunsch einen physischen Körper, wie ihr ihn jetzt habt, erschaffen könnt. Große Meister natürlich, die eins mit dem Göttlichen Schöpfer geworden sind, haben diese Fähigkeit. Sie können die feinen Schwingungen des Astralkörpers in einen stofflichen Körper verdichten.

Die Todesfurcht ist unbegründet

Wir fürchten uns vor dem Tode, weil wir uns vor Schmerzen fürchten oder weil wir meinen, wir würden ausgelöscht. Doch diese Vorstellung ist unrichtig. Jesus zeigte sich seinen Jüngern nach seinem Tod in körperlicher Gestalt. Auch Lahiri Mahasaya kehrte einen Tag nach seinem Mahasamadhi[9] in einem physischen Körper zurück. Dadurch bewiesen sie, daß sie nicht ausgelöscht worden waren. Die Tatsache, daß es nur wenige solcher Fälle gibt, bedeutet nicht, daß sie unwahr sind. Wir dürfen die Beispiele, die Jesus und mein *Param-Paramguru*[10] Babaji gegeben haben, nicht ignorieren; ebensowenig kann ich vergessen, was ich mit eigenen Augen gesehen habe – meinen auferstandenen Meister Sri Yukteswarji[11] oder das, was ich im eigenen Innern erlebt habe. «Diese Seele, die wahre Widerspiegelung des GEISTES, leidet nicht unter Tod und Geburt, noch wird sie, da sie bereits existiert, je vergehen. Die Seele war nie geboren; sie lebt ewig und bleibt unberührt von der Magie *(Maya)* des Wechsels. Durch alle Zyklen körperlicher Auflösung bleibt die Seele ewig unverändert.»[12]

Oft weiß ich, wenn einer meiner Jünger, der fern von mir lebt,

[9] Die letzte Meditation, in der ein Meister seinen physischen Körper bewußt verläßt und in den GEIST eingeht, wird *Maha-* oder großer *Samadhi* genannt.

[10] Der Guru des eigenen Gurus (siehe *Paramguru* und *Gurus der Self-Realization Fellowship* im Glossar).

[11] Siehe *Autobiographie eines Yogi*, Kapitel 43: «Die Auferstehung Sri Yukteswars».

[12] *Bhagavad-Gita* II, 20.

krank ist oder im Sterben liegt, weil er meinen Astralkörper durch seine Hingabe zu sich zieht. Ein solcher Fall hat sich hier zugetragen. Seva Devi war eine sehr treue Schülerin. Obgleich sie schwer erkrankte, beklagte sie sich nie darüber. Sie wußte, daß ihre Zeit gekommen war, diese Erde zu verlassen. Eines Tages, als ich sie in Los Angeles besuchte, sagte sie mir: «Bitte, halten Sie mich hier nicht fest.»[13] Kurz darauf verbrachte ich einige Tage in der Einsiedelei der *Self-Realization Fellowship* zu Encinitas. Man hatte mir ein Radio geschenkt, und ich wachte schon früh morgens auf, um es auf Indien einzustellen. Eines Morgens fühlte ich plötzlich intuitiv die feine Astralschwingung von Seva Devi. Sie zog meinen astralen Körper durch ihre Hingabe zu sich, und mein physischer Körper wurde wie leblos. Später erzählte man mir, daß Seva Devi kurz vor ihrem Heimgang erklärt hatte: «Swamiji ist hier!» Sie wußte, daß ich bei ihr war und sie in die andere Welt geleitete.[14] Einige Zeit danach sah ich ihre leuchtende Astralgestalt; sie saß während des Unterrichts unter meinen Zuhörern, und zwar genauso wirklich wie während ihres Erdenlebens. Hätte irgend jemand mich in diesem Augenblick angerührt, so hätte auch er sie sehen können. Allerdings lassen sich diejenigen, die sich im astralen Bewußtseinszustand befinden, meist nicht von anderen berühren.

Wir haben bereits so viele Tode und Geburten mitgemacht, warum sollten wir uns vor dem Tod fürchten? Er kommt, um uns zu befreien. Zwar solltet ihr euch den Tod nicht wünschen, aber ihr solltet euch mit dem Gedanken trösten, daß er uns von vielen Sorgen erlöst; er ist eine Art Pension, die man sich nach einem Leben voller Mühe und Arbeit verdient hat. Ich stelle euch den Tod als etwas sehr Verlockendes dar!

Die Menschen fürchten den Tod, weil sie so lange in ihrem körperlichen Käfig gelebt haben und diese Sicherheit nicht aufge-

[13] Große Meister können, wenn sie es wünschen, das irdische Leben ihrer Jünger durch Fürsprache bei Gott verlängern.

[14] Dies ist eines der Versprechen, wie sie für die heilige Beziehung zwischen Guru und Jünger kennzeichnend sind. Im Augenblick des Todes ist der Guru gegenwärtig und hilft dem Jünger, sich in seinem neuen Leben in der Astralwelt zurechtzufinden.

ben wollen. Aber es ist töricht, sich zu fürchten. Stellt euch einmal vor: keine geflickten Reifen am körperlichen Fahrzeug – kein Flickwerk-Leben mehr. Da es Gottes Wunsch ist, daß wir dieses alte Modell des Körpers bis zum Tod behalten, müssen wir es gut pflegen. Ich wünschte nur, der Herr hätte uns die Fähigkeit gegeben, in den *Samadhi* einzugehen und den Körper ebenso leicht abzuwerfen wie der *Rishi* Narada. Er sang in tiefer Ekstase von der Herrlichkeit Gottes, und als er zum normalen Bewußtsein zurückkehrte, bemerkte er, daß er seinen alten Körper abgestreift und sich in einem neuen, jugendlichen Körper «inkarniert» hatte. Das ist die höchste und schmerzloseste Art der Seelenwanderung[15].

In Indien erzählt man sich die Geschichte von einem sterbenden Jüngling, der das schmerzvolle Schluchzen seiner Verwandten hörte und ausrief:

Kränkt mich nicht mit eurem Mitleidsgeschrei,
Wenn ich ins Land ewigen Lichts und ewiger Liebe reise.
Ich bin es, der euch bedauert.
Für mich gibt es keine zerschmetterten Knochen,
Keine Krankheit, kein quälendes Herzeleid mehr.
Ich träume von Freude, ich schwebe in Freude,
ich atme ewige Freude!

Ihr wißt nie, was euch in dieser Welt bevorsteht; ihr macht euch Sorgen, solange ihr lebt. Die Verstorbenen haben Mitleid mit uns und segnen uns. Warum sollten wir also um sie trauern? Ich

[15] Die Seelenwanderung, oder das Hinübergehen der Seele im Tode von einem Körper in einen anderen, entspricht der natürlichen Aufwärtsentwicklung des Lebens, wobei es kein Zurückfallen in niedrigere Lebensformen gibt. Die heiligen Schriften der Hindus lehren, daß die Seele sich aus dem Mineralreich durch das Pflanzen- und dann das Tierreich aufwärtsentwickelt, ehe sie sich in einem menschlichen Körper inkarniert. Danach, durch wiederholte Zyklen von menschlichen Geburten und Toden mit ihren damit verbundenen lehrreichen Erlebnissen, findet die Seele schließlich ihren höchsten Ausdruck im Übermenschen, dem Menschen, der Gottverwirklichung besitzt.

erklärte dies einer Frau, die ihren Sohn verloren hatte. Sie trocknete sogleich ihre Tränen und sagte: «Nie zuvor habe ich solch tiefen Frieden gefühlt. Ich bin so froh zu wissen, daß mein Sohn sich seiner Freiheit erfreut. Ich dachte, ihm sei etwas Furchtbares zugestoßen.»

Man kann den Körper bewußt verlassen und wieder betreten

Viele geistig fortgeschrittene Personen können ihren eigenen Astralkörper sehen. In der Bibel sagt Johannes: «Und als ich ihn sah, fiel ich zu seinen Füßen wie ein Toter.»[16] Wenn im Tod euer Astralleib auffährt, das heißt, wenn ihr den physischen Körper zurücklaßt, seht ihr ihn wie tot daliegen. Dasselbe geschieht, wenn ein fortgeschrittener Yogi seinen Körper auf Wunsch verläßt. So sah Johannes während des Erlebnisses, das er hier beschreibt, seinen irdischen Körper wie leblos, obgleich er noch am Leben war. Es macht Spaß, seinen Körper auf diese Weise verlassen und wieder betreten zu können. Aber viele Leute bilden sich nur ein, daß sie dies tun. Die Vorstellungskraft allein genügt nicht; ihr müßt auch die Technik kennen.

In New York kam einmal ein Mann zu mir, der behauptete, astrale Reisen machen zu können. «Ich glaube nicht, daß Sie das können», sagte ich. «Sie bilden es sich nur ein.» Er aber bestand darauf, daß ich ihn auf die Probe stellte. «Gut», sagte ich, «begeben Sie sich astral nach unten ins Restaurant und sagen Sie mir, was sich dort befindet.» Er schwieg eine Weile und sagte dann: «Dort steht in der rechten Ecke ein großer Flügel.» Ich wußte, daß er sich dies nur einbildete, denn ich hatte beobachtet, daß sein Herzschlag und Puls völlig normal blieben.[17] «Ich

[16] *Offenbarung* 1, 17.

[17] Bewußtes «astrales Reisen» ist nur dann möglich, wenn man in den tiefen Zustand des *Samadhi* eingeht, in dem sich das Bewußtsein ausweitet und durch das allsehende geistige Auge überbewußte Wahrnehmungen hat. Durch das geistige Auge kann man überall hinschauen, sei es ein Ort in dieser oder in der Astralwelt, und sein Bewußtsein dorthin versetzen.

dagegen glaube, daß Sie dort einen Tisch finden werden, an dem zwei Frauen sitzen», sagte ich. Er lachte mich aus. Als wir aber ins Restaurant hinuntergingen, war kein Flügel in der Ecke zu sehen, sondern zwei Frauen, die an einem Tisch saßen. Da sah er ein, daß er ein Opfer seiner Einbildung geworden war.

Oft sehe ich mit dem inneren astralen Auge wie in einem Film Szenen vom Kriegsschauplatz in Europa. Die Welt war dazu bestimmt, uns zu unterhalten, nicht, uns zu quälen. Gott hat Seinen Film über die Schöpfung sehr kompliziert gestaltet und viele Kontraste wie Gut und Böse hineingewoben. Denkt einmal daran, wie oft ihr schon einen aufregenden Kriminalfilm gesehen und hinterher gesagt habt: «Das war ein guter Film!» Ihr solltet lernen, dem Film des Lebens mit derselben Losgelöstheit und Freude zuzuschauen.

Wir müssen etwas aus der Tatsache lernen, daß wir jetzt in einem menschlichen Körper eingeschlossen sind und nachts und im Tode zu Geistern werden. Wir müssen unser Geist-Wesen kennenlernen – unser unsichtbares, machtvolles Wesen. Das könnt ihr aber nicht, solange ihr euch immer auf den Körper konzentriert und denkt: «Ich habe Kopfschmerzen, ich wünsche mir dies und das, ich mag keinen Spinat!» Ihr müßt euch über alle Anhänglichkeit an materielle Dinge erheben. Und wie könnt ihr das? Indem ihr bei allem zuerst an Gott denkt. Solange ihr Ihm nur den zweiten Platz einräumt, wird Er nicht zu euch kommen. Gold, Wein und Sexualität wurden erschaffen, damit sie euch an diese Welt gebunden halten; der Herr benutzt sie als Prüfungen, um zu sehen, ob ihr sie Ihm und Seiner Liebe vorzieht.

Wer fortgeschritten genug ist, kann auch seinen Astralkörper oder selbst seinen physischen Körper überall materialisieren, was Bilokation genannt wird. In diesem Zustand astralen *Samadhis* setzen Atem und Herzschlag aus, und der Körper befindet sich in einem regungslosen Trancezustand. Erst wenn ein Meister den höchsten geistigen Zustand, den *Nirvikalpa-Samadhi,* erreicht hat, kann sein physischer Körper während der göttlichen Ekstase seine normalen Funktionen ausführen.

Die Macht der schwarzen Magie liegt in euren Gedanken

Einige Leute fürchten sich nicht nur vor Geistern, sondern haben auch Angst vor schwarzer Magie und anderen schwarzen Künsten. Viele haben mir schon gesagt, daß irgendein Bekannter schwarze Magie gegen sie anwende. Dann sage ich ihnen: «Ihr befindet euch in Gottes fester Burg. Niemand kann euch etwas antun, wenn ihr Gott wirklich vertraut.» Wenn ihr allerdings an den negativen Gedanken glaubt, daß jemand euch schaden kann, so gebt ihr ihm auch die Kraft dazu. Angenommen, jemand sendet euch böse Gedanken und ihr nehmt diese in euch auf; dann werden sie euch verletzen. Doch ihr braucht keine bösen Gedanken anzunehmen! Fürchtet euch nicht vor niederträchtigen Menschen; niemand kann euch etwas antun, es sei denn, daß ihr Angst habt. Wenn ihr euch fürchtet oder euren Geist leer macht, gewährt ihr dem Bösen Einlaß, aber wenn ihr sagt: «Gott ist in mir», kann nur Gutes durch die Gedanken anderer zu euch kommen. Haltet eure Gedanken immer auf Gott gerichtet. Sein heiliger Name ist die größte Kraft; gleich einem Schild wehrt er alle negativen Schwingungen ab.

Der Kosmische Krieg zwischen Gut und Böse

Warum sich Gedanken über die wesenlose Drohung vagabundierender geisterhafter Seelen machen oder sich vor schwarzer Magie fürchten? Jeden Augenblick existiert eine viel größere Gefahr für unser Glück und Wohlbefinden, und zwar direkt in uns und um uns. Zwei Kräfte stehen im Kampf miteinander – die eine will uns retten, die andere uns schaden. Wir sind in den kosmischen Krieg zwischen Gut und Böse verwickelt.

Die Welt wird von unsichtbaren Kräften oder Geistern regiert: von Gottvater, dem Christusbewußtsein, den sieben Geistern vor Gottes Stuhl[18] und von Satan mit seiner Legion böser Kräfte. Die

[18] *Offenbarung* 1, 4.

sieben Geister vor Gottes Stuhl sind die grundlegenden intelligenten Kräfte in der Schöpfung: der Heilige GEIST (die ursprüngliche schöpferische Schwingungskraft Gottes, das *OM* oder Amen) und seine sechs individualisierten schöpferischen Kräfte, welche das physische, astrale und kausale Universum und ebenfalls den physischen, astralen und kausalen Körper des Menschen aufbauen und erhalten.

Satan war ursprünglich ein Erzengel.[19] Ihm war die Macht verliehen, nach Gottes Plan Welten zu erschaffen. Nachdem er sein Schöpfungswerk vollendet hatte, sollte er, wie auch die übrige Schöpfung, zu Gott zurückkehren. Aber diese intelligente Kraft, die in den heiligen Schriften als Satan personifiziert wird, sah voraus, daß die Schöpfung sich auflösen würde, wenn alles wieder zum GEIST zurückkehrte. Um dies zu verhindern, pflanzte Satan dem Menschen böse (d. h. materielle) Wünsche ein, die ihn veranlassen würden, immer wieder zur Erde zurückzukehren und das Räderwerk der Schöpfung in Gang zu halten. Auf diese Weise versucht der Teufel, dem Menschen jede Möglichkeit zu nehmen, zu Gott zurückzukehren.

Zwischen Gott und dem Teufel findet ein großes Tauziehen statt. Man kann das Problem nicht einfach dadurch abtun, daß man meint, Satan sei eine Täuschung. Gott müßte tatsächlich sehr unwissend sein, wenn Er nicht über das Böse in der Welt unterrichtet wäre. Warum sprach Jesus: «Hebe dich von mir, Satan», und «Erlöse uns von dem Übel», wenn es keinen Satan gibt? Warum ist es überhaupt nötig, zu Gott zu beten, wenn es gar keinen Teufel gibt? Das Böse existiert.

Als Gott den Menschen erschuf, erschuf Er auch den Teufel. Satan mit seiner Kraft der *Maya* wurde erschaffen, damit er

19 «Er sprach aber zu ihnen: Ich sah den Satan vom Himmel fallen wie einen Blitz.» *(Lukas* 10, 18)
«Wisse, daß alle Manifestationen des *Sattva* (des Guten), *Rajas* (der Tätigkeit) und *Tamas* (des Bösen) von Mir ausgehen. Obgleich sie sich in Mir befinden, bin Ich nicht in ihnen.» (*Bhagavad-Gita* VII, 12)

Gottes Kinder prüft. Ehe das Eisen nicht im Feuer geschmiedet ist, kann es nicht zu Stahl werden. Wenn Krankheit und Leid auf euch zukommen, müßt ihr euch sagen, daß dies eine von Gott gesandte Prüfung der *Maya* ist. Ihr müßt diese Prüfungen bestehen und euch dadurch nicht aus dem Gleichgewicht bringen lassen. Obgleich Jesus am Kreuz litt, bestand er die schwere Prüfung. Viele große Seelen sind an furchtbaren Krankheiten und Leiden gestorben. Die heilige Theresia von Avila erkrankte an Tuberkulose, und dennoch sagte sie: «Ich will nicht, daß der Herr mein Leiden verkürzt. Ich will es tapfer tragen und so lange, wie ich kann, arbeiten.» Als sie ihren Körper verließ, stieg sie zu Christus auf.

Diese Schöpfung ist Gottes Zeitvertreib. Doch ich flehe Ihn ständig an: «Warum hast Du Dir einen solchen Zeitvertreib ausgedacht? Warum machst Du es uns so schwer?» Unsere Erde ist einer der schlimmsten Orte in der Schöpfung. Es gibt weit bessere Aufenthaltsorte. Obgleich Gott diese Schwierigkeiten zuläßt, versucht Er auch, uns herauszuhelfen. Gott und Seine Engel und Millionen guter Geister versuchen Ordnung und göttliche Eintracht auf die Erde zu bringen. Jede nützliche Eigenschaft ist von einem guten Geist erschaffen worden. Gute Geister streuen ständig die Saat hilfreicher Gedanken in den Boden eures Geistes. Gleichzeitig schafft Satan, der König der Finsternis, mit seinen bösen Geistern Unordnung und Aufruhr in der Welt. Wer anders als Satan hat die vielen Plagen erschaffen? Einmal ist es Tuberkulose, und jetzt, als neuester Zerstörer, ist es der Krebs – alles diabolische Methoden, die Menschen zu quälen. Doch Gott inspiriert auch viele Forscher dazu, neue Wege zu finden, um Krankheiten auszumerzen.

Die Versuchung Adams und Evas

Um den Menschen an das Erdenleben gebunden zu halten, erschuf Satan den Geschlechtstrieb; mit dieser Versuchung hat der Mensch seit Anbeginn zu tun gehabt. Gott erschuf Mann und Weib kraft Seines Willens. Sie waren die zu Körpern verdichteten

Ausdrucksformen göttlicher Weisheit und göttlichen Gefühls.[20] Mann und Weib hatten ursprünglich dieselbe Macht wie Er und konnten allein durch geistige Kraft Kinder zeugen. Adam und Eva waren also von Ihm ermächtigt worden, sich auf unbefleckte, das heißt göttliche Weise fortzupflanzen. Wie mein Guru Sri Yukteswar erklärte, führte die Kraft des Bösen (Satan) Eva in Versuchung, die «Frucht» (den Geschlechtsgenuß) mitten im Garten (Körper) zu essen.[21] Gott hatte den ersten Menschen gestattet, sich aller Sinneswahrnehmungen am Baum des Lebens (der astralen Bewußtseins- und Energiezentren in der Wirbelsäule) zu erfreuen, mit Ausnahme der Geschlechtsbefriedigung inmitten (in der Mitte) des körperlichen Gartens. Die «Schlange», die Eva in Versuchung führte, ist die zusammengerollte Energie am Ende der Wirbelsäule, welche die Geschlechtsnerven anregt. Wenn das Gefühl oder Evabewußtsein im Menschen vom Geschlechtstrieb überwältigt wird, unterliegt auch Adam, das heißt seine Vernunft.

Der Geschlechtstrieb ist das trügerische Gegenstück zur Glückseligkeit Gottes. Wenn geschlechtliche Lust an die Stelle der Liebe tritt, wird sie zum Werkzeug des Teufels und hält das Bewußtsein des Menschen an die Sinne gebunden, so daß es ihm nicht möglich ist, das göttliche Bewußtsein zu erleben – die ewig bestehende, ewig bewußte, ewig neue Freude. Der Geschlechtstrieb, das Verlangen nach Wein und Geld – sie alle sind von Satan erschaffene Täuschungen, welche die Seele daran hindern sollen, in tiefe Ekstase einzugehen. Als Adam und Eva sich dem Geschlechtsgenuß hingaben, wurden sie aus dem Paradies vertrieben, das heißt, sie verloren jenes göttliche Bewußtsein oder jene seelische Verzückung, in der sie ihre Einheit mit Gott fühlen konnten. Seit jener Zeit mußten sich die Menschen, genau wie die Tiere, auf geschlechtliche Art fortpflanzen, mußten die Frauen ihre Kinder mühsam und schmerzvoll gebären. Auch müssen

[20] Der Mann drückt größere Vernunft aus, während das Gefühl bei ihm mehr im Hintergrund steht, und die Frau drückt mehr Gefühl aus, wobei die Vernunft weniger vorherrschend ist.

[21] *1. Mose* 3, 3.

Mann und Frau das akzeptieren, was ihnen gegeben wird. Wenn ihnen ein böses Kind geboren wird, müssen sie es dennoch behalten und aufziehen. Ursprünglich waren sie, wie Gott, fähig, kraft ihres Geistes das zu erschaffen, was sie sich wünschten. O selige Zeit der ersten Unschuld!

Letzten Endes ist selbst Satan nur ein Werkzeug Gottes. Satan kann das Versprechen, das er dem Menschen gegeben hat, nicht halten; deshalb sucht der von ihm enttäuschte Mensch schließlich den aufrichtigen Herrn. Warum aber auf Enttäuschungen warten? Ich warne euch davor, all euer Glück auf eine Karte zu setzen! Auch wenn ihr kräftig, gesund und ziemlich zufrieden seid, können euch plötzlich Schmerzen überfallen, so daß ihr denkt: «Mein Gott, was nun?» Die *Self-Realization Fellowship* lehrt euch, nicht all euer Glück im vergänglichen Körper und in weltlichen Freuden zu suchen. Wie aber? Indem sie euch lehrt, Herrschaft über den Körper zu erlangen und vor allem zu meditieren.

Hört auf die Stimme Gottes, die durch eure guten Gedanken zu euch spricht. Gott und Seine engelhaften Geister flößen euch diese guten Gedanken ein. Der Teufel aber erzeugt ganz andere Gedanken. Jedesmal, wenn sich ein böser Gedanke bei euch einschleichen will, weist ihn energisch ab. Dann kann Satan euch nichts anhaben. Sobald ihr etwas Unrechtes denkt, nähert ihr euch Satan. Ihr bewegt euch ständig zwischen Gut und Böse hin und her, deshalb müßt ihr mehr in die Tiefe gehen, wo Satan euch nicht erreichen kann: ganz tief ins Herz Gottes.

Die Zehn Gebote
Ewige Wegweiser zum Glück

Tempel der Self-Realization Fellowship
Encinitas/Kalifornien, 6. März 1938

Unerwartete Naturkatastrophen, die große Verwüstungen und Verluste an Menschenleben zur Folge haben, sind keiner «höheren Gewalt» zuzuschreiben. Solche Katastrophen sind das Ergebnis menschlicher Gedanken und Handlungen. Jedesmal, wenn der Schwingungsausgleich zwischen Gut und Böse in der Welt durch die Anhäufung verderbenbringender Schwingungen – ein Ergebnis des falschen Denkens und Handelns der Menschen – gestört wird, könnt ihr Verwüstungen sehen, wie wir sie kürzlich erlebt haben.[1]

Und solange die Menschen ihr falsches Denken und Betragen nicht ändern, werden wir weiter Kriege und Naturkatastrophen auf der Erde haben. Kriege entstehen nicht durch schicksalhaften göttlichen Eingriff, sondern durch weitverbreitete materielle Selbstsucht. Verbannt allen Egoismus aus dem persönlichen und öffentlichen Leben, aus Industrie und Politik – und es wird keine Kriege mehr geben.

Wenn das materielle Bewußtsein des Menschen vorherrscht, sendet es feine negative Strahlen aus. Häufen sich diese an, stören sie das elektrische Gleichgewicht in der Natur, so daß es zu Erdbeben, Überschwemmungen und anderen Katastrophen kommt. Nicht Gott ist verantwortlich dafür! Der Mensch muß seine Gedanken beherrschen lernen, ehe er die Natur unter seine Herrschaft bringen kann.[2]

[1] Hinweis auf örtliche Überschwemmungen nach einem ungewöhnlich starken Regenfall.

[2] «Des Menschen prahlerischer ‹Sieg über die Natur› ist Ausdruck eines Machtkomplexes – barer Unsinn. Der Natur müssen wir *gehorchen*. Die Wissenschaftler entziffern die Regeln, denen wir uns zu unterwerfen haben. Jede Regel, die man bisher entdeckte, hat die Macht besessen,

Rama, ein *Avatar*, war einer der großen hinduistischen Kaiser; er regierte über das Reich von Ayodhya, dessen Bewohner alle ein rechtschaffenes Leben führten. Es heißt, daß es während der goldenen Ära Ramas keine Unfälle, keinen frühzeitigen Tod und keine Naturkatastrophen gab, welche die vollkommene Harmonie von Ayodhya beeinträchtigten. So wird auch in jedem Heim größere Eintracht und Gesundheit herrschen, wenn alle Familienmitglieder sich richtig betragen. In einer selbstsüchtigen Familie, wo jeder dem anderen etwas wegnimmt, herrscht Unfrieden. So ist es auch mit den Nationen. Nur wenn wir richtig leben, wird Gottes Reich zu uns kommen. Doch die Zeit vergeht schnell. Heute seid ihr hier und morgen vielleicht schon nicht mehr. Euer größtes Vorrecht als menschliche Wesen besteht darin, Gott zu suchen. Benutzt die Freiheit, die Er euch in diesem Leben gegeben hat, um die ewigen geistigen Wahrheiten zu erforschen.

Sünde ist das, was euch Leid bringt, und Tugend ist das, was euch bleibendes Glück bringt. Wenn ihr keinen geistigen Frieden habt, werden euch selbst ein neues Haus und ein neues Auto nicht glücklich machen; ihr lebt weiter in eurem inneren Hades.

Wahres Glück trotzt allen äußeren Erfahrungen. Wenn ihr durch die Ungerechtigkeiten anderer «gekreuzigt» werdet und wenn ihr ihnen gegenüber dennoch Liebe und Vergebung zeigt, wenn ihr trotz aller äußeren Schicksalsschläge an eurem inneren göttlichen Frieden festhalten könnt, werdet ihr wissen, was wahres Glück ist.

«Wer die Gebote der heiligen Schriften mißachtet und seinen eigenen törichten Wünschen nachgibt, findet weder Glück noch Vollkommenheit, noch erlangt er das Ziel: die Unendlichkeit. Laßt euch von den heiligen Schriften leiten, damit ihr wißt, was ihr tun und was ihr lassen sollt. Handelt im Einklang mit der Weisheit, die in den heiligen Büchern steht.»[3] Wer innerlich zufrieden ist, lebt richtig. Glück stellt sich nur dann ein, wenn man richtig handelt. Wenn ihr hier auf Erden glücklich seid,

Gehorsam zu verlangen.» – G. Scott Williamson und Innes H. Pearse in *Biologists in Search of Material* (Faber & Faber, London, 1950).

[3] *Bhagavad-Gita* XVI, 23-24.

werdet ihr es auch im Jenseits sein. Der Tod bedeutet keinen Ausweg. Ihr müßt jetzt gut handeln, wenn ihr später den Himmel gewinnen wollt. Laut dem Gesetz von Ursache und Wirkung seid ihr nach dem Tode dieselben, die ihr vorher wart. Darum «bringt das Heu der Weisheit ins Trockene», solange die Sonne der günstigen Gelegenheit scheint.

Die zehn ewigen Wegweiser zum Glück

Die Zehn Gebote[4] hätten besser die zehn ewigen Wegweiser zum Glück heißen sollen. Das Wort «Gebot» ist nicht gut gewählt, denn die meisten Menschen lassen sich nicht gern befehlen. Sobald ihr einem Kind etwas verbietet, hat es den Wunsch, genau das zu tun.

Die Zehn Gebote werden täglich allenthalben übertreten. Solange die Menschen deren geistige Bedeutung nicht verstehen, werden sie immer gegen diese Gebote rebellieren. Die Zehn Gebote sind gültige Verhaltensmaßregeln und werden in allen großen Weltreligionen gelehrt. Meist aber sagen die Schriften nichts über die psychologische Bedeutung und die Nützlichkeit dieser Gebote. Die Menschen akzeptieren sie, während sie in der Kirche sind, glauben aber außerhalb der Kirche nicht danach handeln zu müssen, weil sie sie für unpraktisch halten. Und doch ist das Übertreten der Zehn Gebote die Ursache allen Elends in der Welt.

Worin besteht nun die Nützlichkeit dieser Gebote? In der *Bhagavad-Gita* wird uns gesagt, alles aufzugeben und uns nur auf Gott zu besinnen. «Versenke deinen Geist in Mich, sei du Mein eigen; gib Mir alles anheim; verneige dich vor Mir. Du bist Mir lieb, deshalb versichere Ich dir: Du sollst Mich wahrlich finden.»[5] Dies entspricht dem ersten der Zehn Gebote, die Moses offenbart wurden:

«Du sollst keine anderen Götter neben mir haben.» Gottver-

[4] *2. Mose* 20, 3-17.
[5] XVIII, 65.

wirklichung soll das Ziel unseres Lebens sein. Man kann seine irdischen Pflichten nicht erfüllen, ohne die Kraft dazu von Gott zu entleihen. Seinen täglichen Pflichten nachzukommen und Ihn dabei zu vergessen, ist die größte Sünde. Sünde bedeutet, in Unwissenheit und gegen seine eigenen höchsten Interessen zu handeln. Wie oft habt ihr nicht schon brennenden Schmerz im Herzen gefühlt und warum? Weil ihr nicht richtig gehandelt habt, weil Gott in eurem Herzen nicht zuerst kommt. In der Gita heißt es: «Gib alle anderen *Dharmas* (Pflichten) auf und bete Mich allein an. Ich will dich von aller Sünde befreien (die der Nichterfüllung weniger wichtiger Pflichten entspringt).»[6] In eurem Leben sollte es keinen Abgott geben, der euch mehr bedeutet als Gott. Obwohl Jesus mit Gottvater vereinigt war, sagte er: «Ich weiß nicht alles, was mein Vater weiß.»[7]

Sobald der Mensch damit beginnt, Bildnisse, Namen, Ruhm – alles, was geringer ist als Gott – anzubeten, bringt er sich ins Unglück. «Wer die niedrigeren Götter anbetet, o Arjuna, geht zu ihnen; Meine Anbeter aber kommen zu Mir.»[8] Nur Gott kann des Menschen Hoffnung auf ein ewiges Glück erfüllen. Wer den Höchsten Herrn anbetet, darf sich von nichts anderem ablenken lassen. Wenn ihr die heiligen Schriften der Hindus studiert, werdet ihr sehen, daß sie vollkommen mit den zehn christlichen Geboten übereinstimmen.

«Du sollst dir kein Bildnis noch irgendein Gleichnis machen.» Das Anbeten von Symbolen mag für einige angebracht sein, doch allgemein gesehen hat es mehr schlechte als gute Auswirkungen. Wenn ihr das Kreuz Christi anbetet und vergeßt, was es versinnbildlicht, betet ihr ein «Götzenbild» an, weil ihr dessen Bedeutung aus den Augen verloren habt. Nachdem ein großer geistiger Lehrer seinen Körper verlassen hat, wird gewöhnlich sein Bildnis oder irgendein mit seinem Leben verknüpftes Sinnbild verehrt,

[6] XVIII, 66.

[7] «Von dem Tage aber und der Stunde weiß niemand, auch die Engel im Himmel nicht, auch der Sohn nicht, sondern allein der Vater.» (*Markus* 13, 32)

[8] *Bhagavad-Gita* VII, 23.

und das ist gut so, solange man sich seine Eigenschaften vergegenwärtigt und ihm nachfolgt. Wenn ihr aber ein Bildnis anbetet, ohne tiefe Achtung vor dem zu empfinden, was es versinnbildlicht, habt ihr das Unendliche vergessen. Ein Bild oder eine Statue von Jesus kann helfen, euch seine göttlichen Eigenschaften vor Augen zu führen. In diesem Falle betet ihr nicht ein Götzenbild an, sondern das durch das Bildnis verkörperte Ideal. Jeder religiöse Ritus, den ihr im vollen Bewußtsein des GEISTES vollzieht, ist dem Herrn angenehm. Doch zu Moses' Zeiten hatten viele Anbeter die Bedeutung der Symbole vergessen; sie verehrten nur die Gegenstände und opferten ihnen sogar Ziegen.

In den indischen Tempeln ist es gebräuchlich, das Bild oder die Statue eines Heiligen aufzustellen oder auch eine sinnbildliche Darstellung Gottes, die eine Seiner besonderen Offenbarungen oder Eigenschaften zum Ausdruck bringt. Die Gläubigen bringen Gott oder dem Geist des Heiligen, der durch das Bildnis dargestellt wird, Blumen dar und meditieren über seine göttlichen Eigenschaften. Eine solche Anbetung ist Gott willkommen.[9] Echte Gläubige lassen ihr Bewußtsein nicht auf dem Gegenstand verweilen, sondern konzentrieren sich mit tiefer Liebe und Aufmerksamkeit auf den GEIST, den er versinnbildlicht. Ein großer indischer Heiliger ging jedesmal in den *Samadhi* (den ekstatischen Zustand der Gottvereinigung) ein, wenn er vor dem Tempelbildnis der Göttlichen Mutter seine Opfergaben niederlegte. «Ich legte Blumen vor die Füße eines Symbols aus Stein», sagte er, «als ich plötzlich erkannte, daß ich ganz losgelöst von meinem Körper und eins mit dem Erhalter des Kosmos war. Da begann ich die Blumen auf mein eigenes Haupt zu streuen.»

Besser natürlich ist es, wenn ihr euch nur auf Gott und den inneren Frieden konzentrieren könnt, anstatt eure Aufmerksamkeit zuerst auf ein Symbol zu richten und dann die Konzentration

[9] «Welche Verkörperung der Mensch auch in aller Aufrichtigkeit anbeten mag (einen *Avatar*, einen Heiligen oder eine Gottheit), Ich bin es, der seiner Hingabe Dauer verleiht. Wer diese Verkörperung tiefgläubig anbetet, erreicht das Ziel seiner Sehnsucht. Doch Ich allein gewähre solche Gnaden.» (*Bhagavad-Gita* VII, 21-22)

auf den GEIST zu übertragen. Gott ist unendlich. Wie könnte ein Bildnis Ihn darstellen? Das ist der vorherrschende Gedanke im zweiten Gebot. Wir sollen kein Bildnis anbeten, als ob es Gott wäre, denn Er ist unendlich.

Da Gott unendlich ist, kann er nicht durch eine bestimmte Form begrenzt werden, sei es eine menschliche oder steinerne. Dennoch offenbart Er sich in allen Formen. Man kann mit Recht sagen, daß Gott sich in jedem Menschen genauso offenbart wie in den großen Heiligen, denn Er wohnt in ihnen allen. Die Sonne scheint unterschiedslos auf ein Stück Kohle und auf einen Diamanten herab. Doch der Diamant empfängt und spiegelt das Sonnenlicht wider, während die Kohle es nicht tut. Ähnlich scheint Gottes Licht auf alle Menschen herab, aber nicht alle empfangen und reflektieren dieses Licht. Um das zu können, müssen sie sich zuerst läutern, indem sie meditieren und die Zehn Gebote befolgen.

«Du sollst den Namen des Herrn, deines Gottes, nicht mißbrauchen.» Wenn Ihr den Namen Gottes aussprecht, müßt ihr euch dessen, was ihr sagt, innerlich bewußt sein. Könntet ihr die Gedanken der Menschen lesen, die in einer Kirche beten, würdet ihr feststellen, daß viele von ihnen an alles andere als an den Herrn denken. Sie mißbrauchen den Namen Gottes. Wenn wir beten, müssen wir unsere Gedanken so konzentriert wie möglich auf Gott richten und nicht nur «Gott, Gott, Gott» sagen und an etwas ganz anderes denken. Eine meiner Tanten hatte die Gewohnheit, ihre Gebete an einer Perlenschnur abzuzählen. Fast unaufhörlich waren ihre Finger mit dem Gebetskranz beschäftigt. Eines Tages jedoch kam sie zu mir und gestand, daß Gott ihre Gebete nie erhört habe, obgleich sie nun schon vierzig Jahre lang bete. Kein Wunder! Ihre «Gebete» waren nicht viel mehr als eine nervöse körperliche Angewohnheit.

Wenn ihr betet, denkt an nichts anderes als an den GEIST. Bemüht euch um tiefe Aufrichtigkeit. Der Gebrauch des Rosenkranzes beim Beten und *Japa*, das Wiederholen von Gottes Namen, sind gut, wenn man es konzentriert und voller Hingabe tut. Doch oft läuft man dabei Gefahr, mechanisch zu werden; es handelt sich um niedrigere Formen der Anbetung. Die höchste

Form der Anbetung besteht darin, im Herzen «Gott» zu flüstern, während man den Rosenkranz der Liebe betet. Es ist Gott gegenüber auch unehrerbietig, wenn ihr Ihm geistesabwesend Hymnen singt. In der *Bhagavad-Gita* wird hervorgehoben, wie wichtig es sei, sich während der Anbetung zu konzentrieren. «Derjenige erreicht den Höchsten glanzumflossenen Herrn, o Arjuna, dessen Geist durch Yoga gefestigt und unentwegt auf Ihn gerichtet ist.»[10]

«Gedenke des Sabbattags, daß du ihn heiligest.» Von den sieben Tagen der Woche widmen die meisten Menschen Gott nicht einmal einen Tag. Es liegt in eurem eigenen Interesse, wenn ihr Ihm einen Tag in der Woche widmet. Sonntag ist der Tag der Sonne – der strahlende Tag der Weisheit. Viele benutzen ihn nie dazu, an Gott zu denken, obgleich das der Weg der höchsten Weisheit ist. Wenn ihr euch an diesem Tag eine Zeitlang in die innere Stille zurückzieht und sie genießt, werdet ihr feststellen, wieviel wohler ihr euch danach fühlt. Haltet den Sabbat ein! Er träufelt Balsam auf die Wunden, die euch die anderen sechs Tage geschlagen haben. Jeder sollte einen Tag der Woche im seelischen «Krankenhaus» verbringen, um die Wunden der Seele heilen zu lassen.

Betrachtet den Sabbat nicht als eine euch auferlegte Pflicht; genießt ihn! Wenn ihr ihn zu einem Tag des Friedens, der Freude und der Genügsamkeit macht, werdet ihr ihn freudig herbeisehnen. Abgeschiedenheit ist der Preis, den man für wahre Größe zahlen muß. Ihr werdet überrascht sein, was das Alleinsein mit Gott für Körper, Geist und Seele ausmacht. Früh am Morgen und abends vor dem Schlafengehen solltet ihr in Seinen Frieden eintauchen.

Die indischen Weisen raten nicht nur dazu, einen Tag der Woche in Abgeschiedenheit zu verbringen, sondern behaupten, daß es nötig sei, viermal am Tag in die Stille zu gehen. Am frühen Morgen, ehe ihr aufsteht und mit anderen zusammenkommt, bleibt eine Zeitlang in tiefem Frieden allein. Mittags setzt euch wieder eine Weile ruhig hin, ehe ihr eure Mahlzeit einnehmt, und

[10] VIII, 8.

vor dem Abendessen gönnt euch ebenfalls eine Pause des Friedens. Vor dem Schlafengehen taucht dann wieder in das tiefe Schweigen. Wer regelmäßig zu diesen vier Tageszeiten in die Stille geht, wird ganz von selbst Gottverbundenheit erlangen. Wenn man es allerdings nicht viermal am Tag einrichten kann, sollte man Gott jeden Morgen und Abend einige Zeit widmen. Tut ihr dies, wird sich euer Leben ändern, und ihr werdet viel glücklicher.

Wenn ihr ständig Schecks ausstellt, ohne etwas auf euer Konto einzuzahlen, geht euch schließlich das Geld aus. So ist es auch mit dem Leben. Wenn ihr nicht regelmäßig Einzahlungen des Friedens auf das Konto eures Lebens macht, werdet ihr bald keine Kraft, keine Ruhe und kein Glück mehr haben. Schließlich erlebt ihr dann den geistigen, körperlichen und seelischen Bankrott. Tägliche Verbindung mit Gott jedoch wird euer inneres Bankkonto immer wieder auffüllen.

Zieht euch viermal am Tag in das innere Schweigen zurück und denkt voller Liebe und Sehnsucht: «Ich tauche jetzt in die Unendlichkeit. ‹Offenbare Dich, Vater, offenbare Dich!›» Versucht, Seinen Frieden und Seine Nähe zu fühlen. Versenkt Geist und Körper in diesen Frieden, dann werdet ihr mehr Erfolg im Leben haben. Der ruhige Mensch macht nicht so leicht Fehler. Während tausend andere scheitern, ist er erfolgreich. Ihr müßt ruhig sein, um Erfolg zu haben. Wer den Sabbat nicht so begeht, daß er diesen göttlichen Frieden fühlt, leidet viel unter schwankenden Stimmungen und wird schließlich zu einem Nervenbündel. Durch die Tore des Schweigens erreicht euch das heilende Sonnenlicht der Weisheit und des Friedens.

Der Sabbat sollte ein Tag der Ruhe sein, an dem man göttlichen Frieden gewinnt. Auch jede Tätigkeit, die einem Weisheit und Frieden bringt, eignet sich für den Sabbat.

»Du sollst deinen Vater und deine Mutter ehren.» Der menschliche Vater und die menschliche Mutter sollten als Vertreter Gottes geehrt werden, welcher der eigentliche Vater ist, denn Er hat ihnen die Fähigkeit verliehen, Kinder zu zeugen. Die Mutter ist die Verkörperung der bedingungslosen göttlichen Liebe, denn eine Mutter vergibt auch dann noch, wenn es kein anderer mehr

tut. Der Vater verkörpert die Weisheit und den Schutz, den der Himmlische Vater all Seinen Kindern schenkt. Man soll Vater und Mutter nicht getrennt von Gott lieben, sondern als Stellvertreter Seiner Liebe und Seines Schutzes. Der Höchste GEIST wird zum Vater und zur Mutter, um dem Kind zu helfen. Aus diesem Grunde solltet ihr Ihn in euren Eltern ehren.

«Du sollst nicht töten.» Der Sinn dieses Gebotes liegt darin, daß ihr nicht um des Tötens willen töten sollt, denn dann werdet ihr zum Mörder. Man darf anderen nicht in einem heftigen Anfall von Leidenschaft das Leben nehmen. Wenn aber euer Vaterland angegriffen und in einen Krieg verwickelt wird, sollt ihr kämpfen, um diejenigen, die Gott euch anvertraut hat, zu schützen. Ihr habt die berechtigte Pflicht, eure Familie und euer Land zu verteidigen.

«Du sollst nicht ehebrechen.» Der ideale Sinn der geschlechtlichen Vereinigung sollte die Zeugung von Kindern sein, die Gott zum Bilde erschaffen sind – und der Ausdruck reiner seelischer Liebe zwischen den Ehepartnern, die das Göttliche ineinander sehen. Wer nur auf sexueller Ebene lebt und nie an den heiligen Zweck des Zeugungstriebs denkt, begeht nach diesem Gebot Ehebruch. Denn dann handelt man nicht anders als ein Tier, das seinen Trieb befriedigt und danach seiner Wege geht.

Außer dem Zweck der Fortpflanzung und dem Ausdruck gegenseitiger Liebe im heiligen Ehestand ist der Zeugungstrieb von Gott auch dazu bestimmt, in Energie und göttliche Wahrnehmungen umgewandelt zu werden. Im gleichen Maße, wie ihr die Sexualkraft sublimieren könnt, werdet ihr große geistige Kräfte entwickeln – sei es im Schreiben, Malen oder in zahlreichen anderen kreativen Betätigungen. Wenn ihr die Zeugungskraft schließlich ganz unter eure Herrschaft bringt und sie vergeistigen könnt, werdet ihr den Frieden und die Liebe Gottes und Seine Glückseligkeit fühlen. Heilige, die auf diese Weise ihre Zeugungskraft vergeistigt haben, verfügen über außergewöhnliche Kräfte; sie können wunderbare Leistungen in der Welt vollbringen und Fortschritte in ihrer inneren Suche nach der Wahrheit machen.

Der höchste Zweck des Zeugungstriebs liegt also darin, diese

Kraft zu vergeistigen, um edlen Gedanken, Idealen und der Weisheit Ausdruck zu verleihen. Es schadet eurem geistigen und körperlichen Wohlergehen, wenn ihr euch lediglich auf den sexuellen Trieb konzentriert und ihn nicht als Ausdruck der Liebe, als Erfüllung der Ehe zum Zweck der Fortpflanzung betrachtet. Wenn ihr Selbstbeherrschung übt, werdet ihr die richtige Einstellung zum Zeugungstrieb gewinnen und euch seines hohen göttlichen Zwecks bewußt werden.

Mensch und Universum wurden durch Gottes Willen makellos geschaffen, und im Anfang besaß auch der Mensch – genauso wie Gott – die Fähigkeit, auf «unbefleckte Weise», das heißt durch die Kraft seines Willens zu zeugen. Diese Macht ging ihm verloren, als er der Versuchung anheimfiel, sich auf das sexuelle Erleben anstatt auf den geistigen Sinn des göttlichen Zeugungsaktes zu konzentrieren. Wer sich vom Zeugungstrieb versklaven läßt, büßt seine Gesundheit, Selbstbeherrschung und seinen geistigen Frieden ein – kurz, alles, was er braucht, um glücklich zu sein.

«Du sollst nicht stehlen.» Wenn in einer Gemeinschaft von tausend Menschen jeder den anderen bestiehlt, hat jeder 999 Feinde. Deshalb soll man anderen weder ihr Haus noch ihre Liebe, ihren Frieden oder anderes Eigentum rauben. Wenn ihr nie das Verlangen habt, das zu nehmen, was euch nicht gehört, wird euch alles, was ihr braucht, gegeben werden. Das Stehlen beginnt in den Gedanken, wenn ihr das begehrt, was andere haben. Man muß die Saat der Begierde in den eigenen Gedanken ausmerzen. Das geschieht durch geistige Selbstlosigkeit; dann zieht man automatisch alles, was man braucht, in reichem Maße an.

Solange materielle Selbstsucht nicht überwunden wird, kann es kein Glück in der Welt geben. Dazu ist eine geistige Zusammenarbeit unter den Menschen nötig, in der jeder ebenso besorgt um seinen Nächsten ist wie um sich selbst und für andere genauso gern arbeitet wie für sich.

«Du sollst kein falsch Zeugnis reden wider deinen Nächsten.» Einem anderen Schaden zuzufügen, indem man die Wahrheit entstellt, ist ebenfalls dazu angetan, das Glück der menschlichen Gesellschaft zu gefährden. Wenn ihr gut behandelt werden wollt,

müßt ihr andere gut behandeln. Es ist wichtig, jederzeit die Wahrheit zu sprechen.

Um immer wahrhaftig sein zu können, muß man verstehen, was der Unterschied zwischen Tatsache und Wahrheit ist. Wenn man wahrheitsgemäß darauf hinweist, daß ein gewisser Mann gelähmt ist, tut ihm das nur weh; es führt zu nichts Gutem. Deshalb sollte man keine unangenehmen Tatsachen erwähnen, wenn das nicht nötig ist. Es ist ebenfalls unrichtig, eine Wahrheit zu sagen, wenn man damit jemanden verrät und keinen guten Zweck erfüllt. Wer die Wahrheit nicht sagen will, braucht nicht die Unwahrheit zu sprechen; er schweigt einfach. Gebt nie leichtsinnigerweise oder aus böser Absicht irgendwelche Auskunft weiter, die andere in Verlegenheit bringen oder verletzen könnte.

«Laß dich nicht gelüsten deines Nächsten Hauses. Laß dich nicht gelüsten deines Nächsten Weibes, noch seines Knechtes noch seiner Magd, noch seines Ochsen noch seines Esels, noch alles, was dein Nächster hat.» Habgier ist die Quelle der Unzufriedenheit. Lernt zwischen dem, was ihr braucht, und den «unnötigen Notwendigkeiten» zu unterscheiden. Je mehr ihr das begehrt, was andere haben, um so unglücklicher werdet ihr. Dann bringt ihr euer ganzes Leben in elender Verfassung zu und seid nie zufrieden. Sucht nach den seelischen Reichtümern in eurem Innern.

Was ihr seid, ist viel wunderbarer als irgend etwas oder irgend jemand, nach dem ihr euch sehnt. Gott ist auf ganz besondere Weise mit euch verbunden, so wie mit niemand anderem. Euer Gesicht gleicht keinem anderen. Eure Seele gleicht keiner anderen. Begehrt nie, was andere Menschen besitzen; ihr habt an euch selbst genug, denn der größte aller Schätze – Gott – liegt in eurer eigenen Seele.

Wie man den Charakter erkennt

Internationales Mutterzentrum der Self-Realization Fellowship
Los Angeles/Kalifornien, 11. Januar 1942

Wenn man den Charakter anderer Menschen studiert, kann einem das zeigen, wie man sich selbst ändern soll. Es ist jedoch nicht richtig, den Charakter anderer nur kritisch zu untersuchen, denn das kann verheerende Folgen haben. Jeder geht einem «Charakterdetektiv», der die Fehler anderer aufdeckt, aus dem Wege. Viele von denen, die andere so gern kritisieren, können selbst keine Kritik vertragen und haben oft sogar dieselben Schwächen, über die sie sich bei anderen so «rechtmäßig» aufregen.

Charakterstudien sind hauptsächlich in einer Hinsicht wichtig: daß man sich immer auf die Tugenden anderer Menschen konzentriert und versucht, sie sich selbst anzueignen. Ich prüfe den Charakter solcher Menschen, die ich mir als Mitarbeiter aussuche. Doch suche ich sie mir von einem ganz anderen Gesichtspunkt aus. Manchmal gebe ich mich absichtlich mit «problematischen» Menschen ab, weil ich hoffe, daß sie sich ändern werden. Wenn sie auf meine geistigen Bemühungen ansprechen, bessern sie sich; und wenn nicht, so nehme ich das eben in Kauf. Darin gleiche ich einem Arzt, der es riskiert, sich anzustecken, um seinem Patienten zu helfen. Alle Ärzte müssen dieses Risiko auf sich nehmen, denn es ist ja ihr Wunsch, anderen zu helfen. Ähnlich verhält es sich mit dem Seelenarzt: er nimmt es auf sich, andere zu beurteilen und auf ihre Schwächen aufmerksam zu machen, damit sie sich bessern.

Jesus sprach: «Richtet nicht, auf daß ihr nicht gerichtet werdet.»[1] Er verurteilte jegliche Kritik, die nur darauf aus ist, andere zu verletzen. Solches Verhalten ist lieblos und zerstört Freundschaften. Kritik kann nur dann ihren Zweck erfüllen,

[1] *Matthäus* 7, 1.

wenn sie von aufrichtiger Liebe getragen wird und außerdem erwünscht ist. Sie sollte der liebevollen Absicht entspringen, dem anderen zu helfen. Wer Selbstbeherrschung erlangt hat, dem steht das Recht zu, anderen zu helfen. Von diesem Gesichtspunkt aus sind Charakterstudien sinnvoll.

Die äußere Erscheinung weist auf den Charakter hin

Eine bestimmte Art der Charakterstudie ist die Physiognomik. Man sagt, daß die hervorstechenden Charakterzüge eines Menschen sich durch seine körperlichen Bewegungen ausdrücken; doch das ist eine starke Verallgemeinerung. Nicht alle physiologischen Merkmale vermitteln ein wahres Bild des Innenlebens.

Aristoteles beschäftigte sich mit der Physiognomie, um den Charakter deuten zu können. Die Lehrer der Hindus aber gehen tiefer. Sie sagen, daß die wesentlichen Gedanken sämtlicher Inkarnationen sich in den Augen widerspiegeln. Doch obwohl die Augen die ganze Geschichte der Seele verraten – und zwar nicht nur dieses Lebens, sondern auch früherer Inkarnationen –, braucht man ein Meistergehirn, um jene vergangenen Inkarnationen ermitteln zu können, die Einfluß auf dieses Leben haben.

Manchmal sieht man im Vorübergehen einem Menschen in die Augen und denkt: «Der ist mir unsympathisch», oder ein andermal: «Der gefällt mir!» Die Augen verraten alles: Angst, Ärger, Eifersucht, Gier, Großzügigkeit, Liebe, Mut, Geistigkeit – alle guten und schlechten Eigenschaften spiegeln sich in den Augen wider. Detektive haben ihre Gesichtsmuskeln in der Gewalt, damit sie ihre Gedanken nicht durch ihren Gesichtsausdruck verraten; dennoch können ihre Augen nicht verbergen, daß sie einen Verdacht hegen. Ein Yogi hat ruhige Augen, weil seine Gedanken auf die Stille des GEISTES gerichtet sind.

Man hat die Gesichtsbildung und sogar die Höcker am Schädel studiert, doch die körperliche Erscheinung gibt nicht immer den richtigen Aufschluß; und die verschiedenen Kulturvölker ziehen auch verschiedene Schlußfolgerungen aus ihren Beobachtungen. Einige meinen, daß dicke Menschen den Luxus lieben und nicht gern arbeiten und daß dünne Menschen eine mehr geistige Veranlagung haben. Doch in Indien sieht man Korpulenz an einem geistigen Menschen gern. Cäsar betrachtete die «magere und hungrige» Gestalt des Cassius mit Argwohn und sah in ihm eine Bedrohung seiner Macht. Manche Autoren vertreten die Theorie, daß dünne Menschen zuviel grübeln und deshalb kein Fleisch ansetzen. Ein Studium der Geschichte zeigt, daß sowohl schlanke als auch korpulente Herrscher gute Regenten waren.

Wenn ihr ständig Übergewicht habt, so seid ihr schon viele Male vorher korpulent gewesen; oder wenn ihr in diesem Leben unter chronischer Magerkeit leidet, wart ihr schon in manchen früheren Inkarnationen mager. Ihr habt die Tendenz von früher her mitgebracht; und ganz gleich, was ihr eßt, die gedankliche Vorstellung verwirklicht sich.

Es stimmt, daß die Physiognomie den Charakter aufzeigen kann, wenn man in Betracht zieht, daß alle Gedanken, die jemand während vieler Inkarnationen gehabt hat, sich im Körper Ausdruck verschaffen. Doch man bedarf der intuitiven Fähigkeit eines Meisters, um die Physiognomie vollständig und korrekt deuten zu können.

Sokrates zum Beispiel war ziemlich häßlich. Einmal begegnete er einem großen Sternkundigen, der ihm sagte: «Sokrates, du bist der boshafteste und lasterhafteste Mensch, den ich kenne.» Die Schüler des Sokrates waren sehr zornig auf den Sterndeuter, doch ihr Lehrer erwiderte: «Du hast recht. Früher einmal war ich so. Und obgleich ich meine Lasterhaftigkeit durch Weisheit überwunden habe, zeichnen sich meine ehemaligen Taten noch in meinem Körper ab und machen ihn häßlich.»

Keine zwei Gesichter gleichen sich genau. Jedes unterscheidet sich aufgrund der besonderen Eigenheiten dieses Lebens und früherer Inkarnationen vom anderen. Man kann einen Menschen daher nicht schlechtweg als gut oder böse bezeichnen, weil er abstoßend oder anziehend aussieht. Der heilige Franziskus war körperlich wenig anziehend, während sein Jünger, Bruder Masseus, ein schöner Mann war. Doch Masseus besaß nicht die geistige Schönheit des heiligen Franziskus.

Gefühlsregungen als Schlüssel zum Charakter

Es gibt noch einen anderen Forschungszweig, welcher der Physiognomik verwandt ist, und zwar die Pathognomik – eine Ausdruckspsychologie für die Deutung der menschlichen Seelenregungen und Gefühle anhand von Gesichts- und Körperbewegungen und von den gefühlsmäßigen Reaktionen auf bestimmte Situationen. Die Gefühle und Gewohnheiten eines Menschen weisen auf seine charakteristischen Merkmale hin; manche jedoch haben sich darin geübt, ihre wahren Gefühle zu verbergen, weil sie diese anderen Menschen nicht preisgeben wollen. Zwei Ehemänner erhielten einmal die Nachricht, daß ihre beiden Frauen ertrunken waren. Der eine gab seinem Schmerz lebhaft Ausdruck, der andere aber sagte gar nichts; doch derjenige, der so überwältigt von seinem Kummer schien, liebte seine Frau weniger als der andere, dessen Gesichtsausdruck nichts von seinem Schmerz verriet. Bei der Pathognomik – der Deutung der wahren Gefühle und Reaktionen des Menschen – handelt es sich also um ein tiefgründiges Studium.

Man kann einen Menschen sicherer nach seinen Gefühlen als nach seiner körperlichen Erscheinung beurteilen. Um möglichst genaue Ergebnisse zu erzielen, verbinde ich beide Methoden miteinander. Alle, die sich meiner Schulung anvertrauen, bringe ich in gewisse Situationen, um zu sehen, wie sie geistig und gefühlsmäßig darauf reagieren. Reagieren sie nachteilig, versuche ich sie zu korrigieren; doch tue ich das nur, wenn jemand mich darum gebeten hat – wenn er mir die Vollmacht und Erlaubnis gegeben hat, ihn zu leiten.

Manche regen sich über die geringsten Kleinigkeiten auf. Die Musiker in diesem Land sind größtenteils sehr emotionell; und fast alle hiesigen Musikstücke sind emotionell, weil sie das Thema menschlicher Liebe behandeln. In Indien stellt die Musik Gott in den Mittelpunkt. Deshalb ist sie dazu geeignet, den Sturm der Gefühle zu besänftigen und einen Zustand tiefer geistiger Ruhe zu schaffen. Natürlich sind nicht alle westlichen Musiker emotionell; noch sind alle indischen Musiker vergeistigt, wenn es auch auf die meisten von ihnen zutrifft. Das Sanskritwort für Musiker ist *Bhagavathar* – «jemand, der Gottes Namen singt».

Wenn ihr mit emotionellen Menschen zu tun habt, könnt ihr euch nur selten auf sie verlassen. Heute sind sie von euch begeistert und morgen kehren sie euch den Rücken. Ich hatte zuweilen Menschen im *Ashram,* die mir nach wenigen Tagen den Eindruck gaben, sie seien unerschütterlich treu wie der Jünger Johannes. Doch schon im nächsten Monat waren sie nicht mehr da. Was mich wirklich verletzen kann, ist ein Vertrauensbruch nach einer gegebenen Freundschaftserklärung. Wenn ich jemandem meine Freundschaft schenke, ziehe ich sie nie wieder zurück.

Höherentwicklung durch Gleichmut

Es ist nicht schwer, zwischen einem Bewegungs- und einem Denktyp zu unterscheiden. Jener will dauernd arbeiten, und dieser will über alles nachdenken. Beide Menschentypen werden gebraucht. Der Bewegungstyp handelt immer sofort. Er sollte lernen, seine Energie auf eine geistig lohnende Tätigkeit zu richten. Um jedem dieser Typen zum richtigen Ausgleich zu verhelfen, rate ich den Bewegungstypen, zu meditieren und mehr nachzudenken, und den Denktypen, zu meditieren und mehr zu arbeiten.

Wer schlechten Gewohnheiten verfallen ist – wer raucht, trinkt und zuviel ißt –, muß vorsichtig angefaßt werden. Jedes Hindernis, das sich seinen Wünschen in den Weg stellt, reizt ihn zum Zorn. Wenn ihr einem gierigen Menschen seine Mahlzeit wegnehmt, wird er wütend. Es hat keinen Zweck, solchen Sinnessklaven zu helfen, bis sie selbst den aufrichtigen Wunsch äußern, sich zu bessern.

Swami Shankara sagte, daß ausgeglichene Menschen Gott erkennen werden. Der Meister des Universums thront auf dem Altar des Gleichmuts. Durch Gleichmut erreicht der Mensch den vollkommenen und ausgewogenen Zustand des Friedens.

Nach der Philosophie der Hindus herrscht in jedem Menschen

die eine oder andere der drei grundlegenden Eigenschaften vor.[2] *Sattva* ist die Eigenschaft derer, die geistige Neigungen haben. Sie essen vernünftig, machen sich gute Gewohnheiten zu eigen und lieben Gott. Die Eigenschaft des *Rajas* zeigt sich in solchen, die emsig tätig sind; sie arbeiten, bis sie sterben. Diejenigen, in denen die Eigenschaft des *Tamas* vorherrscht, haben ihr ganzes Leben Streit mit anderen, neigen zu Ärger, Eifersucht, Sinnlichkeit und Faulheit.

Jede Gewohnheit, die euch von eurem geistigen Ziel abhält, muß überwunden werden. Ihr müßt Meister eures Denkens und Handelns werden. Es ist besser, wenn ihr im tätigen *Rajas*-Zustand lebt und eure Gewohnheiten ändern könnt, als wenn ihr im *Tamas*-Zustand bleibt; doch der *Sattva*-Zustand, in dem sich nur noch das Gute offenbart, ist der ideale. Wer sich selbst vervollkommnen will, sollte mit Menschen Umgang pflegen, die im *Sattva*-Bewußtsein leben.

Sehr wenige wissen, was gut für sie ist. Es gibt ein Kriterium, nach dem ihr jeden beurteilen könnt; und 99 Prozent aller Menschen versagen bei dieser Prüfung. Schlagt jemandem vor, irgend etwas zu tun, was seinem eigenen Wohl dienen würde, und er wird genau das Entgegengesetzte tun. Warum? Weil er nicht anders kann; seine weltlichen Gewohnheiten sind zu tief verwurzelt. Häufig tun die Menschen auch deshalb nicht, was man ihnen vorschlägt – obgleich sie wissen, daß es gut für sie ist –, weil sie zeigen wollen, daß sie sich nicht beeinflussen lassen. Wer sich wirklich bessern will, muß den Umgang solcher Menschen suchen, die ruhig und selbstbeherrscht sind. Geht mit normalen oder – was noch besser ist – mit überdurchschnittlichen Menschen um. Die Schwachen sollten sich an den Starken aufrichten, und die Starken sollten sich an solche halten, die noch standhafter sind als sie. Ein Ringkämpfer kann seine Kraft nur dann steigern, wenn er mit einem stärkeren ringt.

[2] Die ganze Schöpfung ist dem Einfluß der drei naturgegebenen *Gunas* oder Eigenschaften unterworfen: *Sattva, Rajas* und *Tamas* – geistig oder erhebend, tatkräftig und behindernd.

Animalische Wesenszüge im Menschen

Nachdem ihr die geistigen *Sattva-*, *Rajas-* und *Tamas*-Eigenschaften in anderen festgestellt habt, könnt ihr deren körperliches Verhalten untersuchen. Manche behaupten, daß Frauen «katzenhaft» seien. Doch Männer können ebenso hinterlistig sein. Die Katze frißt den zahmen Kanarienvogel und sitzt dann ruhig wie ein Yogi da, als ob sie völlig unschuldig an dieser abstoßenden Tat sei. Manche Menschen finden Vergnügen daran, anderen ihren Frieden und ihre Freude zu rauben. Sie trachten nur danach, Unfrieden und Unruhe zu stiften; gleich räuberischen Wölfen schleichen sie in der menschlichen Gesellschaft umher und provozieren Streit.

Andere können mit Enten verglichen werden – sie schnattern unentwegt. Es heißt, daß der Mann zuerst erschaffen wurde und daß der Gott Twashtri danach die Sanftheit des Mondes, die Zartheit der Schwanenfedern, die Schönheit der Blumen und das Geschnatter der Ente nahm und aus der Kombination dieser Eigenschaften die Frau erschuf. Und der Mann war so glücklich! Doch nach einiger Zeit kehrte er zu Twashtri zurück und sagte: «Sie ist wohl ein schönes Geschöpf. Ich freue mich wirklich über sie. Aber sie redet pausenlos und macht mir das Leben unerträglich. Nimm sie zurück.» Nach zwei Monaten kam der Mann wieder zu Twashtri. «Ich bin so traurig», sagte er, «gib mir die Frau bitte wieder.» Doch schon nach kurzer Zeit erschien er abermals und sagte: «Nimm sie bitte zurück.» Dieses Mal aber sagte Twashtri: «Nein, jetzt mußt du sie behalten.» Der arme Kerl! Er konnte weder mit ihr leben noch ohne sie auskommen.

Ebenso könnten sich auch die Frauen über die Männer beklagen. Solange Mann und Frau das Wesen des anderen nicht verstehen lernen, werden sie einander – aufgrund ihrer Unwissenheit – zur Qual. Beide sind vor Gott ebenbürtig. Kein Mann kann ohne Frau, und keine Frau ohne Mann geboren werden. Mann und Frau haben daher die Pflicht, in sich selbst den Ausgleich zwischen ihren vorherrschenden und verborgenen Eigenschaften zu finden. Der Mann läßt sich mehr von der Vernunft und die Frau mehr vom Gefühl leiten. Beide sollten sich um den richtigen

Ausgleich zwischen Vernunft und Gefühl bemühen und auf diese Weise ein vollendeter Mensch werden.

Es gibt Menschen, die sich wie Esel verhalten. Ganz gleich, wie schwer sie unter den Folgen ihrer Sinnesverhaftung gelitten haben, sie fahren störrisch damit fort, ihre schlechten Gewohnheiten zu nähren. Sie scheinen überhaupt kein Gedächtnis zu haben und die schmerzlichen Folgen, die ihnen die Sinnesbefriedigung gebracht hat, gleich wieder zu vergessen. Deshalb lernen sie nie aus ihren Erfahrungen.

In der Natur zeigen verschiedene Tiere auch verschiedene Gefühlsregungen und Eigenarten; doch der Mensch vereinigt all diese in sich selbst. Er kann wie eine Schlange, wie ein Wolf, wie ein Fuchs oder wie ein Löwe handeln. In uns liegt der Wesenskern von Himmel und Hölle. Wir müssen lernen, mehr von den himmlischen Eigenschaften zum Ausdruck zu bringen.

Die Intuition beurteilt den Charakter am genauesten

Obwohl – wie zuvor erwähnt – interessante Charakterstudien anhand einer Analyse der Augen, Emotionen und körperlichen Merkmale möglich sind, lernt man den Charakter am besten und wirksamsten durch seelische Intuition erkennen. Wenn Geist und Gefühl vollkommen ruhig bleiben, werdet ihr intuitiv das Wesen jedes Menschen, dem ihr begegnet, fühlen können.

Meine Aufgabe besteht darin, alle Arten von Menschen zur Schulung anzunehmen und ihnen zu helfen. Man soll keinem Menschen Grenzen setzen und seine Möglichkeiten durch bestimmte Analysen einengen. Ob er sich nun ändert oder nicht, die Intuition wird euch mehr über sein Wesen verraten als eine Diagnose der Augen, der Gefühle oder der Gesichtszüge. Intuition ist die größte analytische Kraft. So, wie ein Spiegel alles widerspiegelt, was man vor ihn hinhält, so könnt auch ihr im ruhigen Spiegel eures Geistes das wahre Wesen anderer erkennen. Wenn ihr immer bemüht seid, allen Gutes zu tun, wenn ihr innerlich ruhig bleibt und meditiert, werdet ihr den wahren Charakter aller, denen ihr begegnet, erkennen.

Gleichmut in einer wechselvollen Welt

Erster Tempel der Self-Realization Fellowship
Encinitas/Kalifornien, 3. August 1939

In den westlichen Ländern legt man viel Wert auf körperlichen Komfort. Wird das Wetter zu heiß, müssen die westlichen Menschen sich irgendwie abkühlen können, sonst leiden sie; und wird es zu kalt, fühlen sie sich ohne Heizung erbärmlich. Doch die Meister Indiens lehren eine andere Philosophie. Sie behaupten, daß Empfindlichkeit gegen Hitze, Kälte, Lust und Schmerz einerseits durch die täuschende Suggestion der Sinne hervorgerufen werde und andererseits durch die menschliche Gewohnheit, auf jede Empfindung zu reagieren; daß daher derjenige weise sei, der sich über alle Dualität erheben könne. Die großen Meister empfehlen nicht, daß man dem Körper durch übertriebene Disziplin schade; sie raten vielmehr, daß es am besten sei, sich bei unerträglicher Hitze innerlich von der Empfindung zu lösen, während man gleichzeitig versucht, sich durch irgendein praktisches Mittel Erleichterung zu verschaffen.

Die *Gita* lehrt folgendes: «Wer den Sinnenfreuden verhaftet ist, erreicht nicht die geistige Ausgeglichenheit der Meditation; noch erlebt er Vereinigung mit Gott in höchster Ekstase *(Samadhi)*.»[1] Wenn man gelernt hat, sich innerlich von den störenden Sinnesempfindungen zu lösen, erlangt man geistigen Frieden. Wer von den ständig wechselnden Sinneswahrnehmungen unberührt bleibt und auf die sich fortwährend ändernden Reize neutral reagiert, bringt die Unwandelbarkeit der Seele zum Ausdruck; und in diesem unveränderlichen Bewußtsein wird er eins mit dem unwandelbaren Unendlichen.

Wer sich von den verschiedenen körperlichen Empfindungen versklaven läßt, bringt Körper und Geist in Aufruhr. Und ist die

[1] *Bhagavad-Gita* II, 44.

Seele verstört, geht man seines wahren Wesens, der inneren Ruhe, verlustig. Gott ist in den kältesten und heißesten Gebieten der Erde gegenwärtig und befindet sich ebenso am Nordpol wie in der afrikanischen Wüste. Er wird von den extremen Gegensätzen Seiner irdischen Schöpfung nicht berührt, und wir, die wir Ihm zum Bilde geschaffen sind, sollten Ihm hierin gleich werden. Er hat uns diesen Körper gegeben, der auf Hitze und Kälte, Schmerz und Lust reagiert; doch Er will, daß wir diese Gegensätze gleichmütig hinnehmen und uns darüber erheben. Wir müssen uns abhärten, ohne unbesonnen zu sein. Wenn wir unerträgliche Hitze oder Kälte nicht vermeiden können, sollten wir sie einfach ignorieren. Je mehr wir uns hierin üben, um so freier wird unser Geist, so daß die unangenehmen Empfindungen das Bewußtsein nicht mehr erreichen.

Schmerz wird nur im Gehirn wahrgenommen

Auf der Hautoberfläche fühlt man nichts; alle Berührungen werden im Gehirn wahrgenommen. Nur durch unseren Geist können wir schmecken, tasten, riechen, hören und sehen. Zwar scheint es uns, daß wir mit der Zunge schmecken, doch in Wirklichkeit ist es das Gehirn, das den Geschmack registriert. Ähnlich ist es, wenn es uns irgendwo am Körper wehtut; dann empfinden wir den Schmerz in unserem Geist, nicht im betreffenden Körperteil. Wir haben zwei Werkzeuge, mit denen wir Schmerzen wahrnehmen: die Nerven und die graue Substanz des Gehirns. Wir nehmen Schmerzen jedoch nur dann wahr, wenn der Geist eine Verbindung zwischen beiden herstellt. Solange unser Geist uns den Schmerz nicht mitteilt, empfinden wir ihn auch nicht. Diese wunderbare Entdeckung verdanken wir den großen Meistern Indiens. Unter dem Einfluß von Chloroform fühlt man keinen Schmerz, weil dann die Empfindungen das Gehirn nicht erreichen. An den Nervenenden befinden sich feine Fasern, welche die Schmerzempfindungen an das Gehirn weiterleiten. Chloroform unterbindet die Weiterleitung dieser Schmerzsignale.

Das Gehirn dient dem Geist als hochempfindliches Werkzeug, und alle körperlichen Empfindungen werden dem Geist durch die Nerven und das Gehirn übermittelt. Da sich der Geist mit dem Gehirn identifiziert, empfängt und deutet er diese Wahrnehmungen. Ein durch positives Denken machtvoll gewordener Geist läßt sich weniger von Lust- und Schmerzempfindungen beeinflussen. Er erkennt alle Wahrnehmungen als theoretische Erfahrungen, wie Gott es beabsichtigt hat.

Das Empfindungsvermögen wurde dem Menschen nur dazu verliehen, daß er seinen Körper schützen kann; ohne diese Fähigkeit könnte man sich schwer verletzen und es überhaupt nicht merken. Das Empfindungsvermögen war nie dazu bestimmt, Schmerz zu verursachen. Tiere haben diese Fähigkeit nicht im selben Grad entwickelt wie der Mensch; darum empfinden sie weniger Schmerzen. Sonst wären die grausamen Tötungsmethoden, die man bei Tieren anwendet, unerträglich für diese. Der Hummer wird, noch lebend, in kochendes Wasser geworfen!

Da Schmerz und Lust im menschlichen Geist erzeugt werden, kann man körperliche Schmerzen durch Herrschaft über den Geist verringern. Dann kann man sich einer Empfindung bewußt werden, ohne daß sie Schmerz hervorruft; man erhält lediglich eine warnende Botschaft. Die *Bhagavad-Gita* behandelt dieses Thema sehr eingehend und bestätigt das oben Gesagte. Wenn man überempfindlich gegen Lust und Schmerz ist, verstärkt diese Empfindlichkeit deren Wirkung; geringere Empfindlichkeit läßt einen den Schmerz weniger empfinden und macht einen auch nicht so leicht zum Sklaven der Sinnenfreuden. Ich habe meinen Körper und Geist daraufhin trainiert, weniger empfindlich zu sein, und bin deshalb frei von den Störungen durch die Sinne. Eine solche Schulung bahnt den Weg zur Freiheit.

Es gab einen Arzt, der über eine derartige Kraft des Geistes verfügte, daß er eine größere Operation an seinem eigenen Körper vornahm. Schon der Gedanke daran läßt den Geist aufbegehren und sagen, das könne er nicht, weil er durch Anhänglichkeit an den Körper versklavt worden ist. Doch der Geist kann durch Schulung gestärkt werden. Je mehr ihr euren Geist diszipliniert, um so mehr wird er euch gehorchen. Ein verwöhntes Kind leidet sehr, wenn es sich ein wenig weh tut; ein spartanisch erzogenes Kind gibt kaum einen Laut von sich, wenn es sich ernstlich verletzt.

Ihr könnt euch von der Diktatur der Sinne befreien

In dieser Hinsicht unterscheidet sich das Erziehungssystem in Indien unter der Leitung der großen Meister wesentlich von dem der westlichen Schulen. Die indischen Meister leiten ihre Schüler an, sich völlig von der Knechtschaft des Körpers und der Empfindungen zu befreien. Der Komfort und die vielen Bequemlichkeiten in den Ländern des Westens führen zu einer Verweichlichung des Körpers; man macht dann kaum Anstrengungen, geistige Kraft zu entwickeln. In Indien werden die Kinder von klein auf dazu erzogen, die körperliche Empfindlichkeit schon im Keim zu ersticken. In meiner Schule in Ranchi schliefen die Kinder auf kleinen Matten am harten Boden und wuchsen deshalb viel gesünder heran. Die Menschen des Westens machen sich von zu vielen äußeren Bedingungen abhängig, um gut schlafen oder in Frieden leben zu können. In Indien lehrte man uns, auf dem heißen Sandboden zu meditieren. Allmählich gewöhnten wir uns daran, den ganzen Tag lang in der Hitze oder auch in der Kälte zu sitzen. Aufgrund dieser Schulung habe ich eine solche geistige Kraft entwickelt, daß mein Bewußtsein durch keine äußeren Einflüsse gestört oder beunruhigt werden kann. Wenn ich meinen Geist von den Sinnestelefonen abschalte, stört mich gar nichts mehr.

Vor einigen Jahren hatten wir furchtbar heißes Wetter – eine richtige Hitzewelle. Jeder stöhnte. Durch Gedankenverbindung konnte ich das Unbehagen der anderen fühlen. Ich hatte mir vorgenommen, etwas zu schreiben, aber mir war so unbehaglich zumute, daß ich mich nicht konzentrieren konnte. Dann schalt ich mich selbst: «Was ist los mit dir?» Und ich betete: «Herr, es ist dieselbe Elektrizität, welche die Hitze im Ofen und das Eis im Kühlschrank erzeugt, es ist angenehm kühl hier.» Sofort wurde die Atmosphäre um mich herum kühl, so als ob ein eiskaltes Tuch über mich gebreitet worden wäre. Ich fühlte große Inspiration in mir aufsteigen und konnte ohne weitere Schwierigkeiten schreiben.

Ein andermal – vor vielen Jahren – reiste ich in einem offenen Wagen durch das Land. Mehrere junge Leute, alles Schüler der Selbst-Verwirklichung, begleiteten mich, und einer von ihnen war mein Sekretär. Wir schliefen beide im selben Auto und hatten gemeinsam nur eine kleine Decke. Nachts wurde es eiskalt. Als ich fest eingeschlafen war, zog er mir die Decke weg, und als ich von der Kälte halbwach wurde, zog ich die Decke unbewußt wieder zu mir herüber. Das ging mehrmals so hin und her. Dann aber sagte ich mir: «Warum tust du das? Alles ist in bester Ordnung. Du frierst überhaupt nicht!» Ich warf die Decke von mir und begann zu meditieren. Gleich darauf wurde mir wohlig warm. Die Schüler zitterten alle vor Kälte, als sie zwei Stunden später aufwachten und mich dort unbeweglich sitzen sahen. Ich war im Zustand göttlicher Ekstase; sie aber glaubten, daß ich meinen Körper verlassen hatte. Als sie mich durch ihre Ausrufe aus dem *Samadhi* rissen, sagte ich lächelnd: «Worüber regt ihr euch so auf? Laßt uns weiterfahren.» – «Aber Sie sitzen hier in der bitteren Kälte ohne Mantel oder Decke!» wandten sie ein. Dennoch habe ich mich nicht erkältet. Ich war der einzige, der nicht fror.

Ihr müßt euren Geist so disziplinieren, daß er immer positiv denkt. Wenn ihr euch fest vornehmt, keine Erkältung zu bekommen, könnt ihr sie wahrscheinlich vermeiden. Der Geist muß auch geschult werden, Schmerzen zu überwinden. Geistige Empfindlichkeit verschlimmert den Schmerz. Und wenn wir den Schmerz verschlimmern, vergessen wir das unbezwingliche Ebenbild Gottes in uns.

Gewohnheiten werden vom dritten Lebensjahr an gebildet

Die alten Weisen Indiens lehrten, daß sich alle Gewohnheiten vom dritten Lebensjahr an zu bilden beginnen. Wenn sie sich erst einmal eingenistet haben, ist es sehr schwer, sie abzulegen. In Fällen, wo die Familie oder Umgebung euch schon früh irgendwelche Vorurteile eingeimpft hat, tragt ihr diese vielleicht euer ganzes Leben lang mit euch herum. Swami Sri Yukteswarji brachte mir schon sehr bald bei, alle geistigen Vorurteile gegenüber körperlichen Empfindungen abzulegen. Während der ersten Zeit, als ich von ihm geschult wurde, bekam ich immer eine Erkältung, wenn ich mich bei kaltem Wetter nicht mit einer Decke zudecken konnte. Doch der Meister belehrte mich eines Besseren. Bald hatte ich mich von der Neigung zu Erkältungen, mit der ich anscheinend geboren war, völlig freigemacht. Ehe ich die Schulung bei meinem Meister begann, hatte ich nämlich eine Erkältung nach der anderen.

Es gibt Leute, die behaupten, man solle sich nur auf den Geist verlassen; andere dagegen glauben, man müsse jedem körperlichen Bedürfnis nachgeben. Beide Ansichten sind extrem. Einige vertreten die Anschauung, daß man sich regelmäßig vom Arzt untersuchen lassen müsse, um zu wissen, wie es um das körperliche Befinden steht – ganz ähnlich, wie man sein Auto von Zeit zu Zeit überholen läßt. Das klingt ganz vernünftig; doch müssen wir bedenken, daß wir keine Maschinen sind. Wenn wir unser geistiges Wohlbefinden zu sehr vom körperlichen Zustand abhängig machen, wird der Geist schließlich so sehr von den Forderungen des Körpers versklavt, daß kein Arzt mehr helfen kann. Darum gibt es so viele chronische Krankheiten. Die körperliche Schwäche wird chronisch, weil der Geist sich einfach geweigert hat, Herrschaft über den Körper zu erlangen.

Anfangs ist es besser, sich an maßvolle Methoden zu halten. Wenn man sich geschnitten hat, soll man ein wenig Jod auf die Wunde tun, sich aber nicht völlig auf Medikamente verlassen. Man soll die nötige Vorsicht walten lassen, bis man immer mehr auf den Geist vertrauen kann. Selbst die großen Meister haben

Medikamente benutzt, die ja schließlich auch aus göttlich erschaffenen Kräutern und Chemikalien hergestellt werden. Ein Meister braucht keine Medikamente. Doch manchmal benutzt er pharmazeutische Mittel, um anderen zu zeigen, daß Gottes Kraft sich in zahllosen Methoden Ausdruck verschafft. Immer aber hängt der Sieg von der Kraft des Geistes ab. Wenn ihr tief davon überzeugt seid, daß ihr keine Medikamente mehr braucht, ohne Schaden zu nehmen, habt ihr gesiegt.

Einmal hatte ein gewisser Meister sich den Arm gebrochen und mußte ihn behandeln und verbinden lassen. Als er kurz darauf Besuch von einem wohlhabenden Mann erhielt, machten sich die Jünger Sorgen; sie meinten, der Besucher könnte enttäuscht sein, wenn er ihren Meister mit dem Arm in der Schlinge sähe. «Kümmert euch nicht um diese Jünger», sagte der Heilige. «Sie meinen, Ihr könntet denken, Gott sorge nicht mehr für mich, weil ich mir den Arm gebrochen habe; übrigens tut er weh.» Ein andermal befand sich derselbe Meister im Zustand der Ekstase, als er auf ein naheliegendes Häufchen glühender Kohlen fiel. Dennoch sang er weiter zu Gott. Als die Jünger ihn aufhoben, entdeckten sie, daß sich einige heiße Kohlen an seinem Rücken festgebrannt hatten. Sie waren äußerst besorgt, doch der Meister lachte und sagte ruhig: «Warum nehmt ihr sie mir nicht ab?» Er klagte nie über Schmerzen. Derart ist die geistige Überlegenheit der Meister. Durch diesen Vorfall bewies der Heilige, daß er über allen Schmerz erhaben war; und durch den vorher geschilderten, daß er auch fähig war, auf menschliche Weise zu leiden und sein Leid demütig zu tragen.

Ihr dürft dem Körper nicht ständig nachgeben. «Die Vorstellung von Hitze und Kälte, von Lust und Schmerz entsteht durch die Verbindung der Sinne und Sinnesgegenstände. Solche Vorstellungen sind durch einen Anfang und ein Ende begrenzt. Sie sind vorübergehend in ihrer Art. Ertrage sie mit Geduld.»[2] Warum so empfindlich gegen ein bißchen Kälte oder Schmerz sein? Denkt einmal an alle, die im Krieg dem Tod ins Auge sehen müssen. Noch heldenhafter aber als der Patriot ist der geistige Mensch; er

[2] *Bhagavad-Gita* II, 14.

entwickelt durch Schulung seines Geistes größere Widerstandsfähigkeit, so daß er gegen jeden Schmerz und jede Not gewappnet ist und sich schließlich darüber erheben kann.

Das Leben des Menschen ist völlig unabhängig vom Körper

Der Körper ist nichts weiter als ein mit Fleisch bedeckter Knochenkäfig, in dem der Vogel des Lebens einige Zeit zubringen muß. Das Leben selbst ist völlig unabhängig vom Körper. Doch hat sich das menschliche Leben mit den begrenzenden Bedingungen des Körpers identifiziert und leidet darunter. Wenn ihr über das Verhalten von Körper und Geist richtig nachdenkt, werdet ihr herausfinden, daß keine Verbindung zwischen ihnen besteht, es sei denn, daß ihr sie selbst herstellt. Nur während des Tages seid ihr euch der Empfindungen des Körpers bewußt. Nachts, wenn ihr schlaft und sich der Geist vom Körper löst, habt ihr keine körperlichen Wahrnehmungen, sondern fühlt tiefen Frieden.

Da der Mensch Gott zum Bilde geschaffen ist, kann er sich, obwohl er in einem Körper lebt, völlig von den physischen Empfindungen distanzieren. Statt dessen identifiziert er sich mit dem Zustand des Körpers. Um sich von allen Empfindungen freizumachen, muß man sich geistig über den Körper erheben. Daher lehren die Heiligen geistige Loslösung von Lust und Schmerz. Um aber eine solche geistige Überlegenheit verstehen und auch erleben zu können, muß man sich darin üben. Ich habe diese Wahrheit an mir selbst bewiesen und weiß, wie töricht es ist, empfindlich zu sein. Zum Sklaven der Empfindungen zu werden, ist der Grund allen Leids und Elends. Gott hat uns nicht zum Leiden bestimmt. Er erschuf die Sinneswahrnehmungen, um uns richtig leiten und durch Bilder, die in unserem Geist entstehen, unterhalten zu können. Er wollte, daß wir das Werkzeug des Körpers weise gebrauchen, uns aber nicht so sehr mit ihm identifizieren, daß es uns elend macht. Der heilige Franziskus nannte seinen Körper «Bruder Esel». Wer sehr an seinem Hund hängt, wird auch dessen Empfindungen fühlen, obgleich er körperlich nicht mit dem Nervensystem des Hundes verbunden ist. Ganz ähnlich rufen wir unser körperliches Leiden durch übergroße Anhänglichkeit an den «Bruder Esel» hervor.

Der Geist muß sich um größere Herrschaft über den Körper bemühen. Es ist so wunderbar, ganz durch die Kraft des Geistes zu leben, denn der Geist kann alles vollbringen, was wir ihm auftragen. Wie können wir es nun anfangen, mehr auf den Geist zu vertrauen? Gewöhnt euch allmählich daran, Hitze und Kälte zu ertragen, auf einem harten Bett zu schlafen und euch weniger vom gewohnten Komfort abhängig zu machen.

Während ich soeben zu euch gesprochen habe, war ich mir der Hitze, die heute herrscht, gar nicht bewußt; jetzt aber, wo ich die Hitze erwähne, beginne ich sie zu fühlen. Einmal hielt ich bei furchtbar heißem Wetter einen Vortrag in Milwaukee. Zudem stieg die innere Hitze meines Körpers ständig an, wie es meistens der Fall ist, wenn ich über geistige Dinge spreche. Meine Gedanken flüsterten mir zu: «Du kannst nicht weitersprechen, ohne dein Gesicht abzuwischen; es ist ganz von Schweiß bedeckt.» Ich griff in meine Jackentasche, um nach einem Taschentuch zu suchen, fand aber keines. Dann schaute ich in das geistige Auge und suggerierte meinen Gedanken: «Es ist überhaupt nicht heiß.» Und sofort verschwand die drückende Hitze. Ich wurde ruhig, und mir war angenehm kühl.

Die richtige Einstellung zum Tod

Übt euch in diesen Dingen und stellt selber fest, ob ich nicht recht habe. Ihr könnt jeden Schmerz durch Empfindlichkeit verschlimmern oder durch geistige Überlegenheit verringern. Wenn einer eurer Angehörigen stirbt, solltet ihr nicht übermäßig trauern, sondern erkennen, daß er auf Gottes Geheiß in eine höhere Sphäre hinübergegangen ist und daß Gott weiß, was für ihn am besten ist. Freut euch darüber, daß er frei ist. Betet darum, daß eure Liebe und guten Wünsche ihn begleiten und auf seinem weiteren Weg ermutigen. Eine solche Einstellung ist viel förderlicher. Es wäre natürlich kaum menschlich, seine Lieben nicht zu vermissen; doch sollten wir in unserer Trauer nicht selbstsüchtig an ihnen hängen und sie auf diese Weise an die Erde gebunden halten. Unser übermäßiger Schmerz kann die abgeschiedene Seele daran hindern, tieferen Frieden und größere Freiheit zu gewinnen.

Die meisten jetzt auf Erden lebenden Menschen waren vor hundert Jahren noch nicht hier. Damals lebten hier andere. Und wir, die wir jetzt die Welt durchwandern, werden in weiteren hundert Jahren nicht mehr hier sein. Dann ist für uns alles vorbei, und die nächste Generation wird kaum noch an uns denken. Sie wird – genau wie wir jetzt – glauben, daß die Welt ihnen gehöre; doch auch sie werden einer nach dem anderen wieder abberufen. Der Tod muß etwas Gutes sein, sonst hätte Gott ihn nicht jedem Menschen bestimmt. Warum sollten wir ihn fürchten?

Wer sich vor dem Tode fürchtet, weiß nichts über die wahre Beschaffenheit seiner Seele. «Der Feige stirbt schon viele Male, eh er stirbt, die Tapfern kosten einmal nur den Tod.»[3] Der Feigling erlebt Schmerz und Tod unzählige Male in seiner Vorstellung; der Tapfere erfährt nur den endgültigen Tod, und das schnell und schmerzlos. Wenn man eines natürlichen Todes stirbt oder geistig weit entwickelt ist, fällt der Körper mit all seinen Empfindungen einfach von einem ab; wenn das Bewußtsein dann auf einer anderen Ebene erwacht, besitzt es alle körperlichen Wahrnehmungen – jedoch ohne einen Körper. Echte Wahrnehmungen bestehen nur im Geist, genauso wie im Traum. Es ist nicht schwer, sich dies vorzustellen: Im Tode wirft man nur den grobstofflichen Körper ab, der nichts als eine niedrigere Ausdrucksform des Geistes ist – die Ursache aller seelischen Verwirrungen.

[3] Aus *Julius Cäsar* von Shakespeare, Akt II, Szene 2, Zeile 32.

Strahlt Frieden und Güte aus

Es gibt, ganz allgemein, zwei Arten von Menschen: solche, die sich ständig über alles beschweren, was mit der Welt nicht in Ordnung ist, und solche, die über die Schwierigkeiten des Lebens lächeln und immer eine positive Einstellung zu allem haben. Warum alles so ernst nehmen? Wie wunderbar könnte diese Welt sein, wenn jeder Mensch eine positivere und friedlichere Einstellung hätte!

Im Dschungel der Zivilisation werden wir durch die Anforderungen des modernen Lebens oft auf die Probe gestellt. Was von euch ausgeht, kehrt zu euch zurück. Wenn ihr andere haßt, werdet ihr auch Haß ernten. Wenn ihr es zulaßt, daß sich disharmonische Gedanken und Gefühle in euch anstauen, ruiniert ihr euch selbst. Warum andere hassen oder sich über sie ärgern? Liebt eure Feinde! Warum vor Wut kochen? Wenn euch etwas wurmt, schüttelt es sofort ab. Macht einen kleinen Spaziergang, zählt bis zehn oder fünfzehn und lenkt euch durch irgend etwas Schönes ab. Befreit euch von dem Wunsch nach Vergeltung. Sobald ihr zornig seid, überhitzt sich das Gehirn, ihr könnt Herzklappenfehler bekommen, und euer ganzer Körper wird geschwächt. Strahlt Frieden und Güte aus, denn das entspricht dem Ebenbild Gottes in euch – eurem wahren Wesen. Dann kann euch nichts mehr aus dem Gleichgewicht bringen.

Gut und Böse werden durch Gedanken erzeugt

Letzten Endes hat alles seinen Ursprung im Geist. Die Sünde entsteht im Geist. Kleine Kinder laufen nackt umher, ohne irgendein Sündenbewußtsein zu haben. Dem Reinen ist alles rein. Dem Unreinen erscheint alles böse. Ein undisziplinierter Geist kann verheerende Auswirkungen auf unser Leben haben. Die Sklaven der Sinne brechen Kriege vom Zaun und sind für alle möglichen Grausamkeiten und Ungerechtigkeiten auf der Welt verantwortlich.

Gott hat euch diesen empfindsamen Körper gegeben, damit ihr

als die sich selbst beobachtende Seele in dieser Welt lebt und euch die Filme der Schöpfung anseht, ohne euch mit ihnen zu identifizieren. Gott will, daß ihr nicht nur dann Gleichmut bewahrt, wenn alles rosig aussieht, sondern auch inmitten von Schwierigkeiten. Die Lehre der Selbst-Verwirklichung theoretisiert nicht nur über diese Dinge, sie zeigt euch, wie ihr Selbstbeherrschung erlangen könnt. Der Tanz des Lebens und Todes findet jederzeit statt; dennoch besitzt der Mensch genug geistige Kraft, um sich über alle wechselvollen Empfindungen zu erheben und sich von den Unbeständigkeiten des Lebens nicht beeinflussen zu lassen. Die *Bhagavad-Gita* gibt uns eine großartige Zusicherung dieser Freiheit: «Wer die Welt – die Relativität des Daseins, Geburt und Tod, Lust und Schmerz – gleichmütig hinnimmt, wird sich über sie erheben. Er geht wahrlich in den Schoß des makellosen und völlig ausgeglichenen GEISTES ein.»[4]

Wenn ihr diesen Zustand der Unwandelbarkeit erreicht habt, werdet ihr zu einem König unter den Seelen. Dann bleibt ihr innerlich unberührt, auch wenn sich Körper und Geist ständig verändern, und seid im unwandelbaren Unendlichen verankert.

Die Lehre der *Gita* ist einzigartig. Sie befaßt sich mit den kleinsten Einzelheiten des alltäglichen Lebens und zeigt dem Menschen, wie er sich in jeder Situation verhalten soll. Es ist richtig zu sagen: «Ich bin Gott zum Bilde geschaffen»; doch wenn ihr die Verbindung mit diesem Ebenbild verloren habt, müßt ihr lernen, wieder eins mit ihm zu werden. Die Botschaft der *Gita* weist den richtigen Weg. Auch wenn das Gold mit vielen Lehmschichten bedeckt ist und man es nicht mehr sehen kann, ist es immer noch da. Um es entdecken zu können, muß man den Lehm abkratzen. Ähnlich liegen viele lehmartige Schichten von Gewohnheiten und Sinneswahrnehmungen über dem Gold der Seele. Diese «Schmutzkruste» verursacht die Nervosität und Angst des Menschen und all seine ungöttlichen Eigenschaften. Um diesen «Schmutz» entfernen zu können, muß man Körper und Sinnen gegenüber fest und standhaft bleiben. Wieviel Ängste wir doch um den Körper ausstehen! Ich habe mir in Gedanken

[4] *Bhagavad-Gita* V, 19.

vorgestellt, alle möglichen Leiden durchzumachen, und sie dann überwunden.

Wenn die Seele befiehlt, gehorcht der Geist

Um zu erkennen, daß ihr Gott zum Bilde geschaffen seid, müßt ihr euch über Furcht und Zorn erheben und eure Überempfindlichkeit ablegen. Seid nicht allzu zimperlich, sondern sagt euch: «Heute mag ich in einem Bett schlafen und morgen auf dem harten Boden; das spielt keine Rolle. Alles ist mir recht.» Übt diesen inneren Gleichmut, dann wird euer Geist genau das tun, was ihr ihm befehlt. Der Geist ist äußerst widerspenstig, doch wenn ihr ihn schult, wird er sich richtig verhalten. Sobald ihr sagt: «Ohne Beefsteak kann ich nicht leben», echot der Geist sofort: «Ohne Beefsteak kann ich nicht leben!» Doch wenn ihr – die Seele – dem Geist folgenden Befehl erteilt: «Schluß mit dieser Knechtschaft!» wird er gehorchen. Ihr dürft also eurem Körper und Geist nie hörig werden. Freiheit von der Knechtschaft der Sinne ist der einzige Weg zu Frieden und Glück. Ganz gleich, was die äußeren Umstände sind, legt eure innere Empfindlichkeit ab, damit ihr für alle Zeit zu wahrhaft glücklichen Menschen werdet.

«Der Zustand völliger geistiger Ruhe, den man durch Yoga-Meditation erreicht, wobei das Selbst (Ich) durch die Schau des SELBST (der Seele) Zufriedenheit findet,

der Zustand, in dem der Yogi die alle Sinne übersteigende Glückseligkeit der (erwachenden intuitiven) Intelligenz erfährt und ewig in ihr verweilt,

der Zustand, den der Yogi, wenn er ihn einmal gefunden hat, als den höchsten aller Schätze betrachtet, der Zustand, in dem kein Kummer ihn berührt,

dieser Zustand wird Yoga, der schmerzfreie Zustand genannt. Deshalb soll man den Yoga ausdauernd und furchtlosen Herzens üben.»[5]

[5] *Bhagavad-Gita* VI, 20-23.

Ausgeglichene Lebensweise

Wie man geistige Mißbildungen beseitigt

1925

Stellt euch einmal eine Anzahl von menschlichen Gestalten vor, bei denen die Proportionen nicht stimmen: einen mit einem Kopf von der Größe einer Haselnuß und einem Körper wie ein Ballon; einen anderen mit einem muskulösen Arm wie ein Schwergewichtler, aber dem Körperbau eines Zwerges; und einen dritten mit einem riesigen, schweren Kopf, der auf einem gebrechlichen Liliputanerleib sitzt. Wenn euch plötzlich ein solches Bild vor Augen geführt würde, wäre das nicht – je nachdem, wie ihr gerade aufgelegt seid – ein höchst erheiterndes oder erbarmungswürdiges Schauspiel?

Stellen wir uns nun eine andere Gruppe von Menschen vor, die zwar in bezug auf ihre körperliche Erscheinung normal, in geistiger Hinsicht aber krank und deformiert sind. Ähnlich wie unsere Kleidung Narben, Wunden und andere Mißbildungen verbergen kann, so verdeckt auch ein wohlgestalteter Körper oft ernstliche geistige Krankheiten.

Wenn ihr euch einer großen Menge durchschnittlicher Menschen gegenüber sähet, die alle gut gekleidet und körperlich gesund sind, und wenn ihr die Gabe hättet, deren Geistkörper zu erblicken, wie überraschend und bedrückend wäre ein solcher Anblick! Dann würdet ihr einige Geistkörper (wobei der Kopf die Vernunft, der Rumpf das Gefühl und die Sinne, und die Hände und Füße den Willen darstellen) anomal, krank und deformiert sehen. Einige hätten dann einen winzigen Kopf (was unterentwickelte Weisheit bedeutet), der auf einem unförmig dicken Rumpf (den Sinnesgelüsten) sitzt. Andere dagegen hätten einen abgezehrten Körper (Mangel an Gefühl und Elan) und einen Arm (Geschäftstüchtigkeit), der proportional überentwickelt ist. Wieder andere verfügten über ein enormes erfinderisches Gehirn, während der Rumpf (Gefühl und Mitgefühl) eingefallen und ausgemergelt ist. Und bei noch anderen, die einen normalen Körper und Kopf hätten, würde man schwache, gelähmte Beine (Mangel an Willen und Selbstbeherrschung) bemerken. So könnte man unzählige Beispiele anführen.

Eine Reihe von solch psychologischen Mißbildungen liegt in den krankhaften Geistkörpern mancher Menschen verborgen, wo einige Eigenschaften überentwickelt und andere unterentwickelt sind; sie verursachen ihm seelisches Leid oder hindern ihn daran, sich auf praktischer Ebene zu behaupten.

In diesem Zusammenhang ist es vielleicht angebracht, einige dieser psychologischen Krankheiten zu erwähnen, damit Menschen, die unwissentlich darunter leiden, sich der unsichtbaren, aber primären Störungsursachen bewußt werden. Dann können sie die sich heimlich ausbreitenden Defekte und ihre Symptome besser erkennen und verhindern, daß ihr Glück dadurch zerstört wird.

Seelische Melancholie

Diese Krankheit herrscht besonders bei solchen Menschen vor, die geistig und körperlich träge sind und vorgeben, sich eifrig mit geistigen Dingen zu beschäftigen. Sie vernachlässigen ihre größeren und kleineren Pflichten im praktischen Leben unter dem Vorwand, Gott zu dienen; dadurch fordern sie den Teufel heraus, der großes Unheil bei ihnen anrichten kann. Schließlich verfallen sie dem Pessimismus und haben keinen Sinn mehr für die guten und schönen Dinge des irdischen Lebens. Es handelt sich hier um eine ansteckende Krankheit, und alle geistigen Sucher müssen sich bemühen, ihr Lebensblut warm zu halten und sich immer durch gesunde, lohnende Tätigkeit immun dagegen zu machen.

Geistige Verdauungsstörungen

Diese Krankheit befällt solche Menschen, die unterschiedslos jede Menge patentierter geistiger Arzneien – das heißt sogenannte geistige Bücher und Lehren religiöser Quacksalber – hinunterschlucken. Sie läßt die echte Sehnsucht nach der Wahrheit verkümmern; außerdem nimmt sie einem auch die Fähigkeit, zwischen guten und schlechten Lehren zu unterscheiden. Wer ständig neue theologische Gedanken in sich aufnimmt und alles verschlingt, was ihm in die Hände fällt, wird sich nicht nur «überessen», sondern gleichzeitig Gutes und Schädliches konsumieren. Das führt zunächst zu geistigen Verdauungsstörungen und schließlich zum Stillstand allen geistigen Strebens. Ein dauerndes Studieren aller Arten von philosophischen Lehren und Abhandlungen, ohne daß man diese anwendet und selbst erprobt, führt zu Skepsis, Gleichgültigkeit und schließlich zur Anzweiflung aller geistigen Gesetze.

Blindhafer säen

Wer unter dieser Krankheit leidet, führt ein sinnloses Leben, weil er zuviel Zeit oder zuviel Geld hat. Er hat kein bestimmtes Ziel und sieht keinen Sinn im Leben. Er läßt sich von Launen regieren, tut, was ihm gerade in den Sinn kommt, verbringt seine Zeit mit dem Lesen billiger Romane, dem Anschauen aufreizender Filme oder mit einer anderen unproduktiven Tätigkeit. Meist wird er sich seiner Krankheit nicht eher bewußt, als bis er einen schweren Schock oder Nervenzusammenbruch erleidet.

Geistige Erkältung

Dies ist die Krankheit der Verzweiflung. Man weiß nie, wann sie einen befällt und man unter ihren unerfreulichen «verstopfenden» Symptomen zu leiden hat: Mutlosigkeit, Intoleranz und Ungeduld. Das schlimmste dabei ist, daß einem diese Krankheit lange anhängt und man sich, auch nach scheinbarer Erholung, leicht wieder infiziert.

Geistiger Katarrh

Diese Krankheit besteht aus der Ansammlung chronischer weltlicher Sorgen. Die darunter Leidenden versäumen es gewöhnlich, von der machtvollen Waffe ihres Willens Gebrauch zu machen, und fallen daher widerstandslos ihren ständigen Befürchtungen zum Opfer, anstatt gegen diese anzugehen und sie auszutreiben.

Psychologische Komplexe

Die Opfer dieser Krankheit werden in ihrer Suche nach dem Glück einseitig. Zuerst glauben sie, daß Geld ihnen das ersehnte Glück bringe oder Ruhm, Gesundheit und Macht. Sie opfern auf dem Altar ihres verzehrenden Ehrgeizes alles andere – ihre Jugend, ihren Ruf und ihren inneren Frieden. Zu spät sehen sie ein, daß wahres Glück und wahre Erfüllung nur zu finden sind, wenn man die Gesetze Gottes und der Natur befolgt und sich um den richtigen Ausgleich zwischen Tätigkeit und Ruhe bemüht.

Wer unter psychologischen Komplexen leidet, ist von irgendeinem Ehrgeiz besessen, so daß er schließlich eine völlig verzerrte Anschauung vom Leben bekommt. Ein äußerst erfolgreicher Geschäftsmann, um nur ein Beispiel zu nennen, verdient mit der Zeit eine Million Dollar, doch ehe er irgendeinen Nutzen davon hat, verursachen ihm seine vielen Sorgen einen Nervenzusammenbruch, und er stirbt. Andere, die großen Ruhm ernten wollen, verzichten auf ihre Selbstachtung und werden unaufrichtig. Wer unter der Krankheit der Einseitigkeit leidet, verfehlt den eigentlichen Zweck seines Lebens und ist auch dann nie zufrieden, wenn ihm seine Wünsche erfüllt werden; denn der Mensch hat eine vielseitige Natur, die auf eine Entwicklung all seiner Fähigkeiten drängt.

Religiöse Erstarrung

Jeder fanatische «-ismus» entsteht bei sogenannten religiösen Menschen, die sich an irgendein Dogma oder eine Vorstellung klammern, ohne diese durch eigene Erfahrung geprüft zu haben. Das führt zu Wutausbrüchen und Haß gegen die erprobten Gesetze der Wahrheit und gegen vorurteilsloses und vernünftiges Denken. Diese Art religiösen Wahns führt schließlich dazu, daß man Gottes einfachen Gesetzen der geistigen Leistungsfähigkeit, des materiellen Wohlstands und der körperlichen Gesundheit zuwiderhandelt.

Notwendigkeit, geistige Grundsätze zu lehren

Da körperliche Krankheiten fühlbar, schmerzlich und unangenehm sind, treiben sie uns an, ihnen Widerstand zu leisten; wir versuchen es mit verschiedenen Heilmitteln – körperlicher Bewegung, Diät, Medikamenten und anderen Methoden. Was aber psychologische Krankheiten anbetrifft, so wappnen wir uns nicht gegen sie, obgleich sie die Wurzel aller menschlichen Leiden sind; auch lassen wir sie nicht sofort behandeln, und deshalb scheitern wir im Leben.

Pädagogen, Sportlehrer, Prediger, Reformer, Ärzte und Gesetzgeber können nur dann echte Fortschritte in unserer Zivilisation bewirken, wenn sie gelernt haben, sich selbst in allen Lebensbereichen harmonisch zu entwickeln, und dann dieses Wissen an andere weitergeben. Das ist die wahre Erziehung und vielseitige Kultur, nach der die ganze Menschheit verlangt.

Namhafte Pädagogen halten es für unmöglich, geistige Grundsätze in den öffentlichen Schulen zu lehren, weil sie darunter die vielen sich widersprechenden religiösen Dogmen verstehen. Wenn sie sich jedoch mit den allgemeingültigen Prinzipien des Friedens, der Liebe, der Dienstbereitschaft, der Toleranz und des Glaubens befaßten, auf denen das geistige Leben ja beruht, würden sie auch praktische Methoden finden, um die richtige Saat in den fruchtbaren Boden des kindlichen Geistes zu streuen; und damit hätten sich die eingebildeten Schwierigkeiten von selbst aufgelöst. Wir begehen einen großen Fehler, wenn wir dieses Problem ignorieren, nur weil es kompliziert scheint.

Viele Hochschulabsolventen verlassen die Universität mit einem von Bücherwissen aufgeblasenen Kopf, haben aber nicht gelernt, mit beiden Beinen fest auf der Erde zu stehen, weil ihre Beine (Wille und Selbstbeherrschung) aus Mangel an Gebrauch erlahmt sind. Sie stürzen kopfüber in eine unglückliche Ehe, sexuelle Ausschweifungen, zügellose Geldgier und geschäftliche Mißerfolge, weil sie nicht gelernt haben, ihre durch akademische Bildung geschärfte intellektuelle Klinge zu irgend etwas anderem zu gebrauchen, als sich selbst zu verletzen. Viele junge Menschen scheinen gerade das gern zu tun, was ihnen schließlich Nachteile und Leid bringt. Letztes Jahr ist von jungen Männern im Alter von fünfzehn bis dreißig Jahren insgesamt eine Milliarde Dollar gestohlen worden, und zwar durch die «Hände hoch!»-Methode. Wer trägt die Verantwortung dafür? Wir – wir alle! Jeder, der die Verbreitung des Bösen nicht verhindern hilft, der andere nicht durch sein eigenes Beispiel lehrt, ein rechtschaffenes Leben zu führen, handelt unverantwortlich. Schulen, Universitäten und die menschliche Gesellschaft haben sich noch nicht auf wissenschaftliche Weise bemüht, der Kriminalität Einhalt zu gebieten, das heißt, deren geistige Ursachen zu beseitigen.

Schulen richtiger Lebensführung werden gebraucht

Warum können wir nicht auf dem Gebiet der Erziehung Schritte unternehmen, um den jährlichen Diebstahl von einer Millarde Dollar zu verhindern – indem wir zum Beispiel einige Millionen dafür ausgeben, Schulen für richtige Lebensführung zu schaffen – solche, in denen richtige Lebenskunst und eine ausgeglichene Entwicklung aller menschlichen Fähigkeiten gelehrt wird?

Richtig organisierte Schulen sind für mich Gärten, in denen die jungen Seelen wachsen und gedeihen können. Die Gärtner sollten sorgfältig ausgewählt werden und die volle Unterstützung der Eltern und der Öffentlichkeit genießen. Die Lehrerschaft darf nicht vernachlässigt werden, denn die Lehrer helfen ja mit, Seelen heranzubilden. Die Sorgfalt und geistige Nahrung, die man einer menschlichen Pflanze in den ersten Lebensjahren zukommen läßt, hat entscheidenden Einfluß auf ihre spätere Entwicklung.

Ich spreche dem modernen amerikanischen Schulsystem mein Lob aus, denn es ist ständig bemüht, seine Methoden intellektueller und – bis zu einem gewissen Grad – auch körperlicher Ertüchtigung zu verbessern. Doch kann ich nicht umhin, auf einen seiner größten Mängel hinzuweisen: das Fehlen einer geistigen Grundlage. Das Lehrsystem müßte dringend durch eine moralische und geistige Schulung ergänzt werden. Ein Junge, der die höchste Intelligenzquote hat oder ein großartiger Baseball- oder Fußballspieler ist, steht oft im Mittelpunkt der Aufmerksamkeit und wird vom Lehrer gelobt. Wenige jedoch kümmern sich darum, wenn er ein vom moralischen oder geistigen Standpunkt aus liederliches Leben führt, noch warnen sie ihn davor.

Wo findet man eine Schule, die eindeutige Richtlinien für eine ausgewogene menschliche Entwicklung aufstellt und die Schüler wahre Lebenskunst lehrt, so daß sie ihre verschiedenen kleineren Prüfungen und schließlich auch die große Prüfung des Lebens bestehen können? Schulen, in denen die Kunst und die Wissenschaft einer ausgeglichenen menschlichen Entwicklung gelehrt werden, sind dringend nötig.

In solchen Schulen richtiger Lebensführung würden die Schüler, deren Geist noch elastisch und in keine bestimmten Formen gezwängt ist, in der Kunst körperlicher, geistiger und seelischer Entwicklung unterwiesen werden. Auch Erwachsene können diesen Stoff in Abendkursen erlernen, wenn sie die nötige Bereitwilligkeit und Geduld haben und immer fähiger werden, ihre unerwünschten Gewohnheiten durch gute zu ersetzen.

Nach gründlicher Ausbildung in einer solchen Schule sollten sich die Schüler dann ihr ganzes Leben in regelmäßiger Innenschau üben; die dadurch erworbenen Diplome sind Gesundheit, Ruhm, Leistungsfähigkeit, Wohlstand und Glück.

Das Bestehen der Abschlußprüfung am Ende dieser Erdenreise hängt von der Gesamtsumme des Erreichten ab – von den verschiedenen geistigen und seelischen Diplomen, die man während seines ganzen Lebens erworben hat. Wer bei dieser letzten großen Prüfung erfolgreich abschneidet, empfängt das Diplom göttlicher Zufriedenheit, ein leichtes, frohes Gewissen und einen Segen, den die Seele nie mehr verliert. Ein solch kostbares Diplom kann nicht von Motten zerfressen, von Dieben gestohlen und von der Zeit zerstört werden; es gewährleistet einem den ehrenvollen Zutritt zur Gemeinschaft der Wahrheit.

Ist Gott ein Vater oder eine Mutter?

Erster Tempel der Self-Realization Fellowship
Encinitas/Kalifornien, 14. Mai 1939

Ich habe großes Mitgefühl mit all denen, die niemals Mutterliebe gekannt haben, denn ihnen ist ein großes Erlebnis vorenthalten geblieben. Alle Mütter sind eine Manifestation der bedingungslosen Liebe Gottes, wenn auch die menschlichen Mütter unvollkommen sind und nur die Göttliche Mutter vollkommen ist. Ich bete darum, daß alle Mütter ein solch göttliches und überpersönliches Leben führen und daß ihre begrenzte menschliche Liebe sich in die allumfassende, bedingungslose Liebe der Göttlichen Mutter verwandelt.

Meine Mutter bedeutete mir alles. Am Firmament ihrer Gegenwart ging die Sonne meiner Freuden auf und unter. Ich war noch ein Knabe, als mein Vater und ich während eines Aufenthaltes in Bareilly die Nachricht erhielten, daß Mutter schwer erkrankt war. Wir nahmen sofort den nächsten Zug nach Kalkutta, wo Mutter damals die Hochzeitsvorbereitungen für meinen älteren Bruder Ananta überwachte. Auf einem Bahnhof, wo wir umstiegen, erwartete uns schon mein Onkel. Innerlich hatte ich die furchtbare Überzeugung, daß Mutter bereits tot war, und ich fragte ihn ängstlich, ob sie noch lebe. Gerade kam ein Zug mit donnerndem Getöse auf uns zu, und ich war innerlich entschlossen, mich auf die Schienen zu werfen, falls Mutter tot sein sollte. Mein Onkel, der mir die Verzweiflung vom Gesicht ablesen konnte, erwiderte: «Natürlich lebt sie!» Doch als wir unser Haus in Kalkutta erreichten, war sie bereits verschieden. Ich war untröstlich, denn Mutter war mein teuerster Freund; ich liebte sie über alles. In ihren trostreichen, dunklen Augen lag meine sicherste Zuflucht.

Nur von zärtlichem Mitleid erfüllt,
Blickten viele schwarze Augen mich an,
Um den Kummer meines Waisendaseins zu lindern.
Doch keine glichen dem liebenden Blick
Jener verlorenen schwarzen Augen.
Die Liebe jener zwei schwarzen Augen
War für immer aus dem Bereich
Aller sichtbaren schwarzen Augen entschwunden.
Und während ich diese Augen
In Geburt und Tod,
Im Leben, in meinen Träumen
Und in unbekannten Regionen suchte,
Fand ich schließlich
Die alldurchdringenden, zahllosen schwarzen Augen
Meiner Göttlichen Mutter, fand sie
Im weiten Raum und im eigenen Herzen,
Im Kern der Erde und in den Sternen,
Innen und außen,
Die mich von überall her
Voller Liebe durchdrangen.
Auf der Suche nach meiner toten Mutter
Fand ich die Todlose Mutter.
Die verlorene Liebe meiner irdischen Mutter
Fand ich in meiner Kosmischen Mutter wieder.
Und als ich Ihre zahllosen schwarzen Augen erforschte,
Fand ich dort die verlorenen schwarzen Augen.

Dies habe ich tatsächlich erlebt. Wenn ich euch nur die Seligkeit beschreiben könnte, die ich empfand, als ich plötzlich die dunklen Augen meiner Mutter von überall her im weiten Raum auf mich gerichtet sah. Welch ein Erlebnis! All mein Kummer verschwand und verwandelte sich in Freude.

Wir sollen unsere menschlichen Beziehungen nicht idolisieren, sondern idealisieren. Erkennt ihr in der Liebe eurer Mutter stets die bedingungslose Liebe der Göttlichen Mutter, die sich in menschlicher Gestalt manifestiert hat, dann werdet ihr, wenn sie dereinst von euch geht, Trost finden. Die Mutter, die euch verlassen hat, ist für euch nicht verloren. Sie kam als eine Stellvertreterin der Göttlichen Mutter zu euch, um euch für kurze Zeit zu betreuen, und wurde dann wieder zurückgerufen und verbirgt sich nun hinter der allgegenwärtigen Liebe der Göttlichen Mutter. Alle, die ihre Mutter verloren haben, müssen sich bemühen, die Göttliche Mutter zu finden, die sich hinter dem Himmelszelt verborgen hält. Ihr betet nicht innig genug. Fleht sie unaufhörlich an und seid entschlossen, so lange fortzufahren, bis ihr Antwort erhaltet. Wenn ihr so inbrünstig betet wie ich, wird die Göttliche Mutter euch antworten; und dann werdet ihr auch eure irdische Mutter sehen.

Ich sehe jetzt in jeder Frau eine Mutter, auch dann, wenn nur ein kleiner Abglanz des Guten in ihr zu erkennen ist. Ein Mann soll alle Frauen als Mütter ansehen. Er weiß nicht, was ihm entgeht, wenn er seine Frau lediglich als Objekt zur Befriedigung seiner Leidenschaften betrachtet, denn dann sieht er in ihr nur das Schlechte, das in ihm selber liegt. In der mütterlichen Ausdrucksform der Weiblichkeit liegt Reinheit. Die Frau wurde mit einem mütterlichen Instinkt begabt, um den Mann vor den Versuchungen des Bösen zu bewahren. Dies ist der hauptsächliche Daseinszweck der Frau; sie wurde nicht als ein Gegenstand der Lust erschaffen. Es gibt nichts Heiligeres als das bedingungslose Mitgefühl, das eine Frau einem Manne gegenüber empfindet. Selbst ein hoher Gerichtsrat ist in den Augen seiner Frau nur ein Kind im Haus. Jede Frau, welche die Liebe der Göttlichen Mutter offenbaren will, muß diese Liebe für die ganze Welt fühlen. Der größte Segen, den sie geben kann, besteht darin, einen Mann durch ihre mütterliche Liebe emporzuheben.

Gott ist sowohl Vater als auch Mutter

Als Gott dieses Universum erschuf, offenbarte Er zwei Ausdrucksformen: die väterliche oder männliche und die mütterliche oder weibliche. Wenn ihr die Augen schließt und euch den weiten, unbegrenzten Raum vorstellt, so überkommt euch ein überwältigendes und beglückendes Gefühl, denn dann fühlt ihr nichts als reine Weisheit. Jene verborgene und grenzenlose Weite, in der es keine Schöpfung, keine Sterne, keine Planeten gibt, in der nichts als reine Weisheit existiert, ist der Vater. Und die Natur mit ihren glitzernden, diamantenen Sternen, der Milchstraße, den Blumen, Vögeln, Wolken, Bergen, dem Himmel und den mannigfaltigen Naturschönheiten ist die Göttliche Mutter. In der Natur schaut ihr die mütterliche Ausdrucksform Gottes, die voller Schönheit, Zärtlichkeit, Sanftheit und Güte ist.[1] Die Schönheit der Natur enthüllt den mütterlich-schöpferischen Instinkt Gottes, und wenn wir an all das Gute denken, das wir der Natur zu verdanken haben, so überkommt uns ein Gefühl großer Zärtlichkeit; in der Natur können wir Gott schauen und Ihn als Mutter erleben.

Gott ist also sowohl Vater als auch Mutter. In den heiligen Schriften der Christen sowie der Hindus wird Gott als dreieinig bezeichnet: als Vater, Sohn und Heiliger GEIST – *Sat, Tat, OM*. Der Vater ist die Ausdrucksform göttlicher Weisheit, der Heilige GEIST ist die mütterliche Ausdrucksform, und der Sohn ist die kosmische Schöpfung – das Sinnbild oder Prinzip, durch das die väterlichen und mütterlichen Eigenschaften Gottes ihrer göttlichen Liebe Ausdruck verleihen. Wir sind die Kinder dieser Liebe.

[1] In diesem Zusammenhang betont Paramahansa Yogananda die echten «mütterlichen» Eigenschaften – die sanfte und liebende Zuwendung, die wir im Wesen der Mutter finden. Bei anderen Gelegenheiten wies Paramahansaji auch darauf hin, daß Form und Eigenschaften eine Manifestation voraussetzen und daß Manifestation Relativität bedeutet. Die Mutter Natur muß ebenfalls die ihr innewohnenden und unerbittlichen kosmischen Gesetze des Universums wirken lassen. Bricht man diese Gesetze, so erlegt die Göttliche Gerechtigkeit eine ausgleichende Strafe auf; daher die häufigen Naturkatastrophen. Diese werden durch die bösen Taten des Menschen verursacht, welche die kosmische Harmonie stören. (Siehe *Karma* im Glossar.) Das Wunderbare an der Göttlichen Mutter ist jedoch, daß man sie, was die vergeltende Macht dieser Gesetze angeht, besänftigen kann, wenn man an ihre bedingungslose Liebe appelliert. Im Hinduismus wird die Göttliche Mutter oft als Kali dargestellt, deren vier Arme – zwei segnende und zwei zerstörende – ihre hauptsächlichen Eigenschaften, die wesentliche Dualität der Mutter Natur, versinnbildlichen. *(Anmerkung des Herausgebers)*

«Wie oben, so auch unten». In der menschlichen Familie haben wir ein Miniaturbild der größeren Familie der Heiligen Dreieinigkeit: Gottvater wird durch den menschlichen Vater dargestellt; der Heilige GEIST durch die Mutter, und der Sohn wird durch das Kind versinnbildlicht, das ein Ausdruck der Liebe zwischen Vater und Mutter ist.

Jesus bezeichnete Gott als Vater; andere Heilige beschreiben Gott als Mutter. In Seiner transzendenten Ausdrucksform ist Gott weder Vater noch Mutter. Doch wenn wir in eine menschliche Beziehung zu Ihm treten, wird Er zum Vater oder zur Mutter. Gott ist sowohl unendliche Weisheit als auch unendliches Gefühl. Als Gott sich in der Schöpfung manifestierte, gab Er Seiner Weisheit die Gestalt des Vaters und Seinem Gefühl die der Mutter. Allein genommen stellt jeder nur eine Hälfte der Gottheit dar und ist daher in sich unvollkommen. Denn der Vater läßt sich mehr von der Vernunft bestimmen und die Mutter mehr vom Gefühl. Der Vater will das Kind durch Vernunft lenken, und die Mutter durch das Gefühl.

Die Mutter sagt: «Lehre es durch Liebe.» Manchmal ist viel Liebe gut, doch wenn ihr dem Kind immer nur Zärtlichkeit schenkt, verzieht ihr es. Manchmal kann etwas Strenge nicht schaden; andererseits, wenn man das Kind wegen seiner Vergehen zu hart bestraft, verschlimmert man die Lage nur. Deshalb sind beide Ausdrucksformen Gottes bei der Erziehung des Kindes durch die Eltern wichtig. Beide sind für sein Wohlergehen notwendig. Jeder Vater soll versuchen, seine Vernunft durch Liebe zu mildern, und jede Mutter sollte ihre Liebe mit Vernunft ausgleichen.

Wenn ich an meinen Meister Sri Yukteswarji denke, so sehe ich in ihm die Strenge eines Vaters und die Güte einer Mutter verkörpert, und zwar ohne die Schwäche und Blindheit beider. Jeder Vater und jede Mutter wurde sowohl mit der väterlichen Weisheit als auch mit der mütterlichen Zärtlichkeit Gottes begabt. Doch diese Gaben müssen vervollkommnet werden. Eltern können oft sehr blind sein, wenn es sich um die Unvollkommenheiten ihrer Kinder handelt. Wenn ihr die Fehler eurer Kinder nicht sehen könnt, so stimmt etwas mit eurer Liebe nicht. Die

Eltern müssen lernen, ihre Kinder bedingunslos zu lieben, so daß sie nicht blind gegen die unrichtige Denk- und Verhaltensweise ihrer Kinder werden. Sie müssen ihr Kind trotz seiner Fehler lieben, es jedoch nicht in seinen falschen Handlungen unterstützen. Helft euren Kindern, sich aus der Grube des Bösen zu befreien, anstatt ihre falschen Handlungen zu billigen und sie dadurch immer tiefer sinken zu lassen. Sie werden euch diese falsche nachsichtige Liebe später nicht danken.

Reine Vernunft und reine Liebe sind intuitiv

Sowohl reine Vernunft als auch reines Gefühl sind intuitiv. Reine Vernunft kann genauso hellsichtig sein wie reines Gefühl. Die meisten Frauen haben eine gut entwickelte Intuition. Wenn sie sich jedoch übermäßig erregen, verlieren sie ihre intuitiven Fähigkeiten. Auch reine Vernunft ist intuitiv, wenn sie weit genug entwickelt ist. Sonst aber, wenn man von falschen Voraussetzungen ausgeht, ist auch die Schlußfolgerung falsch. Jeder Mann, der klare Vernunft besitzt, wird früher oder später untrügliche Intuition entwickeln.

Eine Frau, die voller Haß und Zorn ist, sieht diese Eigenschaften auch in anderen Menschen. Und wenn sie diese negativen Emotionen ständig nährt, verliert sie leider ihre intuitiven Fähigkeiten. Deshalb sollte sich jede Frau vor schädlichen Emotionen hüten, damit sich die mütterlich-intuitive Ausdrucksform Gottes in ihr entwickeln kann. Meine Mutter besaß große Intuition, denn sie war vollkommen frei von Eifersucht, Haß oder Zorn.

Gott verläßt nie jemanden. Wenn ihr gesündigt habt und glaubt, eure Sündenlast sei so groß, daß ihr nie erlöst werden könnt, und wenn die Welt euch aufgibt und behauptet, aus euch würde nie etwas werden, dann haltet einen Augenblick inne und erinnert euch der Göttlichen Mutter. Sagt ihr: «Göttliche Mutter, ich bin Dein Kind, Dein unfolgsames Kind. Bitte, vergib mir!» Wenn ihr euch an die mütterliche Ausdrucksform Gottes wendet, werdet ihr nie zurückgewiesen – dann werdet ihr Sein Herz erweichen. Gott wird euch aber nicht unterstützen, wenn ihr weiterhin Unrecht tut. Wenn ihr betet, müßt ihr entschlossen sein, mit euren schlechten Gewohnheiten zu brechen.

In der Beichte ist ein guter Grundsatz enthalten. Man kann sie mit einem Arztbesuch vergleichen, wenn ihr zum Beispiel krank geworden seid, weil ihr gegen die Gesetze der Gesundheit verstoßen habt. Dann seht ihr euch gezwungen, dem Arzt von eurem Leiden und allen Symptomen zu berichten, worauf er euch ein Heilmittel verschreibt, das euch hilft. Wenn ihr aber immer wieder gegen die Naturgesetze verstoßt, werdet ihr nie geheilt werden. Ich kenne einen Jungen, der sich stets rühmte: «Ich kann tun, was mir gefällt, denn nächste Woche, wenn ich zur Beichte gehe, wird mir alles wieder vergeben.» Das ist die falsche Einstellung zur Beichte. Wenn ihr von den schlechten Handlungen, die ihr beichtet, nicht ablaßt, werdet ihr niemals Vergebung erlangen.

Der göttliche Mensch bildet sowohl die väterlichen als auch die mütterlichen Eigenschaften in sich aus. Er fühlt für jeden Menschen dieselbe Liebe wie eine Mutter für ihre Kinder. Aus dieser Liebe heraus konnte Jesus am Kreuz sprechen: «Vater, vergib ihnen, denn sie wissen nicht, was sie tun.» Wie konnte er so viel Liebe für jene fühlen,die ihn kreuzigten? Weil er sowohl die väterliche als auch die mütterliche Ausdrucksform Gottes offenbarte. Für ihn waren die Männer, die ihn ans Kreuz schlugen, keine Feinde mit Schwertern und Spießen, sondern seine Kinder, die ihn mißverstanden. Nur eine Mutter kann ähnlich empfinden wie Jesus. Wenn eine Mutter von ihrem eigenen Sohn gequält wird, denkt sie nur an das, was ihm zustoßen könnte. Und so fühlte auch Jesus für seine Peiniger und konnte deshalb sagen: «Vater, vergib ihnen.»

Wenn ihr die mütterliche Ausdrucksform Gottes in euch entwickelt, werdet ihr alle Menschen lieben lernen. Und wenn ihr euch an Gott wie an eine Mutter wendet, wird Er sich schnell erweichen lassen, weil ihr an Seine Zärtlichkeit und bedingungslose Liebe appelliert. Wenn ihr zur Göttlichen Mutter betet, könnt ihr frei in ihr Angesicht blicken und sagen: «Göttliche Mutter, ob gut oder böse, ich bin immer Dein Kind. Selbst wenn ich viele Inkarnationen lang in den Händen des Bösen war, mußt Du mir deshalb alles vergelten, wie Dein Gesetz es bestimmt? Ich kann nicht so lange warten, um bei Dir zu sein. Bitte, Mutter, vergib mir! Warum mußt Du mich noch bestrafen? Was geschehen ist, ist geschehen. Das ist alles längst vorbei, und ich werde nicht wieder sündigen.» Dann wird die Göttliche Mutter vielleicht antworten: «Du bist unfolgsam gewesen – geh fort von Mir.» Doch ihr müßt antworten: «Du bist meine Göttliche Mutter, Du mußt mir vergeben.» Und dann wird sie sagen: «Bitte Mich um Erlösung, so will Ich dir Erlösung schenken; bitte Mich um Weisheit, so will Ich dir Weisheit schenken. Doch bitte Mich nicht um Meine Liebe, denn wenn du Mir diese nimmst, so habe Ich gar nichts mehr.»[2] Doch wenn ihr fortfahrt zu weinen: «Ich will Deine Liebe!» läßt sich die Göttliche Mutter schließlich erweichen und sagt: «Da du Mein Kind bist und Ich deine Mutter bin, wie sollte Ich dir nicht vergeben?» Und dann gibt sie euch ihren kostbaren Besitz: ihre göttliche Liebe.

In Indien pflegte ich den großen Heiligen Meister Mahasaya[3] aufzusuchen. Bei meinem ersten Besuch geschah es, daß ich ihn in seiner Andacht störte. Er lud mich ein, mich zu setzen, und sagte: «Ich spreche gerade zu meiner Göttlichen Mutter.» Sein ganzes Antlitz war von dieser göttlichen Liebe überflutet, und ich konnte die intensiven Schwingungen im Raum fühlen. Jedesmal, wenn er in meiner Gegenwart mit der Göttlichen Mutter in Verbindung war, fühlte ich tausendmal mehr Liebe in meinem Herzen als für meine irdische Mutter, die ich doch über alles liebte. Zu solchen Zeiten fühlte ich, daß ich keinen Augenblick mehr ohne meine Göttliche Mutter sein könne.

Und eines Tages fragte ich ihn: «Wie kommt es, daß Ihr mit der Göttlichen Mutter in Verbindung treten könnt und ich nicht? Bitte, fragt sie, ob sie auch mich liebt. Ich *muß* es wissen!» Ich bestand so eindringlich darauf, daß der Heilige mir schließlich versprach:

«Ich will der Geliebten deine Bitte vortragen.»

In derselben Nacht hatte ich ein wunderbares göttliches Erleb-

[2] Aus einem alten bengalischen Lied. Paramahansa Yogananda hat es in seinem Buch *Kosmische Lieder* für den Westen übersetzt.

[3] Siehe Kapitel 9 in der *Autobiographie eines Yogi.*

nis. Sobald ich zu Hause angekommen war, suchte ich mein einsames kleines Mansardenzimmer auf, wo ich bis zehn Uhr abends meditierte. Plötzlich erhellte sich die Dunkelheit durch eine wundersame Vision. Die Göttliche Mutter stand vor mir und lächelte mich zärtlich an.

«Immer habe Ich dich geliebt, und immer werde Ich dich lieben!» Mit diesen Worten entschwand sie.

Am nächsten Morgen eilte ich schon früh zum Haus des Heiligen zurück. An seinem Blick erkannte ich, daß er sich im Garten der Unendlichkeit erging. Eine solche Gottesliebe sieht man nur selten!

«Hat die Geliebte Mutter etwas über mich gesagt?» fragte ich.

«Du kleiner Schelm!»

«Was hat die Göttliche Mutter gesagt? Ihr habt doch versprochen, es mir zu sagen», fragte ich vorwurfsvoll.

Und er wiederholte: «Du kleiner Schelm.» Ich wußte innerlich ganz genau, daß er mich durchschaute, doch ich hielt meine Gedanken absichtlich verborgen, um zu erfahren, ob mein Erlebnis der vergangenen Nacht echt gewesen war.

«Warum so geheimnisvoll?» fragte ich. «Sprechen Heilige niemals deutlich?»

«Mußt du mich wirklich prüfen?» erwiderte er. «Kann ich heute morgen der Gewißheit, die du gestern nacht von der Wunderbaren Mutter selbst erhalten hast, ein einziges Wort hinzufügen?»

Mein ganzes Wesen wurde von Glückseligkeit überflutet. Ich warf mich dem Heiligen zu Füßen, denn ich wußte, daß die Göttliche Mutter diese Füße bewegte; er war es, der mir das Verständnis und Erleben der mütterlichen Ausdrucksform Gottes schenkte. Er sagte mir auch, daß ich meinem Meister später begegnen würde und daß dieser die göttliche Weisheit verkörpere. «Durch seine Führung wird dein Gotteserleben der Liebe und Hingabe in seine Begriffe unergründlicher Weisheit übertragen werden.»

Eine Prüfung des Glaubens

Ich will euch noch von einem anderen meiner Erlebnisse mit der Göttlichen Mutter berichten. Auf dem Grundstück der *Self-Realization Fellowship* in Mt. Washington steht ein kleiner Wunschbrunnen. Kurz nach dem Kauf des Brunnens half ich den Mönchen, ihn an Ort und Stelle zu bringen. Unglücklicherweise glitt uns der Brunnen aus den Händen und fiel mit seinem ganzen ungeheuren Gewicht auf meinen Fuß. Der Schmerz war furchtbar, und der Fuß, der völlig zermalmt schien, schwoll gewaltig an. Man trug mich ins Haus, und meine Freunde wollten sofort einen Arzt rufen.

Ich aber sagte: «Wenn die Göttliche Mutter mir gebietet, einen Arzt zu nehmen, so will ich es tun. Sonst nicht.»

Dann wartete ich, um innerlich zu fühlen, was sie mit mir vorhatte. Tag für Tag wurden die Schmerzen in meinem Bein unerträglicher – doch ich erhielt kein Zeichen von der Göttlichen Mutter.

Am folgenden Sonntag mußte ich vor einer großen Versammlung einen Vortrag halten, und es hatte allen Anschein, daß ich zum Podium getragen werden müsse, denn mein Fuß paßte in keinen Schuh hinein. Satan versuchte mich an jenem Sonntag und flüsterte mir zu: «Warum betest du nicht?» Doch zu beten hätte geheißen zu zweifeln. Die Göttliche Mutter kannte meinen Zustand, und ich war bereit, ihren Willen zu tun.

Und so erwiderte ich: «Ich werde nicht beten, denn die Mutter weiß, was mit mir geschehen ist.» Innerlich gab ich mich ihr ganz anheim und sagte: «Ob ich in den Wellen des Todes versinke oder auf den Wellen des Lebens treibe, ich bin immer bei Dir.»

Wiederum sprach Satan: «Sieh dir all diese Leute an! Sie werden über dich lachen, denn sie haben dich nie zuvor krank gesehen; und nun zeigst du dich ihnen mit einem verletzten Fuß.»

«Das ist mir gleich!» Wenn man einmal die Liebe der Göttlichen Mutter besitzt, kann einen weder Lob noch Tadel innerlich berühren.

Ich humpelte auf das Podium zu, auf dem ich sprechen sollte, als mein Fuß versehentlich auf der Schwelle ausglitt. Mein verletzter Fuß war schlimm verstaucht, und der Schmerz war so heftig, daß ich das Gefühl hatte, jeder Knochen in meinem Fuß sei zersplittert. Doch in dem Augenblick, als ich auf das Podium trat, ging die furchtbare Schwellung urplötzlich zurück, der Schmerz war wie weggeblasen, und ich konnte meinen Schuh anziehen.

Dies war einer der größten Beweise göttlicher Liebe, die ich je erfahren habe. Ich schritt dahin, als ob nie etwas mit meinem Fuß gewesen wäre. Es erübrigt sich zu sagen, wie glücklich ich war, nicht um der Heilung, sondern um der göttlichen Gegenwart willen. Die Göttliche Mutter wollte mich nur prüfen, ob ich sie um Heilung bitten würde. Hätte ich es getan, so wäre der Fuß sicher auf natürliche Weise geheilt worden, doch ich hätte nicht dieses göttliche Erlebnis gehabt.

Ein andermal, als ich in Palm Springs war, sang ich zur Göttlichen Mutter: «Mutter, meine Seele ruft nach Dir, verbergen kannst Du Dich nicht mehr. Komm aus Deinem Himmelszelt, komm aus Deiner Bergeswelt, komm aus meines Schweigens Höhle, komm aus meiner tiefsten Seele!»[4] Plötzlich erschien sie mir! Ich sah sie in den Steinen, in den Palmen und überall. Gott hat keine Gestalt, doch Er kann jede gewünschte Gestalt annehmen, um Seinen Kindern eine Freude zu machen. Ihr könnt euch nicht vorstellen, wie wunderbar, wie groß und wie gütig die Göttliche Mutter ist.

Es gibt kein größeres Erlebnis, als zu fühlen und zu wissen, daß die Göttliche Mutter immer bei uns ist. Bemüht euch, ihre Gegenwart zu fühlen, denn ganz gleich, worunter ihr leidet – unter Schmerz, Kummer oder Krankheit –, sie wird für euch sorgen. Betet zur Göttlichen Mutter, wenn ihr Trost sucht; und betet zum Göttlichen Vater, wenn ihr Weisheit erwerben wollt.

Ihr Mütter, begrenzt eure alles vergebende Liebe nicht nur auf eure eigenen Kinder. Liebt alle Menschen mit der Liebe und dem Verständnis der Göttlichen Mutter. Dann werdet ihr nicht mehr durch die irdische Mutterliebe eingeengt sein, sondern zu einer göttlichen Mutter werden. Wenn ihr wahrhaftig sagen könnt: «Ich fühle mich als Mutter der ganzen Menschheit», werdet ihr

[4] «Komm aus Deinem Himmelszelt» aus dem Buch *Kosmische Lieder.*

niemanden mehr als einen Fremden ansehen, sondern alle Kinder der Welt wie eure eigenen lieben. Alle Arten menschlicher Liebe sind, wenn man sie vervollkommnet, ein Teil der allumfassenden Liebe Gottes.

Betrachtet euch von nun an nicht mehr als Sünder, sondern legt eure falschen Gewohnheiten ab und betet: «Mutter, ich bin Dein Kind. Offenbare Dich mir.» Wenn ihr euch auf diese Weise jeden Morgen und jeden Abend beharrlich an die Göttliche Mutter wendet, wird sie zu euch kommen.

Wir wollen Gott danken und Ihn bitten, alle Mütter zu segnen, damit sie Seine göttlichen Eigenschaften zum Ausdruck bringen.

Mögen alle Söhne und Töchter der Welt mit jener mütterlichen Liebe erfüllt werden, die eine Widerspiegelung der bedingungslosen Liebe der Göttlichen Mutter ist. Und mögen sie allen Menschen diese bedingungslose mütterliche Liebe schenken, damit wir Frieden und den Himmel auf Erden haben.

Die Kunst der Gedächtnisschulung

Internationales Mutterzentrum der Self-Realization Fellowship
Los Angeles/Kalifornien, 28. August 1932[1]

Menschliche Wesen sind aufgrund ihrer Gedächtnisfähigkeit einzig in ihrer Art. Die Seelen aller Lebewesen – die sich unbewußt an ihren göttlichen Ursprung erinnern – haben ganz von selbst die Neigung, zu ihrer Quelle zurückzukehren. Daher die allgemeine Aufwärtsentwicklung im Universum. Doch Gottes Plan hat es so vorgesehen, daß erst der menschliche Körper mit seinem hochdifferenzierten Gehirn und Nervensystem es der Seele ermöglicht, sich schließlich bewußt ihrer Einheit mit dem GEIST zu erinnern.

Gedächtnis ist jene Fähigkeit, durch die wir uns frühere Erlebnisse vergegenwärtigen können. Hätten wir kein Gedächtnis, würden wir sämtliche Wahrnehmungen wieder vergessen; wir würden jeden Tag, wie kleine Kinder, von vorn anfangen müssen. Ein Mensch, der seinen Verstand und damit auch sein Gedächtnis «verloren» hat, verhält sich wie ein Kind.

Die Erlebnisse an sich haben keinen Wert, wenn wir sie uns nicht wieder in Erinnerung rufen können. Wir lernen, indem wir uns selbst beobachten und unser früheres Verhalten überprüfen. Der Wert eines Menschen liegt in seiner Gedächtnisfähigkeit. Hans *erinnert* sich jeden Morgen beim Aufwachen daran, daß er Hans ist; und aufgrund seines Gedächtnisses bringt er seine Lebenserfahrungen mit seiner Identität als Hans in Verbindung.

Immer, wenn wir es wünschen oder brauchen, können wir jede frühere Erfahrung durch die Kraft des Unterbewußtseins wieder hervorrufen. Indem wir uns daran erinnern, was wir zuvor getan haben, können wir uns in einer Fertigkeit, die wir uns angeeignet

[1] Paramahansaji hielt diesen Vortrag im Rahmen eines Sommerkurses auf dem Grundstück von Mt. Washington. Er pflegte unter einem großen Pfefferbaum zu sprechen, den er «Blättertempel» nannte.

haben, weiter üben oder uns überlegen, welche Handlungen wir in einer bestimmten Situation vermeiden sollten.

Das Unterbewußtsein ist unermüdlich tätig und zeichnet während des Tages alle Erlebnisse auf; und selbst wenn wir schlafen, bewacht es das Haus des Körpers wie ein Nachtwächter. Beim Aufwachen weiß man immer, ob man gut oder schlecht geschlafen hat. Diese Kraft des Gedächtnisses ist eine Fähigkeit des ewig wachen, ewig freudigen Gottes. Und jede Seele trägt den Keim der Erinnerung an dieses Bewußtsein in sich, denn die Seele weiß, daß sie ewig in Gott lebt. Das Gedächtnis ist der Samen der Unsterblichkeit, den wir aufgehen lassen müssen, damit wir uns an die Ereignisse dieses Lebens und früherer Leben erinnern können.

Entwickelt göttliches Erinnerungsvermögen

Wenn wir uns an alle Erlebnisse in diesem Leben erinnern können, warum entsinnen wir uns dann nicht all der göttlichen Erfahrungen, welche die Seele gehabt hat? Es gibt zwei Arten von Gedächtnis. Das irdische Gedächtnis ruft uns die Erfahrungen dieses Lebens in Erinnerung, und das göttliche Gedächtnis reproduziert die Erlebnisse, welche die Seele in all ihren Inkarnationen gehabt hat. Die meisten Menschen kennen nur das irdische Gedächtnis.

Warum schläft unser göttliches Gedächtnis? Einige Menschen können sich vieler Erlebnisse entsinnen, sowohl der irdischen als auch der göttlichen; andere können sich nicht einmal an das erinnern, was vor kurzem geschehen ist. Es gibt viele Grade des Erinnerungsvermögens in verschiedenen Menschen – je nach ihrer Gehirnkapazität. Um ein gutes Gedächtnis zu entwickeln, muß man sich durch Konzentration und Meditation dazu erziehen und auch verschiedene denkwürdige Erlebnisse gehabt haben. Ohne sein Gedächtnis zu entwickeln, kann man sich nicht die richtige Bildung aneignen. Erlebnisse, die man sofort wieder vergißt, haben für das Bewußtsein keinen Wert.

Indem wir die Beschaffenheit unseres Gedächtnisses verbessern, können wir es derart stärken, daß es sich an alles – selbst an seinen göttlichen Ursprung – erinnert. Und wenn wir das göttliche Bewußtsein erwecken, das uns die Erlebnisse all unserer vergangenen Leben in Erinnerung rufen kann, und wenn wir schließlich das unsterbliche Wesen unserer Seele erkennen, haben wir Erlösung erlangt.

Wirkung körperlicher Übungen auf das Gedächtnis

Asanas[2] und ausreichende körperliche Bewegung sind bei der Entwicklung der Gedächtniskraft sehr von Nutzen. Heutzutage, wo die Maschinen dem Menschen so viele Handgriffe auf allen Lebensgebieten abgenommen haben, ist er körperlich träge geworden und braucht dringend regelmäßige körperliche Bewegung. Er hat schon damit begonnen, mechanische und andere Übungsgeräte für den Hausgebrauch zu konstruieren.

Wenn man körperliche Übungen macht, muß man sich auch auf diese konzentrieren; sonst hat man nicht den gewünschten Erfolg. Das Erwecken und Lenken der Lebensenergie, die den Körper mit Kraft versorgt, geschieht nicht nur durch Anspannung der Muskeln, sondern vor allem durch die Kraft der Konzentration.

Nahrungsmittel, die das Gedächtnis stärken

Es gibt bestimmte Nahrungsmittel, die gut für das Gehirn, und andere, die gut für die Muskeln oder die Nerven oder den Aufbau und die Funktion der inneren Organe sind. Wenn wir unser Gedächtnis entwickeln wollen, sollten wir Nahrungsmittel zu uns nehmen, welche die Tätigkeit des Gehirns anregen. Eiweiß ist wichtig zur Entwicklung des Gedächtnisses. Wie die Yogis behaupten, kann man sein Gehirn auch dadurch kräftigen, daß

[2] Körperstellungen des *Hatha-Yoga*. Siehe *Hatha-Yoga* im Glossar.

man abends vor dem Schlafengehen gemahlene Pekannüsse und Mandeln mit ein paar Tropfen Zitronen oder Apfelsinensaft zu sich nimmt; Milch und Käse sind ebenfalls gute Gehirnnahrung.

Die Yogis empfehlen, daß man bei Sorgen und Überbeanspruchung den Saft von zwei Zitronen in einem Glas Wasser trinken, den Kopf mit kaltem Wasser waschen und die Schläfen, die Stelle zwischen den Augenbrauen sowie Nasenlöcher und Ohren mit kaltem Wasser benetzen soll. Dadurch werden die Nerven sofort beruhigt, der Geist wird friedlicher, und man bekommt wieder ein gutes Gedächtnis.

Vermeidet zu viel Fett in der Nahrung, weil sich dies in den Blutgefäßen und an der Oberfläche des Gehirns ablagert. Die Hindus sagen, daß Rind- und Schweinefleisch der Gesundheit schade, denn diese beiden Fleischarten enthalten viel Harnsäure. Schweine und Kühe haben ein schwaches Gedächtnis. Wenn man ihr Fleisch ißt, kann es sein, daß man auch ihre körperlichen und geistigen Merkmale entwickelt.

Übt euer Gedächtnis

Das Gedächtnis kann durch Übung entwickelt werden. Es stimmt nicht, daß jemand, der von Geburt an einen schwachen Körper hat, niemals kräftig werden könne. Jeder hat die Möglichkeit, auf allen Gebieten Größeres zu leisten. Man muß nur die richtigen Methoden kennen. Einige Ärzte behaupten, daß jemand mit erblicher Anlage zu Schwachsinn diese geistige Krankheit bis an sein Lebensende behalte. Es ist jedoch bewiesen worden, daß viele Arten von Schwachsinn durch Konzentrationsübungen überwunden werden können. In den westlichen Ländern hat man dieses Gebiet noch wenig erforscht; daher sind viele Psychologen nicht mit der Kunst tiefer Konzentration vertraut, die seit Jahrhunderten von den großen Yogis Indiens gelehrt wird.

Den meisten Menschen sind die richtigen Methoden zur Entwicklung von Konzentration unbekannt. Die geistigen Fähigkeiten sind zwar da, aber noch unentwickelt. Wenn man es versäumt, seine geistigen Fähigkeiten auszubilden, führt dies schließlich zu großen Schwierigkeiten. Das Gehirn braucht, genau wie der Körper, die richtige Übung, wenn es gesund bleiben soll.

Um daher ein gutes Gedächtnis zu entwickeln, sollte man nicht nur körperliche Bewegung haben und gesunde Nahrung essen, sondern sich auch geistiger Disziplin unterwerfen. Versucht oft, euch an gewisse Dinge zu erinnern. Übt euch in der Kunst der Vergegenwärtigung, indem ihr euch einen bestimmten Gegenstand oder ein Landschaftsbild genau anschaut und euch dann dasselbe Bild innerlich vor Augen führt. Auch wenn man sich an Melodien oder Lieder zu erinnern versucht und diese vor sich hinsummt, entwickelt man sein Gedächtnis. Alles, was gefühlvoll getan wird oder Gefühle erweckt, stärkt das Gedächtnis. Sowohl Dichtung als auch Musik haben Einfluß auf das Gemüt. Wir alle erinnern uns ohne weiteres an die tiefsten Schmerzen und höchsten Freuden im Leben. Und warum? Weil wir diese Erlebnisse tief empfunden haben. Alles, was man tief fühlt, entwickelt die Gedächtniskraft. Andere gute Methoden zur Entwicklung des Gedächtnisses sind das Verfassen von Gedichten und das geistige Addieren und Subtrahieren.

Die Meditation stärkt das Gedächtnis

Wenn man sein Gedächtnis stärken will, muß man alles mit tiefer Aufmerksamkeit tun. Die meisten Leute machen alles zerstreut, so daß zwischen ihren Handlungen und ihren Gedanken kaum eine Beziehung besteht. Deshalb können sie sich auch nicht gut an etwas erinnern. Alles, woran man sich wieder erinnern will, muß man mit besonderer Sorgfalt tun. Man braucht nicht pedantisch zu sein, doch wenn man etwas unternimmt, muß man mit seinen Gedanken ganz dabeisein. In der Kirche sollte man voller Aufmerksamkeit der Predigt lauschen. Arbeitet man zu Hause an etwas, soll man es mit Interesse und Aufmerksamkeit tun. Auch wenn man sein Bewußtsein auf die jeweilige Aufgabe richtet, hindert einen das nicht daran, ständig an Gott zu denken. Wenn man aber meditiert, soll man nur an Gott denken. Die Kraft des Gedächtnisses wird durch die Meditation gestärkt.

Und was ist Meditation? Das Einswerden mit der Seele. Das bedeutet, daß man das Körperbewußtsein und alle menschlichen Begrenzungen aus seinen Gedanken verbannt und sich daran zu erinnern versucht, daß man die Seele ist. Wenn der Mensch bewußte geistige Anstrengungen zu machen beginnt, um sich als die unsterbliche Seele zu erkennen – und nicht als den Körper, in dem er nur während eines Lebens wohnt –, wird er sich auch mehr und mehr an Erlebnisse aus früheren Leben erinnern und schließlich wissen, daß er Gottes Schoß entsprungen ist. Und in Ihm liegen sämtliche Lebenserfahrungen, die wir und alle anderen Menschen gemacht haben, aufgespeichert. Wenn man sich innerlich mit seiner Seele in Verbindung setzt, kehren die vergessenen Zeiten und Fähigkeiten des unsterblichen Selbst in unser Bewußtsein zurück. Meditation bedeutet, daß man sich daran erinnert, nicht der sterbliche Körper, sondern die unsterbliche Seele – das heißt eins mit Gott – zu sein.

Während des Tages neigen wir dazu, uns als menschliche Wesen zu betrachten, doch nachts im tiefen, traumlosen Schlaf vergessen wir unsere Sterblichkeit. In der Meditation können wir ganz bewußt versuchen, uns nicht mehr mit dem Körper zu identifizieren, können das Körperbewußtsein ausschalten und uns daran erinnern, daß wir GEIST sind. Alle, die sich unentwegt hierin üben, werden es zur Meisterschaft bringen.

Ruft euch gute Erlebnisse in Erinnerung

Das Gedächtnis wurde dem Menschen dazu verliehen, Gutes wiederzugeben. Es zu mißbrauchen, führt ins Verderben. Wenn man voller Haß an einen anderen denkt, der einen früher einmal verletzt hat, bedeutet das einen Mißbrauch des Gedächtnisses. Doch wenn man sich an unglückliche Erlebnisse erinnert, um aus ihnen zu lernen, so macht man richtigen Gebrauch von seinem Gedächtnis; dann untersucht man nämlich sein früheres Verhalten und vermeidet es, künftig wieder falsch zu handeln, damit man nicht wieder unter denselben schmerzlichen Folgen zu leiden hat. Man soll negative Gedanken nicht immer wieder aufleben lassen, weil sie sich sonst dem Geist lange einprägen. Das Gedächtnis wurde uns gegeben, damit wir nur gute, lehrreiche Erfahrungen darin speichern. Befreit euch von allen irrigen Vorstellungen, denen ihr früher nachgehangen habt, indem ihr sie nicht wieder zurückruft. Wenn sie sich euch dennoch aufdrängen, weist sie entschieden ab.

Ich wiederhole noch einmal: Sich unangenehme Erlebnisse in Erinnerung zu rufen und darüber zu brüten, ist ein Mißbrauch der uns von Gott verliehenen Gabe des Gedächtnisses. Man soll sich statt dessen fest vornehmen: «Ich will mein Gedächtnis nur dazu benutzen, gute Gedanken und Erlebnisse wachzurufen. Von diesem Augenblick an verbanne ich alle unangenehmen Erinnerungen, die zum sterblichen Ich gehören. Denn ich bin ein Kind des GEISTES. Ich will nur das sehen, hören, schmecken, berühren, fühlen und wollen, was gut ist. Ich will nur das Gute meiner Lebenserfahrungen im Gedächtnis bewahren.» Laßt euch nie wieder zum Mißbrauch des Gedächtnisses verleiten!

Wer gute Empfindungen hat, gute Gedanken denkt und sowohl in der Natur als auch in anderen Menschen nur das Gute sieht, wird sich nur an Gutes erinnern. Das Gedächtnis wurde euch dazu verliehen, euch gute Erlebnisse in Erinnerung zu rufen, bis ihr euch voll und ganz an den größten Schatz – Gott – erinnern könnt. Wenn ihr das Gute in allen Dingen wahrnehmt, werdet ihr eines Tages mit Sicherheit feststellen, daß eine Unsichtbare Kraft all die kleinen Fenster eurer Gedanken, Wahrnehmungen und Gefühle, durch die ihr nur einen winzigen Einblick in die göttliche Harmonie der Schöpfung gewonnen habt, zerbricht; und dann werdet ihr durch eine weite Öffnung in die Unendlichkeit schreiten und das allgegenwärtige Gute – Gott – schauen.

Facht die ewige Flamme göttlicher Erinnerung an, damit sie eure Vergeßlichkeit ausbrennt und ihr euch wieder daran erinnert, daß ihr schon immer eins mit Gott wart und es auch jetzt seid.

Wahre Lebenskunst

1933

Die Bestrebungen und Wünsche eines jeden Menschen werden von Ereignissen beeinflußt, die sich vor oder nach seiner Geburt zugetragen haben. Jedes menschliche Leben wird durch Vererbung, nationale, soziale und familiäre Wesenszüge, Geschmacksrichtungen und Gewohnheiten geformt. Kinder jedoch sind zu Beginn ihres Lebens fast überall die gleichen. Jesus sagte: «Lasset die Kindlein zu mir kommen und wehret ihnen nicht; denn solcher ist das Reich Gottes.»[1] Alle Kinder der Welt haben ein und dieselbe Nationalität, nämlich Göttlichkeit. Wenn sie jedoch älter werden, beginnen die Merkmale der Familie und der Gesellschaft ihren Einfluß auf sie auszuüben, und dann zeigen auch sie bestimmte nationale und rassische Wesenszüge.

Gott hat Seine Wahrheit – innerhalb der einzelnen Zivilisationen, Nationen und persönlichen Denkweisen der Menschen – in den verschiedensten Variationen zum Ausdruck gebracht. Durch diese Mannigfaltigkeit läßt Er vor unseren Augen ein kaleidoskopisches Bild all dessen entstehen, was dem Menschen möglich ist. Die Pflicht des Menschen ist es, aus dieser Vielfalt die wichtigsten und besten Eigenschaften herauszusuchen und sich selbst, sein eigenes Land und die Welt dadurch zu veredeln. Wahrhaft große Menschen und Heilige tun das. Sie sind ihrer Zeit um Jahrhunderte voraus und verwirklichen durch ihr Leben die allumfassenden Grundsätze der Wahrheit. Diese Grundsätze bilden den Kern echter Lebenskunst; sie können von allen Menschen angewandt werden und sind entscheidend für alles Glück und allen Erfolg. Doch darf die Verschiedenheit unter den Menschen einzelner Nationen, Rassen und Religionen zu keiner Spaltung führen; sie

[1] *Lukas* 18, 16.

sollte vielmehr die Grundlage für einen Vergleich darstellen, so daß man die richtige Auswahl unter den jeweils besten Eigenschaften und Methoden treffen und dadurch ideale Menschen und eine ideale Welt heranbilden kann.

Unter allen jetzigen Nationen stellen Indien und Amerika jeweils den Gipfel der Geistigkeit und der materiellen Leistungsfähigkeit dar. Indien und andere orientalische Länder haben die vollkommensten geistigen Menschen – wie Jesus und Gandhi – hervorgebracht. Amerika dagegen weist die erfolgreichsten Geschäftsleute und praktischen Wissenschaftler auf – wie Henry Ford und Thomas Edison. Eine Verbindung von Eigenschaften, die sowohl den höchsten geistigen als auch materiellen Anforderungen gerecht werden, bedeutet wahre Lebenskunst. Dann könnte jede Nation vielseitige Menschen von höchstem Niveau hervorbringen, die in körperlicher, intellektueller, sittlicher, sozialer und geistig-seelischer Beziehung vorbildlich sind.

Es ist wichtig, sich nicht nur mit den Merkmalen einer einzigen Nation zufriedenzugeben, sondern eine Auslese vielseitiger und allumfassender Lebensgrundsätze zu treffen, wobei man alle Nationen und alle großen Menschen berücksichtigt. Befolgt also nicht nur solche Grundsätze, die lediglich die körperliche Entwicklung fördern, ohne das seelische Wachstum zu berücksichtigen oder umgekehrt. Macht euch Grundsätze zu eigen, durch die ihr euch gleichmäßig und harmonisch zu Übermenschen entwikkeln könnt und den richtigen Ausgleich zwischen körperlichen, geistigen, sittlichen und seelischen Eigenschaften findet.

Praktische Methoden für eine allseitige Entwicklung

Nachstehend einige praktische Methoden zur harmonischen Entwicklung von Körper, Geist und Seele:

- A: Schließt folgende Nahrungsmittel in eure tägliche Diät ein: Milch und andere Molkereiprodukte, eine große Portion Rohkost und frisches Obst. Trinkt ein großes Glas Orangensaft mit feingemahlenen Nüssen. Eßt weniger Fleisch und vermeidet vor allem Rind- und Schweinefleisch. Lest gute Bücher über Ernährungsfragen und folgt den darin gegebenen Anweisungen.

- B: Fastet einen Tag in der Woche, an dem ihr nur Orangensaft trinkt und ein geeignetes, vom Arzt empfohlenes natürliches Abführmittel einnehmt.
- C: Macht morgens und abends mit ganzer Aufmerksamkeit einen schnellen Spaziergang oder Dauerlauf oder macht andere körperliche Übungen, soweit es eure Konstitution erlaubt, bis ihr ins Schwitzen geratet.
- D: Lest einen inspirierenden Abschnitt aus der Bibel oder *Bhagavad-Gita* und meditiert darüber.
- E: Lest Shakespeare und andere Klassiker und auch geeignete Kapitel aus praktischen Büchern über Chemie, Physik, Physiologie, Geschichte der orientalischen und abendländischen Philosophie, vergleichende Religionswissenschaft, Ethik und Psychologie. Vergeudet eure Zeit nicht mit minderwertigen Büchern. Lest gute Zeitschriften über Gesundheitsfragen und geistige Themen. Wenn ihr die Tageszeitung zur Hand nehmt, lest vor allem die Leitartikel und Aufsätze über Gesundheitspflege, nicht nur die Witzspalte und die Skandalgeschichten.
- F: Besucht verschiedene Tempel und Kirchen – evangelische, katholische, buddhistische, jüdische und hinduistische –, um euer Verständnis für alle Glaubensbekenntnisse zu vertiefen und sie würdigen zu lernen. Betrachtet sie alle als Tempel des Einen Gottes.
- G: Betet Gott nicht nur in den von Menschenhand erbauten Tempeln an, sondern lernt, im inneren Tempel des Schweigens mit Ihm in Verbindung zu treten. Meditiert je eine Stunde morgens und abends und übt die von den großen Meistern der *Self-Realization Fellowship* gelehrten wissenschaftlichen Methoden. Laßt euch nicht auf Abwege bringen, so daß ihr euch im Dickicht blinden Glaubens und bloßer Theorien verliert. Folgt dem einen höchsten Weg der Selbst-Verwirklichung, der schnell zu Gott führt.
- H: Laßt euch nicht zu Sklaven der Sinne machen. Die Sinne wurden euch nicht gegeben, damit ihr euch in irdische Wün-

sche verstrickt, sondern damit sie euch helfen, alles Gute wahrzunehmen und Gott darin widergespiegelt zu sehen.

- I: Geht nur selten ins Theater oder Kino und wählt dann Aufführungen von hohem Niveau.
- J: Befolgt immer die göttlichen Gesetze in bezug auf eure Familie, euer Land und alle anderen Nationen.
- K: Sprecht immer die Wahrheit, doch auf gütige und verständnisvolle Weise, und achtet die Wahrheit überall, wo ihr sie findet.
- L: Vertieft eure Liebe zu eurer eigenen Familie und eurem eigenen Land und bemüht euch, eure Liebe und Dienstbereitschaft auf die Menschen aller Nationen auszudehnen. Seht Gott in allen Menschen, ganz gleich welcher Rasse oder Religion.
- M: Gebt weniger Geld aus und spart mehr, indem ihr eure Luxuswünsche aufgebt. Legt soviel wie möglich von eurem Einkommen zurück, damit ihr teilweise von euren Zinsen leben könnt, ohne das Kapital anzugreifen.
- N: Betrachtet das ganze Leben als in vier Abschnitte eingeteilt, von denen jeder der Erfüllung ganz besonderer Aufgaben dient.[2]

[2] Gemäß dem altvedischen Ideal teilt man das menschliche Leben in vier Abschnitte ein, die als vier *Ashramas* bezeichnet werden. 1) Körperliche, geistige, sittliche und seelische Erziehung des enthaltsam lebenden Schülers *(Brahmacharya)*. 2) Erfüllung der Pflichten in der Familie und Übernahme weltlicher Verantwortung *(Grihastha)*. 3) Ein Zurückziehen aus der Welt in die Abgeschiedenheit oder in einen *Ashram*, wo man seinen geistigen Studien und dem Gedanken an Gott mehr Zeit widmen kann *(Vanaprastha)*. 4) Vollkommene äußere und innere Entsagung in bezug auf alle weltlichen Bindungen *(Sannyas)*. Obgleich die völlige Entsagung gewöhnlich zum vierten *Ashrama* gehörte, war sie nicht auf diesen Lebensabschnitt begrenzt, sondern konnte von solchen, deren höchster Wunsch Gott allein galt, auch in jüngeren Jahren verwirklicht werden. Durch das Beachten der vier *Ashramas* lernte der Mensch wahre Lebenskunst und richtiges Betragen; er hatte Gelegenheit, seine irdischen Ziele zu verfolgen und seine Pflichten zu erfüllen; er hatte genug Zeit, sich dem geistigen Leben zu widmen und sich um Selbst-Verwirklichung zu bemühen; und schließlich wurde ihm nahegelegt, sein Leben und alles, was er besitzt, Gott zurückzugeben, dem er alle Gaben und das Leben selbst verdankt.

1) Vom 5. bis 25. Lebensjahr: Während dieser Zeit sollte man auf eine möglichst vollkommene Charakterbildung des Kindes achten und ihm geistige Ideale und Gewohnheiten einprägen. Während es zum Erwachsenen heranreift, sollte es eine gute Allgemeinbildung erhalten, durch Studium und Beobachtung Tüchtigkeit erlangen und sich auf irgendein Fach, für das es besondere Begabung zeigt, spezialisieren.
2) Vom 25. bis 40. Lebensjahr: Als Erwachsener sollte man seine Pflicht der Familie und der Welt gegenüber erfüllen, wobei man immer versucht, in geistiger Hinsicht ein ausgeglichenes Leben zu führen.
3) Vom 40. bis 50. Lebensjahr: Während dieser Zeit sollte der erwachsene Mensch mehr in die Stille gehen, inspirierende Schriften studieren, sich für die Förderung der Künste und Wissenschaften einsetzen und vor allem mehr Zeit in Meditation verbringen.
4) Nach dem 50. Lebensjahr: Den letzten Teil seines Lebens sollte man vor allem in tiefer Meditation verbringen und aufgrund der dadurch erworbenen Weisheit und Geistigkeit anderen Menschen soziale und geistige Dienste leisten.

Ruhig tätig und tätig ruhig sein

Kurz gesagt: Denkt nicht die ganze Zeit nur ans Geldverdienen. Verschafft euch körperliche Bewegung, lest und meditiert, liebt Gott und verhaltet euch jederzeit friedfertig. Lernt in der Ruhe tätig und während der Tätigkeit ruhig zu sein und übertragt die in der Meditation gewonnene Ruhe auf eure tägliche Arbeit. In der *Gita* lehrt Bhagavan Krishna: «Vertiefe dich in den Yoga, führe alle Handlungen aus, ohne (an den Ergebnissen) zu hängen. Sieh (während du handelst) Erfolg und Mißerfolg gleichmütig entgegen. Diese geistige Ausgeglichenheit während aller Arten von Tätigkeit (ob sie Erfolg oder Mißerfolg bringen) wird Yoga genannt.»[3]

[3] *Bhagavad-Gita* II, 48.

Betet zusammen mit mir um wahre Brüderlichkeit unter dem väterlichen Schutz Gottes:

«Himmlischer Vater, hilf uns, die ‹Vereinigten Staaten der Welt› zu bilden, deren Führer und Präsident Deine Wahrheit sein soll. Sie soll uns dazu anspornen, in Liebe und Brüderlichkeit miteinander zu leben und Körper, Geist und Seele zu vervollkommnen, damit das Reich Deines himmlischen Friedens, das in uns liegt, sich auch im täglichen Leben durch unser Handeln offenbart.

Mach uns in jeder Hinsicht gesund, tüchtig und vollkommen, damit unser Beispiel all unsere irdischen Brüder dazu ermutigt, ihr wahres Wesen zum Ausdruck zu bringen und Deine würdigen Kinder zu werden.

Himmlischer Vater, laß Deine Liebe für immer im Heiligtum unserer Hingabe leuchten und gib uns die Fähigkeit, Deine Liebe in allen Herzen zu erwecken.»

Wenn ihr im inneren Tempel des Schweigens wahre Gottverbundenheit erlangt, habt ihr die Kunst des Lebens wirklich gemeistert. Und dann wird euch außerdem noch Gesundheit, Wohlstand, Weisheit, Liebe und Freude geschenkt.

Seid ihr Herren oder Sklaven eurer Gewohnheiten?

Ort und Datum unbekannt

Das menschliche Gehirn mit seinen Hügelketten von zerebralen Windungen, die von den Bächlein der Arterien und den dunklen Flüssen der Venen durchzogen werden, mutet aus der Vogelschau wie ein großes Landgut an. Mangelt es dieser prächtigen Liegenschaft an einem Göttlichen Bewohner? Ebensogut könnte man fragen: Gibt es ein Buch ohne Autor, ein Kind ohne Eltern, eine Uhr ohne Uhrmacher, eine Rose ohne den, der sie erschaffen hat? Gewiß nicht! So ist auch das Hoheitsgebiet des Gehirns von einer geheimnisvollen Schönheit, die auf wundersame, intelligente Urheber schließen läßt.

Wer lebt in diesem prachtvollen Saal, dessen Wände aus gemörteltem Knochengewebe bestehen und mit verschiedenen Sinnestoren – Gesicht, Gehör, Gefühl, Geruch und Geschmack – versehen sind? Unterhalb der Kuppel des menschlichen Schädels befindet sich eine Kolonie von Myriaden pulsierender Zellen, die voller Leben und Intelligenz sind; dort spielen sich Szenen intensiver Tätigkeit ab. Die winzigen Gehirnzellen gehen mannigfaltigen Beschäftigungen nach: Sie halten Festmahle, sie unterziehen sich der Selbstprüfung, und sie empfangen Gäste – nämlich die Empfindungen, welche durch die nach außen führenden Sinnestore eintreten. Es wird gekauft und verkauft, verarbeitet und ausgeschieden. Gleich winzigen Booten paddeln die Blutkörperchen auf den Arterienströmen dahin und tragen allerlei Konsumgüter an Bord.

Diese Zelltätigkeit wird von einer unsichtbaren Schar dreister Kobolde und guter Feen – nämlich den Gewohnheiten – gesteuert und überwacht. Manchmal wird großes Unheil gestiftet, indem man fremden und gesetzlosen Gewohnheiten Eintritt in die Republik des Gehirns gestattet. Diese führen sich dort als große

Herren auf und dominieren ihre Gastgeber, die Gehirnzellen. Und wenn diese sich zur Wehr setzen und dem Übergriff auf ihre Freiheit Widerstand leisten, werden die Vereinigten Staaten des Fleisches zu einem Schauplatz des Bürgerkriegs. Dann gerät das ganze Reich des Körpers in Unordnung, während die Gehirnzellen eine heftige Debatte über die Rechte gewisser Gewohnheiten führen, die sich als kleinliche Diktatoren aufspielen.

Wie können Gewohnheiten soviel Macht gewinnen, daß sie das menschliche Verhalten tyrannisieren? Jede menschliche Handlung, ob es sich um einen äußerlichen körperlichen Akt oder um einen inneren Gedankenvorgang handelt, wird zu einem «Stimmzettel» für eine bestimmte Gewohnheit. Jede Wiederholung dieser Handlung oder dieses Gedankens vermehrt die Zahl der Stimmen, die diese Gewohnheit befürworten und ihr einen Sitz in der Regierung des Körpers sichern wollen. Wiederholt man eine solche Handlung entsprechend oft, so verhilft man ihr zu Amt und Würden. Zu verschiedenen Zeiten des Lebens bestimmt eine Wahlversammlung, die sich aus allen früheren menschlichen Handlungen zusammensetzt, welche Gewohnheiten überwiegen und die Oberherrschaft erhalten sollen.

Eine Wahl durch bloße Stimmenmehrheit kann Verderben über das Land bringen, falls nicht ein entsprechendes qualitatives Niveau angestrebt wird. Denn wenn die Mehrheit der Wähler aus Schwachsinnigen oder Verbrechern besteht, machen diese zweifellos Fehler und wählen den falschen Präsidenten. Ähnlich verhält es sich auch mit der Stimmabgabe bei allen menschlichen Handlungen: Richten sich diese nicht nach dem höchsten Gesetz der Unterscheidungskraft, so lassen sich die Gehirnzellen gedankenlos von den diktatorischen Gewohnheiten versklaven.

Wenn im Reich des Körpers eine wahrhaft aufgeklärte geistige Demokratie bestehen bleiben soll, muß man die Bürger – die Gehirnzellen – streng erziehen. Diese müssen so geschult werden, daß sie die «Gewohnheits-Kandidaten» nicht einfach aufgrund ihrer Mehrheit – nämlich wiederholter gedankenloser Handlungen – wählen; sie sollen vor Abgabe ihrer Stimme (d. h. vor dem Begehen einer Handlung) ihre Unterscheidungskraft zu Rate ziehen und die machtvollen Auswirkungen ihrer Taten bedenken.

Und sie müssen sich ein edles Vernunftdenken zu eigen machen und sich vor jeder Bestechung durch ihre Umgebung (an die sie gefühlsmäßig gebunden sind) hüten; denn das führt zum Mißbrauch des Wahlrechts. Es sollte einzig und allein der unterscheidungsfähigen Vernunft überlassen bleiben, die richtigen «Gewohnheits-Kandidaten» auszusuchen und als Vorsitzende in die Regierung zu wählen.

Sind sklavische Gewohnheiten angeboren oder erworben?

Gewohnheiten wie das Trinken und Kettenrauchen, übermäßiger Genuß von Kaffee und Tee, gewohnheitsmäßige Launen, die sich als Zorn, Gier, Neid, Trägheit und Niedergeschlagenheit äußern, werden meist durch die Mehrheitswahl unwissender Horden ins Amt gewählt, nämlich der vielen Handlungen, die man ohne Gedanken an deren Nachwirkung begeht und die schließlich zur Versklavung führen. Wer solchen Gewohnheiten verfallen ist, wurde nicht etwa von Geburt an zu diesem unentrinnbaren Schicksal verdammt; er hat sich entweder in diesem oder einem früheren Leben bewußt oder unbewußt zum Sklaven machen lassen, indem er gewisse Handlungen ständig wiederholte. Das erste Glas hat noch niemand zu einem Trunkenbold gemacht, die erste sinnliche Handlung nicht zu einem zügellosen Menschen, und das erste Einnehmen eines Narkotikums nicht zu einem Rauschgiftsüchtigen. Nur wenn jemand solch irrige Handlungen auf lange Zeit mechanisch und gedankenlos wiederholt, werden sie zu hartnäckigen Gewohnheiten, denen er ausgeliefert ist.[1] Dann hat die quantitative Macht über die qualitative Stimme der Vernunft gesiegt, das heißt, diese ist aus Mangel an Gebrauch derart geschwächt worden, daß sie die Wahl verloren hat.

[1] Für solche Menschen, die schon in früheren Leben schädliche Gewohnheiten angenommen haben (z. B. Alkoholiker), fand das «Trinken des ersten Glases» schon vor vielen Leben statt. Deshalb kann in diesem Leben selbst «ein einziges Glas» die Gewohnheit wiederaufleben lassen und plötzlich zu tragischen Konsequenzen führen.

Hütet euch daher vor der ersten falschen Handlung! Was ihr einmal getan habt, das werdet ihr wahrscheinlich wieder tun. Durch ständige Wiederholung wird eine Gewohnheit fester und mächtiger – wie ein herabrollender Schneeball. Gebraucht bei allem, was ihr tut, eure Vernunft; sonst werdet ihr durch eure Unbesonnenheit zu hilflosen Sklaven unerwünschter Gewohnheiten.

Zieht die vorherrschende schlechte Gewohnheit zur Rechenschaft und ersetzt sie durch eine gute

Wenn eine schlechte Gewohnheit lange Zeit die Vorherrschaft im Reich des Körpers hat, führt sie zu Leid und Chaos. Dann wird das falsch regierte Land von seelischer Hungersnot, geistigen Fieberkrankheiten und weit verbreiteter körperlicher und geistiger Armut heimgesucht. Eine machtvolle schlechte Gewohnheit sollte vor dem Tribunal der täglichen Innenschau, unter dem Vorsitz des Gewissensrichters, zur Rechenschaft gezogen werden; und dieser Richter sollte den Gerichtshof der Vernunft darüber verständigen, daß eine ständige Fortsetzung derart schädlicher Handlungen unweigerlich zu einem zerrütteten Nervensystem, einer Vergeudung der Kräfte und zur Einbuße des Glücks führen würde. Solch laufend vorgebrachte Warnungen überzeugen die Geschworenen der Vernunft allmählich davon, daß die schuldige verderbliche Gewohnheit für immer verbannt werden muß.

Manchmal ist es schwer, den Gerichtshof zu überzeugen. Viele Personen, die übermäßig rauchen, trinken oder ein sexuell ausschweifendes Leben führen, versuchen gar nicht, von ihren sklavischen Impulsen freizuwerden, ja, sie wünschen es sich nicht einmal. Sie meinen fälschlicherweise, daß an dem, was sie tun, nichts Schädliches sei, weil sie nicht sofort die enttäuschenden und schmerzlichen Folgen zu spüren bekommen. In dieser Hinsicht sind sie wie Kinder, die sich das Endresultat ihres Handelns nicht vorstellen können. Sie erkennen nicht, daß sie ein Gesetz zur Wirkung bringen, das völlig unparteiisch für das Gute oder

Böse arbeitet – je nachdem, wie der Mensch handelt. Obgleich die Schaufeln schlechter Gewohnheiten langsam graben, so schaffen sie dennoch ein gähnendes, frühzeitiges Grab – eine Grube des Elends, auf die sich der Sklave schlechter Gewohnheiten durch Flammen des Leides zubewegt. Menschen, die sich in einer solchen Falle befinden, werden in der *Gita* wie folgt beschrieben: «Sich an verwirrende Gedanken klammernd, im Netz der Täuschung gefangen, nur nach sinnlichen Vergnügungen verlangend, sinken sie in eine verderbliche Hölle.»[2]

Zunächst müßt ihr euch in Gedanken davon überzeugen, daß ihr euch von der Tyrannenherrschaft unerwünschter Gewohnheiten freimachen könnt. Danach müßt ihr zum verfassungsmäßigen Streik und zur öffentlichen Anklage schreiten. Jammern und Wehklagen, milde Vorwürfe, ja, selbst zeitweilige leidenschaftliche Ausbrüche helfen wenig. Nur durch ständige Wiederholung bestimmter Handlungen könnt ihr neue Gewohnheiten bilden. Und die verderblichen müßt ihr durch ähnliche, regelmäßige Bemühungen ausrotten: durch bewußten Einsatz eures Willens und Gebrauch eurer unterscheidungsfähigen Vernunft.

Richtet all eure Handlungen nach den neuen und besseren Gewohnheiten aus. Haltet sie stets damit beschäftigt, den guten Gewohnheiten zu dienen, sich für sie zu interessieren und sich mit anderen guten Handlungen zu verbrüdern. Sollte euer Handeln aber aus Gewohnheit wieder den alten gefährlichen Umgang aufnehmen, laßt euch nicht entmutigen. Fahrt fort, richtig zu handeln, widmet euren guten Taten genug Zeit und Aufmerksamkeit, dann wird der Stimmenanteil der neuen guten Handlungen ständig zunehmen und schließlich machtvoll genug sein, die nichtswürdige Gewohnheit zu stürzen und an ihrer Stelle eine würdige ins Amt einzusetzen.

[2] *Bhagavad-Gita* XVI, 16.

Das Bilden von guten und schlechten Gewohnheiten kostet Zeit

Selbst eine schlechte Gewohnheit braucht Zeit, bis sie die Oberhand gewinnt. Warum also ungeduldig werden, wenn es darum geht, die rivalisierende gute Gewohnheit zu entwickeln? Laßt euch nicht durch unerwünschte Gewohnheiten entmutigen; gebt ihnen einfach keine Nahrung mehr, denn wenn ihr sie nicht wiederholt, verlieren sie an Kraft. Die Zeit, die man zum Bilden von Gewohnheiten benötigt, hängt ganz vom Nervensystem und Gehirn des einzelnen und vor allem von der Tiefe der Aufmerksamkeit ab. Durch die Kraft tiefer, konzentrierter Aufmerksamkeit kann man jede Gewohnheit annehmen – das heißt, es bilden sich fast augenblicklich und nach Wunsch neue Verhaltensmuster im Gehirn. Die Macht der Konzentration und des Willens, die für das gute oder böse Schicksal verantwortlich ist, kommt trefflich in folgendem Bibelvers zum Ausdruck: «Denn wer da hat, dem wird gegeben, daß er die Fülle habe; wer aber nicht hat, von dem wird auch genommen, was er hat.»[3] Diese Wahrheit trifft besonders auf die Gewohnheiten zu. Ein Mensch, der gut handelt, stärkt seinen Willen, so daß dieser weitere gute Taten vollbringt und ohne große Anstrengung immer tugendhafter wird. Doch ein Sklave schlechter Gewohnheiten läßt seinen Willen und seine Vernunft verkümmern, so daß er schließlich nicht mehr fähig ist, neue gute Gewohnheiten zu bilden; überdies schwächt er die wenigen guten Gewohnheiten, die er anfangs noch hatte.

Wenn man sein Handeln durch intuitive, weise Unterscheidungskraft regieren lassen will, so daß man sich weder von guten noch schlechten Gewohnheiten beeinflussen läßt, kann man das nur aufgrund seines freien Willens tun. «Wer seine Sinne der Disziplin des Geistes unterwirft, wer ungebunden ist und die Organe des Handelns in die richtige, vom *Karma-Yoga* vorgeschriebene weise Bahn lenkt, der, o Arjuna, hat Erfolg.»[4] Ein Mensch, der über eine derartige Kraft verfügt, kann jederzeit neue

[3] *Matthäus* 13, 12.

[4] *Bhagavad-Gita* III, 7. (Siehe *Karma-Yoga* im Glossar.)

Gewohnheiten in seinem Gehirn bilden oder alte Gewohnheiten ausmerzen. In einer idealen Demokratie wird bei jedem Bürger vorausgesetzt, daß er vernünftig und willig genug ist, die guten Gesetze zu befolgen, ohne daß er von höherer Stelle aus dazu aufgefordert wird oder irgendeines äußeren Antriebs bedarf. Ähnlich vermeidet ein weiser und wirklich freier Mensch Irrtümer und handelt nicht nur unter dem Zwang der Gewohnheit gut, sondern aus freier Wahl und richtiger Unterscheidungskraft. Er läßt sich nicht einmal von guten Gewohnheiten beherrschen, weil er dann nicht mehr frei entscheiden könnte. Manchmal hat man sich eine gute Gewohnheit nicht durch weise Unterscheidungskraft erworben; man ist einfach nie durch das Böse versucht worden. Eine auf diese Weise erworbene gute Gewohnheit ist nicht immer im Charakter verankert, denn man hat sie nicht aus eigener weiser Wahl getroffen; man verdankt sie nur den günstigen Umständen.

Bei allen Geschmacksrichtungen und Bräuchen der verschiedenen Nationen handelt es sich um Gewohnheiten, die man unter dem Einfluß der Umgebung angenommen hat. Man liebt die Amerikaner oder Hindus, weil sie einem vertraut sind. Ich selbst wäre am liebsten ein menschliches «Chamäleon», das die Freiheit hat, sich die wünschenswerten Charakterzüge aller Nationen und Glaubensrichtungen anzueignen.

Wir können die Macht, die wir über unsere eigenen Gewohnheiten haben, dadurch prüfen, daß wir unserem Geist den Befehl erteilen, ein bestimmtes Nahrungsmittel zu mögen oder nicht zu mögen. Ich habe dies einmal sehr nützlich gefunden. Kurz nachdem ich nach Amerika gekommen war, wurde ich zu einem Essen geladen, wo man Roquefort-Käse und Crackers reichte. Sobald «Herr Roquefort» meinen Gaumen berührt und den Gehirnzellen seine Ankunft mitgeteilt hatte, begannen die Herren der Geschmacksgewohnheiten einen Aufstand unter den geehrten Gästen zu veranstalten, die sich bereits in meinem Magen versammelt hatten. Diese wurden äußerst aufgebracht und drohten mir: «Wenn du Herrn Roquefort runterläßt, kommen wir alle zusammen wieder rauf.» Mir war diese peinliche Situation durchaus nicht wilkommen. Als ich dann aber sah, daß alle anderen an der

Tafel dieses merkwürdige Nahrungsmittel mit großem Genuß aßen, befahl ich meinen Sinnen mit großem Nachdruck, sich unverzüglich mit dem Roquefort-Käse zu befreunden. Und sofort schmeckte er mir, so daß ich ihn von da an gern gegessen habe.

Wie kommt es, daß ihr manchmal auf eine Weise handelt oder reagiert, die euren wirklichen Wünschen widerspricht? Weil ihr seit langer Zeit Gewohnheiten gebildet habt, die diesen Wünschen zuwiderhandeln, denn eure Handlungen schmeicheln automatisch euren Gewohnheiten. Ihr müßt euch zunächst Gewohnheiten zu eigen machen, die eure Handlungen so beeinflussen, daß sie sich nach euren wahren Idealen richten.

Die Gewohnheit ist ein automatischer Mechanismus, der es uns erleichtert, bestimmte Handlungen, die uns noch ungewohnt sind, ohne körperliche und geistige Anstrengung zu vollbringen. Bei falschem Gebrauch wird dieser Mechanismus jedoch zu unserem Erzfeind, denn er bedroht die Festung unseres freien Willens. Seid praktisch! Bemüht euch von heute an, schädliche Gewohnheiten, die sich in euch verborgen halten und sich als umgebungsbedingte Neigungen und Abneigungen äußern, zu überwinden. Verbannt sie ein für allemal, damit ihr die Freiheit habt, nur nach eurer Vernunft zu handeln. Ihr seid nicht das, was eure Gewohnheiten sind. Macht euch von dieser Täuschung frei, dann werdet ihr euch an euer wahres Selbst – das euch innewohnende vollkommene Ebenbild Gottes – erinnern.

Wie man Gewohnheiten willentlich annimmt und ablegt

Tempel der Self-Realization Fellowship
San Diego/Kalifornien, 12. Dezember 1943

Vielfältig sind die Gunstbeweise, die Gott Seinen Kindern gewährt. Manchmal erfüllt Er uns einen Wunsch sogar auf der Stelle. Als ich heute darum bat, daß der Regen für die Zeit des Gottesdienstes nachlassen solle, hörte ich die Stimme der Göttlichen Mutter: «Die Sonne wird noch hervorkommen.» Und so haben wir es Gottes Güte zu verdanken, daß heute morgen die Sonne scheint.

Gott ist die Mutter aller Mütter, der Vater aller Väter, der eine Freund hinter allen Freunden. Wenn Er eurem Herzen nähersteht als alles andere, werdet ihr noch viel Wunderbares im Leben erfahren. «Und Er geht mit mir, und Er steht zu mir und versichert mir, ich sei Sein!»[1] Auch zu euch wird Gott sprechen, wenn ihr sichtliche Fortschritte in der Meditation macht und mit unverminderter Ausdauer in die göttlichen Sphären vordringt.

Der Dichter Francis Thompson bezeichnete Gott als «Himmlischen Jagdhund», der den Menschen verfolgt, anstatt daß der Mensch Ihn sucht. Der Mensch versteckt sich vor Gott im Labyrinth der Zweifel und flieht Ihn auf diese Weise; doch der Himmlische Jagdhund verfolgt ihn ständig und ruft ihm warnend zu: «Sieh, alle Dinge fliehen dich, wenn du Mich fliehst.»

Wenn ihr Gott von euch weist, dann weist ihr die Liebe selbst ab. In allem, was wir suchen, sei es Geld oder die Freuden der Sinne, suchen wir in Wirklichkeit Gott. Wir sind Diamantensucher, die sich mit kleinen, im Sonnenlicht blinkenden Glassplittern begnügen. Wir lassen uns vorübergehend von ihrem Glanz blenden und vergessen dabei ganz, nach den echten Diamanten zu suchen, die weit schwerer zu finden sind.

[1] Aus der englischen Hymne «In the Garden» von Carl Goldmark.

Wenn gute Gewohnheiten auch nicht leicht zu erwerben sind, gleichen sie dennoch Diamanten, die euch zu wahrem und bleibendem Glück verhelfen. Schlechte Gewohnheiten aber gleichen Glasscherben, die euch scheinbar befriedigen, weil sie leicht zu finden sind; doch da sie in die Irre führen, bringen sie euch schließlich nichts als Enttäuschung. Dann seid ihr übersättigt und habt an nichts mehr Freude. Ich brauche solche Erfahrungen gar nicht erst zu machen; ich kann das Ende aller menschlichen Vergnügungen voraussehen und habe meine einzige wahre und bleibende Freude in Gott gefunden.

Das «Alter» definiert man am besten als jenen Zustand, in dem man der Welt müde wird. Ich wurde der Freuden des Lebens schon sehr bald überdrüssig;[2] und die Welt wäre mir äußerst langweilig erschienen, wenn ich nicht die Freude Gottes gesucht und gefunden hätte. Das Glück und der Reichtum, die ich in Ihm finde, sind grenzenlos. Selbst die Ewigkeit würde nicht ausreichen, die Freude des Herzens zu beschreiben, wenn Gott dort Seinen Einzug hält. Ich übertreibe nicht, denn Gottes Freude ist ewig; sie ist ständig neu und ohne Ende. Wir alle haben hin und wieder einen kleinen Vorgeschmack erhalten – Erinnerungen der Seele an den Zustand ewiger Freude.

In der Welt will uns jeder für seine eigenen Zwecke gebrauchen. Nur Gott – und ein echter Meister, der Gott gefunden hat – kann uns wahrhaft lieben. Der durchschnittliche Mensch weiß gar nicht, was Liebe ist. Wenn das Zusammensein mit einem bestimmten Menschen euch besondere Freude macht, seid ihr geneigt zu glauben, daß ihr ihn liebt. In Wirklichkeit aber liebt ihr euch selbst; euer Ich freut sich über die Aufmerksamkeit, die der andere euch erweist, das ist alles. Würdet ihr diesen Menschen

[2] Beim Tode seiner Mutter war Paramahansaji etwa elf Jahre alt, und dieses Ereignis wurde zum Wendepunkt seines Lebens. Es stärkte seine bereits ausgeprägten geistigen Neigungen, so daß er felsenfest entschlossen war, Gott zu finden. Die göttliche Weisheit, die er in früheren Inkarnationen erworben hatte, machte sich schon früh in seinem jetzigen Leben bemerkbar; daher besaß er genug Unterscheidungskraft, die Täuschung der Welt zu durchschauen und zu wissen, daß bleibendes Glück nur in Gott zu finden ist. *(Anmerkung des Herausgebers)*

auch dann noch «lieben», wenn er euch nicht mehr gefiele? Der durchschnittliche Mensch kann sich nur schwer vorstellen, einen anderen mehr zu lieben als sich selbst, geschweige denn, dementsprechend zu handeln. Um dies näher zu erläutern, will ich euch eine wahre Geschichte erzählen, die von echter Liebe handelt.

Es gab in Indien einen treuen Ehemann, der seine Frau zutiefst liebte. Dann aber verliebte sich ein anderer Mann in sie. Und sie lief mit diesem Liebhaber davon. Der verließ sie schließlich wieder, so daß sie mittellos und ohne Freunde dastand. Eines Tages kam ihr Mann sie besuchen und fragte sie liebevoll:

«Hast du diese Episode nun hinter dir? Wenn ja, dann komm mit nach Hause.»

Sie aber meinte zögernd: «Ich will nicht noch mehr Schande über dich bringen.»

«Was kümmert mich die Meinung der Leute?» erwiderte er. «Ich liebe dich, doch der andere Mann liebte nur deinen Körper. Ich liebe das in dir, was du wirklich bist – deine Seele. Und was geschehen ist, ändert nichts daran.»

Das war echte Liebe. Dem Ehemann lag nichts an seiner Ehre; er dachte nur an das Wohlergehen seiner Geliebten.

Ein großes Hindernis im Erweisen wahrer Liebe sind unsere Gewohnheiten. Im Grunde möchten wir alle gern Engel sein, aber unsere Gewohnheiten machen uns zu Teufeln. Am frühen Morgen fassen wir den Entschluß, nur Gutes zu tun, doch während des Tages vergessen wir das wieder. «Der Geist ist willig, aber das Fleisch ist schwach.»[3] «Fleisch» bezieht sich auf die Gewohnheiten. Unser Geist, unsere Weisheit ist guten Willens; doch unsere guten Gewohnheiten sind schwach. In der *Gita* heißt es: «Die leicht erregbaren Sinne versuchen mit Gewalt, vom Bewußtsein derer Besitz zu ergreifen, die nach Befreiung trachten.»[4]

Viele unterschätzen die zwingende Macht der Gewohnheiten. Manche Menschen nehmen sehr leicht Gewohnheiten an, und das

[3] *Matthäus* 26, 41.

[4] *Bhagavad-Gita* II, 60.

ist in Ordnung, solange es sich um gute Gewohnheiten handelt. Doch gefährlich wird es, wenn man sich durch sein Handeln schlechte Gewohnheiten aneignet. Gibt man einem solchen Menschen nur eine Zigarette, kann er zum Gewohnheitsraucher werden. Oder beim ersten Glas Wein, das er kostet, wird er zum Trinker.[5]

Da ihr nicht wißt, was in eurem Unterbewußtsein schlummert oder was eure verborgenen Neigungen sind, ist es besser, alle Handlungen zu vermeiden, die zu schlechten Gewohnheiten führen könnten. Solange der Geist noch keine Weisheit und Unterscheidungskraft besitzt, gleicht er einem Löschblatt, das schlechte Gewohnheiten schnell aufsaugt.

So viele Seelen in dieser Welt brauchen Hilfe! Und Gott hilft ihnen tatsächlich durch solche Menschen, die sich zu Werkzeugen Seiner Liebe machen. Erst gestern hörte ich von einem beklagenswerten Fall. Es handelt sich um einen Menschen, der gute Veranlagungen hat, solange er nicht trinkt; doch sobald er zu trinken beginnt, wird er zu einem Ungeheuer. Im nüchternen Zustand tut er soviel Gutes, wie er nur kann; doch wenn er betrunken ist, schlägt er seine Frau und verbreitet Angst und Schrecken um sich herum. Er kam zu mir, um geheilt zu werden, und ich weiß, ihm kann geholfen werden, wenn er sich nur ein wenig auf mich einstellt. Seht aber wie furchtbar schlechte Gewohnheiten sind! Wenn dieser Mann nicht unter Alkoholeinfluß steht, würdet ihr keine Spur von Bösem in ihm entdecken. Dann empfindet er solche Reue über sein gewohnheitsmäßiges Trinken, daß er sich umbringen könnte. Und dennoch trinkt er weiter! So stark ist die Macht der Gewohnheit!

Wenn ihr euch zu etwas entschlossen habt, müßt ihr es auch *tun*. Laßt euch durch nichts davon abhalten. Doch ehe ihr euch zu etwas entschließt, vergewissert euch, daß es etwas Gutes ist.

[5] Dies trifft besonders auf solche Personen zu, in deren Unterbewußtsein noch aus früheren Inkarnationen die Neigung zu schlechten Gewohnheiten schlummert. Wenn sie nur einmal der Versuchung nachgeben und dieselbe Handlung in diesem Leben wiederholen, setzen sie einen Gewohnheitsmechanismus in Gang, der schon seit langer Zeit bestanden hat.

Wenn ich einmal einen Entschluß gefaßt habe, höre ich auf keine gegenteilige Meinung mehr. Manchmal dauert es lange, bis ich mich zu etwas entschließe, doch wenn ich es tue, kann niemand mich mehr davon abbringen. Wenn ihr euch einmal zu etwas entschlossen habt und an diesem Entschluß festhaltet, beginnen Gottes Gesetze wirksam zu werden.

Wir alle meinen es gut; aber oft tun wir aufgrund unserer Gewohnheiten etwas gegen unseren Willen, was uns selbst und anderen schadet. Faßt also den festen Entschluß, euch nicht mehr von euren schlechten Gewohnheiten zwingen zu lassen.

Warum sich von Gewohnheiten regieren lassen?

Eure Vorfahren kamen hierher [nach Amerika], um nicht mehr Gesetzen zu unterliegen, die ihnen die Gewissensfreiheit raubten. Freigeborene Amerikaner lassen sich nicht gern etwas von anderen vorschreiben. Warum laßt ihr euch dann aber fortwährend etwas von euren Gewohnheiten vorschreiben? Zum Beispiel: wenn ihr aufhören wollt zu essen und dennoch weitereßt; oder wenn ihr euch nicht mit anderen streiten wollt und es dennoch tut. Woran liegt das? Ihr habt euch zu Sklaven schlechter Gewohnheiten gemacht!

In Amerika oder einem anderen demokratischen Land geboren worden zu sein, garantiert einem noch nicht Freiheit des Geistes und des Herzens. Frei sein ist die Fähigkeit, sich von der Weisheit der eigenen Seele leiten zu lassen – anstatt vom Zwang der Gewohnheiten, von blindem Gehorsam oder unbegründeter Furcht. Weisheit bringt einem wahre Freiheit, und darin besteht der echte Geist Amerikas.

Immer das zu tun, was einem gefällt, ist keine Freiheit, sondern ein Mißbrauch der Freiheit. Stellt euch vor, ihr lebtet mit zwanzig anderen Personen im selben Haus und jeder verstünde unter Freiheit, das zu tun, was ihm gefällt; und jeder täte irgend etwas, was mit den Wünschen der anderen im Widerspruch steht. Unter solchen Umständen kann es keine wahre Freiheit geben. Freiheit gibt es nur dann, wenn man das Gesetz der Selbstbeherrschung befolgt. Freiwillig das zu tun, *was man tun sollte und wann man es tun sollte,* das heißt, sich von Weisheit leiten zu lassen, ist die einzig wirkliche Freiheit.

Versklavung durch die eigenen Gewohnheiten ist die schlimmste Form der Knechtschaft. Entschließt euch dazu, frei zu werden. Erweckt euer göttliches Erinnerungsvermögen und erkennt, daß ihr eine freie Seele seid. Sagt euch: «Auch wenn ich von Kindheit an diese oder jene schlechte Gewohnheit hatte, kann ich sie durch meine Weisheit und Willenskraft überwinden. Ich bin Herr im Tempel meines eigenen Körpers.»

Laßt euch von Weisheit, nicht von gesellschaftlichen Gepflogenheiten leiten

Wie kommt es, daß die Menschen so unterschiedlich handeln? Es liegt an ihren Lebens- und Denkgewohnheiten, an den Gepflogenheiten ihrer Umgebung und ihrer nationalen Eigenart. Im letzteren Fall werden uns die Gewohnheiten aufgezwungen. Ich folge stets meiner eigenen Überzeugung. Als ich 1920 meine Reise nach Amerika antrat, trug ich einen langen Bart. Man sollte meinen, daß bärtige Männer besonders verehrungswürdig aussehen; und in Indien werden Bärte aus diesem Grunde bewundert. Doch an Bord des Schiffes gelangte ich zu der Überzeugung, daß Amerikaner beim Anblick eines Mannes mit langem Bart eher geneigt sind zu sagen: «Da kommt ein Wilder aus dem Urwald!»

Nachdem ich bemerkt hatte, daß die meisten Amerikaner keinen Bart trugen, war ich gewillt, meinen aufzugeben; dennoch entschloß ich mich, mein Haar weiterhin lang zu tragen, weil mein Guru Sri Yukteswarji sein Haar ebenfalls lang trug. Keiner konnte mich dazu bringen, mir das Haar kurz zu schneiden. Wenn ich mein langes Haar jetzt schneiden ließe, würden dieselben Leute, die sich damals über mein langes Haar lustig gemacht hatten, über mein kurzes Haar lachen und der Meinung sein, daß auch der innere Mensch dabei zu kurz gekommen sei.

Wir wissen im Grunde gar nicht, was richtig oder wirklich ist, weil wir die Dinge immer nach ihrer äußeren Erscheinung beurteilen. Darum urteilen wir so oft falsch. Wer kann schon sagen, was richtig und was falsch ist, wenn er nur auf die äußere Erscheinung sieht?

Ihr müßt euch bemühen, nach und nach frei von der Knechtschaft der Gewohnheiten zu werden – ob es sich um Kleidung oder Essen oder andere Dinge handelt. Viele Leute meinen, sie müßten dreimal am Tag Fleisch essen. Andere sind davon überzeugt, daß sie nichts als Salat und Nüsse essen sollten und daß sie krank werden, wenn sie ihre Eßgewohnheiten ändern. Solche Überzeugungen sind eine Art Sklaverei. Ihr dürft euch von keiner eurer täglichen Gewohnheiten binden lassen! Statt dessen solltet ihr eure Gewohnheiten durch weise Einsicht ändern. Lernt, richtig zu leben, indem ihr von der Macht des freien Willens Gebrauch macht, der stets von Weisheit geleitet wird. Dann macht es euch nichts mehr aus, wenn ihr die eine Nacht bequem in einem weichen Bett schlaft und die andere Nacht auf dem harten Fußboden. Wenn die Meister Indiens von Freiheit sprechen, meinen sie diese göttliche Unabhängigkeit von Gewohnheiten.

Wahre Freiheit im Vergleich zur Freiheit der Launen

In westlichen Ländern halten die Menschen Freiheit für etwas ganz anderes – ich würde es «Freiheit der Launen» nennen. Manche Eltern, die eine falsche Vorstellung von echter Freiheit haben, machen ihre Kinder fürs ganze Leben zu Sklaven von Gewohnheiten, indem sie jedem ihrer Wünsche nachgeben. Das heranwachsende Kind meint, das Glück bestehe darin, all seine Wünsche zu befriedigen, und das Leben habe keinen anderen Sinn. Später erst erkennt es, daß es irregeleitet worden ist, daß sich die Welt draußen ganz wesentlich von zu Hause unterscheidet. Sich in der Welt jeden launischen Wunsch zu erfüllen, ist durchaus nicht leicht! Es merkt, daß andere es für ihre eigenen Zwecke ausnutzen, und es selbst wird vielleicht auch rücksichtsloser, damit es seine Launen an anderen auslassen und seine Wünsche befriedigen kann. «Wer glaubt, daß die Erfüllung körperlicher Wünsche das höchste Ziel des Menschen sei, wer darauf vertraut, daß diese Welt ‹alles› sei, bleibt bis zum Augenblick des Todes in irdische Ängste und Sorgen verstrickt.»[6]

Eltern sollten sich bemühen, ihren Kindern zu Willens- und Unterscheidungskraft zu verhelfen, damit sich diese im Leben behaupten und dennoch frei von weltlichen Gewohnheiten bleiben können. Lehrt eure Kinder, was wahre Freiheit bedeutet. Laßt sie nicht zu Sklaven des Körpers und unerwünschter Gewohnheiten werden. Es ist gut, wenn man ein Kind zur Regelmäßigkeit erzieht, doch es sollte auch lernen, inneres Gleichgewicht zu bewahren: Wenn es zeitig genug ins Bett geschickt wird, gut; wenn nicht, dann auch gut. Wenn es pünktlich zu essen bekommt, gut; wenn nicht, dann ist es auch gut. Kinder sollten lernen, die Rechte anderer Menschen zu respektieren und sich von nichts und niemandem versklaven zu lassen.

Bekämpft schlechte Gewohnheiten durch «Nichtmitmachen»

Wenn ein Maultier in der richtigen Verfassung ist, gehorcht es willig; doch wenn es etwas nicht will, so kann keiner es von der Stelle bewegen. Ihr müßt diese Art des *Nichtmitmachens* entwikkeln. *Seid Herren über eure Launen und Gewohnheiten!* Dann kann euch niemand mehr zwingen, ungewollt etwas Unrechtes zu tun. Wenn ihr jedoch merkt, daß ihr im Irrtum seid, müßt ihr eure Einstellung sofort ändern. Diese Art Beweglichkeit erlangt ihr, wenn ihr euch nicht mehr von Gewohnheiten regieren laßt, sondern nur von eurem freien, weise geleiteten Willen. Macht euch frei! Laßt euch nicht einmal zu Sklaven eurer guten Gewohnheiten machen; tut das Gute nur um seiner selbst willen.

Manchen Leuten muß man jeden Tag sagen, was sie tun sollen, obgleich ihre Aufgaben mehr oder weniger dieselben sind. Der durchschnittliche Mensch jedoch erledigt seine regelmäßigen täglichen Aufgaben aus Gewohnheit. Und das ist gut, solange er sich

[6] *Bhagavad-Gita* XVI, 11.

gute Gewohnheiten zu eigen gemacht hat. Doch es ist bedauernswert für solche, die schlechte Gewohnheiten angenommen haben. Die meisten Leute haben eine Mischung von beiden.

Gewohnheiten sind mentale Schallplatten

Wer ständig bestimmte Handlungen wiederholt, hinterläßt damit eine mentale Spur. Jede Handlung hat nicht nur einen körperlichen, sondern auch einen geistigen Aspekt. Und durch das Wiederholen bestimmter Handlungen und der sie begleitenden Gedanken bilden sich im physiologischen Gehirn feine elektrische Kanäle, die etwa mit den Rillen einer Schallplatte zu vergleichen sind. Nach einiger Zeit geschieht dann folgendes: Sobald ihr die Nadel eurer Aufmerksamkeit in eine dieser «Rillen» setzt, läuft die «Platte» mit der Original-Spur ab. Und jedesmal, wenn ihr eine bestimmte Handlung wiederholt, vertiefen sich diese elektrischen Kanäle. Schließlich läßt der geringste Gedanke an eine Handlung diese immer wieder automatisch «ablaufen».

Durch Konzentration und Willenskraft jedoch könnt ihr sogar tiefe Rillen, die von alteingesessenen Gewohnheiten eingeritzt worden sind, wieder beseitigen. Wenn ihr zum Beispiel ein Gewohnheitsraucher seid, müßt ihr euch sagen: «Die Gewohnheit des Rauchens ist seit langem in meinem Gehirn verankert. Jetzt richte ich meine ganze Aufmerksamkeit und Konzentration auf das Gehirn und *will*, daß diese Gewohnheit verschwindet!» Befehlt dies eurem Geist immer und immer wieder. Die beste Zeit dafür ist der Morgen, wenn Wille und Aufmerksamkeit noch frisch sind. Sagt euch ständig, daß ihr frei seid, und bringt eure ganze Willenskraft zum Einsatz. Eines Tages werdet ihr plötzlich fühlen, daß diese Gewohnheit von euch abgefallen ist.

Ich kenne einen Mann, der sich das Rauchen abgewöhnen wollte. Obgleich er ein Kettenraucher war, hatte er die feste Überzeugung, daß er mit seiner Gewohnheit brechen könne. Da sagte ich ihm: «Nachdem ich Sie geheilt habe, möchte ich, daß Sie wieder rauchen. Dabei werden Sie den Geschmack von angesengten Lappen im Mund haben, so daß Sie nie wieder rauchen wollen.» Und genauso war es. Als er am nächsten Tag zu rauchen versuchte, wurde ihm übel. Er hatte sich empfänglich für meine kraftvollen Gedanken gemacht, und deshalb war es mir augenblicklich möglich gewesen, mein Bewußtsein auf ihn zu übertragen. Fortan war er von dieser schlechten Gewohnheit befreit.

Das Nägelkauen ist eine andere dumme und unnütze Gewohnheit. Warum wollt ihr solche Dinge gegen euren Willen tun, wenn ihr König in der Burg eures Lebens seid?

Behauptet eure Freiheit als Kinder Gottes

Wenn ihr einen starken Willen habt, wenn ihr euch ganz in Gottes Hand gebt und den Körper dabei vergeßt, werdet ihr eure Freiheit als ein Kind Gottes behaupten können. Seid fest entschlossen, euch von keiner Gewohnheit mehr beherrschen zu lassen. Wenn ihr große Weisheit besitzt, könnt ihr in Sekundenschnelle entscheiden, wie ihr handeln sollt. Ruft diese Weisheit in euch wach, die wiederum die Kraft des freien Willens erweckt, so daß ihr euch vom instinktiven Zwang täglicher Gewohnheiten befreien könnt. «Selbst wenn ihr der größte aller Sünder seid, könnt ihr dennoch (allein) auf dem Floß der Weisheit das Meer der Sünde sicher überqueren.»[7]

Die beste Methode, seine Gewohnheiten zu besiegen, besteht darin, daß man sie willentlich aus dem Bewußtsein verbannt. Denkt nicht zuviel über sie nach, weil das eure Entschlußkraft schwächen könnte. Weise Einsicht kann euch von Gewohnheiten befreien. Wenn man einem kleinen Jungen sagt, keine Bonbons zu essen, will er sie erst recht haben. Nehmen wir einmal an, daß er später zuckerkrank wird und der Arzt ihm sagt, er müsse sterben, wenn er weiterhin Süßigkeiten esse. Dann sagt ihm seine weise Einsicht, daß der Doktor recht hat, und das bewegt ihn dazu, seine jahrelange Naschgewohnheit unverzüglich aufzugeben. Manchmal, aber nicht immer, lernt der Mensch durch Weisheit.

Ich erinnere mich eines Jungen in meiner Schule in Ranchi

[7] *Bhagavad-Gita* IV, 36.

(Indien), der immer genau das Gegenteil von dem tat, was man ihm sagte. Daher befahl ich ihm oft das, was ich *nicht* getan haben wollte, und auf diese Weise brachte ich ihn dazu, genau das zu tun, was ich wollte. Schließlich aber wurde er im doppelten Sinn «weise» und änderte sich zu seinem Vorteil.

Meine Botschaft an alle, die unter der Sklaverei der Gewohnheiten leiden, lautet: Erklärt den euch versklavenden schlechten Gewohnheiten den Krieg, und laßt euch von ihnen nicht mehr zu bestimmten Handlungen zwingen. Sagt ihnen: «Ich werde euch mit der Peitsche austreiben! Ihr könnt mich nicht mehr dazu zwingen, etwas gegen meinen Willen zu tun. Ich bin ein freies Kind Gottes. Ich bin Ihm zum Bilde erschaffen. Von nun an gebrauche ich meine göttliche Weisheit und meinen freien Willen dazu, in allem das Rechte zu tun.»

Oft schon habe ich die göttliche Kraft des Willens dazu gebraucht, über eine Gewohnheit zu siegen, die sich meiner bemächtigen wollte. Wenn ich bestimmte Speisen besonders gern hatte und merkte, daß ich nach ihnen verlangte, hörte ich sofort auf, diese Sachen zu essen, bis der Wunsch danach überwunden war.

Als ich mich in Singapur aufhielt, bot man mir dort eine bestimmte Frucht an, die köstlich schmeckte; doch ich paßte auf, daß ich kein großes Verlangen danach entwickelte. Ich wußte, wenn ich nicht acht gäbe, würde ich sie morgens, mittags und abends haben wollen. Auf diese Weise versklaven wir uns. Obgleich ich diese Frucht an jenem Tag voll und ganz genoß, vermißte ich sie am nächsten Tag nicht. Solange wir immer aufpassen, wenn wir uns über etwas freuen, brauchen wir nichts zu befürchten. Wir müssen um jeden Preis unsere Freiheit bewahren.

So viele Leute essen Speisen, von denen sie wissen, daß sie ihnen nicht gut bekommen. Wenn ich mir aber vornehme, eine bestimmte Speise nicht mehr zu essen, dann tue ich es auch nicht. Ist das nicht Freiheit – wenn ihr etwas tut, wozu eure eigene weise Einsicht euch rät, und nicht das, wozu eure Gewohnheiten euch zwingen oder eure Freunde euch überreden? Weisheit schenkt euch solche Überzeugungskraft, daß ihr von keiner Gewohnheit mehr gestützt werden müßt, um das Richtige zu tun. Sobald ihr wißt, wie ihr handeln sollt, laßt euch von niemandem davon abhalten. Dennoch müßt ihr euch immer von Weisheit leiten lassen. Kraft eurer Weisheit und eures Willens könnt ihr jede beliebige Gewohnheit annehmen. Ich kann mir selbst befehlen, all das gern zu tun, was meine Weisheit mir sagt.

Bei den meisten Menschen sind die Denkgewohnheiten fest verwurzelt; daher fällt es ihnen schwer, sich zu ändern. Wer seinen Geist jedoch flexibel macht, indem er Selbstdisziplin übt, kann sich leicht ändern. Der Geist muß wie Knetmasse sein. Weisheit hält den Geist plastisch. Das ist Freiheit. Ich wünschte, die ganze Menschheit könnte diese Freiheit von Gewohnheiten erfahren. Wenn ihr euch einmal von der Sklaverei der Gewohnheiten freigemacht habt, werdet ihr wissen, daß es kein größeres Glück gibt, als ein freies Kind Gottes zu sein und dementsprechend zu handeln.

Laßt euch nie vom Leben unterkriegen. Siegt über das Leben! Wer starken Willens ist, kann alle Schwierigkeiten überwinden. Sagt euch auch angesichts von Prüfungen immer wieder: «Die Gefahr und ich wurden zusammen geboren, doch ich bin gefährlicher als jede Gefahr.» Diese Wahrheit müßt ihr euch ständig in Erinnerung rufen und auch entsprechend handeln. Dann werdet ihr sehen, daß ihr Erfolg habt. Verhaltet euch nicht wie unterwürfige sterbliche Wesen. Ihr seid Gottes Kinder!

Das wahre Erleben geistiger Ekstase

Internationales Mutterzentrum der Self-Realization Fellowship
Los Angeles/Kalifornien, 16. Dezember 1934

Gott hat uns die seelische Kraft der Inspiration verliehen – die Fähigkeit, Seine Gegenwart, das heißt die reine Glückseligkeit, im eigenen Innern zu erleben. Doch die Kraft des Bösen, die in der Schöpfung wirksam ist, hat irreführende Imitationen erschaffen. So erzeugen die vorübergehend aufheiternden Wirkungen des Alkohols und der Rauschgifte Trugbilder echter geistiger Erlebnisse. Der Genuß von Alkohol und Rauschgiften führt oft zu sexuellen Ausschweifungen; dadurch wird die seelische Kraft der Inspiration unterbunden, weil der Geist dann völlig ans Körperbewußtsein gefesselt ist.

Viele trinken Wein, um ihre traurigen oder unangenehmen Erinnerungen und Sorgen zu vergessen, aber diese Art des Vergessens beraubt die Seele ihrer natürlichen Weisheit – eben der Kraft, die ihr helfen kann, alle Prüfungen zu bestehen und bleibendes Glück zu finden. Gott, der die Freude selbst ist, will, daß wir Seine ewig neue Glückseligkeit in unserer eigenen Seele suchen und finden.

Die Imitationen schaden uns, denn sie sind Versuchungen der *Maya,* der kosmischen Kraft der Täuschung, die ständig versucht, alles Wunderbare, das Gott in diesem Universum erschaffen hat, zu entstellen. Überall in der Schöpfung können wir diese miteinander im Widerstreit liegenden dualistischen Kräfte von Gut und Böse beobachten: Gott erschuf die Liebe, die satanische Kraft erschuf den Haß; Gott erschuf Güte, die satanische Kraft erschuf Selbstsucht; Gott erschuf den Frieden, die satanische Kraft erschuf die Disharmonie.

Weil ihr dies wißt, solltet ihr euch auch klar darüber sein, daß Alkohol und Rauschgifte eurem Glück im Wege stehen; sie zerstören die echte Freude und Intelligenz der Seele. Selbst ein einziges Glas Alkohol oder der erste Versuch mit Drogen[1] kann zu einer festen Gewohnheit werden, wenn nämlich in eurem Unterbewußtsein bereits eine solche Neigung aus früheren Leben besteht. Was böse ist, sollte stets als «das Böse» gemieden werden.

Der Wein geistiger Ekstase läßt sich mit nichts anderem vergleichen

Wenn ihr einmal den Wein geistiger Ekstase gekostet habt, werdet ihr feststellen, daß er mit nichts anderem zu vergleichen ist. Bemüht euch immer, in euren Kindern das göttliche Bewußtsein zu erwecken, indem ihr sie meditieren lehrt; dann werden sie gar nicht erst versucht, mit dem Feuer täuschender, irreführender Freuden zu spielen. Heilige Glückseligkeit kennt kein Ende, wogegen die durch Alkohol und Rauschgifte erzeugten Freuden von kurzer Dauer sind und einen schließlich ins Elend führen.

Jede Nacht genießt ihr während des Schlafs einen Vorgeschmack von Frieden und Freude. Wenn ihr in tiefen Schlaf versinkt, läßt Gott euch im friedlichen Überbewußtsein leben, in dem alle Ängste und Sorgen dieses Daseins vergessen sind. Durch Meditation könnt ihr diesen heiligen Geisteszustand auch im Wachbewußtsein erreichen, so daß ihr ständig von einem heilsamen Frieden durchdrungen seid.

Wenn die göttliche Freude über mich kommt, steht mein Atem sofort still, und ich werde zum GEIST emporgehoben. Dann fühle ich eine Glückseligkeit, die tausendmal wunderbarer ist als jeder Schlaf, und dennoch verliere ich mein normales Bewußtsein nicht. Das ist die allgemeine Erfahrung all derer, die in die Tiefen des Überbewußtseins tauchen. Wenn euch echte göttliche Ekstase überkommt, wird der Körper regungslos, der Atem steht still, und alle Gedanken verebben – durch den magischen Befehl der Seele verbannt. Dann trinkt ihr Gottes Glückseligkeit und erlebt

[1] Es sei denn, ein anerkannter Arzt verschreibt sie, und man nimmt sie unter seiner Aufsicht ein.

einen Freudenrausch, den selbst tausend Becher Wein euch nicht verschaffen könnten.

Wenn der durchschnittliche Mensch langsam in den Schlaf hinübergleitet, fühlt er ein wenig Freude; doch dieses Bewußtsein hält nicht lange an, weil er bald fest eingeschlafen ist. Im Schlaf verliert ihr das Bewußtsein nicht ganz, denn wenn ihr aufwacht, wißt ihr immer, ob ihr gut oder schlecht geschlafen habt.

Es gibt verschiedene Arten von Schlaf – den leichten und den tiefen. Doch berauschender als selbst der seligste Schlummer sind die bewußten geistigen Erlebnisse mit Gott. Jenseits des geheimnisvollen Schlaflandes warten all diese göttlichen Freuden auf uns. Ich kann mich in jeden gewünschten Zustand versetzen. Oft verharre ich im überbewußten Zustand – an der Grenze zwischen Schlafen und Wachen.

Das Bewußtsein hat eine unbegrenzte Reichweite

Euer Geist hat eine unermeßliche, unbegrenzte Reichweite; doch ihr seid euch dessen nicht bewußt. Ich kann in tiefen Schlaf versinken und den Schlafzustand genießen, während ich mir gleichzeitig meiner Umwelt bewußt bin. Oder ich kann schlafen und träumen und gleichzeitig alles hören, was um mich herum vor sich geht. Manchmal schlafe ich so wie ein durchschnittlicher Mensch, und dann wieder schlafe ich ganz bewußt und beobachte, wie ich schlafe. Im überbewußten Zustand könnt ihr euren Körper und Geist schlafen sehen und euch dennoch alles dessen, was geschieht, bewußt sein. Das ist aber nur dann möglich, wenn ihr die Fähigkeit entwickelt habt, willentlich ins Überbewußtsein einzugehen und willentlich wieder ins normale Bewußtsein zurückzukehren.

Ihr braucht euch keine Sorgen zu machen, daß ihr durch Meditation (oder durch Einbildung oder das Üben inneren Schweigens) den Körper verlassen und nicht mehr zurückkehren könntet. Das ist eine völlig irrige Vorstellung. Die von *Maya* erschaffene Anhänglichkeit an den Körper ist so machtvoll, daß es euch nicht gelingen wird, ihm so leicht zu entrinnen. Selbst wenn ihr das Wachbewußtsein verliert, könnt ihr euren Körper nicht für immer verlassen, solange er an das Unterbewußtsein gebunden bleibt.

Was ist der Beweis für den Zustand der Selbst-Verwirklichung?

Wenn ihr euch irgend etwas intensiv vorstellt, wird es als Halluzination sichtbar; die jedoch hat keine Wirklichkeit. Ihr müßt wissen, was der Unterschied zwischen Einbildung und Selbst-Verwirklichung ist. *Ein sicherer Beweis für Selbst-Verwirklichung – für das göttliche Bewußtsein in euch – ist es, wenn ihr wahrhaft und bedingungslos glücklich seid.* Wenn ihr eine ständig anwachsende Freude in der Meditation fühlt und wenn dieser Zustand anhält, dann wißt ihr, daß Gott euch Seine Gegenwart fühlen läßt. Verliert ihr dieses göttliche Glücksgefühl aber, dann stimmt etwas mit eurem Bewußtsein nicht – dann muß irgendein Defekt mit der Hilfe eures Gurus behoben werden. Wenn ihr ständig mit diesem in Verbindung bleibt, indem ihr täglich meditiert und seinen Geboten folgt – dem *Sadhana*[2], das er euch gegeben hat –, wird er euren Defekt beheben.

Ihr könnt nicht dadurch zu Gott gelangen, daß ihr euch einbildet, ihr wäret göttlich erleuchtet. Ihr müßt euch selbst ändern – das heißt, ihr müßt euch vervollkommnen. Zwischen der potentiellen und der tatsächlichen Verwirklichung Gottes besteht ein gewaltiger Unterschied. Ihr könnt Ihn nicht eher erkennen, als bis ihr Demut, Weisheit und Hingabe besitzt. Der demütige Mensch ist derjenige, der Gott finden wird.

Wer tief ins Überbewußtsein taucht, entwickelt ganz von selbst überdurchschnittliche geistige Kräfte und Herrschaft über die Naturgewalten. Doch kein Mensch, der wahres Gottesbewußtsein besitzt, gebraucht seine Kräfte zu unvernünftigen, egoistischen Zwecken. Die Weisen haben erkannt, daß Gott der einzige Handelnde ist, und geben Ihm die außergewöhnlichen Gaben, die

[2] Geistige Lehre und Disziplin, die der Guru vermittelt. (Siehe Glossar)

Er ihnen verliehen hat, demütig zurück. Ist nicht alles im Universum ein Wunder? Ist die bloße Existenz des Menschen nicht ein Wunder? Wenn die Menschen mit all diesen von Gott erschaffenen Wundern nicht zufrieden sind, warum sollten die Heiligen dann noch mehr Wunder vollbringen? Sie tun es auch nicht, es sei denn, daß der Herr sie aus irgendeinem besonderen und unerforschlichen Grunde dazu auffordert.

Hinter dem Kaleidoskop des Unterbewußtseins

Ich will einmal beschreiben, wie sich das Überbewußtsein vom Unterbewußtsein unterscheidet. Das Überbewußtsein ist jener Zustand, in dem ihr während des Wachseins oder auch im Schlaf irgendeine körperliche Empfindung *bewußt* und willentlich, ohne jede äußere Anregung hervorrufen könnt. Das ist der Beweis. Im unterbewußten Traumland könnt ihr ein Glas heiße Milch trinken, doch ist das eine unfreiwillige Erfahrung; wer sich im Überbewußtsein befindet, kann diese oder irgendeine andere Erfahrung bewußt und willentlich herbeiführen. Solange ihr dies noch nicht könnt, bildet euch nicht ein, daß ihr den überbewußten Zustand erreicht habt.

Millionen von Gottsuchern gelangen nie über das Kaleidoskop des Unterbewußtseins hinaus, das seine Wunder fast nur während des Schlafs offenbart. Doch im überbewußten Zustand könnt ihr alles, was ihr wünscht, sehen oder erfahren – nicht durch Einbildung, sondern in Wirklichkeit. Ich kann auf diesem Stuhl sitzen bleiben und meinen Geist nach Indien versetzen; dann sehe ich genau, was sich in meinem Elternhaus abspielt.

Gottsucher, die immer größere Fortschritte machen, erfahren drei Stadien geistiger Wahrnehmung, nämlich die heilige Trinität: Zuerst erreichen sie das Überbewußtsein, das heißt die Vereinigung mit der schöpferischen Kraft im Universum – mit dem *OM*, «Gott, dem Heiligen Geist». Als nächstes gehen sie ins Christusbewußtsein ein, wo sie mit der unendlichen Intelligenz innerhalb der Schöpfung verschmelzen – mit dem *TAT*, «dem Sohn Gottes». Und schließlich erreichen sie das höchste oder Kosmische

Bewußtsein, die Wahrheit jenseits der Schöpfung – das unaussprechliche Absolute, *SAT*, «Gottvater».

Manchmal befindet sich ein Heiliger im Unterbewußtsein, manchmal erhebt er sich ins Überbewußtsein und Christusbewußtsein, und einige wenige große Seelen sind fähig, jenseits des Christusbewußtseins ins Kosmische Bewußtsein einzugehen, in den Bereich des ursachelosen GEISTES.

Im Christusbewußtsein braucht ihr euch das, was ihr erleben wollt, nicht erst zu vergegenwärtigen. Ihr braucht euch nicht Indien vorzustellen – ihr seid da; ihr seid euch der ganzen Schöpfung bewußt. Dieses Erlebnis bedeutet eine endlose Erweiterung des Bewußtseins. Ihr seid *in* jedem Grashalm und *oben auf* den Berggipfeln; ihr könnt jede Zelle eures Körpers und jedes Atom im weiten Raum fühlen.

Doch das Kosmische Bewußtsein geht noch darüber hinaus. Wenn ihr eure Gegenwart in der ganzen Schöpfung fühlen könnt und außerdem die Freude erlebt, die jenseits der Schöpfung ist, dann seid ihr ein gottähnliches Wesen geworden.

PARAMAHANSA YOGANANDA
Ein Yogi im Leben und im Tod

Am 7. März 1952 hielt Paramahansa Yogananda in Los Angeles/Kalifornien auf einem Bankett, das zu Ehren des indischen Botschafters, Seiner Exzellenz Binay R. Sen, veranstaltet wurde, eine Ansprache. Unmittelbar danach ging er in den *Mahasamadhi* ein (das ist der endgültige und bewußte Austritt eines Yogis aus seinem Körper).

Der große Weltlehrer bewies nicht nur während seines Lebens, sondern auch noch im Tode die Wirksamkeit des Yoga (der wissenschaftlichen Techniken, die zur Gottvereinigung führen). Noch mehrere Wochen nach seinem Hinscheiden leuchtete sein unverändertes Antlitz in einem göttlichen Glanz – unberührt von jeder Verwesung.

Harry T. Rowe, der Direktor des Friedhofs von Forest Lawn Memorial Park in Los Angeles (wo der Körper des großen Meisters vorübergehend ruht), sandte der *Self-Realization Fellowship* eine beglaubigte Urkunde, der wir hier folgende Auszüge entnehmen:

«Das Ausbleiben jeder Verfallserscheinung am Leichnam Paramahansa Yoganandas stellt den außergewöhnlichsten Fall in allen unseren Erfahrungen dar... Selbst zwanzig Tage nach seinem Tode war kein Zeichen einer körperlichen Auflösung festzustellen... Die Haut zeigte keine Spuren von Verwesung, und im Körpergewebe ließ sich keine Austrocknung erkennen. Ein solcher Zustand von Unverweslichkeit ist, soweit wir aus Friedhofsannalen wissen, einzigartig... Als uns Yoganandas Körper übergeben wurde, erwarteten die Friedhofsbeamten, daß sich allmählich, wie bei jedem Leichnam, die üblichen Verfallserscheinungen einstellen würden. Mit wachsendem Erstaunen sahen wir jedoch einen Tag nach dem anderen verstreichen, ohne daß der in einem gläsernen Sarg liegende Körper irgendeine sichtbare Veränderung aufwies. Yoganandas Körper befand sich anscheinend in einem phänomenalen, unverweslichen Zustand...

Kein Verwesungsgeruch konnte während der ganzen Zeit an seinem Körper wahrgenommen werden... Die körperliche Erscheinung Yoganandas war am 27. März, kurz bevor der Bronzedeckel auf den Sarg gelegt wurde, die gleiche wie am 7. März. Er sah am 27. März genauso frisch und vom Tode unberührt aus wie am Abend seines Todes. Es lag also am 27. März keine Veranlassung vor zu behaupten, daß sein Körper auch nur das geringste Zeichen der Zersetzung aufweise. Aus diesem Grunde möchten wir nochmals betonen, daß der Fall Paramahansa Yoganandas unseres Wissens einzigartig ist.»

ZIELE UND IDEALE
der
Self-Realization Fellowship

dargelegt von ihrem Gründer Paramahansa Yogananda
Sri Daya Mata, Präsidentin

Menschen aller Nationen mit bestimmten, wissenschaftlichen Techniken bekannt zu machen, die zur unmittelbaren, persönlichen Gotteserfahrung führen;
zu lehren, daß der Sinn des Lebens in der Höherentwicklung des begrenzten menschlichen Bewußtseins liegt, bis es sich aus eigener Kraft zum Bewußtsein Gottes erweitert, und zu diesem Zweck Tempel der *Self-Realization Fellowship* in aller Welt zu errichten, in denen wahre Gottverbundenheit gepflegt wird, und die Menschen außerdem anzuregen, sich in ihrem eigenen Heim und Herzen einen Tempel Gottes zu schaffen;
darzulegen, daß das ursprüngliche, von Jesus Christus gelehrte Christentum und der ursprüngliche, von Bhagavan Krishna gelehrte Yoga im wesentlichen völlig übereinstimmen und daß diese Prinzipien der Wahrheit die wissenschaftliche Grundlage aller echten Religionen bilden;
auf den schnellsten Weg zu Gott hinzuweisen, in den alle wahren religiösen Wege schließlich einmünden: den Weg täglicher, wissenschaftlicher und hingebungsvoller Meditation über Gott;
die Menschen von ihrem dreifachen Leiden: körperlicher Krankheit, geistiger Unausgeglichenheit und seelischer Blindheit zu befreien;
die Menschen zu einem einfacheren Leben und tieferen Denken anzuregen und unter allen Völkern den Geist wahrer Brüderlichkeit zu verbreiten, indem ihnen die Erkenntnis vermittelt wird, daß alle Menschen Kinder des einen Gottes sind;
die Überlegenheit des Geistes über den Körper und der Seele über den Geist zu beweisen;
Böses durch Gutes, Leid durch Freude, Grausamkeit durch Güte, Unwissenheit durch Weisheit zu besiegen;
Wissenschaft und Religion durch die Erkenntnis, daß beide auf denselben Gesetzen beruhen, miteinander in Einklang zu bringen;
die geistige Verständigung und den kulturellen Austausch zwischen Morgen- und Abendland zu fördern;
der ganzen Menschheit als dem eigenen, erweiterten Selbst zu dienen.

Die von Paramahansa Yogananda gelehrten wissenschaftlichen Meditationstechniken, einschließlich *Kriya-Yoga*, werden in den Lehrbriefen der *Self-Realization Fellowship* dargelegt. Falls Sie nähere Auskünfte darüber wünschen, fordern Sie bitte den einführenden Gratis-Prospekt *Ungeahnte Möglichkeiten* an, den Sie von der *Self-Realization Fellowship*, Laufamholzstraße 369, 90482 Nürnberg, erhalten oder auch vom internationalen Mutterzentrum der Self-Realization Fellowship, 3880 San Rafael Avenue, Los Angeles, CA 90065, USA.

Glossar

Arjuna: Der hervorragende Jünger, dem Bhagavan Krishna viele Jahrhunderte v. Chr. die unsterbliche Botschaft der *Bhagavad-Gita* (s. d.) vermittelte; einer der fünf Pandava-Prinzen aus dem *Mahabharata,* dem großen Epos der Hindus, in dem er eine der Hauptpersonen darstellt.

Ashram: Geistige Einsiedelei; oft ein Kloster.

Astralkörper: Der feinstoffliche menschliche Körper, der aus Licht, *Prana* oder Biotronen besteht; die zweite der drei Hüllen, welche die Seele nacheinander umgeben: Kausalkörper (s. d.), Astralkörper und physischer Körper. Ähnlich wie die Elektrizität eine Glühbirne erhellt, so beleben die Kräfte des Astralkörpers den physischen Körper. Der Astralkörper besteht aus 19 Elementen: Intelligenz, Ich-Bewußtsein, Gefühl, Verstand (Sinnesbewußtsein); den fünf Instrumenten des Wissens (den Kräften der Sinneswahrnehmungen in den körperlichen Organen, die für das Sehen, Hören, Riechen, Schmecken und Tasten zuständig sind); den fünf Instrumenten des Handelns (den ausführenden Kräften für die körperlichen Funktionen der Fortpflanzung, Ausscheidung, Sprache, Fortbewegung und Fingerfertigkeit); und den fünf Werkzeugen der Lebenskraft, welche die Aufgaben des Blutkreislaufs und Metabolismus, der Assimilation, Kristallisation und Elimination ausführen.

Astrallicht: Das feinstoffliche Licht, das von den Biotronen (siehe *Prana*) ausgeht; die Substanz, aus der die Astralwelt besteht. Mit der allumfassenden intuitiven Wahrnehmungskraft der Seele kann der Gottsucher in tiefer Meditation das astrale Licht – insbesondere als geistiges Auge (s. d.) – wahrnehmen.

Astralwelt: Hinter der grobstofflichen physischen Welt befindet sich eine feinstoffliche Astralwelt aus Licht und Energie und eine Ideenwelt, die aus Gedanken besteht. Jedes Lebewesen, jeder Gegenstand, jede Schwingung auf der irdischen Ebene hat ein astrales Gegenstück, denn das astrale Universum (der Himmel) ist die «Blaupause» für unser endliches Universum. Beim Eintreten des Todes wird der Mensch zwar von seiner physischen Hülle befreit, verbleibt aber in seinem astralen Lichtkörper (welcher der auf der Erde zurückgelassenen Gestalt ähnelt) und einem Kausalkörper der Gedanken. Er steigt zu einer der vielen Schwingungsebenen der Astralwelt auf («In meines Vaters Hause sind viele Wohnungen» – *Johannes 14, 2*), um in der größeren Freiheit dieser feinstofflichen Sphäre seine geistige Entwicklung fortzusetzen. Dort verbleibt er für eine karmisch vorbestimmte Zeit, bis zu seiner Wiederverkörperung. Siehe *Reinkarnation.*

Atem: «Durch die Atmung fließen zahllose kosmische Ströme in den Menschen ein und machen seinen Geist ruhelos», schrieb Paramahansa Yogananda. «Um sich dem ständigen Wechsel in der Welt der Erscheinungen zu entziehen und in die Unendlichkeit des GEISTES einzugehen, lernt der Yogi seinen Atem durch wissenschaftliche Meditation beruhigen.»

Äther: Auf Sanskrit *Akash.* Obgleich die heutige Naturwissenschaft die Existenz des Äthers nicht als erwiesen betrachtet, wird er von den indischen Weisen seit Jahrtausenden erwähnt. Paramahansa Yogananda sprach vom Äther als dem Hintergrund, auf den Gott seinen kosmischen Film der Schöpfung projiziert. Der Raum verleiht den Objekten Dimension; und der Äther trennt die einzelnen Bilder voneinander. Dieser «Hintergrund» ist eine schöpferische Kraft, die alle Schwingungen im Raum koordiniert und von unerläßlicher Bedeutung ist, wenn es sich um die feineren Kräfte – Gedanken und Lebensenergie *(Prana)* und die Beschaffenheit des Raums, den Ursprung der stofflichen Kräfte und der Materie selbst handelt. Siehe *Elemente.*

Avatar: Göttliche Inkarnation; aus dem Sanskritwort *Avatara,* das aus den Silben *ava* = «hernieder» und *tri* = «steigen» besteht. Wer eins mit dem GEIST geworden ist und dann auf die Erde zurückkehrt, um der Menschheit zu helfen, wird als *Avatar* bezeichnet.

Babaji: Siehe *Mahavatar Babaji.*

Bewußtsein, verschiedene Zustände: Das gewöhnliche Bewußtsein des Menschen kennt drei Zustände: den Wach-, den Schlaf- und den Traumzustand. Doch der Mensch kennt weder seine Seele – das Überbewußtsein – noch Gott. Der Christusmensch hingegen kennt sie. So wie sich das Bewußtsein des gewöhnlichen Menschen auf seinen ganzen Körper erstreckt, so erstreckt sich das des Christusmenschen auf das ganze Universum, das er als seinen eigenen Körper fühlt. Jenseits des Christusbewußtseins liegt das Kosmische Bewußtsein, in dem man sowohl seine Einheit mit Gott als absolutem Bewußtsein jenseits der endlichen Schöpfung fühlt als auch Gottes Allgegenwart, die sich in allen von Ihm erschaffenen Welten offenbart.

Bhagavan Krishna: Ein *Avatar* (s. d.), der viele Jahrhunderte vor der christlichen Zeitrechnung in Indien lebte. Eine der Deutungen, die dem Wort *Krishna* in den heiligen Schriften der Hindus gegeben wird, ist «allwissender Geist». So ist *Krishna* ebenso wie *Christus* ein geistiger Titel, der die göttliche Größe des *Avatars* aufzeigt – seine Einheit mit Gott. Der Titel *Bhagavan* bedeutet «Herr». Als Krishna die in der *Bhagavada-Gita* aufgezeichnete Rede hielt, war er Herrscher über ein Königreich in Nordindien. In seinen Jugendjahren war Krishna ein Kuhhirte, der seine Gefährten durch die Melodien seiner Flöte entzückte. In dieser Rolle stellt Krishna allegorisch die Seele dar, die auf der Flöte der Meditation spielt, um alle irregeleiteten Gedanken zur Herde der Allwissenheit zurückzuführen.

Bhagavad-Gita: «Gesang des Herrn». Ein aus 18 Kapiteln bestehender Teil des Epos *Mahabharata,* das zu den aus alten Zeiten stammenden heiligen Schriften Indiens gehört. Die *Gita* ist im wesentlichen ein Dialog zwischen dem *Avatar* Krishna und seinem Jünger Arjuna am Vorabend der historischen Schlacht von

Kurukshetra, die viele Jahrhunderte v. Chr. stattfand. Sie stellt eine tiefschürfende Abhandlung über die Wissenschaft des Yoga (der Vereinigung mit Gott) dar und enthält zeitlose Ratschläge in bezug auf Glück und Erfolg im täglichen Leben. Die *Gita* handelt sowohl von einem allegorischen wie von einem historischen Geschehen – sie ist eine geistige Abhandlung über den inneren Kampf zwischen den guten und schlechten Eigenschaften des Menschen. Je nach dem inhaltlichen Zusammenhang ist Krishna ein Sinnbild für den Guru, die Seele oder Gott; und Arjuna versinnbildlicht den strebsamen Gottsucher. Mahatma Gandhi schrieb über diese heilige Schrift: «Wer über die *Gita* meditiert, wird aus ihr täglich neue Freude und Erkenntnis schöpfen. Es gibt keine einzige Schwierigkeit, welche die *Gita* nicht lösen könnte.»

Die Zitate aus der *Bhagavad-Gita*, die im Text und in den Fußnoten dieses Buches enthalten sind, wurden von Paramahansa Yogananda selbst aus dem Sanskrit übersetzt, z. T. in wörtlicher und manchmal in freier Übertragung.

Biotronen: Siehe *Prana.*

Böse, das: Die satanische Kraft, die Gottes Allgegenwart in der Schöpfung verschleiert und in Mensch und Natur als Disharmonie in Erscheinung tritt. Im weiteren Sinne auch alles, was dem göttlichen Gesetz (siehe *Dharma)* zuwiderhandelt und verursacht, daß der Mensch das Bewußtsein seiner wesentlichen Einheit mit Gott verliert und Ihn daher nicht erkennen kann.

Brahman (Brahma): Absoluter GEIST.

Chakras: Im Yoga versteht man darunter die sieben okkulten Zentren der Lebenskraft und des Bewußtseins in der Wirbelsäule und im Gehirn, die den physischen und astralen Körper des Menschen am Leben erhalten. Diese Zentren werden *Chakras* («Räder») genannt, denn die konzentrierte Energie in jedem von ihnen ist einer Nabe vergleichbar, von der lebenspendende Licht- und Energiestrahlen ausgehen. In aufsteigender Reihenfolge werden diese *Chakras* wie folgt benannt: *Muladhara* (das Steißbeinzentrum an der Basis der Wirbelsäule); *Svadhistana* (das Kreuzbeinzentrum, etwa 5 cm über dem *Muladhara); Manipura* (das Lendenzentrum, gegenüber dem Nabel); *Anahata* (das Rückenzentrum, gegenüber dem Herzen); *Vishuddha* (das Nackenzentrum, am oberen Ende der Halswirbelsäule); *Ajna* (der Tradition gemäß zwischen den Augenbrauen; in Wirklichkeit aber ist es durch Polarität direkt mit dem verlängerten Mark verbunden; siehe auch *verlängertes Mark* und *geistiges Auge)* sowie *Sahasrara* (unter der Schädeldecke).

Die sieben Zentren sind göttlich geplante Ausgänge oder «Falltüren», durch welche die Seele in den Körper hinabgestiegen ist – und durch die sie mit Hilfe der Meditation wieder aufsteigen muß. Durch sieben aufeinanderfolgende Stadien erlangt die Seele Kosmisches Bewußtsein. Indem sie bewußt durch die sieben geöffneten oder «erwachten» zerebrospinalen Zentren hinaufsteigt, tritt sie den Weg zur Unendlichkeit an – den wahren Weg, der sie schließlich wieder zur Vereinigung mit Gott führt.

In den Yoga-Abhandlungen bezeichnet man meist nur die sechs niedrigeren Zentren als *Chakras* – wobei das *Sahasrara* als siebentes Zentrum getrennt aufgeführt wird. Jedoch werden alle sieben Zentren Lotosblumen genannt, deren Blütenblätter sich öffnen, d.h. nach oben weisen, während die Lebenskraft und das Bewußtsein die Wirbelsäule hinaufsteigen.

Chitta: Intuitives Gefühl – das Aggregat des Bewußtseins, zu dem *Ahamkara* (Ichbewußtsein), *Buddhi* (Intelligenz) und *Manas* (Verstand oder Sinnesbewußtsein) gehören.

Christusbewußtsein: Unter «Christus» oder «Christusbewußtsein» vesteht man das von Gott ausgehende Bewußtsein, das der ganzen Schöpfung innewohnt. In der Bibel wird es «der eingeborene Sohn» genannt, die einzige reine Widerspiegelung Gottvaters in der Schöpfung; in der heiligen Schrift der Hindus wird es als *Kutastha Chaitanya* oder *Tat* bezeichnet – als die kosmische Intelligenz des GEISTES, die in der ganzen Schöpfung gegenwärtig ist. Jesus, Krishna und andere *Avatare* besaßen dieses allumfassende Bewußtsein, die Einheit mit Gott. Große Weise und Yogis kennen diesen Zustand als *Samadhi* (s. d.)-Meditation, in der sich ihr Bewußtsein mit der Intelligenz in jedem Partikel der Schöpfung identifiziert; sie fühlen das ganze Universum als ihren eigenen Körper. Siehe *Dreieinigkeit.*

Christuszentrum: Das *Kutastha* oder *Ajna-Chakra* an der Stelle zwischen den Augenbrauen, das durch Polarität direkt mit dem verlängerten Mark (s. d.) verbunden ist. Es ist sowohl das Zentrum der Willenskraft und Konzentration als auch des Christusbewußtseins (s. d.) und der Sitz des geistigen Auges (s. d.).

Dharma: Die ewigen Grundsätze der Rechtschaffenheit, die das ganze Universum aufrechterhalten; die dem Menschen angeborene Pflicht, mit diesen Grundsätzen in Harmonie zu leben. Siehe auch *Sanatan Dharma.*

Dreieinigkeit: Wenn der GEIST die Schöpfung ins Leben ruft, wird er zur Dreieinigkeit: Vater, Sohn, Heiliger Geist oder *Sat, Tat, OM.* Der Vater *(Sat)* ist Gott der Schöpfer jenseits der Welt der Erscheinungen. Der Sohn *(Tat)* ist Gottes allgegenwärtige Intelligenz innerhalb der Schöpfung. Der Heilige Geist *(OM)* ist die Schwingungskraft Gottes, die vergegenständlicht, d.h. zur Schöpfung wird.

Die Schöpfung hat im Verlauf der Ewigkeit viele Zyklen der Entstehung und Auflösung durchlaufen. Zur Zeit der Auflösung des Kosmos lösen sich die Dreieinigkeit und alle anderen erschaffenen Dinge wieder im Absoluten GEIST auf.

Egoismus: Das Ich-Prinzip, *Ahamkara* (wörtlich: «Ich tue»), ist die eigentliche Ursache des Dualismus, der scheinbaren Trennung zwischen Mensch und Schöpfer. *Ahamkara* bringt die Menschen unter den Einfluß der *Maya* (s.d.), so daß das Subjekt (Ich) fälschlicherweise als Objekt erscheint und das Geschöpf sich für den Schöpfer hält. Indem der Mensch das Ich-Bewußtsein überwindet, erwacht er und erkennt sein göttliches Wesen, seine Einheit mit Gott, dem einzigen Leben.

Elemente (fünf): Die kosmische Schwingung oder *OM* ruft die ganze irdische Schöpfung, einschließlich des menschlichen Körpers, durch die Manifestation von fünf *Tattvas* (Elementen) ins Leben. Diese sind: Erde, Wasser, Feuer, Luft und Äther (s.d.). Es handelt sich um aufbauende, intelligente Kräfte, die prinzipiell aus Schwingungen bestehen. Ohne das Erdelement gäbe es keine feste Materie; ohne das Wasserelement keine Flüssigkeiten; ohne das Luftelement keine Gase; ohne das Feuerelement keine Hitze; ohne das Ätherelement keinen Hintergrund, auf den die kosmischen Filmbilder projiziert werden können. *Prana* (die kosmische Energie) fließt durch das verlängerte Mark in den Körper und teilt sich dann in fünf elementare Ströme auf durch Vermittlung der fünf niedrigeren *Chakras* (s. d.) oder Zentren: des Steißbein- (Erde), Kreuzbein- (Wasser), Lenden- (Feuer), Rücken- (Luft) und Nackenzentrums (Äther). Im Sanskrit nennt man diese Elemente *Prithivi, Ap, Tej, Prana* und *Akash.*

Geistiges Auge: Das einfältige Auge der Intuition und allgegenwärtigen Wahrnehmungskraft im Christus*(Kutastha)*zentrum *(Ajna-Chakra)* zwischen den Augenbrauen. Der tief meditierende Yogi nimmt das geistige Auge als einen Ring goldenen Lichtes wahr, der einen opalblauen Kreis umschließt, in dessen Mittelpunkt sich wiederum ein fünfzackiger weißer Stern befindet. Mikrokosmisch gesehen versinnbildlichen diese Formen und Farben nacheinander die Schwingungsebene der Schöpfung (die kosmische Natur oder den Heiligen Geist); den Sohn oder die Intelligenz Gottes in der Schöpfung (das Christusbewußtsein); und den schwingungslosen GEIST jenseits aller Schöpfung (Gottvater).

Das geistige Auge ist das Tor, das zu den höchsten göttlichen Bewußtseinsebenen führt. In tiefer Meditation, wenn das Bewußtsein des Gottsuchers das geistige Auge durchdringt und in die drei darin versinnbildlichten Bereiche eintritt, erlebt er nacheinander die folgenden Stadien: das Überbewußtsein oder die ewig neue Freude seelischer Verwirklichung und seine Einheit mit Gott als *OM* (s. d.) oder Heiligen Geist; das Christusbewußtsein, seine Einheit mit der universalen Intelligenz Gottes in der ganzen Schöpfung; und das kosmische Bewußtsein, seine Einheit mit der Allgegenwart Gottes, die sich sowohl jenseits als auch innerhalb der vibrierenden Schöpfung befindet. Siehe auch *Bewußtseinszustände; Überbewußtsein; Christusbewußtsein.*

Paramahansa Yogananda erklärte einen Abschnitt aus dem *Buch Hesekiel* (43, 1-2) wie folgt: «Durch das göttliche Auge in der Stirn (‹den Morgen›), führt der Yogi sein Bewußtsein in die Allgegenwart und hört das Wort oder *OM,* den göttlichen Laut eines ‹großen Wassers›: die Lichtschwingungen, die das einzig Wirkliche in der Schöpfung sind.» Mit Hesekiels Worten ausgedrückt: «Und er führte mich wieder zum Tor gegen Morgen. Und siehe, die Herrlichkeit des Gottes Israels kam von Morgen und brauste, wie ein großes Wasser braust, und es ward sehr licht auf der Erde von seiner Herrlichkeit.»

Auch Jesus sprach vom geistigen Auge: «Wenn nun dein Auge einfältig ist, so ist dein ganzer Leib licht... So schaue darauf, daß nicht das Licht in dir Finsternis sei.» (*Lukas* 11, 34-35)

Göttliche Mutter: Die Ausdrucksform Gottes, die in der Schöpfung tätig ist; *Shakti* oder die Kraft des transzendenten Schöpfers. Andere Bezeichnungen für diese Ausdrucksform der Gottheit sind Natur oder *Prakriti, OM,* Heiliger Geist, kosmische intelligente Schwingung. Ebenfalls die persönliche Ausdrucksform Gottes als Mutter, welche die Liebe und mitfühlenden Eigenschaften Gottes verkörpert.

In den heiligen Schriften der Hindus heißt es, daß Gott sowohl immanent als auch transzendent, d. h. sowohl persönlich als auch überpersönlich ist. Man kann Ihn als das Absolute suchen oder als eine Seiner ewigen Eigenschaften – als Liebe, Weisheit, Glückseligkeit, Licht; oder in Gestalt einer *Ishta* (einer Gottheit); oder als Vater, Mutter, Freund.

Gunas: Die drei Eigenschaften der Natur: *Tamas, Rajas* und *Sattva* – Hindernis, Tätigkeit und Ausdehnung; oder Masse, Energie und Intelligenz. Im Menschen zeigen sich die drei *Gunas* als Unwissenheit oder Untätigkeit; als Tätigkeit oder Streben; und als Weisheit.

Guru: Geistiger Lehrer. Obgleich das Wort *Guru* oft mißbraucht und einfach auf jeden Lehrer oder Erzieher angewandt wird, so hat ein wahrer, erleuchteter Guru Herrschaft über sich selbst erlangt und weiß sich eins mit dem allgegenwärtigen GEIST. Nur ein solcher ist fähig, den Sucher auf seinem Weg nach innen richtig zu leiten und ihm göttliche Verwirklichung zu vermitteln.

Wenn ein Wahrheitssucher bereit ist, Gott ernsthaft zu suchen, sendet dieser ihm einen Guru und leitet den Jünger durch die Weisheit, Intelligenz, Selbst-Verwirklichung und Lehre eines solchen Meisters. Indem der Jünger der Lehre des Meisters folgt und sich seiner Disziplin unterwirft, kann er das Verlangen seiner Seele nach dem Manna der Gotteswahrnehmung stillen. Ein solcher Guru ist von Gott beauftragt, wahren Suchern zu helfen, die aus tiefster Seele nach Ihm rufen, und ist kein gewöhnlicher Lehrer. Er dient Gott als menschliches Werkzeug, denn Gott benutzt seinen Körper, seine Worte, seine Gedanken und geistigen Fähigkeiten dazu, die irrenden Seelen zu sich zu ziehen und in ihre unsterbliche Heimat zurückzuführen. Ein Guru ist die lebendige Verkörperung der in den heiligen Schriften enthaltenen Wahrheiten. Er ist ein Vermittler, den Gott auf die Bitte des Wahrheitssuchers hin gesandt hat, um diesen von der Bindung an die Materie zu befreien und zu erlösen. Siehe *Meister.*

Gurudeva: «Göttlicher Lehrer», ein gebräuchlicher Sanskritbegriff, der Respekt zum Ausdruck bringt und oft verwendet wird, wenn man seinen geistigen Präzeptor anredet oder von ihm spricht; es ist manchmal mit «Meister» übersetzt worden.

Gurus der Self-Realization Fellowship: Die Gurus der *Self-Realization Fellowship (Yogoda Satsanga Society* in Indien) sind Jesus Christus, Bhagavan Krishna und eine Reihe von erleuchteten Meistern der Gegenwart: Mahavatar Babaji, Lahiri Mahasaya, Swami Sri Yukteswar und Paramahansa Yogananda. Es ist eines der Hauptanliegen der SRF, die Harmonie und grundsätzliche Übereinstimmung zwischen den Lehren Jesu Christi und der Yoga-Wissenschaft Bhagavan Krishnas aufzuzeigen. Alle diese Gurus tragen durch ihre erhebende Lehre und durch ihre göttliche Vermittlung dazu bei, die Mission der *Self-Realization Fellowship* zu erfüllen, nämlich der ganzen Menschheit eine praktische geistige Wissenschaft der Gottverwirklichung zu bringen.

Hatha-Yoga: Ein System von Techniken und körperlichen Stellungen *(Asanas),* welche die Gesundheit und geistige Ausgeglichenheit fördern. Siehe *Yoga.*

Heiliger Geist: Siehe *OM* und *Dreieinigkeit.*

Intuition: Die allwissende Fähigkeit der Seele, welche dem Menschen ohne Vermittlung der Sinne ein unmittelbares Erleben der Wahrheit ermöglicht.

ji: [Sprich: dschi] Eine Nachsilbe, die Respekt ausdrückt; in Indien wird sie oft den Eigennamen und Titeln angefügt, z. B. Gandhiji, Paramahansaji, Guruji.

Jnana-Yoga: Der Weg zu Gott, auf dem die Unterscheidungskraft des Intellekts in die allwissende Weisheit der Seele umgewandelt wird.

Jünger: Wahrheitssucher, der zu einem Guru kommt, um sich von ihm zu Gott führen zu lassen; zu diesem Zweck geht er eine immerwährende geistige Verbindung mit seinem Guru ein. Bei der *Self-Realization Fellowship* wird diese Verbindung zwischen Guru und Jünger während der Einweihung *(Diksha)* in den *Kriya-Yoga* hergestellt. Siehe auch *Guru* und *Kriya-Yoga.*

Karma: Auswirkungen vergangener Handlungen aus diesem oder vorhergehenden Leben; aus dem Sanskritwort *kri* = «tun». Das ausgleichende Gesetz des Karmas ist, wie in den Schriften der Hindus erklärt wird, das Gesetz von Aktion und Reaktion, von Ursache und Wirkung, von Säen und Ernten. Die natürliche Gerechtigkeit sorgt dafür, daß jeder Mensch durch seine Gedanken und Handlungen zum Urheber seines Schicksals wird. Die Kräfte, die er durch seine weisen oder törichten Taten selbst in Bewegung gesetzt hat, müssen zu ihm als dem Ausgangspunkt zurückkehren und gleichen somit einem Kreis, der sich unerbittlich schließt. Kenntnis vom Gesetz des Karmas ermöglicht es dem menschlichen Geist, sich von seinem Groll gegen Gott und die Menschen zu befreien. Das Karma des Menschen folgt ihm Leben für Leben, bis es abgetragen oder geistig aufgelöst worden ist. Siehe *Reinkarnation.*

Die Summe der Handlungen aller Menschen innerhalb einer Gemeinde, eines Landes oder der ganzen Welt erzeugt das Massenkarma, das örtliche oder auch weiterreichende Auswirkungen hat – je nach seiner Stärke und dem Überwiegen von Gut oder Böse. Die Gedanken und Handlungen eines jeden Menschen tragen deshalb zum Wohl oder Wehe der ganzen Welt und aller Nationen bei.

Kaste: Das Kastensystem bedeutete ursprünglich keinen erblichen Stand, sondern eine Einstufung, die gemäß den natürlichen Fähigkeiten der Menschen vorgenommen wurde. Im Laufe seiner Höherentwicklung macht der Mensch vier unterschiedliche Stadien durch, die von den ehrwürdigen Hindu-Weisen mit *Sudra, Vaisya, Kshatriya* und *Brahmane* bezeichnet wurden. Der *Sudra* ist hauptsächlich an der Befriedigung seiner körperlichen Bedürfnisse und Wünsche interessiert; die Tätigkeit, die seinem Entwicklungsstand am meisten entspricht, ist körperliche Arbeit. Der *Vaisya* strebt nach weltlichem Gewinn und Befriedigung seiner Sinne; er verfügt über größere schöpferische Fähigkeiten als der *Sudra* und wählt oft den Beruf eines Bauern, Geschäftsmannes, Künstlers oder einen anderen Beruf, in dem sich seine geistige Kraft Ausdruck verschaffen kann. Der *Kshatriya,* dem im Laufe vieler Leben die Wünsche eines *Sudra* und *Vaisya* erfüllt worden sind, beginnt nach dem Sinn des Lebens zu suchen; er versucht seine schlechten Gewohnheiten zu überwinden, seine Sinne zu beherrschen und das zu tun, was richtig ist. *Kshatriyas* werden meist edle Herrscher, Staatsmänner oder Krieger. Der *Brahmane* hat seine niedere Natur überwunden, konzentriert sich ganz auf geistige Ziele und erkennt Gott; deshalb ist er fähig, andere zu lehren und ihnen zu ihrer Befreiung zu verhelfen.

Kausalkörper: Im wesentlichen ist der Mensch eine Seele, die in einen Kausalkörper eingeschlossen ist. Sein Kausalkörper ist eine Ideen-Matrize für den astralen und irdischen Körper. Der Kausalkörper setzt sich aus 35 Ideen zusammen, die den 19

Elementen des Astralkörpers und den 16 grundlegenden Elementen des irdischen Körpers entsprechen.

Kausalwelt: Hinter der physischen Welt der Materie (den Atomen, Protonen, Elektronen) und der feinstofflichen Astralwelt, die aus Licht und Lebensenergie (den Biotronen) besteht, liegt die Kausal- oder Ideenwelt (die Ideotronen). Nachdem sich der Mensch weit genug entwickelt und die irdischen und astralen Universen hinter sich gelassen hat, lebt er im kausalen Universum. Im Bewußtsein der Kausalwesen besteht die Essenz der physischen und astralen Universen nur noch aus Gedanken. Alles, was der Erdenmensch in seiner Phantasie tun kann, das kann ein Kausalwesen in Wirklichkeit tun; die einzige Einschränkung dabei sind die Gedanken selbst. Schließlich wirft der Mensch seine letzte Hülle – den Kausalkörper – ab und vereinigt sich mit dem allgegenwärtigen GEIST, der jenseits aller Schwingungsebenen besteht.

Kosmische intelligente Schwingung: Siehe *OM.*

Kosmische Energie: Siehe *Prana.*

Kosmische Täuschung: Siehe *Maya.*

Kosmischer Laut: Siehe *OM.*

Kosmisches Bewußtsein: Das Absolute, der GEIST jenseits der Schöpfung. Hiermit bezeichnet man auch den Zustand der *Samadhi*-Meditation, in dem man seine Einheit mit Gott sowohl jenseits der vibrierenden Schöpfung als auch in ihr erlebt. Siehe *Dreieinigkeit.*

Krishna: Siehe *Bhagavan Krishna.*

Kriya-Yoga: Eine heilige geistige Wissenschaft, die aus Indien stammt, wo sie schon seit Jahrtausenden bekannt ist. Sie enthält bestimmte Meditationstechniken, mit Hilfe deren man bei hingebungsvollem Üben Gott erkennen kann. Paramahansa Yogananda erklärte, daß die Sanskritwurzel des Wortes *Kriya kri* ist und soviel wie «tun, handeln, reagieren» bedeutet. Es ist die gleiche Wurzel, die man in dem Wort *Karma,* dem natürlichen Prinzip von Ursache und Wirkung, findet. *Kriya-Yoga* ist daher die «Einheit *(Yoga)* mit dem Unendlichen durch eine bestimmte Handlung oder einen bestimmten Ritus *(Kriya)*». *Kriya-Yoga* gehört seinem Wesen nach zum *Raja-Yoga* (dem «königlichen» oder «vollkommenen» *Yoga)* und wird von Krishna in der *Bhagavad-Gita* und von Patanjali in den *Yoga-Sutras* gepriesen. Nachdem der *Kriya-Yoga* in unserem Zeitalter von Mahavatar Babaji (s.d.) wieder eingeführt wurde, ist er zum *Diksha* (zur geistigen Einweihung) durch die Gurus der *Self-Realization Fellowship* geworden. Seit dem *Mahasamadhi* (s.d.) von Paramahansa Yogananda wird *Diksha* durch den von ihm ernannten geistigen Nachfolger, den Präsidenten [oder die Präsidentin] der *Self-Realization Fellowship/Yogoda Satsanga Society of India* gegeben (oder durch jemanden, der vom Präsidenten beauftragt worden ist). Um *Diksha* empfangen zu können, müssen die Mitglieder der *Self-Realization Fellowship* bestimmte geistige Bedingungen erfüllen. Wer *Diksha* erhalten hat, ist ein *Kriya-Yogi* oder *Kriyaban.* Siehe auch *Guru* und *Jünger.*

Lahiri Mahasaya: *Lahiri* war der Familienname von Shyama Charan Lahiri

(1828–1895). *Mahasaya* ist ein religiöser Sanskrit-Titel und bedeutet «großherzig». Lahiri Mahasaya war ein Jünger Mahavatar Babajis und der Guru von Swami Sri Yukteswar (dem Guru von Paramahansa Yogananda). Es war Lahiri Mahasaya, dem Babaji die aus alten Zeiten stammende und fast verlorengegangene Wissenschaft des *Kriya-Yoga* vermittelte. Er spielte eine wesentliche Rolle in der Renaissance des Yoga im modernen Indien und lehrte und segnete zahllose Sucher, die zu ihm kamen, ganz gleich, welcher Kaste oder welchen Glaubens sie waren. Bei ihm handelte es sich um einen christusähnlichen Lehrer, der über große Wunderkräfte verfügte und als Familienvater auch berufliche Verantwortung trug. Seine Mission bestand darin, eine für den Menschen der Neuzeit geeignete Form des Yoga zu verbreiten, in welcher der richtige Ausgleich zwischen Meditation und der Erfüllung weltlicher Pflichten gefunden wird. Lahiri Mahasayas Leben wird in der *Autobiographie eines Yogi* beschrieben.

Lebenskraft: Siehe *Prana.*

Lehrbriefe der Self-Realization Fellowship: Die Lehre Paramahansa Yoganandas ist in Lehrbriefen zusammengefaßt worden, die man zu Hause studieren kann und die aufrichtigen Wahrheitssuchern in aller Welt zur Verfügung stehen. Diese Lehrbriefe enthalten die von Paramahansa Yogananda gelehrten Yoga-Meditationstechniken einschließlich derjenigen, die den *Kriya-Yoga* (s. d.) lehren; letztere werden solchen Schülern vermittelt, welche die erforderlichen Bedingungen erfüllen. Auskunft über die Lehrbriefe wird vom internationalen Mutterzentrum der Self-Realization Fellowship erteilt sowie von deren Zweigstelle, der Gemeinschaft der Selbst-Verwirklichung in 90482 Nürnberg, Laufamholzstraße 369.

Mahasamadhi: Aus den Sanskritwörtern *maha* = «groß» und *Samadhi.* Die letzte Meditation oder bewußte Vereinigung mit Gott, während der ein vollendeter Meister mit dem kosmischen *OM*-Laut verschmilzt und seinen irdischen Körper verläßt. Einem Meister ist dieser von Gott bestimmte Zeitpunkt stets im voraus bekannt.

Mahavatar Babaji: Der unsterbliche *Mahavatar* («große *Avatar*»), der im Jahre 1861 Lahiri Mahasaya die Einweihung in den *Kriya-Yoga* (s. d.) gab und dadurch der Welt die aus alten Zeiten stammende Technik der Befreiung wiederschenkte. Seit Jahrhunderten lebt er in einem ewig jugendlichen Körper im Himalaja und sendet der Welt unaufhörlich seinen Segen. Seine Mission besteht seit jeher darin, den Propheten bei ihrer besonderen Aufgabe zu helfen. Viele Titel sind ihm schon gegeben worden, die seinem außergewöhnlichen Zustand geistiger Erleuchtung gerecht werden, doch der *Mahavatar* hat allgemein den einfachen Namen Babaji angenommen, der sich aus dem Sanskritwort *Baba* = «Vater» und der Nachsilbe *ji* ableitet, die Respekt ausdrückt. Weitere Einzelheiten über sein Leben und seine geistige Mission werden in der *Autobiographie eines Yogi* berichtet. Siehe *Avatar.*

Maya: Die täuschende Kraft, die der ganzen Struktur der Schöpfung innewohnt und die zur Folge hat, daß der Eine als viele erscheint. *Maya* ist das Prinzip der Relativität und bedeutet Umkehrung, Kontrast, Dualität und Gegensätzlichkeit; der «Satan» (auf hebräisch wörtlich «der Gegner») der alttestamentlichen Propheten; und der

«Teufel», den Christus bildhaft als «Mörder» und «Lügner» beschrieb, «denn die Wahrheit ist nicht in ihm.» (*Johannes* 8, 44).

Paramahansa Yogananda schrieb:

«Das Sanskritwort *Maya* bedeutet ‹die Messende›; es ist die der Schöpfung innewohnende magische Kraft, die im Unbegrenzten und Unteilbaren scheinbare Begrenzungen und Teilungen hervorruft. *Maya* ist die Natur selbst – die Welt der Erscheinungen, die sich in ständiger Bewegung befindet und somit im Gegensatz zur göttlichen Unwandelbarkeit steht.

In Gottes Plan und Spiel *(Lila)* besteht die einzige Aufgabe von Satan oder *Maya* darin, zu versuchen, die Aufmerksamkeit des Menschen vom GEIST auf die Materie zu lenken, vom Wirklichen auf das Unwirkliche. ‹Der Teufel sündigt von Anfang an. Dazu ist erschienen der Sohn Gottes, daß er die Werke des Teufels zerstöre› (*1. Johannes* 3, 8). Das heißt, daß die Offenbarung des Christusbewußtseins im Innern des Menschen die Trugbilder oder ‹Werke des Teufels› mühelos zerstört.

Maya ist der Schleier der Vergänglichkeit in der Natur, der ständige Werdegang der Schöpfung, der Schleier, den jeder Mensch lüften muß, um dahinter den Schöpfer – die unwandelbare, ewige Wirklichkeit – zu schauen.»

Meditation: Konzentration auf Gott. Im allgemeinen versteht man darunter das Üben irgendeiner Technik, die es einem ermöglicht, die Aufmerksamkeit nach innen zu richten und sich auf eine Ausdrucksform Gottes zu konzentrieren. Genau genommen ist Meditation das Endresultat eines erfolgreichen Übens solcher Techniken: unmittelbares Erleben Gottes durch intuitive Wahrnehmung. Sie stellt die siebente Stufe *(Dhyana)* des Achtfachen Yoga-Wegs dar, so wie er von Patanjali (s. d.) beschrieben wird; diese ist erst dann erreicht, wenn sich der Meditierende so tief konzentrieren kann, daß er völlig unberührt von den Sinneseindrücken der äußeren Welt bleibt. In noch tieferer Meditation erreicht er dann die achte Stufe des Yoga-Wegs: *Samadhi* (s. d.) – Verbindung und Vereinigung mit Gott. Siehe auch *Yoga.*

Meister: Einer, der Meister seiner selbst geworden ist. Paramahansa Yogananda wies darauf hin, daß «die kennzeichnenden Merkmale eines Meisters nicht körperlicher, sondern geistiger Art sind... Wer beweisen will, daß er ein Meister ist, muß fähig sein, willentlich in einen Zustand einzugehen, in dem er ohne Atem lebt *(Savikalpa-Samadhi),* und den Zustand unveränderlicher Glückseligkeit *(Nirvikalpa-Samadhi)* zu erreichen.» Siehe *Samadhi.*

Paramahansaji erklärt weiter: «Alle heiligen Schriften stimmen darin überein, daß der Herr den Menschen sich zum Bilde erschaffen und ihm Allmacht verliehen hat. Die Herrschaft über das Universum erscheint übernatürlicher Art zu sein, aber in Wirklichkeit wohnt diese Kraft jedem inne, der sich ‹richtig› an seinen göttlichen Ursprung ‹erinnert›. Menschen, die Gottverwirklichung besitzen... sind frei vom Ich-Bewußtsein *(Ahamkara)* und persönlichen Wünschen. Das Handeln echter Meister befindet sich in müheloser Übereinstimmung mit *Rita,* der natürlichen Gerechtigkeit. Emerson schreibt, daß ‹alle großen Persönlichkeiten «nicht tugendhaft, sondern zur Tugend selber werden; dann ist der Zweck der Schöpfung erfüllt, und Gott ist zufriedengestellt.»›»

Mt. Washington: Sitz des Mutterzentrum und internationaler Hauptsitz der *Self-Realization Fellowship (Yogoda Satsanga Society of India)* in Los Angeles; im erweiterten Sinn auch ein häufig verwendeter Name für das Mutterzentrum. Im Jahre 1925 kaufte Paramahansa Yogananda das 12,5 Morgen große Grundstück. Er errichtete dort ein Schulungszentrum für den religiösen Orden der *Self-Realization Fellowship* und ein Verwaltungszentrum, von wo aus die alte Wissenschaft des *Kriya-Yoga* in aller Welt verbreitet wird.

OM (Aum). Die Sanskritwurzel oder der Ur-Laut, der jene Ausdrucksform der Gottheit symbolisiert, die alle Dinge erschafft und erhält; Kosmische Schwingung. Das *OM* der Veden wurde zum heiligen Wort *Hum* der Tibetaner, *Amin* der Mohammedaner und *Amen* der Ägypter, Griechen, Römer, Juden und Christen. Die großen Religionen der Welt behaupten, daß alle erschaffenen Dinge aus der kosmischen Energieschwingung des *OM* oder Amen, des Wortes oder Heiligen Geistes, entstanden sind. «Im Anfang war das Wort, und das Wort war bei Gott, und Gott war das Wort... Alle Dinge sind durch dasselbe [das Wort oder *OM*] gemacht, und ohne dasselbe ist nichts gemacht, was gemacht ist.» (*Johannes* 1, 1; 3)

Amen bedeutet auf hebräisch *sicher, treu.* «Das sagt, der Amen heißt, der treue und wahrhaftige Zeuge, der Anfang der Schöpfung Gottes.» (*Offenbarung* 3, 14) Ebenso wie die Schwingung eines laufenden Motors ein Geräusch erzeugt, so legt der allgegenwärtige Laut des *OM* Zeugnis vom Laufen des «Kosmischen Motors» ab, der alles Leben und jeden Teil der Schöpfung durch seine Schwingungsenergie aufrechterhält. In den Lehrbriefen (s. d.) der *Self-Realization Fellowship* lehrt Paramahansa Yogananda Meditationstechniken, die dem Übenden helfen, Gott als *OM* oder Heiligen Geist zu erleben. Eine solch glückselige Verbindung mit der unsichtbaren göttlichen Kraft («dem Tröster, dem heiligen Geist» – *Johannes* 14, 26) ist die wahrhaft wissenschaftliche Grundlage des Gebets.

Paramahansa: Ein geistiger Titel, der einen Meister (s. d.) bezeichnet. Er kann einem Jünger, der die nötigen Qualifikationen dafür hat, nur von einem wahren Guru verliehen werden. *Paramahansa* bedeutet wörtlich «höchster Schwan». In den heiligen Schriften der Hindus ist *Hansa* oder Schwan ein Sinnbild geistiger Unterscheidungskraft. Swami Sri Yukteswar verlieh seinem geliebten Jünger Yogananda diesen Titel im Jahre 1935.

Paramguru: Wörtlich bedeutet es «höchster Guru» oder «großer Guru»; der Guru des eigenen Gurus. Für die Mitglieder der *Self-Realization Fellowship* (die Jünger von Paramahansa Yogananda) bezieht sich das Wort *Paramguru* auf Sri Yukteswar; für Paramahansa Yogananda hingegen auf Lahiri Mahasaya. Mahavatar Babaji ist Paramahansajis *Param-Paramguru.*

Patanjali: Der ehrwürdige Exponent des Yoga, der in den *Yoga-Sutras* die Prinzipien des Achtfachen Yoga-Wegs dargelegt hat: 1. Sittliches Verhalten *(Yama);* 2. Religiöse Gebote *(Niyama);* 3. Richtige Haltung, um körperliche Ruhelosigkeit zu überwinden *(Asana);* 4. Herrschaft über die Lebenskraft, die subtilen Lebensströme *(Pranayama);* 5. Verinnerlichung *(Pratyahara);* 6. Konzentration *(Dharana);* 7. Meditation *(Dhyana);* 8. *Samadhi*, Erlebnis des Überbewußtseins. Siehe *Yoga.*

Prana: Funken der intelligenten Energie, die subtiler als die Atomenergie ist und das Leben ausmacht; sie wird in den Abhandlungen der Hindus insgesamt als *Prana* bezeichnet. Paramahansa Yogananda hat den Begriff als «Biotronen» übersetzt. In

Wirklichkeit sind es verdichtete Gedanken Gottes, Bestandteile der Astralwelt (s. d.) und das Lebensprinzip im stofflichen Universum. In der physischen Welt gibt es zwei Arten von *Prana:* 1. die kosmische Energie, die in der Schöpfung allgegenwärtig ist und alle Dinge durch Schwingungen erhält; 2. das spezifische *Prana* oder die Energie, die jeden Körper durch die fünf Ströme oder Funktionen aufbaut und erhält. Der *Pran*-Strom erfüllt die Aufgabe der Kristallisation, der *Vyan*-Strom die des Blutkreislaufs, der *Saman*-Strom die der Assimilation, der *Udan*-Strom die Funktion des Stoffwechsels und der *Apan*-Strom die der Ausscheidung.

Pranayama: Bewußte Herrschaft über *Prana* (die schöpferische Schwingung oder Energie, die das Leben im Körper erzeugt und erhält). Die Yoga-Wissenschaft des *Pranayama* ist die direkte Methode, den Geist bewußt von den Lebensfunktionen und Sinneswahrnehmungen abzuschalten, die den Menschen an das Körperbewußtsein gebunden halten. Auf diese Weise befähigt *Pranayama* das menschliche Bewußtsein, sich auf Gott einzustellen. Alle wissenschaftlichen Techniken, die eine Vereinigung der Seele mit Gott ermöglichen, können als Yoga bezeichnet werden, und *Pranayama* ist die höchste aller Yoga-Methoden, die zu dieser göttlichen Vereinigung führen.

Ranchi, Schule in: Der *Yogoda Satsanga Vidyalaya* wurde 1918 von Paramahansa Yogananda gegründet, als der Maharadscha von Kasimbasar ihm seinen Sommerpalast und 25 Morgen Land in Ranchi/Bihar zur Verfügung stellte, damit er dort eine Knabenschule errichten konnte. Als Paramahansaji 1935–36 in Indien war, erwarb er das Grundstück dauerhaft. Mehr als zweitausend Kinder besuchen nun die Yogoda-Schulen in Ranchi, angefangen vom Kindergarten bis zur Universität. Siehe *Yogoda Satsanga Society of India.*

Reinkarnation: Die Lehre, daß der Mensch, der dem Gesetz der Evolution unterworfen ist, sich ständig wiederverkörpern muß, um sich auf diese Weise allmählich höherzuentwickeln – ein Vorgang, der durch falsches Handeln und falsche Wünsche verzögert und durch geistige Bemühungen beschleunigt wird –, bis er den Zustand der Selbst-Verwirklichung und Gottvereinigung erlangt hat. Wenn er dann die Begrenzungen und Unvollkommenheiten des sterblichen Bewußtseins überwunden hat, ist seine Seele für immer frei und muß sich nicht wiederverkörpern. «Wer überwindet, den will ich machen zum Pfeiler in dem Tempel meines Gottes, und er soll nicht mehr hinausgehen.» (*Offenbarung* 3, 12)

Die Vorstellung von der Reinkarnation ist nicht nur in der östlichen Philosophie zu finden, sondern wurde von vielen frühen Kulturen als grundlegende Lebenswahrheit betrachtet. Die frühchristliche Kirche akzeptierte die Lehre von der Wiedergeburt, wie sie die Gnostiker und zahlreiche Kirchenväter – darunter Klemens von Alexandrien, Origenes und der hl. Hieronymus – vertraten. Im Jahre 553 n. Chr. bezeichnete man diesen Glauben auf dem Zweiten Konzil von Konstantinopel zum ersten Mal als Irrlehre. Heute sind viele westliche Denker von der Lehre des *Karma* (s. d.) und der Reinkarnation überzeugt, weil sie angesichts der scheinbaren Ungerechtigkeiten des Lebens in ihr eine einleuchtende und befriedigende Erklärung finden.

Rishis: Seher, erleuchtete Menschen, die göttliche Weisheit offenbaren; man versteht darunter besonders die Weisen des alten Indien, denen die Veden intuitiv offenbart wurden.

Sadhana: Weg geistiger Disziplin. Besondere Anweisungen und Meditationsübungen, die der Guru seinen Jüngern gibt; bei getreulichem Üben führen diese schließlich zur Gottverwirklichung.

Samadhi: Die höchste Stufe des Achtfachen Yoga-Wegs, wie sie von dem Weisen Patanjali (s. d.) dargelegt wurde. *Samadhi* ist dann erreicht, wenn der Meditierende, der Vorgang der Meditation (bei dem sich der Geist durch Verinnerlichung von den Sinnen zurückzieht) und der Meditationsgegenstand (Gott) eins werden. Paramahansa Yogananda erklärte, daß «das Bewußtsein des Gottsuchers in den anfänglichen Stadien der Gottvereinigung *(Savikalpa-Samadhi)* im Kosmischen GEIST aufgeht; die Lebenskraft zieht sich vom Körper zurück, der ‹tot› oder starr und bewegungslos erscheint. Der Yogi ist sich seines körperlichen Zustands aufgehobener Lebenstätigkeit vollkommen bewußt. Wenn er zu höheren geistigen Stufen *(Nirvikalpa-Samadhi)* aufsteigt, vereinigt er sich mit Gott, ohne daß sein Körper bewegungslos wird; das kann sogar während des Wachzustands, sogar inmitten anspruchsvoller weltlicher Tätigkeit geschehen.» In beiden Fällen ist die Einheit mit der ewig neuen Glückseligkeit des GEISTES erreicht, doch den *Nirvikalpa*-Zustand erleben nur die am höchsten entwickelten Meister.

Satan: Auf hebräisch wörtlich «der Gegner». Satan ist eine bewußte und unabhängige, universale Kraft, die alles und jeden dadurch täuscht, daß sie das ungeistige Bewußtsein der Endlichkeit und Getrenntheit von Gott hervorruft. Um dies zu erreichen, gebraucht Satan die Waffen der *Maya* (der kosmischen Täuschung) und *Avidya* (der individuellen Täuschung, Unwissenheit). Siehe *Maya.*

Seele: Individualisierter GEIST. Die Seele ist das wahre und unsterbliche Wesen des Menschen und aller Lebewesen; sie ist nur vorübergehend mit einem kausalen, astralen und physischen Körper bekleidet. Das Wesen der Seele ist GEIST: ewig bestehende, ewig bewußte, ewig neue Freude.

Selbst: Die Großschreibung gibt an, daß es sich auf *Atman,* die Seele bezieht, die sich vom gewöhnlichen Ich, der Persönlichkeit oder dem Ego, unterscheidet. Das Selbst ist individualisierter GEIST, dessen Natur ewig bestehende, ewig bewußte, ewig neue Freude ist. Das Selbst oder die Seele ist der innere Quell göttlicher Eigenschaften im Menschen – der Liebe, Weisheit, Barmherzigkeit, des Friedens usf.

Selbst-Verwirklichung: Paramahansa Yogananda hat Selbst-Verwirklichung wie folgt definiert: «Selbst-Verwirklichung ist das Wissen auf allen Ebenen unseres Seins – des Körpers, des Geistes und der Seele –, daß wir eins mit der Allgegenwart Gottes sind, daß wir nicht um sie zu beten brauchen, daß wir ihr nicht nur allezeit nahe sind, sondern daß sie zugleich unsere Allgegenwart ist und daß wir jetzt ebenso ein Teil von Gott sind, wie wir es immer sein werden. Wir brauchen nur eines zu tun: unser Wissen zu erweitern.»

Self-Realization Fellowship: Die Gemeinschaft, die Paramahansa Yogananda im Jahre 1920 in Amerika (und im Jahre 1917 als *Yogoda Satsanga Society of India)* gegründet hat; ihr Zweck besteht darin, zum Wohl der ganzen Menschheit die geistigen Grundsätze und Meditationstechniken des *Kriya-Yoga* (s. d.) zu lehren. Der internationale Hauptsitz, das Mutterzentrum, befindet sich in Los Angeles, Kalifornien. Paramahansa Yogananda hat die Bedeutung des Namens, den er seiner Organisation gegeben hat, folgendermaßen erklärt: *«Self-Realization Fellowship* bedeutet Gemeinschaft mit Gott durch Selbst-Verwirklichung und Freundschaft mit allen wahrheitssuchenden Seelen.» Siehe auch «Ziele und Ideale der *Self-Realization Fellowship»*, Seite 303.

Self-Realization Magazine: Eine Zeitschrift, die vierteljährlich von der *Self-Realization Fellowship* veröffentlicht wird; sie enthält Vorträge und Schriften von Paramahansa Yogananda sowie andere geistige, praktische und lehrreiche Artikel von aktuellem Interesse und bleibendem Wert. Auch *Satsangas* (spontane geistige Vorträge) von Sri Daya Mata, der Präsidentin der *Self-Realization Fellowship,* erscheinen dort regelmäßig.

Shankara, Swami: Manchmal auch als Adi («der erste») Shankaracharya (Shankara + *Acharya,* «Lehrer») bezeichnet; er ist Indiens berühmtester Philosoph. Sein Geburtsdatum ist unbekannt; viele Gelehrte rechnen ihn dem 9. Jahrhundert zu. Er hat Gott nicht als eine negative Abstraktion erklärt, sondern als positive, immerwährende, allgegenwärtige, ewig neue Glückseligkeit. Shankara reorganisierte den seit alters bestehenden Swami-Orden und gründete vier große *Maths* (klösterliche Zentren geistiger Schulung), deren Leiter in apostolischer Nachfolge den Titel eines Jagadguru Sri Shankaracharya tragen. *Jagadguru* bedeutet «Weltlehrer».

Siddha: Wörtlich «einer, der erfolgreich ist». Ein Mensch, der Selbst-Verwirklichung erlangt hat.

Sri: Ein Titel, der Respekt ausdrückt. Wenn er dem Namen einer religiösen Person vorangestellt wird, bedeutet er soviel wie «heilig» oder «verehrt».

Sri Yukteswar: Swami Sri Yukteswar Giri (1855–1936) war Indiens *Jnanavatar* = «Inkarnation der Weisheit», der Guru von Paramahansa Yogananda und der *Paramguru* aller *Kriyabans* der *Self-Realization Fellowship.* Sri Yukteswarji war ein Jünger Lahiri Mahasayas. Im Auftrag von Lahiri Mahasayas Guru, Mahavatar Babaji, schrieb er das Buch *Die Heilige Wissenschaft* – eine Abhandlung über die grundlegende Übereinstimmung zwischen der christlichen Bibel und den heiligen Schriften der Hindus – und schulte Paramahansa Yogananda für dessen weltweite geistige Mission: die Verbreitung des *Kriya-Yoga* (s. d.). Paramahansaji hat das Leben Sri Yukteswars liebevoll in seiner *Autobiographie eines Yogi* beschrieben.

Swami: Angehöriger des ältesten Mönchsordens Indiens, der im 9. Jahrhundert von Swami Shankaracharya (s. d.) neu gegründet wurde. Ein Swami legt das offizielle Gelübde der Keuschheit und des Verzichts auf weltlichen Ehrgeiz ab, um sich der Meditation und anderen geistigen Übungen sowie dem Dienst an der Menschheit zu widmen. Es gibt zehn verschiedene Zweige des Swami-Ordens mit Beinamen wie *Giri, Puri, Bharati, Tirtha, Saraswati* und andere. Swami Sri Yukteswar (s.d) und Paramahansa Yogananda gehörten dem *Giri*(«Berg»)-Zweig an.

Das Sanskritwort *Swami* bedeutet «jemand, der eins mit dem Selbst *(Swa)* ist».

Überbewußte Wahrnehmung: Die allwissende Kraft der Seele, welche die Wahrheit direkt wahrnimmt; Intuition.

Überbewußtsein: Das reine, intuitive, allsehende, ewig glückselige Bewußtsein der Seele. Manchmal wird dieser Begriff allgemein für die verschiedenen Zustände des *Samadhi* (s. d.) verwendet, die man in der Meditation erlebt, besonders aber für den ersten Zustand des *Samadhi,* in dem man das Ich-Bewußtsein verliert und sein Selbst als die Gott zum Ebenbild erschaffene Seele erkennt. Danach folgen höhere Stadien der Verwirklichung: Christusbewußtsein und Kosmisches Bewußtsein (s. d.).

Vedanta: Wörtlich «das Ende der Veden»; die Philosophie, die aus den *Upanischaden* – dem letzten Teil der Veden – stammt. Shankara (9. Jahrhundert), der größte Interpret des Vedanta, behauptet, daß Gott die einzige Wirklichkeit und die Schöpfung im wesentlichen eine Täuschung sei. Da der Mensch das einzige Geschöpf ist, das Gott begreifen kann, muß er selbst göttlich werden, und daher besteht seine Pflicht darin, sein wahres Wesen zu erkennen.

Veden: Die vier heiligen Schriften der Hindus: Rig-Veda, Sama-Veda, Jajur-Veda und Atharva-Veda. Sie bestehen im wesentlichen aus Gesängen, Riten und Rezitationen, welche alle Lebens- und Tätigkeitsgebiete des Menschen anregen und vergeistigen sollen. Unter den überaus zahlreichen Texten Indiens sind die Veden (von der Sanskritwurzel *vid* = «wissen») die einzigen Werke, die keinen Verfasser aufweisen. Der Rig-Veda führt die Hymnen auf einen göttlichen Ursprung zurück und berichtet uns, daß sie aus «grauer Vorzeit» stammen und später in eine neue Sprache gekleidet wurden. Da die vier Veden den *Rishis* («Sehern») von einem Zeitalter zum anderen durch göttliche Offenbarungen mitgeteilt wurden, heißt es, daß sie *Nityatva,* d. h. «zeitlose Gültigkeit», besitzen.

Verlängertes Mark: Die wichtigste Stelle, an der die Lebensenergie *(Prana)* in den Körper eintritt; Sitz des 6. Zentrums in der Wirbelsäule, dessen Aufgabe darin besteht, die einströmende kosmische Energie aufzunehmen und zu verteilen. Die Lebenskraft wird im 7. Zentrum *(Sahasrara)* gespeichert, das sich unter der Schädeldecke befindet. Aus diesem Reservoir wird sie an den ganzen Körper verteilt. Das feinstoffliche Zentrum im verlängerten Mark ist der Hauptschalter, welcher das Einfließen, die Speicherung und Verteilung der Lebensenergie lenkt. Siehe *Chakras.*

Wiedergeburt: Siehe *Reinkarnation.*

Yoga: Aus dem Sanskritwort *yuj* = «Einheit». *Yoga* bedeutet Vereinigung der individuellen Seele mit dem GEIST; ebenfalls die Anwendung wissenschaftlicher Yoga-Methoden, um dies zu erreichen. Innerhalb des breiten Spektrums der Hindu-Philosophie stellt der Yoga eines der sechs orthodoxen Systeme dar: *Vedanta, Mimamsa, Sankhya, Vaisheshika, Nyaya* und *Yoga.* Es gibt auch verschiedene Arten von Yoga-Methoden: *Hatha-Yoga, Mantra-Yoga, Laya-Yoga, Karma-Yoga, Jnana-Yoga, Bhakti-Yoga* und *Raja-Yoga. Raja-Yoga,* der «königliche» oder vollständige Yoga wird von der *Self-Realization Fellowship* gelehrt; es ist der Yoga, den Bhagavan Krishna seinem Jünger Arjuna gegenüber in der Bhagavad-Gita preist: «Der Yogi ist größer als der körperlich disziplinierte Asket, größer noch als einer, der dem Weg der Weisheit oder des rechten Handelns folgt; darum sei du, o Arjuna, ein Yogi!» (*Bhagavad-Gita* VI, 46) Der Weise Patanjali, der größte Interpret des Yoga, hat acht wichtige Stufen beschrieben, durch die der *Raja-Yogi* den *Samadhi*, oder Einheit mit Gott, erlangen kann. Diese sind 1. *Yama*, sittliches Verhalten; 2. *Niyama*, religiöse Vorschriften; 3. *Asana*, richtige Körperhaltung; 4. *Pranayama*, Herrschaft über *Prana*, die subtilen Lebensströme; 5. *Pratyahara*, Zurückziehen der Sinne von den Gegenständen der Außenwelt; 6. *Dharana*, Konzentration; 7. *Dhyana*, Meditation; und 8. *Samadhi*, überbewußte Wahrnehmung.

Yogi: Jemand, der Yoga (s. d.) übt. Jeder, der eine wissenschaftliche Technik übt, um göttliche Verwirklichung zu erlangen, ist ein Yogi. Er kann verheiratet oder ledig sein, weltlichen Verpflichtungen nachgehen oder durch formelle religiöse Gelübde gebunden sein.

Yogoda Satsanga Society of India: Unter diesem Namen ist Paramahansa Yoganandas Organisation in Indien bekannt. Die Gesellschaft wurde im Jahre 1917 von ihm gegründet. Ihr Hauptsitz, der Yogoda Math, liegt an den Ufern des Ganges bei Dakshineswar in der Nähe von Kalkutta und hat ein Zweig-Zentrum *(Math)* in Ranchi/Bihar. Außer verschiedenen Meditationszentren und -gruppen in ganz Indien hat die Yogoda Satsanga Society 21 Bildungsinstitute, von der Volksschule bis zur Universität. Die wörtliche Bedeutung von *Yogoda* – einem Wort, das Paramahansa Yogananda geprägt hat – ist «das, was Yoga vermittelt», d. h. Selbst-Verwirklichung. *Satsanga* bedeutet «göttliche Gemeinschaft» oder «Gemeinschaft mit der Wahrheit». Für die westlichen Menschen übersetzte Paramahansaji den indischen Namen als *«Self-Realization Fellowship»* (s. d.).